新编21世纪经济学系列教材

社会主义市场经济概论

第七版

主 编 杨干忠
副主编 缪代文

An Overview of Socialist Market Economy

中国人民大学出版社
·北京·

内容简介

《社会主义市场经济概论》的本次修订全面贯彻党的二十大精神，反映中国共产党和中国人民取得的彪炳中华民族发展史册的历史性胜利和中国式现代化理论成果，坚持习近平新时代中国特色社会主义思想的世界观和方法论，充分展现中国式现代化的中国特色和本质要求，全面阐述中国式现代化所要求的加快构建新发展格局、着力推动高质量发展、坚持高水平对外开放、建设现代化产业体系、推进新型工业化、全面推进乡村振兴和构建高水平社会主义市场经济体制。本书除导论外共6篇15章，首先阐明作为资源配置方式的市场经济的基本原理，分析市场经济为何是商品经济发展的必然产物，论证社会主义市场经济在我国产生和发展的必然性。其次，在此基础上，叙述社会主义市场经济下的生产、交换、分配和消费的运行，进而揭示社会主义市场经济运行规律及其运行机制，阐明社会主义市场经济的基本特征。最后分析如何稳步扩大制度型开放，加快建设贸易强国，推动共建"一带一路"高质量发展，维护多元经贸关系和国际经济格局。本书适于高等院校学生及广大干部职工学习中国特色社会主义理论使用。

作者简介

杨干忠 中国人民大学教授，曾任中国人民大学继续教育学院和网络教育学院院长，中国成人教育协会副会长，中国经济规律研究会副会长，北京市普通高等学校成人教育研究会理事长。长期从事政治经济学、社会主义经济理论、邓小平理论等方面的教学与研究工作。主要著作有《新体系政治经济学》《政治经济学》《政治经济学纲要》《社会主义市场经济概论》《中国社会主义建设》《邓小平理论简明教程》等。

缪代文 中国人民大学三级教授，曾任中国人民大学继续教育学院副院长和学术委员会主任。研究领域为资本运营、微观与宏观经济分析。出版了《经济学》《资本运营》《并购方略》《微观经济学与宏观经济学》《社会主义市场经济概论》《现代西方经济学》等30余部著作；在《经济理论与经济管理》《经济问题探索》《学术评论》《中国证券报》《金融时报》等国家级报刊上发表论文190余篇。

目录

导 论

党的十一届三中全会以后，在邓小平关于中国特色社会主义理论的指引下，特别是1992年春邓小平发表南方谈话后，我国改革开放进入一个新的里程，推动整个国民经济与社会发展取得了举世瞩目的伟大成就。党的十四大根据邓小平理论，在总结我国改革开放的实践经验、总结国际共产主义正反两方面经验的基础上，及时而明确地决定把建立社会主义市场经济体制作为我国经济体制改革的目标。紧接着，党的十四届三中全会又进一步做出了《中共中央关于建立社会主义市场经济体制若干问题的决定》，把建立社会主义市场经济的目标系统化、具体化，并提出了我国到20世纪末初步构建起社会主义市场经济体制的行动纲领。在社会主义条件下实行市场经济，是前无古人的伟大创举，是中国共产党人对马克思主义发展做出的历史性贡献，体现了我们党坚持理论自信、理论创新、与时俱进的马克思主义理论品格。经过十余年的努力，我国在形成市场经济主体、建立和完善市场体系、形成竞争性市场价格机制、转变政府经济职能、建立健全社会主义市场经济法规和社会保障制度等方面取得了巨大的进展，终于在20世纪末使社会主义市场经济体制在我国初步建立起来。事实已经证明并将继续证明，社会主义市场经济体制的建立和逐步完善，必然促使我国的整个经济充满生机活力，实现持续、快速、健康的发展，加快建成小康社会，推进新时代中国特色社会主义事业蓬勃发展，早日把我国建成富强民主文明和谐美丽的社会主义现代化强国，实现中华民族伟大复兴的中国梦。

习近平总书记在党的二十大报告中指出，党的十八大以来，我们党勇于进行理论探索和创新，以全新的视野深化对共产党执政规律、社会主义建设规律、人类社会发展规律的认识，取得重大理论创新成果，集中体现为新时代中国特色社会主义思想。新时代中国特色社会主义思想是中国化时代化的马克思主义，是中国共产党带领全国各族人民在百折不挠的奋斗中创造出来的中国特色社会主义，是中华文明的现代形态，是中华文明、现代文明和社会主义文明的伟大成果，拓展了发展中国家走向现代化的路径，是科学社会主义理论和实践的重大创新成果，是中国式现代化道路的理论概括。

习近平总书记在党的二十大报告中指出，没有坚实的物质技术基础，就不可能全面建成社会主义现代化强国。必须完整、准确、全面贯彻新发展理念，坚持社会主义市场经济改革方向，坚持高水平对外开放。构建新发展格局，推动高质量发展，构建高水平社会主义市场经济体制。

经济体制最根本的问题是资源（或称生产要素）的配置问题，选择经济体制从本质上说就是选择资源的配置方式，使资源实现合理有效配置。所谓资源的合理有效配置，至少有两层含义：一是指全社会的生产资源要根据满足社会各方面的需要按比例地分配到社会生产和生活的各个部门，即资源的合理配置；二是指符合社会需要的各种产品的生产资源，配置到生产该种产品效率最高、成本最低的地方，即资源的有效配置。在人类社会生活中，不管人们主观上是否意识到，客观上都存在着资源的合理有效配置问题，因为人类的生存与发展都离不开物质资料的生产，即通过人的劳动将自然资源改变为适合人类社会需要的各种产品。但是，地球上的各种自然资源又都是有限的，因而人类在向自然索取、利用各种自然资源进行物质资料生产时，必然面临一个如何最合理地利用和最有效地配置这些有限的资源、实现最佳的经济效益的问题。马克思所指出的按一定比例分配社会劳动的必要性，绝不可能被社会生产的一定形式所取消，而可能改变的只是它的表现形式。这里讲按一定比例分配社会劳动，实质上就是合理而有效地配置资源的问题。可能改变的表现形式，指不同经济条件下资源配置的方式不同。

纵观人类社会经济发展史，存在着由生产力发展状况决定的三种不同经济形式下的资源配置方式，即自然经济条件下的资源配置方式，商品经济条件下由市场起决定作用的市场经济配置方式，产品经济条件下的计划经济配置方式。以自然经济为基础的社会，生产力发展水平比较低，以一个个狭小的社会群体或家庭为单位进行自给自足的生产，所以，合理配置资源的范围也只能局限在这些狭小的群体和家庭之中，不存在整个社会范围的资源如何配置问题。原始社会的氏族、部落里的自然分工，采集转变为种植，游牧转变为圈养，都反映了人类在物质生产实践中在对客观世界的认识不断前进的基础上合理地利用和配置资源。奴隶社会的奴隶主，在其统治的庄园、作坊中，也懂得为获取更多产品而进行资源的合理有效配置，诸如对具有不同特长的奴隶安排不同的工种，在庄园内不同土质、不同地理位置的地块上种植不同的农作物，等等。到了封建社会，随着生产工具的改进和发展，生产力有了提高，人们对合理而有效地使用和配置资源的认识也相应得到发展，出现了较大范围的农产品地区优势分工和较大规模的水利工程建设。而且这时的商品经济也得到了一定的发展，商品交换的规模和品种都有了较大的扩展，市场的数量增加了，覆盖面也扩大了，价值规律的作用在生产和流通中日益明显，价值规律在一定范围内、在一定程度上对经济的调节作用在自发地进行。这就是说，在封建社会，虽然自然经济仍在社会经济生活中占统治地位，但市场对生产要素的配置在一定的范围和程度上已经起着调节作用，在市场覆盖的范围内，生产什么样的产品，在什么地方生产，怎样进行生产，都在市场竞争中确定。由此可见，市场经济在封建社会就有了萌芽。随着社会生产力的发展，商品经济逐渐取代自然经济成为占统治地位的社会经济形式，进而发展到了商品经济的普遍化，商品经济的普遍化使得各种资源都成为商品，连劳动力和一些非劳动产品也可能成为商品，都可以通过市场来进行买卖。与此同时，生产力和生产关系的矛盾运动把封建社会推进到了资本主义社会，统一的国内市场逐渐形成，国际市场也得到发展，市场体系日益成熟和完备。在这种经济条件下，作为商品经济基本规律的价值规律的作用得到充分发挥，它通过市场竞争影响商品的供求，进而导致商品市场价格的涨落，最后直接决定着商品生产经营者的切身利益。正是在这种利益机制的驱动下，商品生产经营者把生产要素投放到市场价格高的，也就是市场上短缺的商品的生产上，那些市场上过多从而市场价格低的商品的生产经营者把生产要素从该类商品的生产中抽出，转移到市场短缺的商品的生产上，以获取最佳的经济利益。各种生产要素正是在竞争、供求、价格等市场机制的作用下在不同商品生产部门之间流动，从而实现了社会资源的合理和有效配置，这就是资产阶级古典经济学家亚当·斯密所讲的由“看不见的手”调节社会经济，到了这个时候，典型的市场经济才完全形成。由此可见，市场经济不过是社会资源（或说生产要素）的一种配置方式，是在商品经济占统治地位的社会中，由市场机制来决定社会资源配置的一种经济体制。市场经济并非社会经济制度的产物，而是商品经济发展到一定高度的产物。

在商品经济占统治地位的条件下，一方面，由市场机制来决定资源的配置，这只“看不见的手”调节着市场上的商品供求，使市场上长线商品的生产得到控制和缩减，短线商品的生产得到发展和扩大，在各市场要素正常作用的前提下，经过一个较长时期的市场竞争、资源流动，使社会的总供给与总需求在大体上趋于均衡，从而较好地解决复杂的社会供求矛盾，使资源实现按比例分配；另一方面，由市场机制来决定资源的配置，受竞争规律和价值规律的作用，还有利于提高市场竞争主体的劳动生产率，提高社会资源的利用率。所以，只要是商品经济占统治地位的社会，市场经济就是社会资源的最佳配置方式，除此以外的资源配置方式，都不能使社会资源实现合理有效的配置。根本原因在于价值规律是商品经济的基本规律，在商品经济条件下，价值规律规范着人们的经济活动。我国和其他国家经济建设的正反两方面经验，都已经提供了有力的证明。诚然，市场经济作为一种资源配置方式，并非完美无缺，它本身存在着天生的缺陷，集中表现在：第一，市场调节具有滞后性。它是在市场信号发出以后的调节，市场上商品的过多、过少已成事实，然后通过市场价格的涨落信号将这一信息传递给商品生产经营者，最后引起生产要素的流动进而实现对商品生产的调节。可见，市场调节是一种事后的调节，其结果会造成一些商品过多而浪费，一些商品短缺而影响社会生产的正常进行。第二，市场调节具有不确定性。一方面，市场调节最主要是靠市场上的价格信号提供信息来进行的，在其他条件一定的情况下，商品市场价格的涨落确实反映了市场上商品的供求状况，但市场上的价格信号只反映市场上某类商品的多寡，价格高说明这类商品供不应求，价格低则表明这类商品供过于求，至于这类商品多了多少、少了多少，并不能准确地量化出来；另一方面，市场各竞争主体的投资行为是分散进行的，不可能有确切的投资数量界限，大家都往价格上涨的商品生产上投入，谁也不知道应该投入多少才符合需求，谁也不知道社会上有多少市场主体进行着同样的投资行为。此外，市场上商品供求关系中的需求，只是反映有支付能力的需求，而不是人们真实的需求。这种市场调节的不确定性，必然造成社会资源的浪费。第三，市场调节具有盲目性。市场调节最主要的依据是市场上商品价格的涨落，但影响商品价格的因素不仅仅是商品的市场供求，还有其他诸如社会劳动生产率的变化、币值的升降等因素，而且就市场供求本身来说，也还可以是由人为的原因造成的，并不真实反映市场商品的多寡。市场调节则是把市场上商品价格的变化当作唯一由商品供求因素造成的现象，并以此为依据引导生产要素的流动，实现资源的配置。所以，当市场上商品价格的变动由非供求关系原因引起时，市场调节就是盲目的，对资源的配置会导致市场供求更大的失衡。完全的市场调节所具有的自身不可克服的缺陷，在资本主义经济制度下必然导致整个社会生产的无政府状态，从而成为资本主义生产相对过剩和经济危机的原因之一。作为统治阶级的资产阶级也看到了仅仅靠这只“看不见的手”来调节经济所带来的弊端，于是便运用国家机器对经济生活实行干预，进行宏观调控。特别是在20世纪30年代资本主义经济大危机爆发的背景下，提出国家采取干预经济生活的政策以解决失业这一主张的凯恩斯主义的产生，使国家干预社会经济生活进一步理论化。与此同时，随着科学技术革命的发展，社会化大生产得到了极大的发展，社会分工日益发达，生产规模不断扩大，国内统一的大市场和国际市场建立起来，这就从客观上要求对社会经济发展进行协调，因而使得国家垄断资本主义产生并得以持续地发展。国家通过直接创办企业、制定相应的财政和货币政策、提出经济发展计划、举办公共工程或增减公共消费等措施来调控经济，把自由竞争时期的完全由市场机制调节的市场经济，发展到了由国家进行宏观调控的现代市场经济。

从对市场经济的产生与发展的简述中可以清楚地看到，市场经济是随着社会生产力的发展、商品经济的发展而产生和发展起来的，它是商品经济发展到在社会经济中占统治地位的条件下的资源配置方式，同社会制度本身是无关的。但是，由于从社会经济形态发展的历史顺序来看，资本主义社会制度也是随着商品经济的发展而产生的，因此当商品经济发展达到普遍化的程度时，一方面是市场经济完全确立之日，另一方面又是资本主义制度产生之时。随着国家垄断资本主义的出现，国家对经济实行宏观调控，干预经济生活，把自由竞争时期的市场经济（又称古典式市场经济）发展为现代市场经济。而当世界上已经出现市场经济、现代市场经济时，实行社会主义制度的国家在世界上还没有诞生。在历史上由于商品经济发展而引起的市场经济和资本主义制度大体同步产生，这使人们容易误认为市场经济就是资本主义。在马克思、恩格斯的著作中，他们从来没有把资源配置方式同社会经济制度联系在一起，但他们都设想社会主义是商品货币关系消亡的社会，既然不存在商品货币关系，自然也就不存在市场，不存在市场经济，价值规律也就退出了历史舞台，因而，社会资源的配置不可能由市场来实现，而只能由计划来进行，即实行计划经济。列宁和斯大林都十分明确地把市场经济同资本主义联系在一起，把计划经济同社会主义联系在一起。马克思主义经典作家的一些设想和构思，也使人们产生了市场经济姓“资”、计划经济姓“社”的观念。此外，作为世界上第一个社会主义国家的苏联，当时面临的国内外条件使之一开始就只能实行集中统一的计划经济。在以后的很长一个时期，不管是资产阶级经济学著作，还是无产阶级经济学著作，一般都把市场经济看作资本主义的经济形式，把计划经济看作社会主义的经济形式。可见，过去人们把市场经济和计划经济这两种资源配置方式同社会制度错误地联系在一起，形成一种传统的观念，是有着历史根源和认识根源的。

社会主义革命和建设的实践表明，在人类社会发展的历史进程中，某些国家在特定的历史条件下，可以逾越资本主义发展的阶段，但是代表社会生产力发展的商品经济充分发展的阶段则是不可逾越的。迄今为止，社会主义革命都是在那些经济不太发达的国家取得胜利的，这些国家进入社会主义阶段后，不仅必然保留着商品货币关系，而且必须大力发展商品经济，经历商品经济的充分发展阶段，解放和发展社会生产力。为此，社会主义国家必须从本国的实际出发，选择正确的经济体制，即正确的资源配置方式。按照经济发展规律的要求，真正的计划经济，即由计划机制对资源配置起决定性作用的争有序的市场体系”，这一市场体系是“企业自主经营、公平竞争，消费者自由选择、自主消费，商品和要素自由流动、平等交换的现代市场体系”。解决政府和市场关系问题的关键是明确规范政府的职能和作用，《决定》规定了政府的职能和作用是“保持宏观经济稳定，加强和优化公共服务，保障公平竞争，加强市场监管，维护市场秩序，推动可持续发展，促进共同富裕，弥补市场失灵”。《决定》还为上述规范落到实处提出了一系列具体的政策措施。可见，党的十八大报告，特别是党的十八届三中全会通过的《决定》，是我们党对社会主义市场经济认识上的重要里程碑，标志着我们党的社会主义市场经济理论日益成熟。2017 年党的十九大是在中国特色社会主义事业进入一个新时代，以习近平同志为核心的党中央带领全国各族人民进行伟大斗争、推进伟大事业、建设伟大工程、实现伟大梦想的大进军中召开的。党的十九大报告是进军的政治宣言、行动纲领，指明了新时代中国特色社会主义的根本任务是建成富强民主文明和谐美丽的社会主义现代化强国、实现中华民族的伟大复兴，科学规范了实现这一根本任务必须坚持十四条方略，从理论和实践结合上系统回答了新时代坚持和发展怎么样的中国特色社会主义，怎样坚持和发展中国特色社会主义这个重大时代课题，创立了习近平新时代中国特色社会主义思想，这一伟大思想是马克思列宁主义、毛泽东思想、邓小平理论、“三个代表”重要思想、科学发展观的继承和发展，是马克思主义中国化的最新理论成果，是党和人民实践经验和集体智慧的结晶，是中国特色社会主义理论体系的重要组成部分，是对马克思主义科学社会主义理论的极大丰富和发展。在习近平新时代中国特色社会主义思想的指引下，党的十九大及其历次全会，更是总结了新时代中国特色社会主义理论和实践，明确提出了坚持和完善中国特色社会主义制度、推进国家治理体系和治理能力现代化，为实现“两个一百年”奋斗目标、实现中华民族伟大复兴的中国梦提供了理论和制度保障。特别需要指出的是，党的十九届四中全会通过的《中共中央关于坚持和完善中国特色社会主义制度 推进国家治理体系和治理能力现代化若干重大问题的决定》进一步深化了社会主义市场经济理论，把所有制、按劳分配和市场经济三项制度并列，都作为社会主义基本经济制度，对社会主义基本经济制度做出了新的概括，这一新的概括是对社会主义基本经济制度的内涵做出的重要发展和深化，是习近平新时代中国特色社会主义经济思想的重要创新与发展，具有科学的理论基础、广泛的实践基础、深厚的群众基础。对于更好发挥社会主义制度的优越性、不断解放和发展社会生产力、推动经济高质量发展意义十分重大。党的十九届四中全会的决定还首次提出了第三次分配，并明确第三次分配在我国经济社会发展中的重要作用和地位，这也是我们党对社会主义认识的深化。党中央始终重视中国特色社会主义市场经济的实践发展和理论创新，继党的十九届四中全会之后，党的十九届五中全会又提出了“十四五”时期经济社会发展的主要目标，要求改革开放迈出新步伐，社会主义市场经济体制更加完善，高标准市场体系基本建成，市场主体更加充满活力，产权制度改革和要素市场化配置改革取得更大进展，公平竞争制度更加健全，更高水平开放型经济新体制基本形成。这无疑将有力推进社会主义市场经济体制的发展和完善。随着我国全面深化改革的各项措施的实施，围绕使市场在资源配置中起决定性作用的经济体制改革的深化，特别是把市场经济体制纳入社会主义基本经济制度，我国国民经济一定能够实现更高质量、更高效率、更加公平、更加持续的发展，全面建成小康社会，推动中国特色社会主义进入新时代，实现中华民族伟大复兴。

党的二十大明确指出，高质量发展是全面建设社会主义现代化国家的首要任务。发展是党执政兴国的第一要务。必须完整、准确、全面贯彻新发展理念，坚持社会主义市场经济改革方向，坚持高水平对外开放，构建“双循环”新发展格局。明确提出充分发挥市场在资源配置中的决定性作用，更好发挥政府作用。

正确的实践必须有科学的理论来指导，我国实现从计划经济体制向社会主义市场经济体制的转变，是我国亿万人民伟大的社会实践，这一伟大社会实践的健康发展，要求有科学的社会主义市场经济理论为指导。众所周知，市场经济早在封建社会就已经萌芽，资本主义社会实行市场经济也已有数百年，因而市场经济的一般理论已经是比较成熟的，而社会主义市场经济的实践如果从党的十四大算起才30余年，虽然在理论上建树了丰硕的成果，而且社会主义市场经济的基本理论已经形成，但是完整的、系统的、科学的社会主义市场经济理论还有待在实践中进行总结、分析、提炼和概括。社会主义市场经济是市场经济的一种形式，所以，市场经济的一般理论同样适用于社会主义市场经济，特别是资本主义国家在发展市场经济中有许多成功的经验和合理的做法，反映了市场经济的一般规律，反映了现代化大生产的内在要求，是人类文明的共同财富，许多方面是我们可以而且应当努力学习和借鉴的。但是，社会主义市场经济又是市场经济同社会主义根本制度相结合的一种新型的市场经济，因而它同资本主义市场经济相比，必然有着自身的特征。所以，我们在建立和完善社会主义市场经济的实践中，必须把市场经济的一般原理同社会主义的根本制度结合起来，把市场经济的各种运行机制同由社会主义的本质所决定的总体运行目标结合起来，在社会主义市场经济的基本知识和基本理论的基础上进行实践和理论创新，推进社会主义市场经济理论的逐步完善。目前已形成的社会主义市场经济的基本知识和基本理论大体可以概括为：（1）市场经济及其运行规律与运行机制；（2）社会主义市场经济理论的形成与发展；（3）我国从计划经济向社会主义市场经济的转变；（4）社会主义市场经济的运行机制和运行规律及其与资本主义市场经济的区别；（5）社会主义市场经济体制的建立和完善；（6）社会主义市场经济必须有正确的宏观经济调控，正确处理市场和政府的关系；（7）经济全球化及构建开放型经济。要加快我国社会主义市场经济体制的建设并使之不断完善，正确掌握驾驭社会主义市场经济健康运行的本领，必须要求我国广大人民，特别是干部、职工、青年学生，努力学习和掌握社会主义市场经济的基本知识和基本理论。所以，中央领导同志指出，在经济体制转换过程中，工作千头万绪，要做的事情很多，目前最紧迫的任务之一，是要在广大干部中尽快普及社会主义市场经济的基本知识。为适应广大干部职工系统学习社会主义市场经济基础知识和基本理论，满足高等院校社会主义市场经济理论课教学的需要，我们以马克思列宁主义、毛泽东思想、邓小平理论特别是关于社会主义市场经济的理论、“三个代表”重要思想、科学发展观以及习近平新时代中国特色社会主义思想为指导，坚持党的基础理论和基本路线，贯彻党的十一届三中全会以来各次党的代表大会特别是党的十八大和十八届中央历次全会以及党的十九大和十九届中央历次全会精神，尤其是党的十九届四中全会精神和党的二十大报告精神，把市场经济的一般理论同我国社会主义根本制度结合起来，努力对40多年来我国以市场为取向的改革开放的成功经验进行概括和提炼，并认真研究和汲取近些年来理论界对社会主义市场经济的研究成果，在此基础上把社会主义市场经济的基本知识和基本理论编写出来并进行不断修订。本书在导论之后，共分6篇15章：第一篇阐述市场经济基本原理；第二篇和第三篇分析社会主义市场经济的建立及其运行；第四篇考察社会主义市场经济体制；第五篇分析社会主义市场经济的宏观调控；第六篇论述市场经济的全球化发展。鉴于本书编写的内容只限于社会主义市场经济最基本的知识和正在发展的理论，我们只能把本书叫作《社会主义市场经济概论》。

导论关键词

1. 中国式现代化　　2. 高质量发展　　3. 第一动力

复习与思考题

1. 简述中国式现代化的特征和特色。
2. 简述中国式现代化的本质要求。

第一篇

市场经济的基本原理

正如研究社会主义商品经济必须先研究商品经济一样，我们要研究社会主义市场经济，同样必须首先分析市场经济的一般内容，只有在分析市场经济一般内容的基础上，才能考察社会主义市场经济的框架、特征、模式、运行等。在一般分析中，市场经济是一种经济形式或经济体制，而非社会基本经济制度，它是人类社会发展进入商品经济在经济生活中起主导作用阶段后资源配置的一种形式，它可以在不同的社会基本经济制度下被采用。当市场经济与特定的社会基本经济制度（生产资料所有制的特定性质）相联系时，它除了具有市场经济的一般属性外，还体现出其特殊性，反映着它所依赖的经济基础、运行目的、利益关系和分配关系。也就是说，当市场经济与资本主义经济制度相联系时，它就成为资本主义市场经济；当市场经济与社会主义经济制度相联系时，它就成为社会主义市场经济。

第一章

资源及其配置

本章重点

1. 稀缺、选择、机会成本与资源配置的关系
2. 资源配置及其三大基本问题
3. 影响资源合理配置的因素
4. 价格机制及其功能

人类需要的满足主要是通过人们生产出产品和提供服务来实现的。而人类物质资料的生产离不开资源。相对于人的需要而言，资源是有限的或稀缺的，为此，人类必须合理而有效地配置资源。经济学研究的核心问题就是资源如何实现合理而有效的配置，它不仅是一个技术问题，即由资源的自然特性决定的物理的、化学的或生物的运动过程，而且更重要的是一个资源配置与利用的社会经济形式问题。

第一节　资源的稀缺性和不平衡性

如果从亚当·斯密（Adam Smith）的《国富论》（1776 年）出版算起，经济学的历史只有两百多年，但是，由于人类经济生活的基础地位和经济问题对人类社会发展的困扰，经济学成为近代以来发展最为迅速的科学，被称为“最古老的艺术和最新颖的科学”“社会科学的皇后”。经济学对人类经济活动的分析是从资源开始的。

一、物质资料的生产与资源

物质资料的生产是人类经济活动的基础，物质资料可以用来满足人们衣、食、住、行、用等需要。生产出满足人们需要的产品，必须具备一些基本的生产要素或经济资源，如劳动者的劳动、劳动资料、劳动对象、经济信息等，这些要素或资源在生产过程中结合起来，从而才能生产出满足人们各种需要的产品。

资源是指经济活动的投入，是物力、人力、财力、技术和信息等各种物质要素和非物质要素的总称。资源按其是否可以自由取得，分为自由资源和经济资源。自由资源是指可以无代价地自由取得的资源，如阳光、空气等。经济资源是指必须付出代价才能获

得的资源，如夜晚获得的灯光、海底取得的氧气、内陆获取的海水等有特定使用价值的商品，等等。自由资源与经济资源的划分并不是固定的。有一些资源曾经是自由资源，或在一些地区是自由资源，但随着时间的推移和地点的转移，这些资源会变成经济资源。如在许多城市，水已经不是不付出代价就可以取得的了，已变得比较稀缺，必须通过生产或努力才能取得可供使用或饮用的水。同样，随着工业污染的日趋严重，一些地区的人想呼吸新鲜空气必须付出成本。随着时间的推移，人类可以获取的自由资源越来越少，绝大多数的资源都已变为稀缺的、付出代价才能获得的经济资源。

经济资源可分为人力资源和非人力资源。人力资源是指各种形式的潜在劳动，如知识、技术专利、劳动技能等。非人力资源包括自然资源（如矿山、森林、河流、耕地、能源等）和存量资本（如生产工具、原材料、建筑物、工作台、道路、桥梁等）。也有人把经济资源的构成分为劳动、土地、资本、企业家才能。

二、稀缺资源和资源配置

（一）人类需要的无限性

人类的需要有两方面的性质：第一，多样性。它是由人的生理本性和人们生活的自然环境产生的需要，如吃穿用行、琴棋书画、花鸟鱼虫等。生存需要、享受需要、发展需要等，构成了一个复杂的需要结构。这一结构随着人们生活的社会环境和社会历史条件的变化而变化。第二，无限性。人类需要会不断地从低级向高级发展，不断扩充其规模。旧的需要满足了，新的需要又会产生，需要从历史发展过程看是无限的。

需要不同于需求。美国著名心理学家马斯洛（Maslow）详细地证明了人类需要具有递进的多层次性和无限性。注意，人类需要的多样性和无限性是就长期和总体而言的。在特定时期和一定约束下，人类的需要是特定的和有限的，经济学用需求来定义一定约束下的需要。需求是指一定时期对应于某一商品的不同价格，人们愿意购买且能够购买的数量，需求与支付能力、收入约束、偏好、政策、市场选择等有关，是给定的需要，而需要不计价格和成本，不考虑个人差别及变化，属于宏观层面，是计划中心首先要考虑的事情。

需要与需求是不同的，需求是受价格、成本约束的，是有条件的，随着约束条件的变化而变化。当需求大于供给时，产生短缺，买者竞争使价格波动，价格上升抑制需求，刺激供给，短缺消失。而需要则是无限的、无条件的，永不消失，只能依靠选择来解决稀缺问题。人类需要就长期和总体而言是永无止境、多种多样、不断变化的，而满足需要的资源始终是稀缺的。资源稀缺性无论是在贫穷的非洲还是在富裕的欧美都同样存在。

（二）资源的有限性和不平衡性

相对于人无限的需要而言，满足需要的资源是有限的、不充分的。资源稀缺性也叫资源的有限性，它是指相对于人类社会无穷的欲望而言，经济资源或者说生产那些满足需要的产品和服务的资源总是不足的。资源的有限性有两层含义：一是资源相对于人类不断变化的需要结构和多样化的需要而言是不平衡的，人们不得不进行选择，分出轻重缓急，在满足需要时分出先后顺序；二是资源的分布在不同地区、不同国家、不同的阶级或阶层是不平衡的，彼过剩此不足，有时甚至稀缺与过剩并存。总之，分布和结构的失衡导致每一个体和群体都面临资源稀缺性难题。

区分稀缺与短缺是必要的。短缺是指供不应求；若供求均衡，短缺就不存在了。而稀缺是相对于人类无限多样的需要而言的，是一个恒久存在的人类始终要面对的问题。短缺对应需求，稀缺对应需要。

（三）选择和资源配置的基本问题

为了解决需要的无限性和资源的有限性之间的矛盾，人类不得不在具有多种用途的资源与满足不同需要之间进行选择。所谓选择就是如何利用既定的资源去生产量多质优的经济物品，以便更好地满足人类的需要。

人类进行选择的过程也就是资源配置的过程，因为选择要解决三个基本问题：

第一，生产什么。由于资源有限，用于生产某种产品的资源多一些，用于生产另一种产品的资源就会少一些。人们必须做出抉择：用多少资源生产某一种产品，用多少资源生产其他产品。

第二，怎样生产。不同的生产方法和资源组合是可以相互替代的。同样的产品可以有不同的资源组合（劳动密集型方法、资本密集型方法或技术密集型方法）。人们必须决定各种资源如何进行有效组合才能提高经济效益。同样的产品生产在不同的外部环境下会有不同的劳动生产率，所以，人们还必须决定将资源配置到哪里最有效。

第三，为谁生产。人们必须决定产品如何在人们之间进行分配，根据什么原则、采用什么机制进行分配，分配的数量界限如何把握等。

由资源的稀缺性和选择性引发的这三大基本问题，被称为资源配置问题。

资源虽然稀缺，幸好有多种用途供我们选择；需要虽然无限多样，幸好我们可以理性地排出次序和轻重缓急；选择虽然多样，幸好有价格与货币工具，我们可以据此进行成本与收益的比较而做出明智决策。

选择有两种：一种是非此即彼、有与无的选择。如这次旅游选择去海南三亚，就不能同时去西藏布达拉宫。另一种是多与少的权衡取舍。比如收入或时间，用于 A 种用途多一些，则用于 B 种用途就会少一些。如果你有 100 万元，可以用于购买股票、债券、邮票、住房，可以用于储蓄，也可以用于支付 MBA 的学费，你会发现进行选择不是一件简单的事。西方经济学就是关于选择的学问，学习这门课有助于你做出明智的选择。记住，经济学简单地讲就是研究稀缺资源配置（稀缺资源选择）的学问。

（四）资源有限性与选择成本

在资源一定的情况下，多生产甲产品，必须以少生产乙产品为代价。“有得必有失”“鱼和熊掌不可兼得”“甘蔗没有两头甜”讲的就是资源约束条件下的选择成本问题。

选择成本又叫机会成本，它是指做出一项选择时从所放弃的其他可供选择的最好的资源用途中获得的收益。选择成本是资源有限性的函数，它是直接由选择问题引申出来的一个经济学概念。例如，某人投资 100 万元，可供选择的用途及收益可能是：A. 投资商厦获利 20 万元；B. 投资旅游获利 30 万元；C. 投资股票获利 40 万元。如果他选择了 C，则放弃了 A 和 B。在放弃的用途中，最好的投资用途是 B，则选择（隐性）成本或机会成本是 30 万元。所以，机会成本也可以理解成次优选择收益。

选择成本（机会成本）的概念在经济学和经济管理中有着十分广泛的用途。企业经常面临生产什么的决策问题，居民和家庭则经常面临在收入有限的情况下选择某项消费而放弃其他消费所能获得的收益的问题。

两难选择虽然困难甚至痛苦，此多彼少，它们互为机会成本，但无论如何，能够选择是人类的进步和福祉，就像今天的青年男女恋爱自由、婚姻自主一样，选择多多，总比过去包办婚姻强多了。今天人们可以自由选择，而且有市场经济知识帮助他们做出正确选择。

把机会成本分析方法用于整个社会生产的分析，我们会得到经济学中的另一个重要概念——生产可能性边界。生产可能性边界是指一个社会用其全部资源和当时的技术所能生产的各种产品的最大数量的组合。

由于整个社会的经济资源是有限的，当这些经济资源都被充分利用时，增加一种产品的一定量的生产，就必须放弃另一种产品的一定量的生产。整个社会生产的选择过程形成了一系列产品的不同产量的组合，所有这些不同产量的组合就构成了社会的生产可能性边界。下面，我们举例说明生产可能性边界的含义。

假设一个社会将其全部资源用于 A 和 B 两种产品的生产，那么生产可能性边界可用图 1–1 表示。

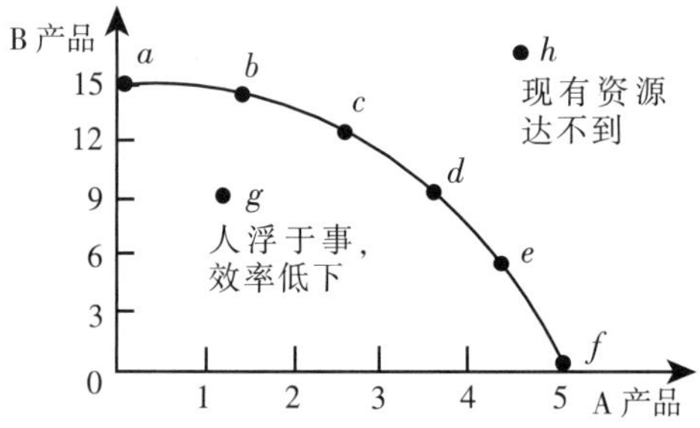

图 1–1　生产可能性边界

图 1–1 中，曲线——生产可能性曲线（点 *a*、*b*、*c*、*d*、*e*、*f* 的连线）表示一个社会在资源有限、技术一定的情况下所能生产的 A 产品和 B 产品的不同产量组合，它规定了在既有资源约束下所能达到的产量组合边界。如果选择点 *b*，则社会得到的 B 产品多于 A 产品；如果选择点 *e*，则 A 产品增加，同时必须放弃部分 B 产品。曲线上的任意一点都表示全部资源被利用时，社会可接受并得到的产量组合。曲线以外是产量达不到、不能成立的，因为没有足够的资源；曲线以内虽可以达到，但没有有效利用资源，所以生产可能性曲线又叫生产可能性边界。

生产可能性曲线（边界）可以说明三个概念。

（1）资源的有限性：边界以外无法达到的组合意味着资源的有限性；

（2）选择：边界线上各种组合的存在意味着选择的可能；

（3）选择成本或机会成本：曲线向下倾斜意味着机会成本的存在，“天下没有免费的午餐”，选择是有代价的，要想获得多一些 A 产品，必须以放弃或牺牲一些 B 产品为代价。

第二节　资源配置是经济学的核心问题

一、资源配置贯穿社会再生产过程的始终

社会生产和再生产过程也就是资源配置过程，资源配置的效率决定了社会生产和再生产过程的效率。

在生产环节，人类要不断地把生产要素或资源（劳动、土地、资本）转换为满足人类需要的产品和服务，它涉及各种生产要素的配置地域和比例、要素的节约、生产者的激励，要比较投入与产出、成本与收益，要选择合适的企业组织方式，等等。

在分配环节，首先要对生产资源进行分配，即马克思讲的生产工具的分配，社会成员在各类生产之间的分配。其次是进行产品的分配，产品的分配将对后一周期的资源配置效率产生直接的影响。资源的稀缺性使得人们会比较和分析资源分配和产品分配的效率。

在交换环节，既要进行资源的交换（在分工条件下各部门、各企业通过资源交换来实现资源配置和再配置），又要进行产品的交换，产品交换可以更有效地满足人类的需要。

在消费环节，既要有各种生产资源，如原材料、生产工具、劳动力的消费，又要有消费品的消费。消费的效率取决于生产资源配置和消费品组合的效率。因此，消费选择也涉及资源的配置问题。

综上所述，生产、分配、交换、消费这四个环节都会涉及资源的稀缺性、选择性和配置问题，所以说社会生产和再生产过程本质上是资源配置过程。

二、影响资源有效配置的因素

（一）资源配置方式

选择不同的资源配置方式会直接影响资源配置的效率。如果计划中心和政府能准确完整地掌握社会供给与需求的信息，能够及时适应市场结构和需求的变化，那么，计划配置方式可能实现经济资源的有效配置；如果为了迅速地动员和集中社会资源，实现社会在非常时期的特定目标，那么，适合采取计划配置方式。反之，则应主要采取市场配置方式。

（二）财产关系

财产关系首先是财产的所有制关系，谁掌握了财产，谁就有支配财产和资源的权力。生产什么、生产多少、为谁生产等问题，最终是由资源所有者的意志、利益和理性选择决定的。财产关系不仅决定产品分配给谁，还直接决定生产、交换、分配、消费关系，从而决定和影响资源配置的效率、格局、目标、后果。

（三）决策结构

经济决策权在社会成员之间进行分配的模式分为集中决策型、分散决策型、集中与分散结合决策型三种类型。这些不同的决策方式在不同情况下的资源配置效率是不一样的。

（四）信息结构

不同的决策方式有不同的信息收集、分析、传递、反馈的机制和渠道。市场配置方式通过价格波动传递供求和资源稀缺状况的信息；计划配置方式则通过层级组织机构传递稀缺状况和供求结构的信息。

（五）竞争与垄断

经济生活中的竞争是不完全的，垄断是对竞争的限制（买方垄断、卖方垄断、资源垄断、技术垄断、产品垄断、企业垄断、行业垄断、政府特许垄断）。经济学根据竞争与垄断的程度，把市场划分为完全竞争市场、垄断竞争市场、寡头垄断市场、完全垄断市场。竞争与垄断的程度对资源配置效率有重要的影响。除了以上经济因素外，政治制度、意识形态、文化传统等非经济因素也会影响资源配置。

第三节 资源配置方式

资源配置包括宏观配置和微观配置。宏观配置是指资源在国民经济范围内的配置（企业间、行业间及地区间的资源流动）；微观配置是指资源在企业内部的配置。资源宏观配置的方式主要有两种——计划配置方式和市场配置方式。

一、计划配置方式

计划配置方式是计划经济体制中占主体地位的资源配置方式，它通过计划机制的作用过程实现资源的配置。在这种资源配置方式中，资源配置的决策者是中央计划机构，配置的手段是以行政指令形式层层下达的计划指标，产品稀缺程度的显示信号是计划平衡决算的差额或缺口。

计划配置方式通过中央计划来决定生产什么、怎样生产和为谁生产。为了保证资源的计划配置的实行，必须建立全国统一的银行、供销、劳动工资、投资、物资、统计、商业、技改、福利、医疗等机构。以计划配置机制实现资源配置的计划经济体制的优点是:（1）可以集中人力、物力、财力优先发展国民经济急需的项目，完成经济发展总体战略。（2）有利于迅速实现国民经济的恢复，在国民经济的粗放经营阶段，能保证国民经济的重大比例关系协调和经济相对稳定增长。（3）在人民生活水平较低的条件下，可以保证或有利于解决社会成员的温饱问题。计划经济体制的缺点是:（1）信息问题。计划中心难以搜集和把握千变万化的市场需求规模和结构的信息，容易出现生产与需求的脱节。（2）动力问题。计划配置无法为每一经济主体提供持久的经济动力，从而使社会从宏观到微观都缺乏活力。（3）失衡问题。经济过程中的失衡（生产与需求、规模与结构、需求供给与计划的失衡等）得不到及时调整。（4）配置成本问题。为推动经济运转，必须建立与决策、计划、资源分配、流通、核算相适应的机构和组织，这需要花费一定量的人力、物力、财力，从而会使社会交易成本不断增加，最终会导致资源配置成本加大和经济效益下降。（5）政企不分和条块分割问题。政企不分导致互相推诿扯皮现象、“公文旅行”“文山会海”、效率损失；条块分割使经济运转不灵、资源流动受阻、经济僵化、增长迟缓。

二、市场配置方式

（一）市场配置方式的特征

市场配置方式是指以市场和市场机制配置资源的经济形式。市场经济体制是指以市场为基础配置资源的经济体制，它通过市场机制来解决生产什么、怎样生产、为谁生产这三大基本问题。

市场配置方式有三大特征:（1）决策的分散化;（2）资源流动和生产结构及规模的市场化;（3）资源和产品的分配竞争化（资源所有者收入的多少由要素的供求决定）。

（二）市场配置方式的局限

第一，市场配置难以实现长期的经济发展战略目标；第二，对宏观经济总量平衡和结构平衡的市场调节过程较长；第三，市场配置不能解决经济的外部效应问题、垄断问题、公共物品的有效供给问题和信息不对称问题。它不能对有益外部性（发明、公共教育、基础研究、社会福利）进行激励，也不能对有害外部性（污染、不公平、贫富悬殊、两极分化等）进行自动抑制和调节。

针对市场配置的缺陷，许多国家的政府通过宏观调控，采取必要的需求政策（财政政策和货币政策）和供给政策（税收政策和补贴政策）、消费政策、收入政策和产业政策等予以矫正。

三、以市场配置方式作为基本形式

（一）市场配置的决定性作用

在现实经济生活中，许多国家的经济体制都是计划配置与市场配置不同程度的结合，经济学家把计划经济体制与市场经济体制结合的体制称为混合经济体制。

计划配置与市场配置的混合并不意味着二者的并列或一半对一半，而是以其中某一种方式为主，另一种作为辅助或补充。在市场经济条件下，要实行的是市场的资源配置方式。

经济发展和经济增长以市场为基础，更有利于经济向集约化转变。通过市场机制配置资源，使市场在资源配置中起决定性作用，是市场经济的本质要求。市场在资源配置中起决定性作用包括以下几层含义：（1）生产什么、生产多少、怎样生产、为谁生产，主要应由市场决定；（2）人们之间的经济联系和经济活动主要在市场中进行；（3）市场机制和价格信号是经济决策（投资决策、消费决策）的主要依据；（4）收入分配主要由市场供求决定；（5）实行市场经济体制必须尊重市场在资源配置中的主体地位和决定性作用，其他任何力量都不能代替市场的作用。但是，这并不意味着否定或忽视政府的作用，而是要求更好地发挥政府的作用。政府的作用主要是制定规则、维护秩序、促进竞争、限制和消除垄断。

（二）市场机制的特征

市场机制是通过市场价格和供求关系变化及经济主体之间的竞争，协调生产与需求之间的联系和生产要素的流动与分配，从而实现资源配置的一套有机系统，其核心是市场价格机制与竞争机制。

市场机制作为由价格、竞争、供求、利率、工资等市场要素形成的有机制约体系，主要包括价格机制、竞争机制、供求机制、利率机制和工资机制等。构成市场机制的这些机制，在其相互作用过程中具有下述特征。

1. 关联性

即任何一个机制的作用都会引起其他机制的连锁反应并要求其他机制的配合。例如，供求变化会引起价格的涨落，供大于求则价格下跌，供不应求则价格上升；价格涨落会引起利润的增减，价高则利大，价低则利小；利润的增减会引起投资活动的变化，利润大则投资增加，利润小则投资减少；投资的变化会引起利率和工资等的变化；投资、利率、工资等的变化又会引起供求关系发生变化；供求关系的新变化又会引起价格、利润、投资、利率、工资等的新变化……如此循环无穷。如果某个机制发生呆滞，那么其他所有机制就会难以正常地起作用，从而整个市场机制的功能就无法发挥出来。例如，在价格严重扭曲的条件下，利率机制就会丧失对投资活动的调节作用。因为当某种产品的价格畸高时，生产者能获得高额利润，再高的利率也挡不住生产者扩大贷款规模；当价格过低时，利率机制同样会失灵。

2. 制约性

即通过对每个经济主体的经济利益的影响（盈利或亏损）来发挥作用。例如，价格机制通过价格的涨落影响每一个生产者和消费者的利益，从而协调生产和消费的关系；竞争机制和风险机制使生产者与投资者时时都感受到获取利益的诱惑力和失去利益的压力，从而在利益的作用下精心经营，严格管理，努力采用先进的生产技术和方法。

3. 客观性

即在某种特定条件下，市场机制必定会发生某种作用，而当不具备这种条件时，其作用就必定无从发挥。例如，价格机制发挥作用的关键条件，是价格与价值的背离无论在程度上和方向上，还是在时间上和强度上，都应该是灵活的。如果价格存在刚性或失去弹性，市场价格或者对供求无影响，或者逆向调节，则有价无货或黑市交易就会出现。

4. 内在性

即它的作用是来自内在的某种机理，而不是来自外部的力量。例如，弹性较大的商品，价格提高必将引起该商品供给增加和需求下降，这是由价格与供求之间的相互联系与制约（商品供求价格弹性）的关系决定的。市场机制的这个特点，要求我们必须改变过去那种对市场机制采取直接行政控制的办法，而对市场机制实行间接的参数控制。例如，国家对价格的控制不应是直接规定市场价格，而应是通过影响产品供求、货币供求来间接影响价格，使价格能够正确地反映供求关系和调节企业的经营活动。

5. 动态性

即它无时无刻不是在运动、变化之中发生作用的。因此，不能试图通过行政办法使市场机制固定化，而应该创造条件，使它对外界的刺激反应灵敏和迅速。

从市场机制的上述五个特征可以看出，市场机制主要有两个功能：一是作为指示器向企业和消费者反映市场供求状况；二是作为利益制约力量调节企业的生产和经营活动，引导和制约消费者的购买决策。

（三）竞争机制和价格机制

在市场经济运行中，竞争机制和价格机制是最基本、最重要的市场机制，一般人们讲到市场机制，主要就是指竞争机制和价格机制。

1. 竞争机制

所谓竞争机制，是指竞争同供求关系、价格变动、生产要素的流动与组合以及市场成果分配诸因素之间的有机联系和运动趋向。

以商品市场为例，竞争包括买者之间的竞争和卖者之间的竞争。竞争的主要手段，在同一生产部门内主要是价格竞争，企业以较低廉的价格战胜对手；在部门之间主要是资金的流入或流出，资金由利润率低的部门流向利润率高的部门。竞争的内容包括争夺较大的销售市场、争夺资金来源、争夺先进技术、争夺技术人才等。竞争机制充分发挥作用和展开的标志是优胜劣汰。因此，竞争机制的功能一方面是保证价格机制和信贷利率机制等市场机制的充分展开，并充分发挥其功能；另一方面是保证市场机制对企业活动的充分调节。可见，竞争是市场机制的一个基本要素。市场机制促进社会生产力发展和调节社会生产比例的作用，都是通过竞争机制来实现的。竞争可以促使企业改善经营管理和提高劳动生产率，可以促使各企业的资金在社会生产各部门之间流动。

如果没有竞争或缺乏竞争，占据市场垄断地位的少数企业就会靠牺牲其他市场参与者（生产者和消费者）的利益谋取垄断利润，整个社会的经济效益和福利水平也就会因此降低。经济学家常讲“一个竞争者胜过一打物价监督员”“竞争的恶魔胜过垄断的天使”，竞争能降低商品的市场价格，增加商品的功能和品种，促使厂商提高产品质量和服务质量。正由于此，市场经济下政府的主要职责就是通过经济政策、法律法规、行政管理等各种手段促进竞争，让所有市场主体都公平地参与市场竞争。

2. 价格机制

在市场机制中，价格机制处于核心地位。价格机制是指价格变化同商品或资源的供求之间的有机联系。具体地讲，当某种商品的市场价格上升时，生产这种商品的利润就会增加，从而会导致其他部门的厂商把资金、人力、物力投入该种商品的生产，于是，该种商品的供给增加。当该种商品的市场价格下降，使得生产这种商品无利可图时，生产者就会抽出资金，最终使这种商品的供给下降。价格与生产者供给的产量同方向变动，而同消费者对商品的需求量反方向变动。

供求、竞争、价格的相互作用最后会使商品的供求趋于一致，形成相对稳定的均衡价格和均衡产量。

价格机制是一种没有上级指令的工作系统，它的运转不需要人们用语言传达命令，不管彼此是否喜欢，价格是无声的语言、无色的指挥灯，它通过一系列供求、竞争的联系，产生无意识的协调作用。人们把价格机制比喻为一架精巧的机器，尽管它存在着不完善之处，却解决着数以万计的、关系复杂的问题。任何一个大城市，人口成百上千万，每天要消费难以计数的粮食、果品、肉类、蔬菜，每天有成千上万的人去购买电器、衣物、日用品，这就需要有物品的流进与流出。但是，每天有多少种不同的产品被多少个不同的生产者生产出来，又被多少个不同的批发商分发给多少个不同的零售商，再转卖给多少个收入、爱好各不相同的消费者？每天消费的大米、面粉、蔬菜、鸡蛋又经过多少道环节才到达消费者手中？如此庞大而复杂的经济流程是如何进行的？这一切都是在没有任何人设计、指导和计划下自行完成的，是市场机制这只神奇的“看不见的手”创造出来的。著名经济学家、诺贝尔经济学奖获得者萨缪尔森（Samuelson）说，亚当·斯密发现的价格机制是人类最伟大的发现之一，它可以与牛顿的伟大发现相提并论。另一位诺贝尔经济学奖获得者哈耶克（Hayek）谈到价格机制的特点时指出，价格体系的最重要的特点是，其运转所需的知识很经济，也就是说，参与这个体系的个人只需要掌握很少的信息便能采取正确的行动。最关键的信息只是以最简短的形式，通过某种符号来传递的，而且只传递给有关的人。价格体系正是人类偶然发现的、未经理解而学会利用的体系（虽然人类远非已经学会充分地利用它）。

在市场经济中，价格机制有四大功能或作用。

第一，传递信息的功能。商品短缺的信息会立即通过价格上涨传达出来并影响供求双方的行为，价格上涨使该商品的消费者减少需求，而使该商品的生产者扩大生产规模、增加产品供给；商品过剩的信息通过价格下跌来传递，引起消费者增加对该商品的需求，而使生产者撤出资金、缩小生产规模，从而引起该商品的供给减少。

价格传递的信息是多方面的，一切影响供求变动的因素的变化都会在价格波动上得到反映，例如，消费者的收入水平、社会收入分配平等程度、消费者的偏好、社会人口数量及构成、民族传统、风俗习惯、生产者对未来的预期、技术水平、生产要素成本以及宏观产业政策等因素的变化，都会不同程度地引起需求和供给的变动。通过价格以外的途径去全面搜集、捕捉、分析这些信息是非常困难的。只有价格才能综合传递这些因素对供求的影响。对生产者和消费者而言，他们恐怕不知道价格涨跌的原因，他们也不需要知道价格为什么涨跌，他们只要了解价格变化及变化趋势并做出相应的反应就够了。

以股票价格变动为例。经济学家至今还未完全弄清楚究竟是什么因素直接导致了股市的大起大落，这恐怕是因为影响股价涨落的因素太复杂、太微妙了。但是在规范化的市场中，股价的波动传递着一个重要的综合性信息：股市行情看涨，说明投资者信心足、预期乐观，国际国内经济政治环境较好；股市行情看跌，说明投资者对前景悲观，经济政治环境变化微妙。所以，股市（股票价格指数及成交额）被视为一国经济状况的“晴雨表”，它传递的信息是综合性的，有重要的参考价值。当然，对厂商或居民而言，知道股价涨了或跌了就足够了。

第二，合理配置资源的功能。合理配置社会资源，就是对各种有限资源按照社会生产的内在联系，进行各种用途的分配，并取得最佳社会经济效益。在市场经济中，市场主体以盈利最大化为目的，哪个部门商品价格上升，就意味着哪个部门的生产者可以获得较多的利润，社会资源就会流进哪个部门；反之，哪个部门商品价格下降，资源就会从哪个部门退出，流到市场价格高、利润率高的部门中。当某部门资源投入过多、产品供过于求时，其市场价格就会下降，利润就会减少；反之，当某部门资源投入过少、产品供不应求时，其市场价格就会上升，利润就会增加。资源在价格变动的引导下在部门间的流进流出使得社会资源得到调节，最终实现资源的合理配置。

第三，提供生产动力和促使企业展开竞争的功能。每个生产者和生产要素供给者都会不同程度地对价格变化做出反应，供给对价格做出的这种反应（供给价格弹性）表明价格能提供生产动力（激励）并促使企业展开竞争：一旦预期到某种商品价格看涨或发现某种商品价格开始上涨，生产者就会增加生产，扩大规模以赚取利润。价格的激励作用使其他生产者也从事该种商品的生产。当社会上该种商品供给量增加并超过市场需求时，价格就会开始下降，生产者为保证一定的利润，就不得不努力降低成本，采用新技术，提高产品质量；当该行业竞争激烈，供给量大量增加，价格继续下降时，生产该商品的部分生产者就会把资金抽出并投向别的行业。激烈的竞争使商品越来越丰富，最终达到要素或资源的合理配置。

第四，影响或决定收入分配和收入水平的功能。市场中，一个人收入的多少取决于他拥有的生产资源（土地、生产工具、劳动力、资金、技术专利、企业家才能等）以及这些资源的市场价格。某种资源或要素市场价格的涨跌实际上影响拥有该种资源或要素的人的收入，进而相对地减少或增加其他要素所有者的收入。所有要素市场价格都平衡地或同比例地涨落，一般不会影响到人们的相对收入；而各种要素市场价格非平衡或不同比例的变动，会引起人们相对收入的变化。物价总水平的变化也会影响人们的收入分配。以物价上涨为例，它会减少债权人、工薪阶层、现金持有者、出租人、退休金领取者、固定收入阶层和抚恤金领取者的实际收入，而相对地增加债务人、雇主、黄金持有者、不动产和实物拥有者、承租承包者的实际收入。所以，价格变动引起人们相对收入水平的变化，从而起着重新分配利益的作用。

本章关键词

1. 资源稀缺性　2. 经济资源　3. 选择　4. 资源配置
5. 机会成本　6. 计划配置方式　7. 市场配置方式　8. 价格机制

复习与思考题

1. 什么是资源配置及资源配置方式?
2. 比较计划配置方式与市场配置方式。
3. 简述价格机制及其作用。

第二章

市场经济的形成与发展

本章重点

1. 市场、市场主体、市场客体以及市场运行
2. 市场经济的特征
3. 古典市场经济和现代市场经济
4. 市场机制的构成及其作用条件

市场经济是生产社会化和商品经济发展到一定高度的产物。本章将对市场经济的一般范畴，如市场、市场经济、市场主体、市场运作、市场机制、市场价格、市场格局、市场经济的历史演进以及市场经济规律等进行分析，从而为以后各章对社会主义市场经济理论的深入研究提供知识背景。

第一节　市场与市场经济

市场经济是指以市场机制作为配置资源基本手段的一种经济体制。在这种方式下，生产什么、生产多少、怎样生产以及为谁生产等问题，都要依靠市场供求的力量来解决。本节将对构成市场经济的一些基本要素（市场、市场主体、市场客体、市场运行及其条件）做一些介绍。

一、市场、市场主体和市场客体

（一）市场

所谓市场，简单地说就是商品或劳务交换的场所或接触点。市场可以是有形的场所，如商店、贸易市场、证券交易所、展销会、订货会；也可以是无形的场所，一个电话或某个场合签订的合同便可完成商品或劳务的交换，无须固定的场所。市场除了有形和无形的划分外，还有其他的划分方法，如按市场覆盖的范围划分为国际市场、国内市场和地区市场，按交易商品的自然性质划分为消费品市场、生产资料市场或生产要素市场，

按商品流通方式划分为批发市场和零售市场，按商品交易时间划分为现货交易市场和期货交易市场，等等。

（二）市场主体

市场的参与者被称为市场主体，即市场上从事各种交易活动的当事人，它包括自然人、家庭、企业、社团组织、政府、经济组织的法人。市场主体以买者或卖者身份参与市场经济活动，活动中不仅有买卖双方或供求双方的关系，还会有买方之间、卖方之间的关系。供给方为市场提供商品、劳动力、房屋、土地、资金、技术、信息，为争取更多的买者和更高的价格，从而获取更多的盈利，彼此之间会展开激烈的竞争，如提供新产品和服务，提高产品和服务质量，降低价格、利率、租金、工资等，以吸引买者；需求方同样为争取到自己需要的产品、服务和生产要素展开竞争，谁出价高，谁就在竞争中获胜；供求双方各自的竞争导致价格上下波动并趋近于内在价值。

（三）市场客体

市场客体是指市场主体在市场活动中的交易对象，体现着市场交换中的经济关系，是各种经济利益关系的物质承担者，它包括商品、劳动力、土地、技术、资本、信息等。市场主体与市场客体是构成市场运行的两大系统。

二、市场运行及其条件

（一）市场经济和市场运行

如果不考虑政府的作用，市场经济体系中有两个部门，一个是公众（居民），另一个是厂商（企业），两个部门的相互关系既可以说明国民经济的运行、循环，也可以说明市场经济的运行。

市场经济是指通过市场配置社会资源的经济形式，它是竞争性价格、市场供求、市场体系等一系列市场要素及其相互关系的总和。图 2–1 对市场经济中的市场主体、供求关系、市场体系、价格机制及市场经济的运行做了全面的概括。

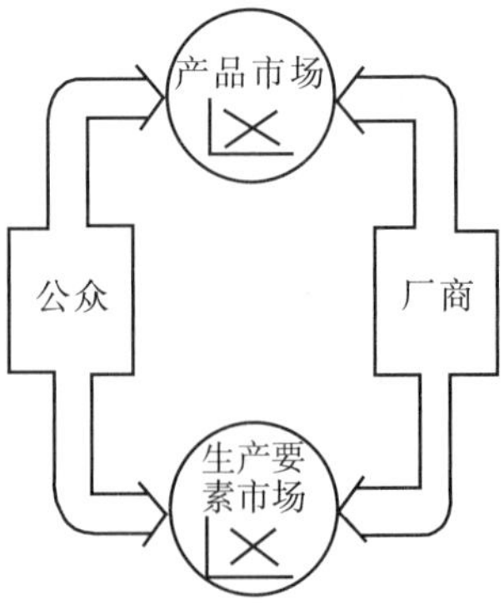

图 2–1　市场经济运行图

首先考察图 2–1 左方的表示公众的方框，公众为了从消费中取得最大的效用，到该图上面的圆形所表示的产品市场上购买产品。供给这些产品的是图右方的厂商，厂商之所以供给这些产品，目的在于取得最大利润，而为了取得最大利润，它必须把生产费用降到最低水平。因此，在图上方的圆形所表示的产品市场上形成了两条曲线：需求曲线和供给曲线。产品市场上的供求相等意味着社会能以最优的方式（最低的生产费用）使用资源来使消费者得到最大的满足（最大的效用）。

为了进行生产，图右方的厂商必须在图下方的圆形所表示的生产要素市场上进行购买，从而，生产要素市场上的需求曲线代表为了满足消费者的需求而造成的引致需求。为了取得收入，图左方的公众也必须在图下方的生产要素市场上出卖生产要素。在这一市场上，供求相等或供求曲线的交点意味着各种生产要素（劳动力、资本、土地）都得到了对它们在生产上的贡献支付的报酬。

（二）市场运行的三大条件

市场的运行或市场对社会资源的配置是通过市场机制来实现的，即在社会分工的基础上，市场主体的交换和合作完全是自愿的，他们分散地做出决策，受“看不见的手”的支配去实现利益最大化，最终协调了社会生产和消费。市场运行的正常进行，必须具备以下三大基本条件。

1. 市场选择和分散化决策

在一定时间内，社会需要何种形式的资源组合，生产什么、生产多少、怎样生产、为谁生产，归根结底与人们对商品和劳务有支付能力的市场需求有关，即资源配置的途径是以市场需求或市场价格为导向的。当然，需求本身的形成离不开供给和人们的收入水平、分配的平等程度和社会经济结构。

资源配置主要不是通过自上而下的指令，而是通过市场，以市场需求为导向，这就是市场选择。市场选择是由不同的市场主体根据各自的利益分散地做出的，这被称为分散化决策（区别于计划经济中的集中化决策）。分散化决策是市场的固有特征。具体地说，每个企业和个人自行决定自己投入多少资源，以何种形式组合资源，生产什么样的物质形式，如何销售它们以取得货币收入，怎样分配和消费收入所得，等等。在市场的投入、产出、销售和分配等决策中，所有市场主体的分散的决策汇集成整个市场关于资源组合和资源投向的决策。市场决策的分散性表明，整个市场的选择是由各个个别的选择导致的，并非先有整个市场的选择，再由它来导致分散的企业或个人的决策。分散的企业或个人的目标和偏好不一定相同，这样整个市场决策带有趋势性，大多数企业或个人的决策倾向、偏好决定市场整体决策的性质是扩张性的还是紧缩性的，从而导致经济高涨或经济衰退。

在市场分散化决策中，信息的完备和信息的畅通保证了每个参与市场经济活动的企业和个人都能够做出有利于自己的决策，从而也就提供了有利于整个市场经济活动协调运行的必要条件。信息的完备包括每个企业和个人都能掌握社会上现有资源的组合和使用情况，从中了解到其他企业和个人所做出的选择或决策。信息的畅通是指对信息的了

商品经济的产生和发展首先是以社会分工为基础的。在原始社会末期，不同的原始公社之间已经出现了偶然的商品交换。随着社会生产力的提高和剩余产品的增加，历史上出现了三次社会大分工，即畜牧业和农业、手工业和农业以及商业和农业之间的分离，从而产生了货币和商业，商品交换得到了进一步发展，成为一种特殊的经济联系方式。

但是，从原始社会解体到奴隶社会再到封建社会相当长的历史时期里，自给自足的自然经济是占主导地位的经济形式。商品交易的规模、范围和发展水平都十分有限。只有在地中海沿岸等一些以贸易为主要经济生活方式的特殊地区，商品经济才得到了较为充分的发展。随着生产力的发展，市场交易的范围在逐步扩大。美洲和东印度航路的发现、东印度和中国市场的开拓、美洲的殖民化、对殖民地的贸易的展开，使商业、航海业和工业空前高涨；蒸汽机和机器引起的工业革命，使现代大工业代替了手工业，传统自给自足的经济形式和封建制度彻底瓦解，各民族的自给自足的闭关自守被相互的交往和依赖所代替。随着封建自然经济的瓦解和工业革命的发生，商品经济得到巨大的发展并逐渐成为社会经济生活中普遍化的经济形式。随着国内国际市场的形成，市场机制的作用自然就覆盖全国以至国外，这时市场经济作为社会范围的资源配置方式真正确立起来了。商品经济的普遍化和工业革命的另一个结果就是资本主义生产方式同时取代封建生产方式而建立起来。可见，市场经济和资本主义生产方式都是商品经济和社会生产力发展到一定高度的产物。

市场经济是随着生产力的发展和社会经济条件的变化而发展变化的。最初的市场经济是自由的市场经济，在这种市场经济中，自由竞争是资源配置的唯一基本方式，政府的职能只是维护外部的法律秩序。随着社会化生产的发展，自由的市场经济转变成了国家干预下的市场经济，政府的宏观调控成了资源配置的另一个基本内容。现代的市场经济就是政府宏观调控下的市场经济。

由上述分析可见，市场经济是高度发达的商品经济，是商品经济发展到一定高度的产物。

二、市场经济的内涵及其特征

（一）市场经济和市场经济体制

市场经济是社会通过市场机制配置经济资源（劳动力、土地、资本、技术、知识、信息）的一种经济形式。

在人类社会的经济活动中，人们无不面临着生产什么及生产多少、怎样生产、为谁生产、由谁决策这四大基本经济问题。然而，社会经济资源是有限的，社会对经济资源和物品的需要却是无限的，投入某种需要上的资源的增加必将导致投入其他需要上的资源的减少。因此，如何把有限的社会经济资源合理地分配到社会需要的众多领域中，并且使这种配置最为有效，成为社会经济活动中人们最为关心的问题。任何社会，只有做到人尽其才、物尽其用、财尽其力、地尽其利，才能被认为实现了资源合理而有效的配置。为了达到这一目的，人们总是要采取相应的资源配置方式，建立起一定的经济体制。

进行资源配置一般有两种方式：一种是计划经济；另一种是市场经济。计划经济是按照行政指令计划，以政府为主进行资源配置。市场经济主要是通过市场机制，在市场中实现资源配置。与这两种方式相对应而建立的经济体制即计划经济体制和市场经济体制。资源配置选择何种方式最有效，不是由人的主观意志决定的，而是由客观经济条件决定的。在商品经济条件下，一般应当采取市场经济体制，或者说资源配置的基础形式是市场经济体制；在产品经济条件下，则只能采取计划经济体制。市场经济、计划经济应从社会资源配置方式或经济运行方式角度来理解，它们都是社会化大生产条件下社会经济运行的方式。自然经济、商品经济、产品经济是人们在社会生产力不断向前发展的过程中所采取的交换形式或媒介形式。商品经济发展到一定程度，也就是说，当整个社会的经济资源都成为商品，从而都进入市场，通过市场机制来配置时，市场经济与商品经济是重合的，人们的经济关系通过商品交换来实现。不仅如此，商品流通、劳动力流动、资金流动、土地和房屋的租赁及买卖、知识和技术的转让等也都通过市场进行。这时的商品经济就是市场经济。市场经济与社会制度无关，因为市场经济是通过各种市场机制的作用来实现资源配置的，而不是借助社会制度来实现资源配置的，作为社会资源的配置方式，它取决于社会生产力发展状况。

（二）市场经济的特征

1. 产权的确定性

在市场经济中，生产资料和消费资料及任何资源的所有权不论是公有、私有还是团体所有，资源的最终所有权和法人财产权的划分都应是确定的、明确的。产权明晰是人们的交换行为合理、合法、有序的保证。

2. 市场参与主体的平等性

参与市场经济活动的市场主体的地位是平等的，交易活动是在自愿基础上进行的，交易的条件是交易各方共同议定的。市场参与者（生产者、经营者、购买者）的一切行为都反映了他们自己的意志、愿望和利益，因而，他们大都独立承担市场风险和责任。

3. 经济活动的竞争性

在经济活动中，市场主体之间存在自由竞争，在相互竞争中，这些市场主体或生存发展，或破产淘汰。非市场因素保护落后、抑制竞争的作用被限制在有限的范围（特殊行业和部门）内。引导经济资源流向的市场参数，如利率、价格、汇率、工资率、租金、转让费、证券指数等主要靠市场供求自发调节，通过竞争形成。

4. 经济行为的法制性

在市场活动中，市场主体都要按市场规则行事，否则就会受到市场经济法规的制裁。市场经济是排斥超经济强制的，各市场主体不分等级贵贱，在竞争中人人平等，在法律面前人人平等。不管是百年老企业，还是新创企业，生产出价廉物美的产品才会有人问津。“货币”是天生的平等派，它只承认产品及质量，而不管产品所有者背上的社会印记。这一切都依靠市场经济法规的制定和实施。

5. **市场体系的开放性**

各个行业和地区是开放的，劳动力、资本、技术、信息等要素能自由流动，没有区域封锁，全国是一个统一的大市场，并且同世界市场连为一体，在全球化背景下，企业能平等地参与国际竞争。

6. **政府活动的有限性**

政府的存在是为了保证市场的有序运行、促进市场竞争、保障市场主体的权利。

第三节　古典市场经济和现代市场经济

一、古典市场经济或自由竞争的市场经济

虽然商品交换、价值规律的存在可以追溯到几千年前，但社会经济资源主要通过市场机制进行配置并明确从理论上对其进行科学总结仅仅是二三百年前的事情。在资本主义自由竞争阶段，商品形式普遍化，资本和劳动力市场出现，社会分工普遍化，劳动社会化在深度和广度上不断扩大，市场交换突破了地域和地理条件的限制，市场机制引导生产和消费，市场经济关系占据了社会生产的主要领域。

17 世纪和 18 世纪是资本主义形成和发展的初级阶段，生产规模还相对狭小，经济自由竞争还受到各种限制。英国资产阶级古典经济学家亚当·斯密在其 1776 年出版的名著《国富论》中对经济自由竞争、自由贸易进行了详尽的阐述，提出了著名的“看不见的手”的原理。《国富论》并没有提出“市场经济”这一术语，但全书探讨的内容几乎无不涉及市场经济的内容，如分工、交换、货币、工资、利润、价格和价值。亚当·斯密极力主张社会经济活动应由供求自行调节，不需要政府干预，尤其是对私人经济活动，宜采取自由放任的态度，劳动力自由买卖、土地自由买卖、国内外自由贸易是一国强盛的条件，政府只不过是承担“守夜人”的角色——保证社会秩序，保护社会上的个人，建设并维持公共事业及公共设施。为什么政府不能参与市场活动呢？亚当·斯密认为：（1）种类繁多的商品是在不同的地区和不同条件下生产和消费的，这是政府官员所无法了解的。（2）政府官员不可能是大公无私的，他们往往会以假公济私的政策干预经济。生产者和购买者在市场竞争中受竞争方式、竞争规则约束，而政府行政权力不受市场机制约束。（3）政府干预必然伴随政府垄断，从而损害消费者的利益。亚当·斯密的政策主张是针对封建势力和过时的重商主义政策的，他反对强制推行圈地法案、限制进出口和限制高额工资，这在当时是符合经济发展要求的。英国另一位资产阶级古典经济学家大卫·李嘉图（David Ricardo）在主张自由竞争方面更加坚决，正如他所说：放任不管，一切顺利。

在亚当·斯密和大卫·李嘉图之后，无产阶级的伟大导师马克思在其巨著《资本论》中，对资本主义市场经济做了全面、深刻的阐述。其中有关价值规律、货币流通规律、价值形态的发展、货币的职能、社会再生产规律、资本循环和周转、生产价格和平均利

润理论的论述，如果抽象掉资本主义的内容，那么就具有普遍意义，即只要资源配置形式采取市场经济方式，这些一般理论就有指导意义。所以，马克思经济理论应是市场经济理论的重要组成部分。

进入 20 世纪，许多经济学家，例如英国的马歇尔（Marshall）、德国的瓦尔拉斯（Walras）、波兰的兰格（Lange）等，对市场经济的供求现象进行了深入研究，提出了诸如需求规律、需求弹性、供给规律、供给弹性、均衡价格和一般均衡价格理论，丰富了市场经济理论。

我们把从 17 世纪到 20 世纪 30 年代这长达三百多年的时期称为古典市场经济阶段，这一时期市场经济的阶段性特点如下：（1）社会分工发展到相当高的程度，社会生产建立在机器大工业和生产社会化基础之上，商品生产和商品交换几乎遍及社会的各个角落；（2）市场交换借助货币实现，交换关系发展为生产者、消费者和商品中介人的多边关系，即独立的商业资产阶级出现了；（3）信用关系逐渐扩大和发展，纸币、期票、汇票、银行券和支票等逐渐代替金银成为独立的货币形态并作为资源配置必不可少的条件；（4）生产要素没有完全社会化，市场体系并不完全，资金市场、技术市场、房地产市场、运输市场没有过渡到成熟形态，而且市场运行不稳定，尤其是金融市场仍受盲目的、自发的势力支配；（5）国家的经济职能（宏观调控职能）还没有被认识到并提出来；（6）现代公司处在形成和发展过程中，相应的市场经济法规仍有待不断调整和完善，社会保障制度和社会保险体系远未确立。

二、古典市场经济的局限性

市场经济的高度发展，特别是 20 世纪 30 年代资本主义世界性经济大危机，暴露了古典市场经济的严重缺陷。西方学者对市场经济（资本主义市场经济）讴歌了几百年，过去把市场局限性和市场故障仅仅归结为竞争的不完全性和垄断，在经历了经济大危机之后，他们终于认识到了市场经济本身的局限性，即市场不是万能的。古典市场经济的缺陷主要表现在以下几个方面。

（一）市场机制不能解决失业和经济周期问题

尽管马克思早在 19 世纪中叶就科学地说明了经济自发性、盲目性和资本主义基本矛盾会导致经济危机和失业问题，但西方学者在 20 世纪 30 年代才终于承认失业乃资本主义社会的普遍现象。英国经济学家凯恩斯（Keynes）在其名著《就业、利息和货币通论》（1936 年）中对失业做了理论说明。凯恩斯假定在国民收入达到充分就业时的水平前（资源被充分利用之前），总供给有完全弹性，并且工资、价格在短期内是黏性的，不随总需求的变动而上升，这就为他的有效需求不足理论以及政府的干预做了铺垫。凯恩斯认为，决定国民收入的是总供给和总需求，当总供给与总需求一致时（这时确定了国民收入的大小）会出现三种可能：（1）资源得到充分利用，社会潜在的生产能力发挥出来了，这时不存在失业，即实现了充分就业；（2）社会资源没有得到有效利用，部分是闲置的，这时存在失业，这时的国民收入被称为未充分就业时的国民收入；（3）社会资源已经得到充分利用，但实际总供给仍无法满足总需求，在总供给无法继续增加的情况下，总供给便以名义价格上涨的形式与总需求相适应，这时便存在过度需求或通货膨胀。

资本主义经常存在的是第二种总供求均衡——未充分就业时的均衡，即失业是资本主义经常存在的经济现象。凯恩斯认为失业或有效需求不足是由三大心理规律或心理法则决定的，这三大心理规律是：（1）边际消费倾向递减规律，即随着人们收入的增加，消费也会增加，但是，消费增量在收入增量中的比例越来越小，因为人们不愿意把所增加的收入全部花掉，总想留下一部分储存起来，而且，随着收入的增加，储蓄部分会越来越大，其结果是社会消费支出不足。（2）资本边际效率递减规律，即资本家增加一单位资本投资时，预期可以得到的利润率越来越低。这是因为，资本家生产某种产品的供给价格（重置成本）在增加，他预期的收益在下降，结果是资本家预期增加一单位投资的收益率下降。资本边际效率下降导致资本投资不足。（3）流动偏好（灵活偏好）规律。资本家的投资积极性不仅取决于资本边际效率，还取决于资本边际效率与利率的差额。利率的降低虽然能扩大资本边际效率与利率的差额，但利率的降低因灵活偏好规律的作用（利率降到一定程度后，不能再降低）而有一个最低限度，这也使得投资不足。总需求由消费和投资构成，消费需求和投资需求不足必然造成总有效需求不足，从而产生失业。

那么，怎样来克服三大心理规律作用造成的总需求不足和失业呢？凯恩斯开出的药方自然是政府干预，即采取财政政策和货币政策刺激总需求：在财政政策方面可以提高福利支出和转移性支出水平、增加政府购买、由政府兴建公共工程、减少政府税收（包括个人所得税、企业所得税、间接税等）；在货币政策方面则通过公开市场业务、调整再贴现率、改变法定存款准备金率等措施刺激总需求。所以，凯恩斯主义主张的政府干预又叫需求管理。

（二）市场机制在非完全竞争市场中的作用有限

经济学中讲的市场机制能有效地分配社会资源是以完全竞争为条件的。而完全竞争必须满足以下条件：（1）市场参与者能得到完全的信息；（2）市场买卖双方的人数无穷多，单个买者、卖者的需求量和供给量的变化对市场不会产生影响；（3）生产方式、交易条件、消费方式是固定不变的；（4）产品是同质的、无差别的，厂商不能因自己的产品存在差别而控制价格；（5）各种生产资源能够自由流动而不受任何限制，即不存在市场进入障碍。西方学者承认，完全竞争市场的假定条件过于苛刻，现实的市场不可能满足这些条件。完全竞争只是一个理想模式，它本身可以说完美无缺，但在现实经济生活中从来就不存在。

既然在许多公共物品领域，如国防、路灯、公路、公共设施、基础研究、电视台、广播电台等，市场机制无能为力，既然有些产品（如铁路、公路、高技术密集型产品、资金密集型产品）供给弹性极小，市场价格机制的调节极易造成经济的不稳定增长，既然有些产品（如生活必需品水、食品、盐、生活用煤等）需求弹性极小，难以替代，一旦由市场调节，就容易出现卖方垄断，既然生产者和消费者不可能掌握完全的信息，尤其是买者比卖者掌握的信息少（不对称信息），这使买卖双方处于不均等的地位，需要社会媒体、舆论宣传鼓励或奖励信誉好的企业，而惩罚生产低劣次品的企业，甚至要求政府立法保护消费者的利益，那么政府干预就不可避免。

综上所述，在不存在完全竞争市场的条件下，市场机制难以发挥作用，这就提出了如何保证公平竞争、限制垄断的问题。

（三）市场机制不能很好地解决经济外部性问题

当市场或市场机制不能解决诸如涉及生态平衡、环境污染、社会和人类长远利益等方面的问题时，我们称之为市场失灵。市场失灵的典型例子是，个人或企业的行为直接影响了他人或社会而又不为此付出代价或得到补偿，这种情况被称为经济活动的外部性。

经济活动的外部性分为有害外部性和有益外部性。有害外部性的例子是工厂排放“三废”、个人在公共场合抽烟、噪声释放、汽车排放尾气等等。有益外部性的例子有新发明、接种疫苗、教育投资、国防建设、修建公路和路灯、建立电视台和广播电台等，这些经济活动虽然也给发明者和生产者带来好处，但更多的是给社会上其他人带来好处。解决有害外部性问题的办法是由政府制定法律、法规，或罚款或课税；解决有益外部性问题的办法是由政府提供公共物品、筹建公共工程和公共设施、给发明者各种形式的鼓励（包括专利保护）等。

（四）市场或市场机制不能解决收入不平等问题

由市场竞争形成的收入分配与伦理、社会价值观念有时是矛盾的。市场配置有时会导致一些人一夜之间成为亿万富翁而另一些人一贫如洗、无家可归，甚至因缺医少药、饥寒交迫而死亡。尤其是那些没有技能、资产，缺少机会或丧失工作能力的病人和老人，在残酷的市场竞争法则的作用下，有时难以生存。如果社会不能很好地规避风险，缓解残酷的市场竞争带来的不平等，那么，在市场经济中，经济目标与社会目标之间的矛盾冲突，就有可能抑制市场经济作用的发挥。这时政府就不得不通过它特有的权威对收入进行适当再分配，通过税率的调节，以累进税率抑制过高的收入，而以社会救济、福利的方式把部分收入再分配给那些自己不能通过竞争的方式谋生的人。

政府的收入再分配着眼于平等，而收入平均化往往会降低经济效益。这就产生了平等与效率的矛盾。税收和社会福利分配的基本前提是不降低社会经济效率，争取把社会的“经济馅饼”越做越大，保证每个人都有衣有食。

三、现代市场经济及其一般特征

现代市场经济是指存在政府宏观调控的成熟的市场经济。从时间上讲，它产生于20世纪初，至20世纪中叶全面成熟。现代市场经济的一般特征包括：（1）政府开始作为市场主体之一参与市场，借助宏观财政政策和货币政策间接干预经济；（2）财产权更加社会化，现代公司制度凭借高度发达的信用制度渗透到经济的每个角落；（3）完备的经济法规和社会保障体系成为经济稳定运行的重要条件；（4）健全的生产要素市场体系成为资源流动和配置的载体。下面就这四大特征做扼要分析。

（一）“看得见的手”的调节

政府调控的直接目标是经济持续稳定增长和国民经济协调运行，具体讲就是实现充分就业和物价稳定、促进经济增长和国际收支平衡。实现这一目标有以下具体途径。

1. 建立国有企业

国有企业在实现国民经济调控目标、消除产品差别和资源稀缺性造成的自然垄断方面能发挥重要作用。一些公共物品，如公路、铁路、城市基础设施、邮政通信、科学研究与开发、广播电视、国民教育等，需要国有企业生产。这样，一方面能较好地保证居民对这些产品和服务的需求得到满足，保持社会经济稳定发展，提供良好的社会生活秩序；另一方面能消除自然垄断，平衡市场力量，促进自由竞争，杜绝个人或个别集团垄断部分稀缺资源以谋取高额垄断利润的现象。

公共物品是私人不能或不愿生产的。正如诺贝尔经济学奖获得者保罗·萨缪尔森所说，没有哪个谨慎的私营企业主会把他珍贵的金钱都投在使整个集体得到最大利益而使他个人无所收益的事业上。1970 年，美国通用汽车公司生产了一种用于控制汽车废气排放的装置，安装这一装置后，可以使汽车废气排放量降低 30% ～ 50%，且售价只有 20 美元。这种装置能使废气排放量减少，改善大气环境，提高人们的生活质量，显然它是一种公共物品。尽管它售价不高，但仍然购买者寥寥，致使通用汽车公司不得不停止这项于社会有益的产品的生产。原因何在？因为每个人都可以免费享受更洁净的空气，每个人都指望别人去做这件有益于社会的事。可见，对于公共物品而言，自由选择、自由竞争的市场原则是行不通的。因为生产成本、供给、需求、产品价格及盈利是市场生产产品的几大要素，而对于公共物品而言，产品定价、需求以及盈利都是难以确定的。就前面的市民对洁净空气的需求而言，私营企业主不可能知道成千上万的居民对空气洁净程度的不同看法，即使私营企业主知道这一点，他也无法保证居民愿意为此付钱，这样，盈利多少对于厂商来说永远是个未知数。

公共物品应由政府来生产，并不意味着所有的公共物品都必须由政府来生产，也不能说政府应提供全部公共物品。例如，准公共物品，如教育服务、医疗保健知识、邮政通信、公路、自来水、煤气、有线电视等，有时具有非竞争性（每个人都可以享用，同时不减少其他人得到的享受），但必须付费才能得到，不付费则可能得不到（具有排他性）。在西方国家，准公共物品部分由私人生产（私人学校、私人医院及诊所、私营的自来水和煤气公司、私营电视台和有线广播），但完全由私人经营不能使这些产品的外部效益得到充分发挥，因此，政府应参与或提供资助。政府为那些交不起学费的优秀青年提供奖学金，为那些需要治疗而付不起药费和治疗费的老弱病残提供人道主义基金，公共物品的消费者只支付他从物品消费中得到的好处的费用（如学费的一部分、部分医疗费和药费等）。

从理论上分析，建立国有企业来生产公共物品，能实现以下目标：（1）保证社会共同利益，为社会提供公共物品和服务，增加社会福利和就业，实现经济稳定增长和社会生活秩序正常化；（2）平衡市场力量，增强市场活力，在市场机制失灵的领域及存在自然垄断的地方，以国有经济取代或抗衡私人垄断，促进自由市场竞争；（3）加强基础工业和高技术产业的发展，为国民经济的良性循环提供良好的基础和环境。

2. 财政政策和货币政策

财政政策主要是指通过政府支出、税收和公债的变化或增减来影响国民经济。财政政策的具体措施包括：（1）改变政府购买水平；（2）改变政府转移性支付水平；（3）改变税率；（4）发行国内公债。当出现经济过热、总支出过多和通货膨胀时，政府应减少政府购买，如少筹建公共工程（高速公路、公园、水利工程等）、减少政府购买的商品和劳务，同时降低政府的转移性支付（失业救济金、养老金、退伍军人额外补贴、农产品价格补贴等）水平，适当提高所得税税率，增加债券的发行，等等；当出现经济萧条、总支出不足时，政府应增加政府购买，提高转移性支付水平，适当降低所得税税率，减少公债发行，等等。所以，财政政策的运用实际上是“逆经济风向调节”。

货币政策的运用也是“逆经济风向调节”，由中央银行实施对货币供应量的调节来控制社会总需求。当经济过热时，政府应在公开市场业务中卖出政府债券，从市场上回笼货币，减少货币供应量，促使利率上升，抑制投资需求，同时，中央银行提高再贴现率和法定存款准备金率，收紧银根，紧缩信贷；当经济萧条时，政府在金融市场上买进政府债券，中央银行降低再贴现率和法定存款准备金率，扩大货币供应量，降低利率，刺激投资需求和消费需求。

财政政策措施和货币政策措施的运用，不是机械地或单方面地采取财政政策措施或货币政策措施，而是根据市场状况和各项调节措施的特点，机动地决定和选择当前究竟采取哪一种或哪几种措施，使财政政策措施与货币政策措施相互搭配，这在经济学上被称为相机抉择。其搭配方法一般有：（1）松松搭配，即松的财政政策和松的货币政策互相搭配，以达到刺激总需求的目的；（2）紧紧搭配，即紧的财政政策和紧的货币政策互相搭配；（3）松紧搭配，即松的财政政策和紧的货币政策互相搭配，或者紧的财政政策和松的货币政策互相搭配。此外，对各项政策措施的搭配，还要根据经济萧条和膨胀的不同程度灵活运用。例如，在经济严重萧条时，就要采用较为猛烈的刺激需求的扩张性政策（如松松搭配的财政政策和货币政策）；在经济萧条不太严重时，就应采用作用较为缓和的扩张性政策（如松的货币政策和紧的财政政策，或松的财政政策和紧的货币政策，或不松不紧的财政政策和松的货币政策）。在存在严重通货膨胀时，应采取较为猛烈的紧缩性措施（如紧紧搭配的财政政策和货币政策）；而在通货膨胀率较低时，则应采取较为缓和的紧缩性政策（如松紧搭配的财政政策和货币政策）。

3. 行业管制

行业管制基于以下理由：（1）规模经济。即产量越大，平均成本越低。某些行业需要借助政府的力量达到规模经济。例如，同一条铁轨，每天跑 100 列火车与跑 50 列火车的耗费相差无几，这样，在北京与天津之间修一条每天跑 100 列火车的铁路，比修 20 条每天跑 5 列火车的铁路要合算。（2）范围经济。它是指同时生产多种不同产品所产生的节约。例如，长春一汽既生产“解放”又生产“奥迪”，比建两个厂分别生产“解放”和“奥迪”合算，因为生产不同车辆的技术、设备有一定的共同性，生产“解放”的一部分技术可以用来生产“奥迪”。（3）防止过度竞争。例如，随着美国东部经济的发展，城市之间的铁路迅速增加。1880年纽约和波士顿之间就有20条铁路，而这20条铁路分别由两家公司经营。每家公司的运输能力都未能得到充分发挥。两家公司开始营运时，纽约到波士顿的票价都是10美元（每多一位乘客的边际成本是5美元），由于两家公司相互竞争，票价从10美元降到9美元、8美元、7美元、6美元，最后降到5美元，这样的过度竞争使两家公司都面临亏损。为了避免“自相残杀”，铁路公司集体要求政府管制。（4）全面服务。例如，航空公司为方便边远地区的小社区的居民，有必要每星期开一次航班（服务成本极高，每次航班往往只有三五个乘客）。显然，开这样一次航班，公司是赔钱的。为此，需要航空公司进行内部调剂，把别的航班赚的钱补贴到该航班上。为了保证公司有能力维持内部补贴，需要政府予以保护，限制其他公司进入该公司经营的范围和地区，并对其价格进行管制。（5）保护消费者及雇员的利益。

行业管制的范围较广，从工资、物价管制到食品、药物、商标、广告管制，从铁路、通信、电力管制到煤炭、原油生产管制等，不同国家管制的范围和程度有所不同。从管制的手段看，主要有价格管制和进入市场的管制两种。

同其他排斥市场机制的政府行政管制一样，行业管制不同程度地破坏了市场经济的效率。西方发达国家在20世纪70—80年代发生了一场以非管制化为特征的改革，涉及卡车运输、航空运输、有线电视、石油和天然气开采、银行、电话通信、劳动保护、环境污染治理等行业。非管制化的主要内容是在市场机制可以发挥作用的行业完全或部分取消对价格和进入市场的管制，使企业在制定价格和选择产品上具有更多的自主权。具体做法包括：放宽或取消最低限价和最高限价，允许企业根据实际情况制定季节差价等；逐步减少价格管制所覆盖的产品的范围；放宽或取消对进入市场的管制。由于我们前面介绍的行业管制存在的理由，行业管制的途径、手段、范围、程度等可能有所变化或缩小，但行业管制本身并不会完全消失。

（二）现代公司组织形式

现代公司是指以营利为目的，由两人以上集资并根据公司法组织、登记而成立的法人组织。它的组织形态有多种类型，包括股份有限公司、有限责任公司、无限责任公司、两合公司和股份两合公司等。其中，股份有限公司和有限责任公司是两种最基本的组织形态。

（三）通过政府维护市场经济秩序

作为社会化大生产资源配置的有效方式，市场经济的优势是毋庸置疑的。但市场经济运行所需要的竞争秩序、社会生活秩序靠市场运行本身是难以保证的，也就是说，需要政府制定市场竞争规则，建立市场运行的法律和社会保障体系，由政府充当市场竞争的裁判员，弥补市场缺陷，纠正市场运行偏差。

1. 通过完备的法律体系维护市场秩序

市场经济本质上是建立在信用、契约基础上的法治经济。法治经济的含义是：经济活动的主体（个人、法人、企业及其他经济组织）在一般性法律的约束和保障下，可以自由选择一切经济活动方式来实现自己的经济利益。个人在法律的约束和保障下，可以自由选择经济手段（受人雇用或自办企业）来实现个人利益的最大化；企业在法律的约束和保障下，可以自由选择一切经营方式来实现企业利润最大化；政府作为竞争规则的制定者和裁判，不能直接干预市场上个人和企业的自由经济行为，而是负责执行法规，保证竞争规则的严肃性和有效性，对违反规则的市场参与者进行惩罚和制裁。政府的职能范围由法律予以规定和限制，行政官员不能随意干涉个人或企业的经营活动，一切均须依法行事。

建立完备的法律体系要达到以下目标：（1）明确清晰并且有法律保障的产权约束。它主要通过制定诸如公司法、破产法等来实现。（2）维护市场秩序，促进自由选择，排除行政权力垄断市场，防止出现市场割据，如制定反不正当竞争法、反垄断法、消费者权益保护法、证券交易法、股票交易法、投资公司法、证券投资者保护法等。（3）为宏观调控提供法律依据，如制定预算法、国有资产管理法、银行法、对外贸易法、会计法、个人所得税法、外国投资公司法等。（4）确立市场经济运行的社会保障系统，如制定劳动保护法、公共健康法、失业工人法、退休金法、劳工介绍法、国民保险法、社会保障法等。

2. 通过社会保障体系维护市场秩序

社会保障体系是根据国家法律、规章所建立起来的各种社会保险和福利措施的总称。其目标是保证个人在谋生能力中断或者丧失时，能有一定的经济来源，使他们的生活有基本的保障。在市场经济中，社会保障体系是保障社会稳定、减缓和避免社会动荡、帮助市场参与者规避竞争风险的安全网，也是保障市场机制正常发挥作用的调节器。离开了社会保障体系，市场经济就不能正常运行，市场效率的发挥就不能得到保证，市场竞争就会退回到古典市场经济（工业化中前期）条件下那种贫困、失业、危机与经济发展并存，依靠武力进行资本原始积累，“羊吃人”，“物竞天择、适者生存”的自然进化秩序中。离开了社会保障体系，现代市场经济就不是有机整体了。

社会保障体系主要从以下几方面保障市场竞争秩序和市场运行：（1）企业行为市场化、社会化。市场中的企业受优胜劣汰机制约束，对劳动力的吸纳和排斥以市场原则为依据。当企业缩小生产规模或破产时，富余人员或失业工人应由社会接纳。如果没有社会保障体系，企业就不能机动地吞吐劳动力，结果只能是职工躺在企业身上、企业躺在政府身上吃“大锅饭”，企业难以奔向市场，就不能真正做到自主经营、自负盈亏、自我约束和自我发展。（2）优化配置劳动力资源。在市场经济中，劳动力要素进入市场是市场竞争的前提。如果缺乏社会化的保障网络，人们在考虑更换工作单位、变换工作地点时，就会考虑诸如住房、医疗保健、单位工龄、子女入托和入学、职务和职称、失业等问题，这实际上限制了人员的流动和人力资源的优化配置。（3）增加个人安全感。市场竞争肯定存在风险，如企业破产、个人失业。社会保障体系的存在，能保证人们安居乐业，减少社会上的急功近利、损人利己行为，这反过来又促使个人消费行为和企业经济行为长期化、正常化。（4）缓和各社会利益群体间的矛盾，促进社会稳定与发展。市场竞争和价格机制的作用，会导致社会各利益群体间的利益再分配、再调整，会引起收入分配差距拉大、贫富悬殊，发展到一定程度，各利益群体间的矛盾会明朗化。而社会保障体系的收入再分配机制，则能有效地缓和甚至化解各种利益群体之间的矛盾和冲突。

社会保障体系主要是通过国家立法，运用税收和强制投保等方式筹措保障基金。保障基金主要有四个来源：（1）雇主交纳的社会保险费；（2）居民和职工个人交纳的社会保险税；（3）政府的财政拨款和补贴；（4）其他经常性收入（如社会保险金利息收入等）。

社会保障体系的内容主要包括三项：（1）社会保险（失业保险，疾病与工伤保险，老年、残疾和遗属保险等）；（2）社会救济和社会补贴（低收入家庭津贴、住房津贴、儿童补贴、食品补贴、老年贫困补贴等）；（3）医疗服务和免费教育培训（医疗补贴、九年制义务教育、职业培训等）。一般而言，经济越发达的国家，保障程度越高，但是，各国社会保障体系的侧重点又不尽相同。

（四）健全和完善的市场体系

市场体系是相互联系的各类市场的有机统一体，具体地说，是商品市场（包括消费品市场、生产资料市场）和生产要素市场（包括金融市场、劳动力市场、房地产市场、技术市场和信息市场）有机地联系在一起、相互依赖和作用的有机体系。

一般来说，商品市场的发育和成长要先于生产要素市场，商品市场的发展会对生产要素市场的形成和发展提出强烈的要求。在商品市场上，商品的价格由供求决定，同样，在生产要素市场上，生产要素的价格也由生产要素的供求决定。不同的是，对生产要素的需求是一种派生需求，即对生产要素的需求是由对商品的需求派生出来的。人们之所以需要劳动力、土地、资本、技术及信息，是因为需要用它们去生产产品并把这些产品卖给消费者。如果人们对川菜的需求增加了，对川菜厨师的需求也会增加；如果人们对家用电器的需求增加了，对生产家用电器的设备、原料、资本的需求也会增加；如果人们对商品的需求增加了，对购物中心、商场的需求也会增加。

在现代市场经济中，商品市场、金融市场和劳动力市场构成了市场体系的三大支柱。

第四节　市场经济的运行规律和运行机制

一、市场经济的运行规律

市场经济规律不同于市场机制。市场机制主要是指市场要素之间相互制约和作用的联系，如供求、价格、竞争之间的联系和相互作用，它是市场要素的联系中比较直观的、表面的现象联系。而市场经济规律则是指市场运行中各要素间内在的、普遍的联系，或者说是市场经济现象之间的内在有机联系。市场经济规律会通过市场机制外在地表现出来，即市场经济规律是通过市场机制来实现的。

（一）价值规律

它是市场经济规律体系中最基本的经济规律。价值规律涉及两方面的关系：（1）个别劳动量与社会必要劳动量的关系。部门内部的竞争会形成商品的社会价值，决定某一商品社会价值的是社会必要劳动量。每一商品生产者都力争降低个别劳动量以取得较大盈利。由社会必要劳动量决定的商品价值量是商品交换的基础，即商品交换按等价原则进行。商品价值通过货币表现出来便是价格，价格由价值决定，但价格与价值并不完全一致，价格受供求等因素影响时常偏离价值，围绕价值上下波动。（2）社会总劳动量与部门社会必要劳动量的关系。由于社会分工的存在，社会总劳动必须按比例地分配于不同生产部门，各部门客观存在的比例关系规定着各个生产部门生产一种商品总量的社会必要劳动量，决定着各个生产部门所生产的一种商品总量的价值量。每一部门社会必要劳动总量或价值总量的多少不是人为规定的，而是由部门之间的竞争形成的。在市场上，当一种商品供不应求时，由于商品购买者争相购买该种商品，因而就会引起商品价格上涨，从而生产和经营这种商品的部门就会获利较多；当一种商品供过于求时，由于商品出卖者争相出卖商品，因而就会引起商品价格下跌，从而生产和经营这种商品的部门就会获利较少或亏损。同时，由于不同部门的利润率存在差别，因而会引起不同生产部门之间的竞争，使利润率低的生产部门竞相向利润率高的生产部门转移人财物。这样，利润率低的部门由于转出人财物而缩小了生产规模，当其产品的供应小于需求时，就会引起价格和利润率上升；利润率高的生产部门由于转入了更多的人财物而扩大了生产规模，当其产品的供应大于需求时，就会引起价格和利润率下降。直到不同生产部门的利润率大体均衡化、平均化时，人财物的转移才能暂时停下来。于是不同生产部门的不同利润率转化为平均利润率，各生产部门依据平均利润率获得利润，与此同时，商品的价值转化为以成本和平均利润为内容的生产价格。这样，通过竞争，通过人财物在不同生产部门之间的转移，通过由商品价值转化为生产价格的过程，实现了社会总劳动在各生产部门之间合乎比例的分配，从而使社会总劳动以必要的比例量运用到各生产部门，从而决定每种商品总量的价值量。这正是价值规律在社会分工中调节社会总劳动的分配所显示出来的作用。

价值规律的实现是通过价格的波动以及部门内部和部门之间的竞争来完成的。竞争和市场价格的波动是价值规律得以确立的机制，离开市场机制，离开价格随供求关系的自由波动，离开生产者为售出自己的商品、实现它的价值而在市场上的竞争，价值由社会必要劳动时间决定的规律就不可能确立起来，从而也就谈不上发挥什么作用。所以，谈到价值规律的作用，就离不开对市场机制功能的阐述。

价值规律的作用主要体现在调节、刺激、分配、传递信息等方面：（1）价值规律的调节作用是指调节社会劳动在各部门之间的分配，即调节商品的生产和流通。这种调节作用在市场上表现为价格的上涨或下跌，引起生产和流通规模的扩大或缩小，这种供求变化引起的价格波动不自觉地调整着社会生产的比例关系。（2）价值规律的刺激作用来源于价值决定机制。个别劳动量高于、低于、等于社会必要劳动量分别会使生产者亏损、得到超额利润、劳动耗费得到补偿。三种不同的命运等待着每一个生产者，就如一条无形的鞭子，督促着企业不断地改进生产技术，加强经营管理，降低生产费用。企业间的竞争最终会刺激社会技术进步和生产力发展。（3）价值规律的分配作用，是指通过分配调整收入和利益关系，该作用是价格机制作用的结果。价格波动，实现着不同生产者与消费者之间经济利益的再分配。（4）价值规律传递信息的作用，即通过价格波动传递供求状况的信息。企业与个人正是根据价格变动来做出生产决策和消费决策的。

（二）竞争规律

不同的市场利益主体总是要通过一定的市场行为获得最佳的经济利益，这种由经济利益激发出来的利益主体之间展开的利益争夺行为就是竞争。一般来讲，这种竞争是在市场中展开的，故称为市场竞争。市场竞争是一个优胜劣汰、催人奋进的过程。竞争的功能存在于竞争过程中，竞争的主要功能是：（1）使市场机制的功能得以发挥，有利于市场信号的形成与传递；（2）使市场信号能及时、迅速传递到各利益主体那里，并促使其做出反应，有利于形成经济运行秩序，特别是理顺价格关系、分配关系；（3）增强企业活力，激发个人进取心。

竞争规律是指竞争与供求、价格、价值及市场诸内容之间的有机联系。竞争通过各经济主体追求自身经济利益的内在要求转化为一种外在的强制或外部的压力，制约着每个经济主体。竞争规律通过三种竞争方式制约着每一经济主体：（1）卖方竞争，包括部门内部的竞争和部门之间的竞争。（2）买方竞争，指消费者之间为争取效用最大化而展开的购买竞争。（3）买卖双方之间的竞争。

在竞争的外在压力下，卖方即生产经营者总是争取个别劳动耗费低于社会劳动耗费，争取较大的市场占有率，其以价格竞争或非价格竞争的方式力图打败敌手，永远立于不败之地。当看到自己从事的商品生产或经营无利或利少时，卖方会转移资金，转入价高利大的行业。越是处于买方市场格局，卖方之间的竞争就越是激烈，消费者就越能从中受益。

买方之间的竞争主要体现在对那些供不应求的市场物质要素和可供替代品的选购上。在卖方市场格局下（在供不应求的状况下），消费者竞相抢购商品，会引起价格上涨。

买卖双方之间的竞争一般是在供求大体均衡时，围绕市场信号的强弱，双方展开的竞争。对于供给方而言，其会在低价多销与高价少销之间进行选择，而选择余地到底有多大，取决于其产品的需求价格弹性。供给方除了通过价格决策来吸引用户外，还可以通过使用商品品种多样化、进行广告宣传、设定交货期限、提高质量、加强售后服务等手段争取买方。对于需求方而言，他会通过招标、谈判、首期付款条件、垫支多少等手段与卖方讨价还价。

二、市场经济中的市场机制的构成及其发挥作用的条件

（一）市场机制的含义

市场的正常运转是通过市场机制实现的。在商品交换活动中，各种市场因素如价格、

竞争、供求等相互联系、相互制约、相互作用。例如，市场竞争和供求关系的变化引起商品价格上下波动，价格变化促使生产者调整生产规模，消费者也根据价格变化情况调整自己的消费结构和消费商品的数量，这些又进一步影响到市场供求状况和竞争状况。市场机制就是指市场中竞争、价格、供求等要素之间相互制约、互为因果的联系和作用。

（二）市场机制的构成及其发挥作用的条件

市场机制主要包括价格机制、供求机制、信贷利率机制、工资机制、竞争机制。价格机制是竞争过程中市场价格变动与市场供求变动之间的相互联系和作用，它主要作用于商品市场。它是市场机制中最重要的机制。供求机制是在市场经济中，市场的商品供求关系同价格、竞争等市场要素变化之间的有机联系。供求机制的作用通过供求关系的变化，引起商品市场价格的涨落，而市场价格的涨落又会使供求关系变化，这种变化最终导致供求之间趋于平衡。供求关系的变化还会引起市场竞争关系的改变，当商品供过于求时，出售者之间竞争加剧，购买者在竞争中处于有利地位。反之则出现相反的情况。当商品供求大体平衡时，各方面的竞争展开得最充分，竞争机制得以充分发挥。信贷利率机制是竞争过程中利率变动与信贷资金变动之间的内在联系，它是支配金融市场的机制。利率是货币资金的价格。高利率引起货币资金供给的增加和对货币资金需求的下降；低利率导致货币资金供给的减少和对货币资金需求的上升。信贷资金随着利率的变动自发地在各部门和各地区流动，从而调节社会生产的比例关系。工资机制是竞争过程中工资变动与劳动力供求变动之间相互制约的有机联系，它是劳动力市场的协调机制。竞争机制是指竞争同供求关系、价格变动、资金流动之间的有机联系。竞争机制的作用不是独立的，它必须同价格机制、信贷利率机制及供求机制紧密结合，才能共同发挥作用。

市场机制的存在及其作用的发挥是以相应的市场条件为前提的。这些市场条件有以下几方面。

第一，健全的市场体系。健全的市场体系包括生产要素市场和商品市场。例如，如果没有劳动力市场，那么工资机制将不复存在，因为工资变动不能引起劳动力供求的变动和劳动力在不同企业、部门和地区的流动。在没有劳动力市场和工资机制的条件下，价格变动难以带动供给的变化，因为生产规模的扩大和缩小离不开劳动者的增减，劳动力不能流动，影响到供给对价格做出反应，需求、价格变化迅速而供给呆滞会带来价格扭曲，结果是价格机制失灵，同时，竞争机制也就难以发挥作用。所以，没有完备的市场体系，市场机制的作用就不可能得到完全发挥。

第二，完善的市场格局。市场格局是指买卖双方在交换活动中所处的地位或何方在交换活动中处于主导或优势地位。

市场格局有三种：（1）以买方为主导、总供给大于总需求的买方型市场格局或买方市场；（2）以卖方为主导、总需求大于总供给的卖方型市场格局或卖方市场；（3）总供给与总需求基本均衡的买卖双方均衡的市场格局。买方市场可促使企业之间展开竞争，有利于企业改善经营管理、提高劳动生产率，使商品物美价廉，也有助于产业结构的合理化。但是，买方市场也易出现过分地压低产品价格、打击生产者积极性、经济不景气、市场疲软等现象，使信贷利率机制难以发挥作用，投资者信心不足，严重时造成经济萧条和失业；卖方市场会使价格、利率等市场信号扭曲，导致分配不合理和苦乐不均，使企业缺乏竞争，从而丧失强化经营管理、采用新技术、降低成本的动力和压力。所以，长期而严重的市场不均衡格局不利于市场机制的形成及发挥作用。完善的市场格局应该是供求平衡或者供给略微大于或小于需求的市场格局。

第三，有序的市场秩序。有序的市场秩序包括市场规则和相应的市场组织机构。市场规则是指由政府、立法机构、行业协会等按照市场运行的客观要求制定的市场主体必须遵守的行为准则，包括法律、法规、制度和章程等。市场管理的组织机构包括专门负责市场交易活动的职能管理机构（统计、政法、检察、审计、财政、税收、工商、银行等机构）、技术管理机构（计量、测试、质量管理等机构）、群众性管理机构（质量监督协会、消费者协会、信息交换协会等）。没有一个规范、有序的市场秩序，市场机制是难以发挥作用的。

本章关键词

1. 市场　2. 市场主体　3. 市场客体　4. 市场运行
5. 市场经济　6. 古典市场经济　7. 公共物品　8. 外部性
9. 社会保障体系　10. 市场体系

复习与思考题

1. 试述市场运行的三大基本条件。
2. 试述市场经济的特征。
3. 试比较古典市场经济与现代市场经济。
4. 试述市场机制及其发挥作用的条件。

第三章
市场经济与产权制度

本章重点

1. 产权的特征以及产权与资源配置的关系
2. 产权流动与产权交易
3. 产权制度及其类型
4. 我国企业产权制度及产权重组

市场经济的存在和运行需要一系列基础条件，包括自由的企业制度、完善的市场体系、发达的市场契约信用关系和被人们共同遵守的法律法规等。但是，市场经济存在的最基础、最本质、最关键的因素却是产权和产权制度。产权制度是经济活动的基础性因素，是市场经济运行的基础，也是企业制度的核心。

第一节　产权及产权的特征

一、产权的本质及特征

产权是财产权的简称，它是法定主体对财产的所有权、占有权、收益权和处置权的总称。排他性是产权的本质特征，即所有者不允许他自己以外的任何人占有、使用或控制其拥有的财产。在自然人企业制度下，财产权是由法律规定的主体对客体的最高的、排他性的独占权；在法人企业制度下，所有权与经营权的分离具有法律意义，公司财产取得了独立的法律形式——法人资产。

产权有以下特征：

第一，产权是所有制关系的法律形态。生产资料所有关系有两种表现形式：一是人们在生产资料或财产占有上所体现的经济关系；二是所有制的独占或垄断在法律上表现出来的法权关系——排他性产权。产权是依法获得的权利。

第二，排他性产权的契约性质。产权作为所有制关系的法律形式，具有上层建筑的属性，产权所有者要求他人在法律上承认其对财产的权利。同时，所有者还可以通过契约或委托的形式，把财产的占有、使用、收益、处置等产权权益在特定时期内转让或租赁出去，如承包者获得财产在一定时期内的收益权和使用权。在公司法人制度下，股权与物权相分离，收益权与处置权相分离。

第三，产权是一组权利，是多种权利的总和。凡是能给所有者带来收入的资源都存在产权问题。资源产权包括物权、债权、股权、人力资源产权。

第四，产权的统一性和不完全性。产权的统一性也就是产权的完全性或完全产权，即使用权、收益权、转让权、处置权的集中性，这些权力集中于同一主体。但随着产权的流动与交易，产权发生分解，出现了不完全产权。债权是典型的不完全产权。市场经济中的产权绝大多数是不完全产权。

不完全产权是市场中的产权在转让、买卖过程中必然出现的产权形态。产权的买卖、转让、租赁、代理、拍卖、分拆与合作等，一般通过合约的谈判、签署来进行，并被置于法律的保护之下。产权交易会出现以下情况：（1）产权主体转让所有权和收益权，而部分地保留使用权。例如，资金和财产的捐赠者规定接受资金和财产者运用其财产的特殊用途并保留监督审查的权力，接受者通常是基金会、社团法人和公司法人。（2）产权主体转让其财产经营权而保留所有权和收益权，即委托代理人经营资产，这时，产权中的所有权与经营权是分离的，分离的程度通过租赁承包合同来规定。（3）产权主体转让其财产所有权、支配权、使用权，而仅保留财产收益权和破产清偿的期待权，财产的出售、转移、抵押、典质、出租、交换或以其他方式处置全部或任何部分财产和资产的权利被转让给了法人，这时产权的原有主体成为股东。股东的股权由公司章程规定，其内容主要包括红利分配和破产清偿的期待权、股权凭证的转让权、法人代表的选举权和重大问题的投票权。在公司正常的状况下，股东无权要求收回投资，股东仅以出资额对公司债务承担有限责任。

产权是财产或资源的所有权、占有权、支配权和收益权“四权”的总称，在有些情况下“四权”是统一的，而在产权的具体运用和交易的情况下，“四权”以不同形式相分离。例如，在现代公司制度中，产权分解为股权、法人产权、经营权，其产权主体分别为股东、董事会和总经理。许多学者在其文章中，仅仅把产权理解为法人产权，并且进一步把企业产权单纯定义为法人产权，从而引起了理论讨论中的混乱和概念不清。在大多数情况下，有限责任公司的法人代表或董事本身就是出资人，他们拥有的企业产权就不仅仅是法人产权，有的自然人既是法人又是股东，在中国台湾甚至规定有限责任公司的股东所享有的经营权是绝对的，即股东的经营管理权是他的义务。在这种情况下，企业产权中的所有权与经营权是重合的。

第五，产权起源与资源稀缺性及交易费用有关。现代产权理论认为，强有力的产权约束能防止资源被滥用，合理的产权安排可以促使资源得到有效配置。同时，产权归属的确定性使得产权交易中的谈判对象大大减少，从而会大大降低交易费用并提高资源配置效率，推动经济增长。

二、产权概念属于现代经济学的范畴

产权概念属于现代经济学的范畴。古典经济学（以亚当·斯密为代表）和新古典经济学都不涉及产权问题。但现实世界的不完全竞争性、经济人的不完全理性、信息的不完全性、未来的不确定性以及外部经济等问题，使得现代经济学注意到了产权制度对提高经济效益、促进资源的有效配置、减少政府干预的重要性。

现代经济学使用产权概念具有以下特点：

第一，注重产权的现实形式——产权的实际支配权，如独资企业、合伙企业、公司制企业（有限责任公司、无限责任公司、两合公司）资产的实际控制权和占有权以及收益权和处置权。

第二，产权主体的泛化。产权主体既包括自然人，也包括机构、组织等社团法人。与此相关的产权客体也泛化了，有物权、人力资源产权，有动产权、非动产权，还有有形产权、无形产权，等等。

第三，产权分析的定量化。例如，产权分析要揭示企业的具体资产结构、占有方式、责权利分布组合；要判断各当事人拥有的权利空间和限度、受公司法和公司章程约束的程度、行使企业控制权的程序、利得权的界定以及企业治理结构和利益分配结构。

可见，产权概念相较于所有权概念内容更宽泛、更具体，它主要规定了资源配置主体在法律范围内可行使的各项权利。所以，产权概念有利于揭示经济生活中多种复杂的财产占有和支配形式，有利于人们更具体地把握所有权的内涵及实现形式。如对清新空气的享用权、阳光采集权、宁静享用权等，虽不能成为所有权的内容，却可以成为产权的内容。

第二节 产权流动与产权交易

一、产权流动和产权交易的概念

产权流动是指财产所有权、占有权、控制权、收益权在不同主体间的转移，是一种权利的变更。产权流动分为经济性流动和非经济性流动。产权的经济性流动是指通过经济手段来实现产权的转移。产权的非经济性流动包括战争和暴力导致的产权转移、分封、赠与、继承、划转等。

产权交易是产权的有偿转让，是广义财产权（所有权、占有权、控制权、处置权、收益权）的经济性流动。产权交易包括以交换、经营、承包、租赁、拍卖、托管、兼并、收购、出资入股、组建股份公司、改组、改制、改造等方式获得或转让财产权利。这种形式的产权交易的最原始形式是商品社会中的物物交换。商品交换是实物产权的易手和主体的转换。随着商品经济的普遍化和市场经济约束的规范化，产权交易的内涵扩大了：从物权到使用权，从所有权到经营权，从股权到债权，从商品产权到资源产权，从物质产权到企业产权，从有形产权到无形产权。总之，产权交易的内涵从单纯的财产所有权转让扩大到财产使用权、收益权的转让，如租赁关系、典当关系、承包关系、代理关系等，产权关系更加丰富多彩，产权流动与交易的丰富性和多样化成为现代市场经济中产权的显著特征。

二、产权交易的意义及方式

产权交易既包括产权的整体转让，也包括产权的部分转让。企业产权转让是典型的产权整体转让。在产权市场上，企业的整体产权交易很少，一般是在资产股份化条件下，通过股权转让实现产权的部分转让。

（一）产权交易在经济生活中的重要意义

第一，产权交易是实现企业间资产、股权、债权合理流动与有效利用和资源有效配置的途径，有利于产业结构、产品结构的调整和合理化。

第二，产权交易是解决资产存量呆滞、增量资本不足、资源利用效率低下等问题的有效途径。

第三，产权交易有利于资产的保值增值，是资产变现，由实物形态转变为价值形态，收回原有投资重新投入以实现产业结构调整、产业战略转换的方式。

第四，产权交易使得不同部门、地区、企业的不同产权主体相互融合、分离、重组、混合，实现企业产权结构的多元化。

（二）产权交易方式

根据交易形式划分的产权交易方式有购买式、承债式、吸收入股式、控股式、人员接受式等。

第一，购买式，即一企业法人通过议价或竞价方式出资购买另一企业的全部或部分产权。

第二，承债式，即在被转让企业的资产与债务等价的情况下，一企业以承担被转让企业债务为条件接收其资产，又叫“零收购”，即在净资产为零的情况下，接收目标企业的债权债务和资产。

第三，吸收入股式，即被转让企业的资产所有者将被转让企业的净资产作为股金投入另一企业，成为另一企业的股东。

第四，控股式，即一个企业通过购买其他企业一定数量（理论上说是 50% 以上，现实生活中则具有很大的弹性）的股权，达到控股，成为被控股企业的产权法人代表。

第五，人员接受式，即一个企业以承担安排另一个企业全部职工生产与生活为条件，接收其全部资产。

根据交易主体划分的产权交易方式有兼并、租赁、拍卖、股份转让、资产转让、合并、收购等。

第一，兼并。企业兼并是指一企业购买其他一个或几个企业的产权，被兼并企业失去法人资格或改变法人实体，兼并者通常作为存续企业仍然保留原有企业的名称，而被兼并企业则不复存在，即 $A + B = A$。

第二，租赁。租赁是一方向另一方支付租金，以取得一定期间内对另一方资产的使用权。企业租赁是产权转让的一种特殊形式，其特点是在有限的租赁期，产权属非一次性的不完全转移，转移的对象是财产使用权和资产的经营权。租赁大部分为融资性租赁、服务性租赁和经营性租赁三大类。

第三，拍卖。产权拍卖，是产权拥有者和需要者双方通过竞卖方式，使产权从拥有者一方向出价最高的需要者一方转移的一种产权转让形式。企业拍卖可分为两种形式：一种是经营权的拍卖，使资产产权在不同经营者或使用者之间转移，资产所有者一般不收回产权拍卖收益（限于全民所有制内部）；另一种是所有权的拍卖，卖方收回产权拍卖收益。

第四，股份转让。股东一旦取得股份，便失去了对入股资金的经济支配权，拥有的只是股权（终极所有权）以及与股权相关的公益权（选举权）和收益权。股份转让，是股东根据自身利益和预期心理决定对持有股份转让与否。股份转让使终极所有权发生经常性的部分变更，但股份制企业的产权并没有因部分股份转让而发生变化，除非其破产或被兼并。

第五，资产转让。它是指实物资产所有者（产权代表者）与需求者之间的一种有偿转让关系。有偿转让，指资产拥有者与需求者之间按照等价的原则用资产的实物价值与货币价值进行交换的一种方式。

第六，合并。合并包括吸收合并和新设合并。吸收合并即兼并，$A + B = A$；新设合并是指交易双方法人资格消失，共同组建一个新公司，即 $A + B = C$。

第七，收购。它是指通过取得企业控制权进行资本运作的一种经济行为。为取得企业经营控制权而进行收购，通常要求达到绝对控股和相对控股要求。绝对控股是指收购的股份达到 50% 以上；相对控股是指法人持有一个上市公司发行在外的普通股的 30%，此时收购方要发出收购要约。从收购对象上看，有两种——收购股权和收购资产。收购股权是指收购目标公司的股份，收购者将成为目标公司的股东，自然要承担该公司的债务。而收购资产不涉及公司股份，无须承担公司的债务。如果企业资产全部出售，则企业将无法继续经营原来的生产或业务，最后只能被迫解散。

第三节　产权关系和产权制度

一、产权关系和产权制度的含义

产权关系是指财产的所有权、支配权、使用权、收益权与由法律界定的经济当事人之间的权利关系，简单地讲就是社会经济运行中各经济当事人与财产权利及具体形式的关系。

（一）产权制度的内容

产权制度是指既定产权关系下产权的组合、调节、保护的制度安排。产权制度是对产权关系、产权界定、产权经营和产权转让的法律确定。在人类社会发展的不同阶段，产权制度具有不同的内容。

在现代市场经济中，产权制度至少应包含以下内容：

（1）产权安排。通过界定产权，确定排他性产权，明确谁有权做什么并确立相应的规则，如产权收益获取规则、产权转让交易规则、产权拥有者承担产权行使后果责任规则、产权拥有者自由行使权利规则等。

（2）产权结构安排。明确出资人、经营者、生产者的责权利，法人产权制度，企业法人对法人资产的支配权、转让权、收益获取权、债务责任，企业各利益主体的责权利，以及制约监督机制。

（3）产权保护。包括产权的法律保护以及对破坏产权关系行为的强制惩罚等。

（二）产权制度的功能

产权制度具有财产约束功能、激励功能、有效配置资源功能、形成稳定预期功能、规范交易行为和交易界区功能，总之，产权制度能有效地界定和规范财产关系和人们的经济行为。

产权制度是自古以来所有国家最重要的法律制度之一，其重要功能就是"定分止争"，只有通过产权保护制度确保了每个人的财产"名分"，才能形成明确预期，激励努力创造，防止不确定性，制止混乱纷争，维系社会稳定，杜绝"搭便车"和"公地悲剧"。

公有产权不可侵犯，非公有产权（私人产权、法人产权）同样不可侵犯。富人和穷人的财产都要受到法律的保护。贫苦大众的茅屋"风能进，雨能进，但国王不能进"，穷人不值钱的雨伞也是神圣不可侵犯的，需要受到法律的保护；公民财产不能以"少数服从多数"的名义被瓜分、抢夺，产权制度要保护多数人的财产，更要保护少数人的财产。即使我们认为少数人（如"钉子户"）的让步会导致大多数人总效用和福利的增加，也不能随意无条件地剥夺少数人的产权，谈判、让步、妥协、补偿是法律协调产权纠纷的基本步骤和手段，因为不尊重产权会造成财产的不确定性，而这对于经济长期的发展动力来说将是毁灭性的。"有恒产者有恒心"，产权保护应该是无条件的。

二、产权制度的主要类型

一个社会的产权制度的具体形式受制于特定的政治经济文化条件下配置稀缺资源的交易费用的大小。人类历史发展的各个阶段有不同的产权制度。

（一）个人私有产权制度

这种产权制度的典型形式是前资本主义社会存在的小生产者或小经营者。他们既是小私有者，同时又是劳动者。在资本主义时代乃至现代市场经济中，这类小私有者经营的企业仍然存在，其产权制度的基本特征依然存在，只不过在形式上或管理上多了些科学成分或时代特点而已。

这种小生产者企业是简单商品经济阶段以小商品生产为特征的经济单位，是企业的初始形式。这类企业以手工操作为主，以家庭经营为依托，因而其产权结构和组织状况比较简单，呈现出很直观、很简单的形态。其主要特点是：

（1）企业资产与所有者个人的消费财产是完全合一的。二者不仅不存在任何界限，甚至还缺少必要的核算。生产经营收入可以立即转化为个人、家庭的消费资料，反之亦然。

（2）企业的所有者（出资人）、经营者和主要劳动者是合一的。手工业作坊的主人也就是主要劳动者（师傅），一切生产经营都在他的决策和参与下进行。

（3）企业的组织、经营目标和产权观念都较简单直观，带有明显的古典的所有权色彩，不同产权主体之间的产权边界是清楚的，但是交易合约中的产权权益并无精确核算，仍带有明显的宗法色彩。

（二）自然人企业制度

这种产权制度最初表现为独资企业，后来发展为合资企业或者家族式控股公司。家族式控股公司是由企业主独资企业演变而来的家族内部的合伙企业，这类企业尽管都采取公司的形式，甚至在某些国家的法律上也被归入公司制企业，但从产权制度上看，它们都属于自然人企业，同法人企业有着根本的区别。这类企业的产权制度的基本特征是：

（1）企业的一切真正的财产权利都集中在企业主手中，形成了“资本专制”，“资本家所以是资本家，并不是因为他是工业的管理者，相反，他所以成为工业的司令官，因为他是资本家”[①]。工业上的最高权力成了“资本属性”。马克思的这类分析正是对这种产权制度的最主要特征的描述。

（2）所有者即企业主与生产者已彻底分离，并形成对立。所有者与经营者逐渐分离，但这时的经营者仍然完全隶属于企业主，一切仍然听命于企业主。企业主与实际经营者之间只是一种决策与执行的关系，是一种简单的雇佣关系。经营权（更不要说财产处置权）实质上并不掌握在经营者手中。这就是说，经营权仍然同所有权一起，掌握在企业主手中，企业的运营及其收益均完全从属于企业主的利益和意志。

（3）企业资产同企业主的私人财产实质上仍然是合一的。尽管在形式上企业主（连同其亲属）的直接收入是额定的并通过簿记，但企业全部资产仍然具有企业主的私人财产的性质并完全听凭企业主的处置，其私人财产、额定收入同企业财产之间并无实质性界限，企业破产也以企业主的私人财产冲抵，一般来说财产责任是无限的。因此，这种产权制度仍具有直接的私有性、排他性和单一性。

（4）这种企业的产权制度不仅在上述三方面较第一种类型已有显著变化，而且存在最根本的区别，即它是以资本经营、资本增值为特征的产权制度。但是，就其基本性质而言，仍属自然人企业制度，但其产权关系和组织结构已较复杂，不再具有粗陋的形式。

（5）值得注意的是，在家族式控股公司的形式下，它已吸收和借鉴了公司制（法人制度）的某些科学形式，如股东的有限责任、公司治理结构的形式以及吸收家族外投资等等。但是，只要它保有家族公司的性质，就其实质而言，仍属于自然人产权制度，企业行为均取决于家族首脑的利益和意志，只是在经营上增加了专家治理而已。

---

① 马克思．资本论：第1卷．2版．北京：人民出版社，2004：386.

这类产权制度仍然在西方市场经济国家占有一定地位。

（三）法人产权制度

法人产权制度是市场经济发展的产物。法人产权制度以法人企业制度的形成为前提，以股份有限公司为其典型形式，法人产权制度的典型特征是产生了原始产权（表现为投资人股权）与法人产权的双重产权结构，从而引起了一系列企业制度的根本变化。

现代法人产权制度是在继承自然人产权制度的优点、摒弃其弊端的基础上建立起来的，其形成经历了一个两权分离、统一和再分离的复杂过程。其特征是：首先通过现代信用制度使财产原始所有权和经营权初次分离，其次又在公司法人产权形态上实现所有权和经营权的重新统一，最后在公司内部实行所有权和经营权的再度分离。

与现代法人产权制度相适应的企业形式是股份制企业（主要指股份有限公司）。与独资企业或合伙企业不同，股份制企业有其自身的特点。股份制企业通过向社会发行股票的方式来筹集资金，即它的经济基础是“社会资本”，而不是独资。股票购买者以购买股票的形式向企业投资后，有权取得股息与红利，但无权从企业抽回投资，资金在经济上的所有权、支配权、使用权和收益分配权都属于企业。因此，股份制企业的一个重大特点，就是资金来源多元化和外在化。这不仅使企业本身的生产经营规模可按生产力发展的需要扩大，而且使企业本身有了自己独立的经营人格。法人产权制度使法人公司（股份制公司）变成一个独立的、完善的、明确的产权单位，从而实现了企业家职能、积累职能和所有权约束职能的制度化。这正是现代企业制度的深刻内涵。

（四）合作制企业制度

这种企业制度最初是在资本主义条件下，劳动者为避免资本剥削或商业中间盘剥而兴办的一种劳动合作企业，即合作社。这种合作企业最初出现在消费领域，后来逐渐扩展到生产及信用等领域。这类企业制度的主要特点是：

第一，由劳动者以投股的形式创办，全部资产均归参与合作并投股的全体劳动者所共有，合作者有参股、退股的自由。

第二，全部资产由合作社成员共同推举产生的合作企业职能机构（如理事会之类）实际运作；社员大会对其有选举权和罢免权，实际上形成了法人产权并独立承担民事责任；劳动者按人而不是按资行使民主权利（即一人一票制）。

第三，典型的合作制企业在当期盈利中拿出一定比重按股金比例以及参与合作交易的程度以即期红利的形式返还合作者。企业经营保持“为社员服务”的宗旨。

虽然从其非自然人制度的角度看，它也是一种法人制度，但它同公司法人制度至少有如下明显区别：（1）它以劳动合作为基础，坚持一人一票表决制，不是以资本权利为主；（2）法人成员没有股权代表资格，法人机构为社员代表大会执行机构；（3）分红和资产增值份额均失去了资本报酬的典型性质，而以劳动合作收入或积累为主。当然，合作制企业与合伙企业也不同，它既不是资本合伙，也不是自然人企业。

在我国，经长期衍化而形成的集体所有制企业，原则上虽然类似于合作制企业性质，但已另有新特质，它在很大程度上类似国有企业的制度类型，只是公有范围和计划程度有差别而已。在此不再详细分析。

(五)建立与市场经济相适应的我国企业产权制度

我国国民经济的各个领域涉及不同的经济成分：国有经济、集体所有制经济、私营经济和外商投资经济。从我国产权结构的宏观构成来说，在坚持公有制为主体的前提下，有必要创造条件，让非国有制经济有比较充分的发展，鼓励、支持、引导非公有制经济发展，坚持平等物权，形成各种所有制经济平等竞争的格局。应深化国有企业公司制、股份制改革，健全归属清晰、权责明确、保护严格、流转顺畅的现代企业产权制度，使其成为自主经营、自负盈亏、自我发展和自我约束的独立的经济实体。国有企业应发展混合所有制经济，优化国有经济布局和结构。

具体来讲，企业产权重组有以下方式或途径可供选择：

（1）竞争性行业和领域的商业类国有企业，采取整体上市、引入其他国有资本或各类非国有资本实现股权多元化。坚持以资本为纽带完善混合所有制企业的治理结构和管理方式，保证企业成为真正的市场主体。

（2）重要行业和关键领域的商业类国有企业，要保持国有资本的控股地位，支持非国有资本参股。对其中的自然垄断企业，实行以政企分开、政资分开、特许经营、政府监管为主要内容的改革。根据不同行业特点实行网运分开，放开竞争性业务，促进公共资源配置市场化，强化分类依法监管，规范营利模式。

（3）公益类国有企业，分类指导，推进具有条件的企业实现投资主体多元化；通过购买服务、特许经营、委托代理等方式，鼓励非国有企业参与经营。

总之，混合所有制是指国有资本、集体资本、非公有资本等交叉持股、相互融合的经济，是基本经济制度的重要实现形式。它是应对日益激烈的国际竞争和挑战，推动我国经济迈向中高端水平，完善现代企业制度，健全企业法人治理结构的重要举措。推进混合所有制经济，可以促进各种所有制公平竞争，终结“国进民退”和“国退民进”之争论。各种所有制企业相互持股，你中有我，我中有你，发挥优势，互相促进，共同发展，以各种所有制企业的核心竞争力带动其他企业共同发展，以放大各种资本的带动力，发挥市场在资源配置中的决定性作用。应分类分层推进国有企业混合所有制改革，鼓励各类资本参与国有企业混合所有制改革，建立健全混合所有制企业治理机制，加强产权保护，健全多层次资本市场，促进非上市股份公司股权交易，完善股权、债权、物权、知识产权及信托、融资租赁、产业投资基金等产品交易机制。应促进国有企业转换经营机制，放大国有资本功能，实现国有资产保值增值，夯实社会主义基本经济制度的微观基础。

《本章关键词》

1. 产权	2. 产权制度	3. 产权流动与产权交易
4. 法人产权制度	5. 产权重组	6. 物权

复习与思考题

1. 什么是不完全产权？

2. 什么是产权交易？产权交易的方式有哪些？

3. 试述个人私有产权制度、自然人企业制度、法人产权制度、合作制企业制度的主要区别。

4. 试述产权制度的功能和保护产权的重要性。

第二篇

社会主义市场经济及其建立

长期以来，人们在理论的认识上，普遍认为市场经济同社会主义是不可兼容的，市场经济和计划经济是反映资本主义和社会主义两种根本经济制度的经济范畴。在马克思主义经典著作中，不仅没有社会主义市场经济理论，而且连社会主义市场经济这个概念都不存在。科学的社会主义市场经济理论，是社会主义经济发展实践特别是中国特色社会主义经济发展实践的产物，是马克思主义基本原理同社会主义建设实践的结晶，是马克思社会主义经济理论的丰富与发展。本篇在把握市场经济一般原理的基础上，进而考察社会主义市场经济。首先考察社会主义市场经济理论的形成及其发展，其次分析作为中国特色社会主义组成部分的社会主义市场经济在中国的经济体制改革中的建立，概括社会主义市场经济作为市场经济同社会主义制度相结合的一种新型的现代市场经济应具有的基本特征。

资源合理而有效配置的问题。资本循环的三个阶段和采取三种职能资本形式、保持三种职能资本形式的并存性和继起性、加速资本的周转速度等都是提高微观经济效益的根本问题，实质就是资源配置的有效性问题；实现社会资本简单再生产和扩大再生产的几个公式，讲的就是在社会范围内合理配置资源于两大部类的问题。至于资源如何实现合理有效配置，在不同的社会生产形式下，配置方式是不同的。

第二，在商品经济比较发达的社会生产形式下，实现社会资源合理有效配置的方式是通过价值规律的自发作用，即市场机制的调节。马克思明确指出："只有当全部产品是按必要的比例生产时，它们才能卖出去。社会劳动时间可分别用在各个特殊生产领域的份额的这个数量界限，不过是价值规律本身进一步展开的表现……为了满足社会需要，只有如许多的劳动时间才是必要的。"[①] 恩格斯也指出："供给总是紧跟着需求，然而从来没有达到过刚好满足需求的情况；供给不是太多，就是太少，它和需求永远不相适应，因为在人类的不自觉状态下，谁也不知道需求和供给究竟有多大。如果需求大于供给，价格就会上涨，因而供给似乎就会兴奋起来；只要市场上供给增加，价格又会下跌，而如果供给大于需求，价格就会急剧下跌，因而需求又被激起。"[②] 马克思、恩格斯的论述，说明了在商品经济社会，是市场上商品供求关系变化引起价格涨落，使资本在各部门之间流动，从而实现资源的合理配置的。

第三，社会主义社会是生产社会化程度很高、实行单一社会所有制的社会。在这里，商品货币关系不复存在，价值规律也失去了作用，即进入产品经济时代，这时资源的合理有效配置由计划进行调节。马克思说："在一个集体的、以生产资料公有为基础的社会中，生产者不交换自己的产品；用在产品上的劳动，在这里也不表现为这些产品的价值，不表现为这些产品所具有的某种物的属性，因为这时，同资本主义社会相反，个人的劳动不再经过迂回曲折的道路，而是直接作为总劳动的组成部分存在着。"[③] 既然社会主义社会不存在商品货币关系，市场没有了，价值规律也退出经济生活的舞台了，自然也就无所谓市场调节了。这时，"劳动时间的社会的有计划的分配，调节着各种劳动职能同各种需要的适当的比例"[④]。恩格斯也认为："一旦社会占有了生产资料，商品生产就将被消除，而产品对生产者的统治也将随之消除。社会生产内部的无政府状态将为有计划的自觉的组织所代替。"[⑤]

在马克思、恩格斯的论述中，并没有把资源配置方式看作反映社会根本制度的范畴，而把它看作同社会生产力紧密联系的范畴。他们都认为在商品经济条件下，资源配置方式是通过价值规律的作用来调节的，而不是单指资本主义制度下资源配置由价值规律进行调节。在他们对未来社会的设想中，在无产阶级革命胜利后，经过一个从资本主义向社会主义短暂的过渡时期，就进入共产主义初级阶段，即社会主义阶段，实现全社会单

① 马克思，恩格斯 . 马克思恩格斯全集：第 46 卷 . 2 版 . 北京：人民出版社，2003：717.
② 马克思，恩格斯 . 马克思恩格斯全集：第 3 卷 . 2 版 . 北京：人民出版社，2002：460.
③ 马克思，恩格斯 . 马克思恩格斯选集：第 3 卷 . 3 版 . 北京：人民出版社，2012：363.
④ 马克思，恩格斯 . 马克思恩格斯全集：第 44 卷 . 2 版 . 北京：人民出版社，2001：96.
⑤ 马克思，恩格斯 . 马克思恩格斯全集：第 25 卷 . 2 版 . 北京：人民出版社，2001：412.

一的社会所有制，那时商品货币关系就消除了，市场和价值规律都退出历史舞台，自然进入产品经济时代，资源的配置只能由计划机制进行调节。

二、列宁和斯大林的基本思想

列宁在对商品经济命运的认识上，赞同马克思、恩格斯的观点，即社会主义社会要消灭商品货币关系，实行产品交换。但在十月社会主义革命胜利后，由于在当时的历史条件下取消商品货币关系在实践中行不通，于是不得不做战略上的“后退”，实行新经济政策，当时列宁提出要“采取市场的经济形式”，但他把市场的经济形式看作是利用资本主义。

列宁是第一个使用“计划经济”和“市场经济”概念，并且明确把这两个概念同社会根本制度联系起来的马克思主义经典作家。他认为：“只要还存在着市场经济……世界上任何法律都无法消灭不平等和剥削。只有建立起大规模的社会化的计划经济……才可能消灭一切剥削。”[①] 他又指出，社会主义这种制度将实行计划经济。可见，市场经济姓“资”、计划经济姓“社”的观点，在马克思主义经典作家中也是列宁第一个提出的。由于列宁生活在革命胜利后的时间很短暂，而且他当时面临的主要任务是在尖锐复杂的国内外环境下建立和巩固苏维埃政权，不可能顾及经济建设中的资源配置方式问题。

在列宁之后，斯大林领导苏联进行了几十年的社会主义建设，现实生活使他不得不承认社会主义社会仍然存在着商品货币关系，承认价值规律对经济的一定调节作用。但他又否认在社会主义社会生产资料是商品，认为消费资料也只是存在着商品的“外壳”，不承认在全民所有制内部各企业之间存在商品货币关系。斯大林在其著作中，进一步使计划经济姓“社”、市场经济姓“资”的观点理论化，在《苏联社会主义经济问题》一书中，他第一次提出只有在社会主义制度下才存在着国民经济有计划按比例发展的规律，把实行计划经济上升为社会主义社会特有的经济规律。在他主持下编写的苏联《政治经济学教科书》中，计划经济是作为社会主义的基本经济特征被提出的。斯大林不仅在理论上强化了计划经济姓“社”、市场经济姓“资”的观点，而且在苏联的社会主义建设中，坚定不移地实行高度集中的计划经济，在全世界树立起了社会主义是同计划经济联结在一起的样板。

第二节　计划经济体制及其产生

一、计划经济及其实行的前提条件

计划经济在马克思、恩格斯的思想中被作为资源配置的一种调控方式。商品经济（即后来人们所称的市场经济）下的调控方式是价值规律的自发作用，随着生产力的高度

---

① 列宁．列宁全集：第 13 卷．2 版增订版．北京：人民出版社，2017：124.

发展和生产的社会化，要求同时实现生产资料占有的社会化，把社会从商品经济生产形式发展到产品经济生产形式，这时商品货币关系没有了，市场也没有了，仍存在着的资源合理有效配置只能通过计划机制来进行调控，即实行计划经济。可见，计划经济不是一种反映生产关系的经济制度，而只是由社会化大生产决定的一种资源配置方式，是一种经济体制。凡是社会资源的配置由计划或计划机制起决定性作用的经济体制，均叫作计划经济。

前面已经讲过，市场经济作为一种社会资源配置方式有其优越性，同时也存在滞后性、不确定性、盲目性等自身难以克服的缺陷。资本主义社会自诞生以来数百年实行的都是市场经济。一方面，市场经济确实促进了社会经济的巨大发展；另一方面，自 1825 年起，每隔若干年就爆发一次周期性经济危机，通过经济危机机制强行破坏一部分生产力，使社会经济发展所必需的比例关系得以暂时协调。资本主义社会数百年来经济发展的“轨迹”，可以说是市场经济的长处和短处的最好注释。计划经济是人们根据社会的需要与可能，通过制订计划来合理地配置资源，因此它可以克服单纯的市场经济在资源配置方面的缺陷，避免产品的缺口和资源的浪费。

一种社会制度下采取何种资源配置方式，不是由人们的主观意志决定的，从本质上说，是由生产力发展状况和相应的社会经济条件决定的。当生产力发展水平使社会处于自然经济状态时，即使人们选择市场经济，也是根本无法实现的，因为没有市场，或者是仅有范围很小的市场，市场机制的作用就无法发挥或受到局限。当生产力发展达到相当高的水平，即商品经济获得了比较充分的发展时，不管人们意识到与否，市场对社会资源的配置都起着支配作用，即客观上要求实行市场经济，国内统一市场甚至国际市场的形成、价值规律的作用、市场竞争的力量，就像一只“看不见的手”支配着市场经济主体的经营活动，导致资源的合理和有效配置。在这样的经济条件下，除了市场经济外，其他配置方式都不能正常地实现资源的合理配置，即使人为地选择其他配置方式，最终也不能实现资源的合理配置，不利于社会生产力的健康发展。从理论上讲，通过计划机制来实现资源的配置，无疑是可以达到最合理、最有效的配置的，但是，同其他资源配置方式一样，计划经济的选择，也绝非主观意志的产物，它作为经济发展的一种客观要求，同样需要以生产力的发展和其他经济条件为前提。当计划经济所需要的客观经济条件不具备而人为地实行计划经济时，计划经济在社会资源配置上的优越性不仅不能发挥，相反会导致资源配置不合理和缺乏有效性，不利于经济的健康发展。

马克思、恩格斯设想的社会主义革命是在发达的资本主义社会爆发的，因而社会主义社会是建立在社会化大生产的基础上的。社会化大生产本身的复杂精细的社会分工和庞大的生产规模，客观上要求由一个社会中心按照社会经济效益最大化原则通过计划对生产进行统一的协调，正如列宁所指出的，大机器工业和以前各个阶段不同，它坚决要求有计划地调节生产和对生产实行社会监督。马克思、恩格斯还设想在社会主义革命胜利后，经过一个短暂的过渡时期，便实现全社会单一的社会所有制，商品货币关系退出历史舞台。在这个社会里，一方面，一个人除了自己的劳动，谁都不能提供其他任何东西；另一方面，除了个人的消费资料，没有任何东西可以成为个人的财产。并且，全体公民都成了国家（武装工人）的雇员。全体公民都成了一个全民的、国家的“辛迪加”

的职员和工人。生产资料的单一社会所有制使得全社会各个生产单位具有了共同的利益，从而社会中心能够有效地按照社会效益最大化原则，通过制订统一的计划来协调整个社会经济的发展。恩格斯就明确说过，一旦社会占有了生产资料，社会生产内部的无政府状态将为有计划的自觉的组织所代替。马克思设想，在社会主义社会里，生产者并不交换自己的产品；耗费在产品生产上的劳动，在这里也不表现为这些产品的价值，即社会主义社会已不存在商品关系。可见，马克思主义经典作家认为实行计划经济是有条件的，那就是要具备社会化大生产、全社会单一的生产资料社会所有制、商品经济消亡等条件。从今天来看，还应当加上一个条件，那就是科学技术的高度发展，为人们提供高科技统计手段，从而使准确地、及时地知道复杂多变的社会需求成为可能。因为如果无法准确地了解复杂的社会需求，计划经济对资源的配置就不可能是合理而有效的。如果在实行计划经济的条件不完全具备的情况下，用主观的力量去实行计划经济，那就像列宁当时针对俄国的条件所说的那样，完整的、无所不包的、真正的计划等于官僚主义的空想。近百年社会主义的实践也证明，由于社会主义国家都是在没有完全具备实行计划经济的条件下实行计划经济的，这就注定了这种经济体制的优越性不可能得到应有的发挥。由此可见，计划经济理论是科学的，计划经济是一种理想的合理而有效配置资源的方式，绝不能因为过去我们在条件不具备的情况下实行计划经济所产生的种种弊端而否定计划经济。我们必须把计划经济本身具有的优越性同计划经济在缺乏必要条件下的滥用而不能发挥其优越性这两个问题区分开来。

二、计划经济体制的产生

计划经济体制最早是在苏联开始实行的，这种体制的最明显特征是社会资源配置的决定权，社会经济运行的调节权，社会的生产、分配、交换、消费各个环节的协调权，都集中在中央权力机构。中央权力机构通过制订统一的国民经济计划来实现这些权力。当时的苏联选择这种经济体制的特定的历史原因是：（1）俄国在十月社会主义革命胜利后，成为世界上唯一的社会主义国家，面临着国际上帝国主义列强的孤立和封锁、国内各种反革命势力的猖狂反扑，它们妄图把新生的苏维埃政权扼杀在摇篮里，初生的社会主义苏维埃共和国要生存、巩固和发展，只能自力更生，尽快发展自己的工业特别是重工业。当时俄国又是一个工业基础比较薄弱的国家，这就迫使俄国选择了一条优先发展重工业的工业化道路，为此，必须把有限的人力、财力、物力集中起来用于发展重工业，只能选择集中型的计划经济体制来实现。（2）在一个经济比较落后的大国实行社会主义，为保证劳动人民的必要生活水平和劳动权利，也只能通过国家在全国范围内有计划地组织社会生产和生活，有计划地安排劳动力的使用。（3）党和国家领导核心的理论观点，基本上否认社会主义社会仍然是商品经济的社会。列宁在十月革命胜利后，曾试图立即消灭商品货币关系，当他在实践中发现此路不通，转而采取新经济政策，要利用商品货币关系发展社会主义商品经济时，却过早地逝世了。列宁逝世后长期担任党和国家最高领导的斯大林，在理论上始终不承认在社会主义条件下生产资料是商品，认为即使是消费资料也只剩下商品的“外壳”，不承认全民所有制经济内部存在商品货币关系。在这些占统治地位的理论的指导下，当时的苏联只能实行集中型计划经济。后来，东欧一系列国家在苏联的帮助下取得了反法西斯战争的胜利，并在此基础上建立了社会主义国家。当时的国际和国内条件使这些国家从政治到经济都只能依附于苏联，其经济体制别无选择，只能同苏联接轨，实行集中型计划经济体制。

中华人民共和国成立后，经过三年的国民经济恢复期，我国便开始从新民主主义革命转变为社会主义革命。到 1956 年底，“三大改造”基本完成，标志着中国进入社会主义社会，开始了大规模的社会主义经济建设，当时我国面临的国际国内的复杂环境和巨大的经济建设任务，使得我们也只能选择集中型计划经济体制。具体来说，主要原因有：（1）搞社会主义建设对于我们来说是一个新鲜事物，缺乏经验，而当时苏联已经是有着几十年社会主义建设经验的“老大哥”，特别是当时国际上几乎所有发达资本主义国家都对我国实行经济封锁，能够帮助我国进行社会主义建设的只有以苏联为首的社会主义阵营。在这种情况下，我国在经济体制上照搬苏联现成的经济体制是很自然的事情。（2）中华人民共和国成立前，我国原有的经济基础极其薄弱，基本上没有自己的重工业，要发展我国的经济，首先需要建立起自己的重工业基础，这就必须集中我国有限的经济力量来保证重工业重点项目的建设，集中型计划经济正适应了这种经济状况的需要。（3）我国长期革命战争的艰苦岁月是靠实行战时共产主义供给制来坚持，靠党中央高度集中的统一领导、统一指挥，靠上下一致、铁的纪律、令行禁止，最终取得胜利的。这种传统在革命胜利后很自然被继承下来，使得在经济建设上也就很自然地形成了集中型计划经济。（4）在中华人民共和国成立后相当长的一个时期，我们在理论上受斯大林的影响很深，长期以来都是把计划经济作为社会主义的本质特征来坚持的，在这种理论的指导下，必然是实行集中型计划经济体制。

三、特定历史条件下计划经济体制的作用及其弊端

前面的分析表明，以往社会主义国家计划经济体制的产生，并不是由于生产社会化程度很高以及其他经济条件已经具备，通过经济规律的作用应运而生的，而是国家在特定的历史条件下克服困难、发展经济唯一的选择。这一方面决定了计划经济在特定历史条件下具有积极的作用；另一方面，这种计划经济又并非经济条件成熟后所必然要求的资源配置方式，而是在经济条件不具备的情况下不得不做出的选择，这就注定了这种经济体制必然存在种种弊端。

计划经济体制在苏联和东欧各社会主义国家、改革开放之前的我国和其他社会主义国家实行了几十年，客观而公正地说，在经济比较落后的国家，在缺乏外援的情况下，要想在短期内自力更生地把工业基础建立起来，别无选择，只能靠本国集中有限的人力、财力、物力，靠本国经济的自身积累来保证工业化基础项目的建设，这种集中型计划经济体制曾发挥了无可替代的作用。众所周知，苏联在成立初期，其经济力量远远落在发达的资本主义国家后面，正是由于采用了集中型计划经济体制，靠自身的积累，集中起全国的经济力量为实现工业化而奋斗，才能够仅用短短几十年时间就建立起了强大的工业化基础，经济力量超过了许多发达资本主义国家而跃居世界第二位，并为反法西斯战

争的胜利打下了坚实的物质基础。我国也正是在这种经济体制下，用比资本主义国家短得多的时间建立起了自己比较完整的工业体系，创造出了一种历史上罕见的经济发展高速度。这一历史事实表明，一个经济比较落后的国家取得社会主义革命胜利后，靠自力更生发展本国的经济，在经济建设的规模较小、经济结构和经济发展目标比较单一的条件下，集中型计划经济体制起过积极的作用。而且，在经济比较落后的国家建立起社会主义制度后，为了保障人民群众的基本生活需要，从而保障社会的安定，计划经济也功不可没。但是，经济比较落后的国家要把经济真正搞上去，必须大力发展商品经济，商品经济的充分发展是社会经济发展不可逾越的阶段。商品经济的发展要求充分发挥市场和市场机制的作用，要求按价值规律、竞争规律进行调节，要求一个个市场经济主体自主经营、自负盈亏，在市场竞争中充满生机和活力，而计划经济的种种机制恰恰限制和否定了上述要求。这种经济体制排斥市场调节，否定企业在市场中的自主经营权，企业的一切经营活动都得由上级通过计划来决定，因此不能调动企业和劳动者的主动性与积极性。随着工业基础的建立，我国经济发展水平有了一定的提高，经济建设的规模逐渐扩大，经济结构和经济发展目标日益复杂和多样化，计划经济体制对经济发展的积极作用逐渐减弱，其弊端也越来越凸显。对计划经济体制的弊端，《中共中央关于经济体制改革的决定》做了明确的概括，那就是：政企职责不分，条块分割，国家对企业统得过多过死，忽视商品生产、价值规律和市场的作用，分配中平均主义严重。这就造成了企业缺乏应有的自主权，企业吃国家“大锅饭”、职工吃企业“大锅饭”的局面，严重抑制了企业和广大职工群众的积极性、主动性、创造性。正是由于计划经济是在实行计划经济所必需的经济条件不具备的情况下实行的，这种经济体制不可能使得社会主义经济持续、快速、健康地发展，所以，对这种计划经济体制，邓小平深刻地指出，不改革就没有出路。

第三节　社会主义经济发展中的计划与市场

一、计划与市场关系的传统观点及对此观点的挑战

自世界上第一个社会主义国家建立，继而在第二次世界大战后一系列社会主义国家诞生，持续到 20 世纪 80 年代，在整个社会主义世界中，在对计划与市场关系的认识上，占统治地位的始终是传统观点，即认为计划调节、计划经济是社会主义本质的经济特征，市场调节、市场经济则是资本主义特有的经济特征，计划与市场是相互排斥、相互对立的。长期以来，关于计划与市场关系的传统观点在社会主义国家之所以产生并占统治地位，有着其深刻的经济和历史根源：（1）这种观点符合马克思主义经典作家对商品经济命运，从而对计划与市场关系的设想。马克思和恩格斯都设想社会主义社会已经不存在商品经济，整个社会的生产、分配、交换和消费都由一个统一的计划进行调节。虽然马克思、恩格斯都没有使用市场经济的概念，但从今天理解的市场经济的含义来看，由于马克思、恩格斯认为社会主义已不存在商品货币关系，人们自然可以认为马克思、恩格斯否认社会主义经济是市场经济。列宁是第一个使用市场经济概念，而且是第一个明确

把市场经济与计划经济作为体现社会根本制度的范畴相对立的经典作家。他认为，只要仍然有交换，就谈不上是社会主义。斯大林是领导苏联进行了几十年社会主义建设的国家领导人，由于历史原因，斯大林在国际社会主义运动中的影响是很大的，他在总结苏联社会主义建设经验时，明确提出在社会主义条件下生产资料不是商品，价值规律在生产领域不起作用，只在流通领域起一定作用，并第一次提出社会主义社会存在着国民经济有计划按比例发展的规律，这一规律是作为资本主义制度下竞争和生产无政府状态的规律的对立物而产生的。马克思主义经典作家和斯大林的这些理论观点，自然成为社会主义国家的指导思想。（2）计划经济曾经在各国社会主义经济建设中发挥过积极的作用。在物质资料比较匮乏的社会主义建设初期，计划经济体制有利于保证社会的公平和稳定。（3）从历史上看，市场经济萌芽于封建社会，完全确立是在资本主义社会。而社会主义制度自出现开始，长期实行的是排斥市场的计划经济，在这种历史现象下，说市场经济等于资本主义，计划经济等于社会主义，确实也反映了当时资本主义经济与社会主义经济运行的客观现实。（4）在理论界中，不仅马克思主义的经济学家大多数持传统观点，资产阶级的经济学家也是把市场经济同资本主义经济制度联结在一起的，把市场经济等同于资本主义。权威性的《简明不列颠百科全书》给“资本主义”这一条目下的定义是这样的：资本主义“亦称自由市场经济或自由企业经济”，市场经济是指“生产资料大多为私人所有，主要是通过市场的作用来指导生产和分配收入的”。《现代日本经济事典》称日本市场经济制度有三原则：私有财产制度神圣不可侵犯原则、契约自由原则、自我负责原则。世界银行的《世界发展报告》也把发达资本主义国家称作“工业化市场经济国家”，把中国等社会主义国家称作“非市场经济国家”。正是上述原因使得计划经济姓“社”、市场经济姓“资”，两者根本对立的传统观点根深蒂固。

随着新的科学技术革命推动各国商品经济进一步发展，市场经济全球化趋势日益明显，商品经济的充分发展越来越显示出其是社会经济发展不可逾越的阶段，实行社会主义制度的国家也不例外。商品经济的充分发展本身表明，作为商品经济基本规律的价值规律的作用得到了充分发挥，使市场在社会资源的配置中起着越来越大的作用，市场机制在社会资源合理配置中的决定性作用，提高了资源使用的合理性、有效性和劳动生产率，使实行市场经济体制的很多国家取得了经济发展的巨大成就。而那些坚持计划经济体制的国家，由于不具备实行计划经济所必需的客观条件，使计划经济的优越性不能得到发挥，导致经济发展缺乏生机和活力。这种世界经济发展的现实，使社会主义国家的领导层和经济学家不得不对关于计划经济与市场经济关系的传统观点重新进行审视，传统观点的统治地位开始动摇。

20世纪50—60年代，在东欧各社会主义国家和苏联，出现了一个批判和改革传统的高度集中的计划经济体制的浪潮，提出了内容丰富的多种流派的市场理论。最早对计划经济的传统观点提出挑战进而以市场经济体制为取向进行改革的国家是南斯拉夫。1949年，南斯拉夫领导人之一、著名的理论家卡德尔首先批评了国有制，提出要扩大企业的自治权，企业自治实质上使企业成为自主经营的经济实体，企业之间的交换就是商品交换。1953年，南斯拉夫为建立统一的自由商品市场，把生产资料转给劳动集体自由支配，从而使生产资料和其他消费资料一样都成为商品，形成了生产资料市场，这就突破了斯大林的生产资料不是商品的观点。1965年，南斯拉夫又进一步建立了资金市场，允许资金自由流动，一定程度的劳动力市场也开始出现。这样，南斯拉夫最终形成了“市场社会主义”模式，社会经济中的投资、生产、分配等活动均由市场来调节，商品、服务、劳动、知识和社会资本均可自由流动。这种理论和实践在当时的历史条件下理所当然受到传统理念的排斥和抨击。

1953年传统理论的最高权威斯大林逝世后，东欧的一些社会主义国家的经济理论界开始活跃起来，在波兰，兰格、布鲁斯（Bruse）等一些有影响力的经济学家积极倡导经济改革，提出了他们的市场经济理论。1956年，兰格著名的“经济新模型”问世，他在其提出的经济模型里，要求实行分权，使企业在计划规定的范围内自主从事经营活动，各家企业之间通过价格相互联系，这就决定了价格的形成必须是计划定价和市场机制自由定价相结合。计划的实现应优先利用经济手段，从而在经济活动中建立起自动调节机制。布鲁斯也在同一时期提出社会主义市场不仅应包括消费品市场，还应当包括生产资料市场。1961年，他出版了专著《社会主义经济的运行问题》，提出了他设计的市场体系模型、市场机制模型和市场调控模型，系统地阐述了他的市场经济理论。

20世纪50年代中期，匈牙利的经济学界也开始对传统的计划经济观点进行批判。匈牙利著名经济学家科尔奈（Kornai）于1957年出版了《经济管理中的过度集中》一书，批评了高度集中的计划管理体制不能很好地处理国家、企业和个人之间的利益关系，不能很好地提供生产动力，不能很好地提高管理效率，以及不能很好地激发企业和劳动者的主动性、积极性和创造性。所以，必须改革这种经济体制，要扩大企业自主权，充分发挥市场机制的作用。

捷克著名经济学家锡克（Sik）在1958年发表了关于社会主义计划与市场关系的观点，之后陆续出版了论述社会主义商品经济、社会主义的计划与市场的专著，阐明了社会主义条件下计划与市场关系的特点，提出了独特的市场体系模型、市场机制模型以及计划与市场的结合方式。由于锡克较长时期担任捷克政府的领导职务，所以他的市场理论对捷克的经济体制改革产生了重大推动作用。到1968年春，捷克经济改革的设想已提出了计划市场模式，这一模式虽然仍然坚持计划经济，但国民经济计划已被限制在一些重要的宏观经济方面，而且国民经济计划的实现主要是通过国家经济政策和经济调节手段，要求在国民经济大部分领域中实行自由价格。

在20世纪50年代后半期，苏联的经济学家也积极参与了计划与市场问题的大讨论，他们首先突破了斯大林关于生产资料不是商品和限制价值规律作用的观点，承认生产资料是商品，承认价值规律在整个社会主义经济中起作用。这些观点集中反映在1959年苏联新修订的《政治经济学教科书》(第三版）中，该书写道：“社会主义社会的劳动产品即生产资料和消费品，都是社会主义各企业之间以及这些企业和居民之间的流通的商品”，“价值规律在生产领域和流通领域中都发生作用”。进入60年代，苏联的市场理论又有了新的发展，经济学家利别尔曼（Liberman）于1962年9月9日在《真理报》上发表了《计划、利润、奖金》一文，认为传统的集中计划体制不能很好地解决国家和企业之间的关系，因而必须改革传统的集中计划体制，要扩大企业自主权，建立利润刺激。著名经济学家列昂惕夫（Leontief）也认为，社会主义计划经济必须充分利用市场机制。还有其他一些经济学家都主张把计划与市场结合起来。尽管如此，在苏联占统治地位的观点仍然是社会主义的市场只能是有计划的市场，排斥市场自发调节的作用。

其他几个东欧社会主义国家的经济学家，在20世纪60年代也先后不同程度地提出了改革传统的集中计划体制、引入市场机制的观点，但他们仍然都坚持国家集中的计划调节，把市场看作有计划的市场，反对市场调节起决定性作用。

二、计划与市场关系的理论在我国的变化和发展

我国的领导层、理论界对计划与市场关系理论的认识，是伴随着我国社会主义经济建设的实践，特别是伴随着40多年来改革开放的实践而逐步深化的，是顶层设计和摸着石头过河相结合的产物，这一认知过程大体可以划分为五个阶段。

第一阶段是1978年党的十一届三中全会以前的近30年。在这个时期里，虽然面临着社会主义革命和社会主义建设很多复杂而艰巨的问题，但我国的领导层和理论界仍十分关注社会主义经济中的商品货币关系和市场问题。1956—1957年经济学界开展了关于社会主义条件下要不要市场的讨论；1958—1959年又进行了关于社会主义经济中价值规律的讨论；1961—1964年进行了关于价格形成机制的讨论。在讨论中，许多人都提出社会主义经济中必须利用市场关系，发挥价值规律的作用。20世纪50年代末60年代初，党中央领导层围绕《苏联社会主义经济问题》和苏联《政治经济学教科书》（第三版）这两本书进行了学习讨论，认为苏联那种高度集中统一的计划经济体制对地方和企业管得过多过死，不利于发挥地方、企业的积极性。但是，这些讨论和认识从总体上并没有超出传统的计划经济理论，在整个理论界中占统治地位的观点仍是计划经济姓“社”、市场经济姓“资”，计划经济与市场经济是反映社会根本经济制度的对立的经济范畴。

第二阶段是从党的十一届三中全会到党的十二大召开之前。党的十一届三中全会恢复了“解放思想、实事求是”的马克思主义思想路线，坚持了“实践是检验真理的唯一标准”，否定了“两个凡是”，这就为人们正确探索和认识计划与市场的关系奠定了认识论基础。这一时期党中央领导同志的讲话和理论界的研究成果表明，领导层和理论界已经突破了把计划和市场看作相互对立的经济范畴的思想框架，认为社会主义整个经济可划分为两个板块，其中一大块是计划经济，这是主要的，还有一小块是由市场调节的经济，是次要的，即人们常说的“板块式”结构，“计划经济为主，市场调节为辅”。1979年3月，陈云同志明确指出：整个社会主义时期经济必须有两个部分：（1）计划经济部分（有计划按比例的部分）；（2）市场调节部分（即不做计划，让它根据市场供求的变化进行生产，即带有“盲目”调节的部分）。第一部分是基本的、主要的；第二部分是从属的、次要的，但又是必需的。这种认识明显是对社会主义经济是“大一统”的、无所不包的计划经济的突破。

第三阶段是从党的十二大到党的十三大召开之前。这一时期在对计划与市场关系的认识上又进了一大步，具体表现为：首先，党的十二大明确提出，正确贯彻计划经济为主、市场调节为辅的原则，是经济体制改革的一个根本性问题，并从理论上开始确认价值规律和市场对生产、流通具有调节作用，尽管这种作用是从属的、次要的，但又是必

要的、有益的；其次，明确提出商品经济的充分发展是社会经济发展不可逾越的阶段，并且第一次在党中央的决议中写上我国的社会主义经济“是在公有制基础上的有计划的商品经济”，这就破除了长期以来把计划经济同商品经济对立起来的传统观念，而且肯定了社会主义经济是商品经济，把商品经济当作社会主义经济的内在属性。这无疑是在理论认识上前进了一大步，有计划商品经济理论的提出，进一步突破了把指令性计划当作社会主义计划经济根本特征的传统观念，肯定了指导性计划也是计划的一种形式，从而从根本上动摇了传统计划经济的基础。

第四阶段是从党的十三大召开到 1992 年春邓小平重要的南方谈话发表之前。这个时期是我国改革开放加大其深度和广度的时期，这种实践必然会有力地推进人们对计划和市场关系认识的深化。这种认识的深化集中地反映在党的十三大报告上，报告在以下几个提法上明显地体现了在计划和市场关系认识上的重大发展：（1）“社会主义有计划商品经济的体制，应该是计划与市场内在统一的体制”。（2）“社会主义商品经济同资本主义商品经济的本质区别，在于所有制基础不同”。（3）“必须把计划工作建立在商品交换和价值规律的基础上。以指令性计划为主的直接管理方式，不能适应社会主义商品经济发展的要求”。（4）“计划和市场的作用范围都是覆盖全社会的。新的经济运行机制，总体上来说应当是‘国家调节市场，市场引导企业’的机制”。（5）“按照所有权经营权分离的原则，搞活全民所有制企业……使企业真正做到自主经营，自负盈亏”。（6）“社会主义的市场体系，不仅包括消费品和生产资料等商品市场，而且应当包括资金、劳务、技术、信息和房地产等生产要素市场……社会主义的市场体系还必须是竞争的和开放的”。① 上述几方面的认识正确地阐明了社会主义经济中计划与市场的关系，突出了指导性计划的地位和作用，提出了新的经济体制下的经济运行机制，分析了市场经济主体和市场体系的构建，应当说，已经接近社会主义市场经济了。

第五阶段的开始以邓小平 1992 年春南方谈话发表为标志。随着我国改革开放不断深入开展，特别是一些改革开放步子走得比较快、搞得比较好的地区，其经济运行的市场取向非常明显，最突出的是几个经济特区，其产、供、销都是面向市场和依靠市场，整个特区的资源配置和经济运行都由市场机制起决定性作用。苏南地区的乡镇企业异军突起，这些企业从资本金、劳动力、原材料的来源到产品的销售，全都来自市场和流向市场，体现出强大的生机和活力。这些地区经济迅速发展，人民生活水平提高很快，社会主义经济力量不是削弱而是增强了。经济发展的实践强烈要求进一步突出市场调节在经济运行中的地位与作用，即要求实行由市场对社会生产要素的配置起决定性作用的经济体制。在这种情况下，长期束缚人们思想的计划经济姓“社”、市场经济姓“资”的传统观念，成为我国经济体制改革进一步发展的“拦路虎”，我国改革的实践要求同传统理论的矛盾成为我国经济生活中突出的矛盾。这一矛盾把人们推向一个“二难推理”的境地，人们都为此感到茫然，而这一矛盾不解决，我国以市场为取向的经济体制改革就不能再前进一步。在这个关键时刻，1992 年春，我国改革开放的总设计师邓小平发表了著名的南方谈话，从理论和实践的结合上解决了这一矛盾，使我国对计划与市场关系的认识产生了质的飞跃。

---

① 十三大以来重要文献选编（上）. 北京：人民出版社，1991：26–29.

三、社会主义市场经济的提出

邓小平关于计划与市场关系的科学观点可以追溯到40多年前。早在1979年11月，在与美国不列颠百科全书出版公司副总裁弗兰克·吉布尼（Frank Gibney）等人的交谈中，对方问到是不是可能在将来某个时候，在中国的社会主义制度之内，也发展某种形式的市场经济时，邓小平明确地回答："说市场经济只存在于资本主义社会，只有资本主义的市场经济，这肯定是不正确的。社会主义为什么不可以搞市场经济，这个不能说是资本主义。我们是计划经济为主，也结合市场经济，但这是社会主义的市场经济。虽然方法上基本上和资本主义社会的相似，但也有不同，是全民所有制之间的关系，当然也有同集体所有制之间的关系，也有同外国资本主义的关系，但是归根到底是社会主义的，是社会主义社会的。市场经济不能说只是资本主义的。市场经济，在封建社会时期就有了萌芽。社会主义也可以搞市场经济。"① 这里已经提出了资本主义的市场经济和社会主义的市场经济两种不同的市场经济，社会主义可以搞市场经济。1985年10月，邓小平会见美国企业家代表团时，代表团团长格隆瓦尔德（Grunwald）问邓小平：社会主义与市场经济究竟是什么关系？邓小平回答说："社会主义和市场经济之间不存在根本矛盾。问题是用什么方法才能更有力地发展社会生产力。我们过去一直搞计划经济，但多年的实践证明，在某种意义上说，只搞计划经济会束缚生产力的发展。把计划经济和市场经济结合起来，就更能解放生产力，加速经济发展。"② 可见，邓小平明确否认计划经济和市场经济是反映社会根本制度的范畴，而认为二者都是经济发展的方法和手段。

邓小平在和国内同志的谈话中，对计划与市场的关系的分析更为明确、更加深刻。1987年2月，在党的十三大召开前夕，邓小平同当时的几位中央负责同志谈话时指出："为什么一谈市场就说是资本主义，只有计划才是社会主义呢？计划和市场都是方法嘛。只要对发展生产力有好处，就可以利用。它为社会主义服务，就是社会主义的；为资本主义服务，就是资本主义的。好像一谈计划就是社会主义，这也是不对的，日本就有一个企划厅嘛，美国也有计划嘛。我们以前是学苏联的，搞计划经济。后来又讲计划经济为主，现在不要再讲这个了。"③1989年6月，邓小平又指出："我们要继续坚持计划经济与市场调节相结合，这个不能改。实际工作中，在调整时期，我们可以加强或者多一点计划性，而在另一个时候多一点市场调节，搞得更灵活一些。以后还是计划经济与市场调节相结合。"④

进入20世纪90年代，针对我国经济体制改革实践中遇到的一系列问题，尤其是姓"社"姓"资"的传统观念同改革开放进一步发展的矛盾，邓小平就计划经济和市场经济问题发表了多次重要讲话。1990年12月，邓小平在同当时一些中央负责同志的谈话中指出："我们必须从理论上搞懂，资本主义与社会主义的区分不在于是计划还是市场这样

---

① 邓小平．邓小平文选：第2卷．2版．北京：人民出版社，1994：236.

② 邓小平．邓小平文选：第3卷．北京：人民出版社，1993：148–149.

③ 同② 203.

④ 同② 306.

的问题。社会主义也有市场经济，资本主义也有计划控制。……不要以为搞点市场经济就是资本主义道路，没有那么回事。计划和市场都得要。不搞市场，连世界上的信息都不知道，是自甘落后。”[①]1991 年春，邓小平在视察上海时指出：“不要以为，一说计划经济就是社会主义，一说市场经济就是资本主义，不是那么回事，两者都是手段，市场也可以为社会主义服务。”[②]1992 年春，邓小平发表了重要的南方谈话，更明确指出：“计划多一点还是市场多一点，不是社会主义与资本主义的本质区别。计划经济不等于社会主义，资本主义也有计划；市场经济不等于资本主义，社会主义也有市场。计划和市场都是经济手段。”[③] 这一精辟论断从根本上解决了把计划经济和市场经济看作属于社会基本制度范畴的思想的束缚，彻底冲破了计划经济姓“社”、市场经济姓“资”的传统观念，为我国经济体制改革的进一步发展，从计划经济体制向社会主义市场经济体制转变，奠定了坚实的理论基础。

根据邓小平关于计划和市场都是经济手段、社会主义也可以搞市场经济的一系列论述，中央领导同志在学习领会邓小平的思想并取得共识的基础上，于 1992 年 6 月明确提出把“社会主义市场经济体制”作为我们要建立的社会主义新经济体制。紧接着，1992 年 10 月，党的十四大正式做出了我国经济体制改革的目标是建立社会主义市场经济体制的决定，并对社会主义市场经济体制的内涵做出了科学的阐述，指出了我国建立的社会主义市场经济体制，就是要使市场在社会主义国家的宏观调控下对资源配置起基础性作用，使经济活动遵循价值规律的要求，适应供求关系的变化；通过价格杠杆和竞争机制的功能，把资源配置到效益较好的经济领域和环节中去，并给企业以压力和动力，实现优胜劣汰，运用市场对各种经济信号反应比较灵敏的优点，促进生产和需求的及时协调。对于市场调节本身存在的弱点和消极方面，社会主义国家可以通过加强和改善国家对经济的宏观调控来加以解决，保证社会主义经济的持续、快速、健康发展。这就从理论与实践的结合上解决了我国一个关系社会主义现代化建设全局的根本问题。不久之后，党的十四届三中全会又通过了《中共中央关于建立社会主义市场经济体制若干问题的决定》，进一步勾画了建立社会主义市场经济体制的蓝图和基本框架，规划了深化经济体制改革的行动纲领。1997 年 9 月，党的十五大胜利召开，大会鲜明地提出了高举邓小平理论伟大旗帜，肯定了邓小平把社会主义同市场经济结合起来是一个伟大创举，要求全党和全国人民坚持和完善社会主义市场经济体制，使市场在国家宏观调控下对资源配置起基础性作用，坚持社会主义市场经济的改革方向。2012 年 11 月，党的十八大明确把建立社会主义市场经济作为中国特色社会主义道路的重要内容，加快完善社会主义市场经济体制。党的十八届三中全会提出“要使市场在资源配置中起决定性作用”，这是对社会主义市场经济本质认识的又一个飞跃。党的十九大及其历次全会，进一步深化了社会主义市场经济理论，把所有制、按劳分配和市场经济三项制度并列，都作为社会主义基本经济制度，这一新的对社会主义基本经济制度内涵做出的重要发展深化，是习近平新时代中

---

① 邓小平 . 邓小平文选：第 3 卷 . 北京：人民出版社，1993：364.

② 同① 367.

③ 同① 373.

国特色社会主义经济思想的重要创新与发展，具有科学的理论基础、广泛的实践基础、深厚的群众基础，对于推动经济高质量发展意义十分重大。

党的十八大至今，中国特色社会主义进入新时代，我国经济社会的主要矛盾和内外部环境都发生了巨大变化，数量型和速度型发展方式转向质量型发展方式。立足新时代、新阶段，走高质量发展新道路，构建高水平社会主义市场经济体制，要求遵循创新、协调、绿色、开放、共享五大发展理念，创新是第一动力，协调是内在特点，绿色是普遍形态，开放是必由之路，共享是根本目的。基于高质量发展理念，必然要求构建和完善社会主义市场经济体制和运行机制，培育科技创新驱动力，再造协同机制，促进发展方式绿色转型，推动物质文明与精神文明相协调，实现人与自然和谐共生、和平发展，建设现代化产业体系和新型工业化体系，推动更高水平对外开放，促进共同富裕。随着社会主义市场经济理论在我国社会主义现代化建设的实践中不断丰富、发展和完善，我国必将为马克思主义科学社会主义增添崭新的篇章。

第四节　构建社会主义市场经济体制的基本条件

一、构建社会主义市场经济体制的内部条件

每一种经济体制作为一种社会资源的配置方式，必然有着其自身特殊的经济运行机制，这些特殊的运行机制是由该经济体制内部特有的经济条件决定的。马克思、恩格斯设想的计划经济体制，其内部特有的经济条件就是：（1）社会化大生产；（2）社会占有了全部生产资料；（3）商品货币关系消失。那么我们要构建的社会主义市场经济体制，其内部特有的经济条件是什么呢？根据市场经济的一般理论，结合我国的实际，建立社会主义市场经济必须具备以下内部条件。

（一）具有独立经营、利益不同、在各经济领域占绝对优势的市场经济主体

市场经济的基本运作特点是：通过市场上各种各样商品的供求发生变化，市场竞争引起商品市场价格出现波动，供不应求的商品价格上涨，供过于求的商品价格下跌，价格高的商品盈利大，价格低的商品盈利小甚至亏本。在利益机制的驱动下，市场上各经济主体之间为追求盈利的最大化而展开竞争，竞争结果导致资源从供过于求的商品生产部门转移到供不应求的商品生产部门，这种由市场经济主体所进行的市场竞争一直进行到各种商品大体上供求平衡为止，最终实现资源的合理有效配置。可见，建立市场经济体制，首要的内部条件是具有受自身利益驱动参与市场竞争的市场经济主体，而且这种市场经济主体应当在社会各经济领域占绝对优势。作为市场经济主体，必须具备两个条件：一是具有自身独立的经济利益，其动力和压力都来自对自身经济利益最大化的追求，只有这样，各经济主体之间才能为追求自身经济利益而展开竞争；二是能够自主经营，即能够灵敏地根据市场信号，以追求盈利最大化为目标，自行决定生产什么、生产多少、怎样生产和为谁生产等问题。在现代经济生活中，市场经济主体主要是那些自主经营、

自负盈亏的经济法人——企业。只有在整个社会的各个经济领域中，经济活动的参与者全部或绝大部分都由这样的经济主体构成，才能形成竞争机制充分发挥作用的载体和条件，从而才能通过市场竞争把资金、生产资料和劳动力从供过于求的产品（市场价格低、盈利低）的生产部门和企业，转移到供不应求的产品（市场价格高、盈利高）的生产部门和企业，实现市场在社会资源合理配置中的决定性作用。如果在社会各个经济领域中，市场经济主体没有占绝对优势，或者这些经济主体的功能不健全，那么，市场机制就不能充分发挥作用，市场对社会资源的合理有效配置的作用就不能实现。由此可见，培育并使之在经济领域占绝对优势的市场经济主体，是建立社会主义市场经济的首要内部条件。

（二）建立覆盖全国的统一市场和比较完善的市场体系

如果没有市场，就没有市场上的买卖关系，也就不存在市场商品供求，也就没有市场竞争，没有市场价格，市场机制也就失去了作用。有了市场，其覆盖面必须是全国范围的，才能使市场机制在全国范围内起作用，实现资源在全国范围内配置。例如在封建社会，商品经济有一定的发展，但不占统治地位，市场规模比较狭小，市场配置资源的作用只局限于市场所覆盖的狭小范围，资源不可能在全国范围内由市场来配置。有了覆盖全国的大市场，还必须使各种各样的商品和生产要素都有自己的市场，各种商品和生产要素都在市场上按市场价格买卖，形成一个比较完善的市场体系，在这样的条件下，才能使市场在全国范围内对资源的配置起决定性作用。

市场体系可以从不同的角度来划分，我们在这里是以进入市场的商品形态来进行划分的，所以，我们这里讲的市场体系，是指在商品经济条件下各种生产要素和生活消费品均以商品或货币价值形式通过市场交换活动而实现流通所形成的一个完整的、统一的有机系统。市场体系伴随着商品经济的发展而不断地扩展和完善。健全而完善的市场体系应当包括以下三种市场。

（1）一般商品市场。这种市场从狭义上理解包括生产资料市场和生活资料市场。广义的商品市场还包括不具有物质形态的技术市场、信息市场，以及非劳动产品但已经商品化的土地市场和与之相关联的房产市场。商品市场是整个市场体系的基础和主体。

（2）金融市场。金融市场实际上就是货币资金（货币和资本）市场，它包括由资金供求双方直接交易和以银行为中介进行资金交易所形成的市场。在商品经济条件下，货币作为一般等价物，是一般商品，所以，货币资金的运动带动着整个市场体系的运动，并且反映着全社会的商品买卖从而整个市场经济运行的状况。可见，金融市场在市场体系中居于枢纽地位。

（3）劳动力市场。劳动力在社会主义公有制条件下虽然不是商品，但在社会主义市场经济体制下又必须采取商品的形式，通过市场来进行配置。所谓劳动力市场就是劳动力供求双方进行择业和聘用的场所。在市场经济体制下，广义的劳动力市场是对社会劳动力资源进行调配、交换、培训、储备和调节的场所。由于劳动力是最重要的生产要素，所以，劳动力市场是构成市场体系的又一不可或缺的重要组成部分。

上述三种市场是企业进行生产和再生产不可缺少的市场。只有具备了健全而完善的市场体系，各种市场上的生产要素的价格随着社会的需求状况而涨落，各种生产要素才能在市场中合理流动、优化组合，从而市场有效地配置资源的功能才能得以充分实现。整个市场经济生机勃勃且高效率地运行，正是以完善的市场体系为前提的。

（三）建立以市场竞争形成价格为主的价格机制

商品市场价格的涨落直接影响到商品生产经营者的经济利益，在其他条件一定的情况下，它是商品市场上供求状况的“晴雨表”，是社会资源有效配置的“导向仪”。所以，价格机制是市场机制中最重要的调控机制。但是，这里所讲的商品市场价格，既不是由政府部门制定的计划价格，也不是垄断性价格，而是市场竞争形成的价格，或者叫作竞争性市场价格。所谓市场竞争形成的价格，是指商品在市场竞争中自发形成的价格，这种商品价格的形成要反映下述三方面的要求：（1）商品价格的形成要反映价值规律的要求，以商品的价值为基础。（2）商品价格直接受商品的市场供求状况的影响，供不应求的商品涨价，供过于求的商品降价。（3）商品价格要反映纸币流通规律的要求，受币值高低的影响，在其他因素一定的情况下，商品价格与币值呈反比例变化。要使商品价格真正能反映上述要求，必须使市场经济主体——企业成为本企业商品定价的主体，企业拥有经营自主权本身就应当包括拥有对本企业生产的商品的定价权。在市场经济条件下，离开了对本企业生产的商品的定价权，那就等于抽掉了企业经营自主权最重要的内容，企业也就不能成为真正的市场经济主体。企业对自己商品的定价，必然受到价值规律和供求规律的支配，从而根据商品的价值和供求状况来定价。我们所讲的以市场竞争形成价格为主，是指整个社会绝大部分商品的价格由市场竞争形成，而一些特殊商品和特殊地区的商品的价格可以不完全由市场形成，例如对城镇公用事业产品的定价，一般都由政府干预而实行低价政策，对一些革命老区、少数民族地区、边疆地区则往往实行保护价格和优惠价格。

二、构建社会主义市场经济体制的外部条件

经济体制的内部条件决定着该经济体制在资源配置上特有的运行机制，而这些运行机制能否按其正常的轨迹运行，还要受到这一经济体制外部条件的制约。例如，市场经济的内部条件决定了竞争机制的存在，但是如果没有规范竞争的有关法规这样的外部条件，竞争机制的作用就不能正常实现。所以，我们在把握了建立社会主义市场经济体制的内部条件的基础上，还必须进一步把握其相应的外部条件。这些条件主要有以下几个方面。

（一）政府不直接干预市场经济主体——企业的微观经济活动

我们在前面已经分析过，以社会化大生产为基础的现代市场经济，客观要求有一定的宏观经济调控，这种对经济进行宏观调控的职能是由政府来执行的，但政府的宏观经济调控，绝不能像传统计划经济体制那样采取高度集中的、以行政指令性计划和直接控制为主的经济管理方式，更不能直接干预企业自身的生产经营活动。除了一部分必须由国家垄断的企业如军工企业外，政府不再直接经营管理企业，政府主要通过法律、规章制度来规范企业和市场的行为，运用各种经济手段和经济政策，诸如财政、税收、金融、

价格等政策和指导性计划来引导企业的经营活动。企业自身的微观经济活动都应交由企业自己根据市场信号来自主安排，即由市场机制去调节，一般来说政府的经济职能主要是统筹规划、掌握政策、信息引导、组织协调、提供服务和检查监督。政府不直接干预企业的微观经济活动，才能保证企业根据市场的需求变化，按照企业自身利益最大化的原则来有效地调整企业的生产经营活动，从而使市场在社会资源的配置中真正起到决定性作用。

（二）建立和健全各种市场法规制度

市场经济，特别是现代市场经济，其本身就是一种法治经济，市场中所有的经济活动要在一套科学而严密的法规体系的规范下来进行，整个经济运行要有一个健全而科学的法制基础，这样才能保证市场活动的正常有序进行。例如，作为市场经济主体的企业，其必须具备的资格、其应当拥有的经营自主权、其应当承担的社会责任和义务等，都应由相应的法规制度来确定和保护。又如，必须建立相应的法律来确立市场经济体制下的竞争原则，以保证市场经济主体在市场竞争中获得公平竞争的机会。所以，建立和健全各种市场法规制度，是构建社会主义市场经济体制的一个重要外部条件。

（三）建立合理的个人收入分配和社会保障制度

个人收入分配制度直接涉及每个社会成员的物质利益，是调动劳动者积极性的动力机制。必须打破平均主义，实行多劳多得，合理拉开收入差距，建立起体现兼顾效率与公平原则的、适应社会主义市场经济要求的个人收入分配制度。在坚持以按劳分配为主体的同时，要允许按各种生产要素分配等其他分配形式的存在，把按劳分配同按生产要素分配结合起来，并运用法律保护合法财产和收入。为保持社会稳定，保证劳动力资源的有效配置，解除企业的社会负担，必须建立起适应社会主义市场经济的、完善的社会保障制度，建立多层次的社会保障体系。社会保障体系包括社会保险、第三次分配（社会救济）、社会福利、优抚安置和社会互助、个人储蓄积累保障等。社会保障政策要统一，管理要法制化。当然，社会保障水平要与社会主义国家社会生产力发展水平以及各方面的承受能力相适应。

《本章关键词》

1. 社会主义市场经济　2. 计划经济　3. 竞争性市场价格
4. 纸币流通规律　5. 企业的微观经济活动　6. 兼顾效率与公平原则

《复习与思考题》

1. 马克思主义经典作家关于计划与市场的基本思想有哪些？
2. 怎样认识计划经济体制的产生及其在特定历史条件下的作用？
3. 社会主义市场经济是怎样提出的？
4. 构建社会主义市场经济体制的基本条件是什么？

第五章

社会主义市场经济的建立及其特征

本章重点

1. 从计划经济体制向社会主义市场经济体制的转变是我国经济健康发展的必然选择

2. 我国如何实现从计划经济体制向社会主义市场经济体制的转变

3. 社会主义的本质同市场经济的兼容

4. 社会主义市场经济的基本特征

第一节　从计划经济体制向社会主义市场经济体制的转变是我国经济健康发展的必然选择

我国经过几十年社会主义建设的实践，特别是经历了十多年改革开放的实践后，在邓小平建设中国特色社会主义理论的指导下，终于在1992年党的十四大确立了以建立社会主义市场经济体制为我国经济体制改革的目标模式，并且明确提出到20世纪末初步实现由传统的集中型计划经济体制向社会主义市场经济体制的转变。这一历史性的伟大转变已经基本实现。党中央关于在我国建立社会主义市场经济体制的科学决策的提出绝不是偶然的，它是我们党对社会经济发展规律，特别是对社会主义经济发展规律认识深化的体现，具有其客观必然性。

一、我国原有的计划经济体制不利于我国生产力快速、健康的发展

社会主义经济建设的实践表明，我国原有的集中型计划经济体制存在弊端，使社会主义制度的优越性不能得到应有的发挥，不利于社会生产力快速、健康的发展。

众所周知，我国原有的经济体制是一种高度集中的计划经济体制。这种体制是由于在中华人民共和国成立时缺乏社会主义建设经验，只能照搬苏联的经济体制模式，而且我们当时和之后相当长时间内在理论上坚持计划经济姓“社”、市场经济姓“资”的传统观点，加上我们在中华人民共和国成立后继承了在革命战争年代行之有效的“战时共产主义”体制等原因而形成的。对于这种集中型计划经济体制的主要弊端，党的十二届三

中全会通过的《中共中央关于经济体制改革的决定》已做了正确的概括，那就是，政企职责不分，条块分割，国家对企业统得过多过死，忽视商品生产、价值规律和市场的作用，分配中平均主义严重。这就造成了企业缺乏应有的自主权，企业吃国家“大锅饭”、职工吃企业“大锅饭”的局面，严重压抑了企业和广大职工群众的积极性、主动性、创造性，使本来应该生机盎然的社会主义经济在很大程度上失去了活力。这种集中型计划经济体制，在中华人民共和国成立初期经济发展水平低、建设规模较小、经济发展目标比较简单而集中的情况下，对集中有限的人力、财力、物力，保证经济发展目标的实现曾起到过积极的作用。但是，就在这种经济体制起着积极作用的时候，它的上述种种弊端也已存在，只是还不突出。随着我国商品经济的发展、经济建设规模的扩大，经济部门、行业、企业的数量日益增多，社会经济联系日益复杂多样，经济发展目标越来越多而复杂，经济的变化发展也比较快，其运行规律也难以把握，这时，这种集中型计划经济体制的弊端便日益凸显，它对我国经济的发展越来越显示出其阻碍作用，已无法使我国社会资源得到合理而有效的配置，直接影响了我国社会主义制度优越性的充分发挥。正如中共中央所指出的，我国社会主义制度的优越性没有得到应有的发挥，除了历史的、政治的、思想的原因之外，就经济方面来说，一个重要的原因就是在经济体制上形成了一种同社会生产力发展要求不相适应的僵化的模式。所以，对这种经济体制，邓小平尖锐地指出，不改革就没有出路。经济体制改革从根本上来说，就是解决以何种机制来配置社会资源，使之合理而有效的问题。既然几十年的经济发展实践证明了集中型计划经济体制在我国经济发展现阶段的社会资源配置上存在众多弊端，不能合理而有效地配置资源，不能使我国社会生产力快速、健康地发展，那么，改革的方向就很明确，就是以市场为取向深化改革，以一种新型的、符合商品经济发展要求的、能够合理而有效地配置资源的经济体制取代原有的计划经济体制。

二、国内外经济发展的实践证明了市场经济体制在经济发展的现阶段能有力地促进生产力快速、健康地发展

综观国内外经济发展正反两方面的经验，可以清楚地看到，在商品经济条件下，在生产力发展的现阶段，由市场或市场机制在资源配置中起应有的作用，比计划经济体制更能够合理而有效地配置社会资源，从而有力地促进社会生产力迅速、健康地发展。

先看一看我国的经济发展实践。自党的十一届三中全会以来，我国开始沿着逐渐扩大市场调节、强化市场机制作用的路子进行经济体制改革，改革取得的举世瞩目的伟大成就，雄辩地证明了市场经济在我国社会经济发展的过程中有力地推进了我国生产力的迅猛发展。我们通过对这一过程的简要回顾，可以更清楚地看到这一点。

众所周知，我国的改革最早是以农村推行家庭联产承包责任制，使我国广大农村由传统的自然经济向商品经济转变为先导，建立起一种新型的统分结合、双层经营的体制，打破了农村在生产和流通上长期实行的统和包的局面，广大农民真正获得了生产经营自主权，在很大程度上成为独立的商品生产者和经营者，极大地调动了广大农民的积极性。实际上，这一改革导致了农村市场经济的形成。市场机制的作用推动了我国农村市场以

空前的速度迅猛发展，有力地促进了农业生产力的发展，短时间内使我国农业生产摆脱了长期停滞的困境。随着乡镇企业异军突起，这些企业的资金、劳动力、原材料、技术设备，从生产到销售以及利润分配等，一开始就脱离了集中型计划经济的管辖，唯一依靠的就是市场，正是这种产供销都面向市场的乡镇企业，显示出了旺盛的生命力，创造出了很高的经济效益。

党的十二届三中全会在总结农村改革成功经验的基础上，决定进一步开展以城市为重点的经济体制改革，同样只用了短短几年工夫，就获得了巨大的成功。这种改革集中在两个方面：首先，在城市企业的所有制结构上，实行以公有制为主体、多种所有制并存和共同发展的所有制结构，使得各种所有制经济，特别是非公有制经济得到了巨大的发展，形成了大批的、多元的市场经济主体；其次，在国有企业中对政府和企业的关系上，实行政企分开，对企业放权让利，运用承包、租赁、股份制等多种经营方式，努力使国有企业实现所有权和经营权两权分离，使企业获得了作为独立商品生产者和经营者应有的权利，实际上已开始把企业推向市场。改革实践证明，一些地区如珠江三角洲、苏（州）无（锡）常（州）等地区，率先把本地区的大部分企业完全推向市场，让企业的全部生产经营活动主要依靠市场来进行，这些地区的经济发展欣欣向荣、生机勃勃，成为全国经济发展最快的地区。举世瞩目的中国经济特区在我国最早开始实行市场经济，深圳市就是主要靠市场经济的力量，用了短短 20 多年时间，从一个人口不到 2 万的边陲小镇，发展成为拥有近千万人口的重要工商业、金融业城市。大量的实践告诉人们一个真理：凡是搞市场经济的地区、部门，经济发展就快，人民生活水平提高得也快，而那些不敢把企业推向市场，坚持以计划机制控制企业的地区、部门，经济发展就缓慢、缺乏生机和活力，人民的生活水平提高得也慢。再从全国的经济发展状况来看，1953—1978 年，即在我国进行以市场为取向的经济体制改革之前的这个时期里，国民生产总值平均每年增长 6.1%。1978—1989 年，即在进行以市场为取向的经济体制改革的 11 年内，国民生产总值年均增长 9.6%。2001 年，我国国内生产总值比 1989 年增长近两倍，年均增长 9.3%，经济总量居世界第六位，到 2007 年上升到第四位，2010 年更跃居第二位。这些数字有力地证明了在我国现阶段，市场经济对经济发展的促进作用明显地优越于计划经济。

国际上的经验同样有力地证明了在经济发展的现阶段，在促进经济发展的作用上市场经济优于计划经济。近半个世纪以来，世界上很多国家和地区实行的都是市场经济体制，社会资源的配置由市场机制来起决定性作用，其结果是大多数国家和地区在经济发展方面取得了很大成功，诸如 20 世纪 70—90 年代出现经济腾飞的“亚洲四小龙”，在很大程度上就是依靠了市场经济。相反，长期坚持计划经济的苏联和东欧社会主义国家，在商品经济日益发展，特别是商品经济日益国际化的经济形势下，不能适时地转变资源配置方式，没有逐步实现由集中型计划经济体制向社会主义市场经济体制的转变，结果使本国经济缺乏生机和活力，不能快速、健康地发展，人民生活水平提高得缓慢，这是最终导致国家剧变、解体的一个重要经济根源。

国内外正反两方面的经验证明了，在商品经济发展的现阶段，对社会资源的配置由市场机制起应有的作用比由计划机制起决定性作用具有更大的优越性，能够使资源配置更加合理而有效，从而更有力地促进社会生产力的发展。坚持解放思想、实事求是，善于总结和借鉴历史经验，并积极吸收和利用世界各国所创造的一切先进文明成果的中国人民，必然做出从计划经济体制向社会主义市场经济体制转变的选择。

三、我国商品经济的健康运行、经济的快速发展要求建立社会主义市场经济体制

在改革开放之前，我国的商品经济不发达，生产力比较落后。按经济发展规律的要求，我国必须经历商品经济充分发展的阶段，这就必然需要大力发展生产力，发展商品经济，客观要求在资源配置上由市场或市场机制起应有的作用，唯有市场经济是同商品经济相适应的合理而有效的资源配置方式，除此之外的配置方式都是不适宜的。

为使我国的经济快速、健康地发展，邓小平提出了“三步走”的战略发展规划，表明了我国面临着宏伟而艰巨的发展经济的任务。20 世纪 90 年代是我国实现“三步走”战略的第二步，这是关键的 10 年，我国国民经济整体素质和综合国力在 20 世纪末登上了一个新的台阶，国民生产总值超过了原定的比 1980 年翻两番的目标，人民群众的生活总体上达到了小康水平。“三步走”战略的第三步是，到 21 世纪中叶基本实现现代化，把我国建成富强民主文明的社会主义国家。这是十分宏伟而艰巨的任务。这一宏伟而艰巨任务的实现，从根本上来说要靠深化改革和扩大对外开放这两大“法宝”。深化改革的关键在于如何使作为我国国民经济骨干和基础的国有经济，特别是国有大中型企业增强活力，提高经济效益。解决的办法就是通过改革转换国有企业的经营机制，理顺产权关系，实行现代企业制度，使这些企业真正成为自主经营、自负盈亏、自我发展、自我约束的经济法人，把企业推向市场，使企业在市场竞争中焕发出生机和活力。要实现这一点，必须在整个经济体制上实行由计划经济向社会主义市场经济的转变。与此同时，我们必须进一步扩大对外开放，这就要求我国的经济运行机制必须同国际社会的经济运行机制接轨。当今世界上绝大多数国家实行的是市场经济体制，我国只有实行市场经济体制，才能进一步发展与世界各国的经济合作与交流。为进一步扩大我国的对外开放，特别是扩大国际贸易合作，我国已于 2001 年正式加入了世界贸易组织（WTO），这就要求我国的经济体制同世界贸易组织原则逐渐协调一致，例如世界贸易组织规定的自由贸易原则，要求所有成员必须以市场经济为基础，政府不能干预商品的价格。此外，还有一系列世界贸易组织原则要遵守，这些原则的要求，只有建立起市场经济体制才能够做到。

四、对市场经济认识的深化必然导致市场经济在我国的建立

我国由计划经济体制向市场经济体制的转变，是我国的领导层、理论界和广大干部群众对计划与市场的关系，从而对市场经济的认识不断深化的必然结果。

历史上进行任何重大的社会变革行动并取得成功，都是在正确的理论指导下进行的。人们可以设想，如果我国的领导层、理论界和广大干部群众还是坚持计划经济姓“社”、市场经济姓“资”的传统观念，我国的经济体制改革能够提出以建立社会主义市场经济

体制为目标模式吗？从党中央的历次重大会议的决议中，我们可以清楚地看到我国的领导层对计划与市场关系的认识在不断地发展和深化，与之相适应，我国的经济体制改革实践中的市场取向越来越明显。1992 年春邓小平南方谈话的发表，党的十四大明确提出的以建立社会主义市场经济体制为我国经济体制改革的目标模式，党的十四届三中全会提出的在我国建立社会主义市场经济体制的 50 条具体途径，标志着我国领导层和理论界对社会主义市场经济的认识在逐步深化成熟。正是在正确理论的指引下，我国的经济体制改革健康而快速地进行，从旧的计划经济体制全面地、快速地向社会主义市场经济体制转变。由于有正确理论的指导，到 20 世纪末，我国已初步建立起社会主义市场经济体制。

第二节　我国社会主义市场经济体制的初步建立

一、实现由计划经济体制向社会主义市场经济体制转变的基本任务

从原有的计划经济体制向社会主义市场经济体制的转变，不像以往的改革那样是在局部经济领域或一些经济环节的修修补补，而是整个经济体制的根本变革，是一次深刻而复杂的革命，这就决定了这一转变的长期性和艰巨性。正如 1992 年党的十四大报告所指出的，建立和完善社会主义市场经济体制是一个长期发展的过程，是一项艰巨复杂的社会系统工程。在充分认识到这项“工程”的艰巨性、复杂性和长期性的基础上，党中央又十分明确地提出了一系列具体措施来逐步实现这一“工程”，党的十四大报告告诉全党和全国人民，建立社会主义市场经济体制，要认真抓好几个相互联系的重要环节。一是转换国有企业特别是国有大中型企业的经营机制，把企业推向市场，增强它们的活力，提高它们的素质。这是建立社会主义市场经济体制的中心环节，是巩固社会主义制度和发挥社会主义优越性的关键所在。二是加快市场体系的培育。三是深化分配制度和社会保障制度的改革。四是加快政府职能的转变。党的十四届三中全会专门讨论了如何在我国建立社会主义市场经济体制的问题，并通过了《中共中央关于建立社会主义市场经济体制若干问题的决定》。这一决定把建立社会主义市场经济体制的目标和原则加以系统化、具体化，是我国建立社会主义市场经济体制的总体规划，是全党和全国人民深化经济体制改革，实现从计划经济体制向社会主义市场经济体制转变的行动纲领。按照构建市场经济体制的基本条件要求，根据党的十四大、十四届三中全会和十四届五中全会决定的精神，为实现到 20 世纪末使社会主义市场经济体制在我国初步建立起来的目标，在当时的经济状况下，必须完成以下相互关联的五方面的基本任务。

（一）加快市场经济主体的构建

转换国有企业经营机制，建立现代企业制度，使国有企业真正成为自主经营、自负盈亏、自我发展、自我约束的法人实体即市场经济主体，并承担国有资产保值增值的责任。

构建市场经济主体，并使市场经济主体在社会各经济领域中占绝对优势，是建立社会主义市场经济体制最基础的工作。离开了具有独立经济利益、自主经营的市场经济主体——企业，市场机制的作用就缺乏载体，也就无所谓市场经济。我国的社会主义性质和生产力状况，决定了必须坚持以公有制为主体、国有经济为主导、多种经济成分并存和共同发展的所有制结构。当时在我国的所有制经济结构中，除了国有企业以外的各种所有制企业，都已经是具有自身独立经济利益的法人实体，都具有自主经营权，它们的产供销都是面向市场的，它们的生产经营活动都由市场机制制约和支配，因而已经是名副其实的市场经济主体，构成了我国社会主义市场经济的重要组成部分。但是，作为国民经济骨干和支柱、在国民生产总值和国家财政收入中占大头的国有企业，特别是国有大中型企业，虽然同是企业，但长期以来，它们并不是自主经营、自负盈亏、自我发展、自我约束的法人实体，并没有具备作为市场经济主体的资格，而这些企业若不能成为市场经济主体，我国的社会主义市场经济便缺乏最主要的基础。因此，当时中央领导同志深刻指出："转换国有企业特别是大中型企业经营机制，把企业推向市场，是建立社会主义市场经济体制的中心环节。"所以，我们在建立社会主义市场经济体制时，关键要着力于构建市场经济主体，而主要任务又在于通过深化国有企业改革转换国有企业经营机制，使这些企业成为"四自"法人实体。如何实现这一主要任务呢？现在已经十分明确，那就是必须着力于进行企业制度的创新，建立现代企业制度。正如《关于国民经济和社会发展"九五"计划和2010年远景目标纲要的报告》所指出的："建立现代企业制度，搞好国有企业的改革和发展，这是初步建立社会主义市场经济体制的关键。"

现代企业制度是指在市场经济体制下，适应社会化大生产需要的企业制度，我国的现代企业制度，还应体现公有制经济与市场经济相结合。1993年党的十四届三中全会通过的《中共中央关于建立社会主义市场经济体制若干问题的决定》将现代企业制度的基本特征概括为四方面：（1）产权清晰；（2）权责明确；（3）政企分开；（4）管理科学。这四方面是相互联系的统一整体，缺一不可，不能只强调某一方面而忽略其他方面，必须全面、准确地领会和贯彻。

现代企业制度的主要内容可概括为三个方面：（1）企业法人制度。企业要能在市场中成为竞争主体，必须是一个能够独立地享有民事权利、承担民事责任的法人实体。国有企业中的国有资产的所有权属于国家，而企业又必须拥有企业全部资产的法人财产权，法人财产权是法人企业对企业运营的全部资产所持有的占有权和支配权。企业以其全部法人财产自主经营，自负盈亏，并承担资产保值增值的责任。出资者按其投入的资本额享有相应的所有者的权益（包括分享资产收益、参与制定重大决策、选择企业的管理者等），但不能直接干预企业的生产经营活动。（2）有限责任制度。有限责任顾名思义是指所承担的责任不是无限的。具体来说，这种有限责任包括：一是对企业的债务承担的责任以全部法人财产为限。二是在企业破产、清盘时，出资者只以其投入企业的出资额为限来承担责任。（3）科学的企业组织结构和管理制度。在企业内建立起权力机构、决策机构、监督机构、执行机构，它们之间是相互独立、责权明确、相互制约的关系。在企业内部形成激励、约束、制衡的机制，从而使出资者、经营者、生产者的积极性得以调动、利益得到保证、行为受到合理的约束。

在实行现代企业制度的过程中，有限责任公司和股份有限公司的形式能够较好地体现现代企业制度的要求。当然，建立现代企业制度并不是把国有企业简单地改组为公司，其目的在于实现政企职责分开，使企业真正成为“四自”法人实体，实现政府职能的转变，实现企业组织和管理制度的科学化和规范化。建立现代企业制度是一项复杂的系统工程。我国在建立现代企业制度的过程中抓了以下几方面工作：（1）抓好中央和地方确定的建立现代企业制度的试点工作，做到点面结合，因地制宜，分类指导，配套进行，在重点、难点问题上取得突破。（2）着眼于搞好整个国有经济，突出重点，分类指导，“抓大放小”。对国有小型企业，区别不同情况，采取改组、联合、兼并、股份合作制、租赁、承包经营和出售等形式来“放开搞活”。（3）把企业的改革、改组、改造和加强管理结合起来，所有企业都要在全心全意依靠工人阶级，建设好领导班子，建立起科学规范的公司领导体制方面下功夫。（4）解决好企业负担过重的问题，创造条件帮助企业摆脱长期形成的沉重债务负担。（5）积极推进各方面的配套改革，加快社会保障体系的建立，不断深化投融资体制、分配体制、流通体制的改革。

（二）大力培育和健全市场体系

建立社会主义市场经济体制，必须有功能健全、结构完善的市场体系。只有存在健全而完善的市场体系，市场机制的作用才能够充分发挥，从而市场才能在社会资源的配置上起决定性作用。如果在某一经济领域缺乏市场，或者市场功能不健全，那么，当这一经济领域需要配置更多的资源或者需要减少已有的资源时，市场机制就无法起调节作用。我国在原有的计划经济体制下，大量的商品交换被自上而下的计划分配调拨所代替，生产资料长期以来被排除在商品行列之外，消费品也只剩下商品的“外壳”，市场物价由物价管理部门统一制定和调整，仅有的一些市场也被行政区划所分割。所以，在进行经济体制改革前的几十年，市场发育很差，更谈不上完善健全的市场体系。党的十一届三中全会以来，随着商品经济的发展，以市场为取向的经济体制改革不断深化，各种市场都得到了很大的发展，加快了市场体系的建立，但是距离社会主义市场经济的要求还有一定差距。针对当时的市场状况，在相当长的时期里，要着重发展生产要素市场，规范市场行为，打破地区、部门的分割与封锁，反对不正当竞争，创造平等竞争的环境，形成统一、开放、竞争、有序的大市场。为此，要主要抓好以下一系列工作。

1. 完善主要由市场形成价格的机制

经过不断改革开放，除少数商品和服务价格由政府管理外，绝大部分商品和服务价格已经放开，但生产要素价格的市场化程度还比较低，价格形成和调节机制还不健全。所以，深化价格改革的主要任务是：在保持价格总水平相对稳定的前提下，进一步放开竞争性商品和服务的价格，调顺少数由政府定价的商品和服务的价格；加速生产要素价格市场化进程；建立和完善少数关系国计民生的重要商品的储备制度、风险基金和价格调节基金，平抑市场物价，健全商品价格调节机制。

2. 健全和完善商品流通体系和体制，进一步发展商品市场

根据商品流通的需要，构造大中小相结合、各种经济形式和经营方式并存、功能完

备的商品市场网络，推动流通现代化。在重要商品的产地、销地或集散地，建立大宗农产品、工业消费品和生产资料的批发市场。发展物资流通代理制。国有流通企业要彻底转换经营机制，积极参与市场竞争，提高经济效益，并在完善和发展批发市场中发挥主导作用。

3. 培育和发展市场体系，重点发展金融市场、劳动力市场、房地产市场、技术市场和信息市场等

具体来说，（1）进一步发展和完善以银行融资为主的金融市场。资本市场要积极稳妥地发展债券、股票融资，建立发债机构和债券信用评级制度，促进债券市场健康发展，规范股票的发行和上市，并逐步扩大规模；货币市场要发展规范的银行同业拆借和票据贴现业务，中央银行开展国债买卖，坚决制止和纠正违法违章的集资、拆借等融资活动。（2）进一步改革劳动制度，逐步健全和完善劳动力市场。要把开发利用和合理配置人力资源作为发展劳动力市场的出发点，广开就业门路，更多地吸纳城镇劳动力就业，鼓励和引导农村剩余劳动力逐步向非农业转移和在地区间有序流动；发展多种就业形式，运用经济手段调节就业结构，形成用人单位和劳动者双向选择、合理流动的就业机制。（3）进一步规范和发展房地产市场。我国地少人多，必须十分珍惜和合理使用土地资源，加强土地管理，切实保护耕地，严格控制农业用地转为非农业用地；国家要垄断城镇土地一级市场，实行土地使用权有偿、有期限出让制度，对商业性用地使用权的出让，要改变协议批租方式，实行招标、拍卖；加强土地二级市场的管理，建立正常的土地使用权价格的市场形成机制，并调整房地产税费措施，严格控制高档房屋和高消费游乐设施的过快增长；加快城镇住房制度改革，控制住房用地价格，促进住房商品化和住房建设的发展。（4）进一步发展技术、信息市场。要引入竞争机制，保护知识产权，实行技术成果有偿转让，实现技术产品和信息的商品化、产业化。

4. 发展市场中介组织，发挥其服务、沟通、公证、监督作用

要着重发展会计师事务所、审计师事务所和律师事务所，发展公证及仲裁机构、质量检验检疫认证机构、信息咨询机构、资产和资信评估机构等，发挥行业协会、商会等组织的作用。中介组织要依法通过资格认定，依据市场规则，建立自律性运行机制，承担相应的法律和经济责任，并接受政府有关部门的管理和监督。

5. 改善和加强对市场的管理和监督

建立正常的市场进入、市场竞争和市场交易秩序，保证公平交易、平等竞争，保护经营者和消费者的合法权益。坚决依法惩处生产和销售假冒伪劣产品、欺行霸市等违法行为。提高市场交易的公开化程度，建立有权威的市场执法和监督机构，加强对市场的管理，发挥社会舆论对市场的监督作用。

（三）转变政府职能，建立健全宏观经济调控体系

市场经济的重要特征之一是政府不直接干预企业的微观经济活动。要使国有企业真正成为市场经济主体，一方面要通过建立现代企业制度，转换企业经营机制，把企业

推向市场；另一方面还必须转变在原有计划经济体制下政府对企业的“婆婆”职能，改变政府与企业原有的隶属关系，真正实现政企分开。《中共中央关于建立社会主义市场经济体制若干问题的决定》指出，转变政府职能，改革政府机构，是建立社会主义市场经济体制的迫切要求。如何实现政府的职能转变？总的来说，是把政府的国有资产所有者职能同行政管理职能分开，明确国务院颁发的《全民所有制工业企业转换经营机制条例》所规定的企业 14 项职权，各级政府都不得改变或截留，同时又明确规定政府管理经济所应有的职能。党的十四大报告将政府的经济职能概括为 24 个字，即统筹规划、掌握政策、信息引导、组织协调、提供服务、检查监督。党的十四届三中全会把政府管理经济的职能具体规定为：主要是制定和执行宏观调控政策，搞好基础设施建设，创造良好的经济发展环境。同时，要培育市场体系、监督市场运行和维护平等竞争，调节社会分配和组织社会保障，控制人口增长，保护自然资源和生态环境，管理国有资产和监督国有资产经营，实现国家的经济和社会发展目标。政府运用经济手段、法律手段和必要的行政手段管理国民经济，不直接干预企业的生产经营活动。为实现政府职能的转变，必须按照政企分开、精简、统一、效能的原则，继续并尽早完成政府机构改革。

社会主义市场经济必须有健全的宏观调控体系。这是社会化大生产的要求，是现代市场经济的特征，是社会主义的本质要求。社会主义市场经济宏观调控的主要任务是：保持经济总量的基本平衡，促进经济结构的优化，引导国民经济持续、快速、健康发展，推动社会的全面进步。为此，必须建立健全以间接调控手段为主的宏观调控体系。宏观调控主要采取经济办法，通过建立计划、金融、财政之间相互配合和制约的机制，加强对经济运行的综合协调。计划提出国民经济和社会发展的目标、任务，以及需要配套实施的经济政策；中央银行以稳定币值为首要目标，调节货币供应总量，并保持国际收支平衡；财政运用预算和税收手段，着重调节经济结构和社会分配。政府运用货币政策和财政政策调节社会总需求和总供给的基本平衡，并与产业政策相配合，促进国民经济和社会的协调发展。为此，我国需要大力进行财税、金融、投资和计划体制改革。

1. 财税体制改革

主要内容是：（1）把原有地方财政包干制改为在合理划分中央和地方事权基础上的分税制，建立中央税收和地方税收体系。把维护国家权益和实施宏观调控所必需的税种列为中央税；把同经济发展直接相关的主要税种列为中央和地方的共享税；充实地方税税种，增加地方税收收入。（2）按照统一税法、公平税负、简化税制和合理分权的原则，改革和完善税收制度。推行以增值税为主体的流转税制度，对少数商品征收消费税，对大部分非商品经营继续征收营业税。在降低国有企业所得税税率、取消能源交通重点建设基金和预算调节基金的基础上，使国有企业依法纳税，理顺国家和国有企业的利润分配关系。统一企业所得税，规范税率，扩大税基。开征和调整某些税种，清理税收减免，严格税收征管，堵塞税收流失的源头。（3）改进和规范复式预算制度。建立政府公共预算和国有资产经营预算，并可以根据需要建立社会保障预算和其他预算。严格控制财政赤字，中央财政赤字不再向银行透支，而靠发行长短期国债解决。统一管理政府的国内外债务。

2. 金融体制改革

主要是规范中央银行、政策性银行、商业银行的任务和运作方式。中国人民银行作为中央银行，在国务院领导下独立执行货币政策，从主要依靠信贷规模管理转变为运用法定存款准备金率、中央银行贷款利率和公开市场业务等手段，调控货币供应量，保持币值稳定，监管各类金融机构，维护金融秩序，不再对非金融机构办理业务。银行业和证券业实行分业管理。组建货币政策委员会，及时调整货币和信贷政策。建立政策性银行，实行政策性业务与商业性业务分离。组建国家开发银行和中国进出口银行，改组中国农业银行，承担严格界定的政策性业务。发展商业性银行，现有的专业银行要逐步转变为商业银行，并根据需要有步骤地组建农村合作银行和城市合作银行。商业银行要实行资产负债比例管理和风险管理。规范与发展非银行金融机构。此外，还必须改革外汇管理体制，建立以市场为基础的有管理的浮动汇率制度和统一规范的外汇市场，加快扩大金融业的对外开放，逐步让国外银行和金融机构依法进入我国的金融市场，逐步使人民币成为可兑换的货币。

3. 投资体制改革

逐步建立法人投资和银行信贷的风险责任。竞争性项目投资由企业自主决策、自担风险，所需贷款由商业银行自主决定、自负盈亏。用项目登记备案制代替当时的行政审批制，把这方面的投资活动推向市场，国家用产业政策予以引导。鼓励和吸引各方投资参与基础性项目建设。地方政府负责地区性的基础设施。国家重大建设项目，按照统一规划，由国家开发银行等政策性银行，通过财政投融资和金融债券等渠道筹资，采取控股、参股和政策性优惠贷款等多种形式进行。企业法人对筹划、筹资、建设直至生产经营、归还贷款本息以及资产保值增值全过程负责。社会公益性项目建设，广泛吸收社会各界资金，根据中央和地方事权划分，由政府通过财政统筹安排。

4. 计划体制改革

进一步转变计划管理职能，国家计划要以市场为基础，总体上应当是指导性的计划。计划工作的任务是合理确定国民经济和社会发展战略、宏观调控目标和产业政策，搞好经济预测，规划重大经济结构、生产力布局、国土整治和重点建设。计划工作要突出宏观性、战略性、政策性，把重点放到中长期计划上，综合协调宏观经济政策和经济杠杆的运用。建立新的国民经济核算体系，完善宏观经济监测预警系统。

（四）建立合理的个人收入分配体制和社会保障制度

个人收入分配体制是社会经济体制的重要组成部分，我国原有的个人收入分配体制是适应集中型计划经济体制的要求建立起来的，因而对这种收入分配体制必须进行改革，使之适应社会主义市场经济体制的要求。为此，我国的个人收入分配体制应坚持以按劳分配为主体、多种分配方式并存的结构，体现兼顾效率与公平的原则，把按劳分配同按

（四）积极推进政治体制改革

政治是上层建筑，政治是经济的集中表现，经济体制的转变要求政治体制相应地转变。邓小平深刻指出：“我们提出改革时，就包括政治体制改革。现在经济体制改革每前进一步，都深深感到政治体制改革的必要性。不改革政治体制，就不能保障经济体制改革的成果，不能使经济体制改革继续前进，就会阻碍生产力的发展，阻碍四个现代化的实现。”[①] 所以，党中央提出了在推进经济体制改革的同时，积极推进政治体制改革，政治体制改革同经济体制改革紧密配合、相互促进的基本方针。党的十五大明确提出政治体制改革的总体要求是：适应我国经济体制改革的深入和现代化建设跨越世纪的发展，在坚持四项基本原则的前提下，继续推进政治体制改革，进一步扩大社会主义民主，健全社会主义法制，依法治国，建设社会主义法治国家。为了实现这个总要求，我国政治体制改革的主要任务是：发展民主，加强法制，实行政企分开、精简机构，完善民主监督制度，维护安定团结。这五个方面的任务相互联系，相互促进，切合当时我国改革开放和现代化建设的实际要求，也切合解决当时在前进道路上存在的新问题、新矛盾的要求。

（五）坚持和加强党中央集中统一领导，健全全面从严治党体系

我国社会主义市场经济体制的建立和整个社会主义事业的推进都是在党的领导下进行的，所以，必须加强和完善党的领导，为此必须加强党的自身建设。习近平总书记在党的二十大报告中指出，我们要落实新时代党的建设总要求，健全全面从严治党体系，全面推进党的自我净化、自我完善、自我革新、自我提高，使我们党坚守初心使命，始终成为中国特色社会主义事业的坚强领导核心。

（1）坚持和加强党中央集中统一领导，维护党的团结统一，坚决维护党中央权威。健全总揽全局、协调各方的党的领导制度体系，完善党中央重大决策部署落实机制，确保全党在政治立场、政治方向、政治原则、政治道路上同党中央保持高度一致，确保党的团结统一。

（2）全面加强党的思想建设，加强理想信念教育，自觉做共产主义远大理想和中国特色社会主义共同理想的坚定信仰者和忠实实践者，牢记党的宗旨，坚持不懈用习近平新时代中国特色社会主义思想凝心铸魂。

（3）坚持制度治党、依规治党，健全党统一领导、全面覆盖、权威高效的监督体系，发挥政治巡视利剑作用，用好问责利器。

（4）增强党组织政治功能和组织功能，坚持大抓基层的鲜明导向，把基层党组织建设成为有效实现党的领导的坚强战斗堡垒。加强干部队伍建设，坚持德才兼备，选优配强各级领导班子，加强干部斗争精神和斗争本领养成，激励干部敢于担当、积极作为。

（5）坚持正风肃纪，落实中央八项规定精神，持续深化纠治“四风”，重点纠治形式主义、官僚主义，坚决破除特权思想和特权行为。

（6）坚决打赢反腐败斗争攻坚战持久战。反腐败斗争一刻不停，坚持不敢腐、不能腐、不想腐一体推进，以零容忍态度反腐惩恶，决不姑息。

---

① 邓小平．邓小平文选：第3卷．北京：人民出版社，1993：176.

习近平总书记在党的二十大报告中强调，坚定不移全面从严治党，深入推进新时代党的建设新的伟大工程。全面建设社会主义现代化国家、全面推进中华民族伟大复兴，关键在党。全党必须牢记，全面从严治党永远在路上，党的自我革命永远在路上，决不能有松劲歇脚、疲劳厌战的情绪，必须持之以恒推进全面从严治党，深入推进新时代党的建设新的伟大工程，以党的自我革命引领社会革命。

以建立社会主义市场经济体制为目标的经济体制改革是一场涉及经济基础和上层建筑许多领域的深刻革命，这不可避免地会遇到这样或那样的困难和阻力。所以，党中央十分重视从总体上处理好改革、发展和稳定的关系，处理好各方面的利益关系，调动一切积极因素，为国民经济的持续、快速、健康发展创造有利条件。正是由于党中央为我国的社会转型制定了一系列正确的方针政策，我国顺利地在 20 世纪末初步建立起了社会主义市场经济体制。

第三节　社会主义的本质及其与市场经济的兼容

一、对社会主义本质的科学认识

在人类社会发展的进程中，根据社会生产的目的以及实现目的的手段的不同，将社会区分为不同的社会经济制度。而一个社会的生产目的和实现目的的手段，绝非人们主观意志的产物，它是由该社会占统治地位的生产资料所有制及生产力发展状况决定的，是该社会生产关系和生产力相统一的集中体现，因而是客观的。一个社会的社会生产目的和实现目的的手段，决定着社会经济生活的各个主要方面和社会生产的主要过程，决定着社会经济发展的方向和社会经济的根本特征，因而它是一个社会的本质。例如，通过绝对剩余价值和相对剩余价值的生产，满足资产阶级对剩余价值或利润最大限度的榨取，这样的生产目的和实现目的的手段，决定了资本主义社会的经济生活的各个主要方面和主要过程，反映了资本主义社会的根本经济特征，因而是资本主义的本质。

社会主义市场经济是市场经济同社会主义制度相结合的新型市场经济，所以，我们要认识社会主义市场经济的特征，就必须正确认识和把握社会主义的本质。对社会主义的本质问题，马克思主义经典作家都做过程度不同的分析。马克思、恩格斯没有亲身经历社会主义社会的实践，不可能对社会主义的本质进行系统全面的概括，但在他们建立的科学社会主义理论体系中，对社会主义本质的核心内容已经做了科学的预见。马克思、恩格斯在著名的《共产党宣言》中就指出，无产阶级在夺取政权后，夺取资产阶级的全部资本，并且尽可能快地增加生产力的总量。后来马克思又说，在社会主义条件下，用来满足共同需要的部分，如学校、保健设施等，将会立即显著增加，并将随着新社会的发展而日益增加。恩格斯也指出，一个新的社会制度（指社会主义社会制度。——编者注）是可能实现的，在这个制度之下，通过有计划地利用和进一步发展现有的巨大生产力，在人人都必须劳动的条件下，生活资料、享受资料、发展和表现一切体力和智力所需的资料，都将同等地、愈益充分地交归社会全体成员分配。这些论述概括起来，实质上就是认为，大力发展生产力，满足社会全体成员的物质文化需要，是社会主义社会最本质的东西。列宁是这样说的，进入社会主义社会，那时，共同劳动的产品将由劳动者来享用，超出他们生活需要的剩余产品，将用来满足工人自己的各种需要，用来充分发展他们的各种才能，用来平等地享受科学和艺术的一切成果。他还提出，在共产主义社会，利用先进技术的、自愿自觉的、联合起来的工人能创造出较资本主义更高的劳动生产率。斯大林在领导苏联进行社会主义建设的几十年中，尽管犯过这样那样的错误，但他在晚年总结经验时，对社会主义本质所做的概括是符合马克思、恩格斯、列宁的思想的。他是以社会主义基本经济规律的形式来表述的。他指出，社会主义基本经济规律的主要特点和要求，可以大致表述如下：用在高度技术基础上使社会主义生产不断增长和不断完善的办法，来保证最大限度地满足整个社会经常增长的物质和文化的需要。

经过百年的社会主义实践的检验，应当说，马克思主义经典作家关于社会主义本质问题的论述基本上是正确的，而且抓住了反映社会主义本质的核心，即提高劳动生产率，大力发展生产力，最大限度地满足劳动人民不断增长的物质文化需要。但社会主义的实践也表明，由于历史条件的局限，上述马克思主义经典作家关于社会主义本质的论述自然不可能是系统而全面的，主要表现在：（1）对社会主义社会的矛盾状况缺乏更深入的分析，因而对社会主义社会还必须通过改革，使生产关系和上层建筑不断完善，继续不断为社会生产力快速发展开辟广阔道路，即社会主义社会还存在着继续解放生产力的必要性和必然性问题缺乏分析。（2）他们认为社会主义社会已经不存在商品经济，或者是只存在商品的“外壳”，因而看不到在社会主义社会还可能存在剥削、存在两极分化的问题。而社会主义的实践表明，社会主义社会仍然是商品经济社会，而且必须通过大力发展商品经济来促进社会生产力的发展，在多种所有制并存的商品经济社会，仍然存在着消灭剥削、消除两极分化的任务。中国改革开放的总设计师邓小平根据马克思主义基本原理，结合我国社会主义建设的实践，总结并借鉴了国内外社会主义建设的经验，明确地提出了“社会主义的本质，是解放生产力，发展生产力，消灭剥削，消除两极分化，最终达到共同富裕”① 这一科学的概括，把社会主义生产的目的简明而深刻地表述为“最终达到共同富裕”，达到这一目的的手段是要继续解放生产力，从而发展生产力，并且要继续消灭剥削、消除两极分化。这就揭示了社会主义生产力和生产关系最本质的特征，从而不仅为我们正确认识社会主义市场经济的特征奠定了基础，而且填补了马克思主义经典作家在论述社会主义的本质时由于历史局限而留下的缺陷，从而丰富了马克思主义的科学社会主义的理论。经过以上分析，我们可以这样来把握社会主义的本质这一概念：社会主义的本质是在分析社会主义生产关系和生产力发展两方面根本特征的基础上，对社会主义生产目的和实现目的的手段的科学概括，其内容包括社会主义的根本任务、社会主义的根本要求和社会主义的根本目标。

二、社会主义本质的内涵

（一）社会主义的根本任务是解放和发展生产力

邓小平把解放生产力、发展生产力作为社会主义本质的首要内容，因为解放生

① 邓小平．邓小平文选：第 3 卷．北京：人民出版社，1993：373.

产力和发展生产力是社会主义的根本任务。把解放生产力和发展生产力作为社会主义的根本任务，不是人们主观意志的产物，而是由社会主义的特定的社会经济条件决定的。

1. 是由社会主义社会的主要社会矛盾决定的

按照马克思主义基本原理，无产阶级在夺取政权后，运用政权的力量，通过直接剥夺、"和平赎买"的办法，把资本主义生产关系转变为社会主义生产关系，通过社会主义合作化的办法把个体劳动者所有制改造为社会主义集体所有制。这个建立社会主义生产关系的时期，被称为"从资本主义向社会主义的过渡时期"，这一时期的社会主要矛盾是无产阶级同资产阶级、社会主义同资本主义之间即两个阶级、两条道路之间的矛盾，解决这一矛盾即要解决谁战胜谁的问题。随着社会主义生产关系的建立并在社会经济生活中占统治地位，过渡时期的主要矛盾解决了，过渡时期便结束，社会也就进入了社会主义社会。这时社会的主要矛盾发生了变化，转变为人民日益增长的物质文化需要同落后的社会生产之间的矛盾，矛盾的主要方面是解决落后的生产力的问题。关于社会主义社会主要矛盾的问题，在我国"三大改造"基本完成时，党的第八次全国代表大会已经正确指出，国内主要矛盾已经不再是工人阶级和资产阶级的矛盾，而是人民对经济文化迅速发展的需要同当前经济文化不能满足人民需要的状况之间的矛盾，全国人民的主要任务是集中力量发展社会生产力。后来由于"左"的错误否定了这一正确的认识，我国的社会主义建设蒙受了巨大的损失，直到党的十一届三中全会以后，才回到正确的认识上。党的十四大报告重申了"现阶段我国社会的主要矛盾是人民日益增长的物质文化需要同落后的社会生产之间的矛盾，必须把发展生产力摆在首要位置，以经济建设为中心，推动社会全面进步"①。要大力发展生产力，首先必须解放生产力。革命，用社会主义生产关系代替资本主义生产关系，这是解放生产力，促进了生产力的发展。但过去的观点认为，社会主义制度建立后，解放生产力的问题就不存在了，而实践证明，在社会主义制度建立后，随着独立的、比较完整的工业体系和国民经济体系的建立，传统的经济体制束缚社会生产力发展的弊端日益显露，不改革旧的经济体制，建立适合生产力发展要求的新的经济体制，生产力的发展就会受到阻碍。邓小平总结了几十年来国内外社会主义实践经验，特别是总结了党的十一届三中全会以来改革开放的经验，明确地指出："社会主义基本制度确立以后，还要从根本上改变束缚生产力发展的经济体制，建立起充满生机和活力的社会主义经济体制，促进生产力的发展，这是改革，所以改革也是解放生产力。"② 我国改革开放以来取得的巨大经济成就，社会生产力获得的飞跃发展，就是极其有力的证明。过去，只讲在社会主义条件下发展生产力，没有讲还要通过改革解放生产力，这是不完全的，应该把解放生产力和发展生产力两个讲全了。由此可见，为了解决社会主义社会的主要矛盾，必须解放和发展社会生产力，这是社会主义的根本任务。

---

① 十四大以来重要文献选编（上）. 北京：人民出版社，1996：11.

② 邓小平 . 邓小平文选：第 3 卷 . 北京：人民出版社，1993：370.

2. 是建立社会主义物质基础的要求

人类社会发展的历史表明，每一种生产关系都必须有与其相适应的物质基础，也就是相应的社会生产力水平，这种生产关系才能巩固、发展和不断完善。社会主义生产关系是在资本主义社会化大生产基础上产生的，所以，社会主义生产关系的物质基础应当是在资本主义已经达到的物质基础之上建立起来的高度社会化的现代工业、农业和科学技术。列宁在他所处的历史时代曾对社会主义的物质基础做过这样的表述：社会主义的唯一的物质基础，就是同时也能改造农业的大机器工业。随着资本主义的发展，特别是新的科学技术革命使生产力迅猛发展，社会进入了信息时代。这表明建立社会主义物质基础的要求和标准，比列宁生活的时代大大地提高了，这就要求取得了社会主义革命胜利的国家，必须用极大的努力来发展社会生产力，建立起社会主义社会的物质基础，这样才能巩固和发展社会主义经济制度。所以，解放和发展生产力，是建立社会主义物质基础的要求。

3. 是向共产主义社会高级阶段发展的需要

社会主义社会是共产主义社会的初级阶段，它必然要发展到共产主义社会的高级阶段。共产主义社会高级阶段建立在高度发达的物质文明和精神文明的基础上，是一个消灭了“三大差别”，人人都得到全面发展，实现“各尽所能、按需分配”的理想的社会。社会主义社会正是为实现这样的社会而做准备的，所以，解放和发展生产力是社会主义的根本任务。

（二）消灭剥削、消除两极分化是社会主义的根本要求

社会主义经济制度同以往一切以私有制为基础的社会经济制度的根本区别就是，它要消灭剥削，消除两极分化。一切剥削制度的深刻经济根源在于生产资料私有制，因为剥削就是一部分人凭借生产资料的私人占有而无偿地占有他人的劳动。原始社会生产力极其低下，不存在私有制，不存在剥削，自然也无所谓两极分化。奴隶社会、封建社会、资本主义社会都是生产资料私有制的社会，其共同特征就是存在着剥削，存在着占人口极少数的生产资料所有者（奴隶主、封建主、资本家）对广大劳动人民（奴隶、农奴、无产者）的剥削。社会主义经济制度建立在生产资料公有制的基础上，广大劳动人民成为生产资料的主人，他们用共同占有的生产资料进行互助合作的劳动，创造出的物质财富归劳动人民共同占有，按照劳动人民的利益进行分配，即实行按劳分配，这就从根本上消灭了剥削。此外，在以私有制为基础的社会经济制度中，还必然存在着两极分化的现象，因为剥削阶级利用其占有的生产资料对劳动人民进行残酷的剥削，把自身的富裕建立在劳动人民贫困的基础上，而且其发展的趋势总是富者愈富、贫者愈贫，两极分化日趋严重。社会主义制度下公有制的建立和按劳分配的实行，既使资产阶级失去了通过占有生产资料榨取劳动者和实行资本积累而聚敛社会财富的社会条件，又使广大劳动者摆脱了受剥削的地位和贫穷的命运，从而消除了两极分化的经济根源。按劳分配虽然使劳动者的个人收入产生了差别，但这种差别只能造成人们富裕程度上的不同，而不会造成贫富之间的两极分化。由此可见，消灭剥削、消除两极分化是社会主义的根本要求。

在我国社会主义现阶段，生产力水平还比较低，社会主义生产关系还不成熟，使得我国采取的是以公有制为主体、多种所有制并存和共同发展的所有制结构，在私营企业和“三资”企业中，还不可避免地存在一定范围和一定程度的剥削。这种情况的存在，是同我国现阶段生产力状况相适应的，因而对生产力的发展是有利的。另外，我国现阶段仍处在向商品经济充分发展的过程中，因此必然还存在着一定数量以私有制为基础的商品经济。在这里，价值规律的自发作用仍然可能使商品生产经营者产生两极分化。个人收入渠道的多元化以及分配不公的存在，也可能在一部分人中间造成贫富的两极分化，至于少数腐败分子以权谋私、不法奸商通过各种非法手段掠夺了巨额社会财富而成为亿万富翁，这是由资产阶级享乐主义旧思想遗毒作祟，加上我们在一个时期在改革和管理上不健全、有漏洞造成的。它们不是社会主义制度本身产生的。但这些状况会引起社会生活的不安定，严重挫伤人们的社会主义劳动积极性，影响人们的信仰和理想，同社会主义本质背道而驰，因此必须采取有力措施加以剔除和防止。

（三）社会主义的根本目标是实现共同富裕

生产资料归谁所有，劳动生产创造的社会财富就归谁支配，社会财富的分配自然是按照有利于生产资料所有者的原则进行的。这就是以私有制为基础的社会中，奴隶主、封建主、资本家之所以富裕，而广大劳动者之所以贫穷的根源。社会主义公有制建立后，劳动人民成为生产资料的主人，从而成为生产、社会财富的主人，社会财富按照劳动人民的利益进行分配，所以，随着社会生产的发展和社会物质财富的不断丰富，其结果必然是劳动人民的共同富裕。邓小平深刻地指出：“社会主义不是少数人富起来、大多数人穷，不是那个样子。社会主义最大的优越性就是共同富裕，这是体现社会主义本质的一个东西。”[①] 当然，共同富裕不等于完全平均和同步富裕，因为我国是一个经济底子比较薄弱、经济发展不平衡的大国，实现共同富裕不可能一蹴而就、同时实现，而必须允许和鼓励一部分地区、一部分企业和一部分人，依靠勤奋劳动、创新劳动和合法经营先富起来，然后采取强有力的措施让先富帮助和带动后富，最终实现共同富裕。

三、社会主义的本质同市场经济的兼容

市场经济作为一种商品经济发展到一定高度的必然产生的资源配置方式，是与社会经济制度无关的，它可以在资本主义社会存在并为资本主义经济发展服务，也可以在社会主义社会存在并为社会主义经济发展服务。从根本上说，市场经济能够有力地促进社会主义社会生产力的发展，决定了市场经济同社会主义本质之间存在着兼容性。

（一）解放生产力、发展生产力的社会主义根本任务同市场经济的兼容

生产力发展史已经表明，商品经济的充分发展是社会经济发展不可逾越的阶段，社会主义生产力的发展，同样必须通过大力发展商品经济，使商品经济获得充分发展，这

① 邓小平 . 邓小平文选：第 3 卷 . 北京：人民出版社，1993：364.

是客观的要求。在商品经济社会，商品经济的正常运行和发展，要求由价值规律的作用或者说由市场来配置资源，除此之外的配置方式都只能阻碍甚至破坏商品经济的运行和发展。社会主义国家经济发展走过的曲折道路充分证明了这一点。由于社会主义国家长期以来都是坚持计划经济，也正是因为这种经济体制随着商品经济的发展而日益严重地阻碍了社会主义生产力的发展，所以，社会主义国家还存在着解放生产力的问题，也就是通过经济体制改革把计划经济体制转变为市场经济体制，并且使这种体制不断完善，为商品经济的充分发展进而为社会主义生产力的发展提供体制的保证。由此可见，解放生产力和发展生产力的社会主义根本任务的实现，要求实行市场经济，市场经济则有力地促进了生产力的解放和发展，体现了两者的兼容。

（二）消灭剥削、消除两极分化的社会主义根本要求同市场经济的兼容

人剥削人的经济现象之所以产生，根源在于生产资料私有制，奴隶主、封建主、资本家凭借其对生产资料的占有，对奴隶、农奴、雇佣工人进行剥削。两极分化也是以私有制为基础的社会经济制度的产物。剥削现象和两极分化现象产生的根源并不在于市场经济这种资源配置方式。社会主义社会要消灭剥削，需要具备物质条件，那就必须发展生产力。公有制的建立从根本上来说是生产社会化的客观要求，消灭剥削的制度性基础和物质基础都在于生产力相当高程度的发展。市场经济正是现阶段生产力发展的客观要求，所以，要消灭剥削，就必须通过建立市场经济来大力发展生产力。在以私有制为基础的商品经济条件下，价值规律的自发作用，也就是市场或市场机制的作用，会导致商品生产者的两极分化。这里的根源是以私有制为基础的社会，再就是市场的自发作用。在社会主义社会，以公有制为基础，而且市场的作用是与社会主义国家的宏观调控结合在一起发挥的，这就消除了产生两极分化的根源。可见，市场经济同消灭剥削、消除两极分化的社会主义根本要求是可以兼容的。

（三）实现共同富裕的社会主义根本目标同市场经济的兼容

社会主义社会的生产目的、一切经济活动的目的归根到底就是满足人民群众的物质文化生活需要，实现共同富裕。生产资料的公有制是实现共同富裕的前提条件，但只有这一条件并不能使人民群众共同富裕，还必须有另一个前提条件，那就是物质文化生活极大丰富。这两个前提条件都需要生产力相当高程度的发展，尤其是物质的极大丰富，更必须经历商品经济的充分发展阶段，发展商品经济的体制要求只能是实行市场经济。这表明社会主义的根本目的同市场经济是完全可以兼容的。

第四节　社会主义市场经济的基本特征

一、社会主义市场经济具有现代市场经济的一般特征

社会主义市场经济首先是市场经济，是现代市场经济。那么，它当然同其他社会形态下的市场经济，特别是同资本主义现代市场经济，在运行机制、运作方式上存在共同

之处，即存在现代市场经济的共性。作为现代市场经济，社会主义市场经济应当具有现代市场经济的下列一般特征。

（一）经济联系与资源配置通过市场进行

一切社会经济活动都直接或间接地处于市场关系之中，社会上各种生产要素的流动从而社会资源的优化配置，均由市场机制起决定性作用。这是市场经济的根本特点。只要是市场经济，社会中的各种经济活动就都离不开市场，都要受价值规律作用的支配。社会再生产的各个环节（包括生产、分配、交换、消费）都要通过市场来进行，社会资源如何流动和配置，从而得到合理而有效的运用，主要是由市场的竞争、供求、价格等要素的交互作用而形成的市场机制来进行调节。

（二）市场经济主体的独立性

社会上的生产经营单位——企业，必须是平等的市场经济主体，它们都应具有自身独立的经济利益，以获取企业自身经济利益最大化为生产经营的直接目的，具有自主进行商品生产经营所应有的全部权利。如果社会经济领域中的各个企业都不是或者大部分不是彼此平等的市场经济主体，它们自身没有独立的经济利益，缺乏作为商品生产经营者应有的责、权、利，那么，这些企业就不能说是真正的商品生产者，它们之间也不存在竞争，也就没有市场；所以，缺乏市场经济主体，市场机制既没有载体，也没有作用的对象，就无法起作用，从而市场经济也就不存在。任何社会形态下企业要成为市场经济主体，就必须是自主经营、自负盈亏、自我发展、自我约束的经济法人，从而能够自觉地面向市场，自主地开展生产经营活动，这样才有追求自身最大的经济利益并在竞争中取胜的动力，也才有在竞争中可能失败破产的压力，正是这种竞争和优胜劣汰，使得社会资源得到有效配置。

（三）完善的市场体系

各种市场机制要能够充分地发挥作用，必须具备比较完善的市场体系，即生产资料、生活资料和生产要素都有着各种类型、各种层次、各种规模的市场，由这些功能不同的市场构成一个完整的市场体系。市场体系越完善，市场在资源配置中的决定性作用就越能得到发挥。特别是现代市场经济建立在社会化大生产的基础上，社会经济联系更为紧密而复杂，因而要求发育更为健全、市场形式更加多样和功能更加齐备的统一开放、竞争有序的市场体系。

（四）价格形成及变化的市场性

市场中各种商品的价格由市场经济规律和市场机制来形成和调节。商品的价格是市场的重要信号，一般情况下是商品供求状况的标志，但这种商品的价格必须是由市场竞争形成的价格，才能起这样的作用。市场竞争形成的商品价格，要反映价值规律、供求规律和货币流通规律作用的综合要求。由政府规定的价格或市场上的垄断价格都不是市场经济的要求，也不构成市场经济的特征。

（五）政府对经济的间接调控

政府部门不得直接干预企业生产经营的微观经济活动，但政府必须对社会经济发展实行宏观的、间接的调控。单纯的市场调节本身存在天生的缺陷——自发性、滞后性和盲目性，因而市场经济单纯依靠自身的运转，难以避免周期性的经济波动，难以实现长期经济稳定，难以保护生态环境和推动社会公益事业的发展，必须由政府通过财政、税收、价格、金融等经济杠杆以及必要的行政手段、政策来干预和影响市场的经济运行，实现宏观经济调控来解决这些问题。又因为现代市场经济是与社会化大生产相联系的，社会化大生产本身的健康发展，客观要求有一个社会中心对生产进行宏观调节，在社会发展的现阶段，这种宏观经济调节是由政府来执行的。政府通过运用经济、法律、行政等手段对社会经济发展实施宏观的、间接的调控。

（六）健全的市场法规

市场中企业的经营活动是由相应的市场法规来规范的。市场经济本质上是一种法治经济，市场经济越发达，要求市场法规越健全，特别是在现代市场经济条件下，更需要形成一整套严密和完善的市场法规体系，来保障市场经济的正常运行。

（七）广泛的信息系统

拥有比较完善的信息系统，才能够及时而准确地给企业提供市场信息。现代社会已迈进了信息时代，及时而准确的市场信息对企业的正确决策具有头等重要的作用。在现代市场经济条件下，拥有广泛的信息网络的管理系统，拥有现代化的信息贮存和传播手段，就能够保证准确、及时地把市场信息传递给企业，从而引导企业的经营活动，最终使社会资源的配置更趋合理和有效。

以上七方面的特征，是与社会制度无关的现代市场经济所具有的一般特征，社会主义市场经济是一种新型的现代市场经济，同样具有这些特征。

二、社会主义市场经济自身的特征

社会主义市场经济是市场经济同社会主义根本制度相结合的一种新型的现代市场经济。它必然产生自身的、不同于在其他社会形态下的市场经济的特征。同资本主义制度下的市场经济相比，社会主义市场经济自身具有以下特征。

（一）社会主义市场经济运行的根本目标是实现共同富裕

市场经济和计划经济都是经济调控手段，是社会资源的配置方式。对经济的调控、合理配置资源是为了什么，要达到什么样的目的？使社会经济正常运行是为了达到什么样的目标？对这些问题，无论是市场经济还是计划经济本身，都没有也不可能给出答案。而这一问题正是社会经济发展的最根本的问题。因为人类进行的各种社会实践活动都是有目的的活动，人们组织社会经济运行，也必然有一个经济运行的根本目标。一个社会经济运行的根本目标，是由该社会占统治地位的生产资料所有制的性质决定的，因而是客观的。社会经济运行的根本目标确定后，所有的社会经济活动、经济运行的各个环节、各种经济机制的作用，都要服从这一目标的要求，为实现这一目标服务。在资本主义市场经济条件下，资本主义私有制在社会经济生活中占主体地位，这就决定了资本主义市场经济运行的根本目标是追求最大限度的剩余价值。正是这一市场经济的根本目标，决定着资本主义市场经济运行的各个主要方面和主要过程，各市场机制都要为这一根本目标服务。在社会主义市场经济条件下，社会主义公有制在社会经济生活中占主体地位，这就决定了社会主义市场经济运行的根本目标是实现劳动人民的共同富裕。社会主义市场经济运行的各个方面和各个环节、各种市场机制的作用，都要受这一根本目标的规范和制约，为实现这一根本目标服务。由此可见，社会主义市场经济自身的首要特征就是其运行的根本目标不同于资本主义市场经济运行的根本目标。

（二）社会主义市场经济下以公有制为主体、多种所有制并存和共同发展的所有制结构

原始社会的所有制结构是已知的单一所有制结构，未来的共产主义社会所有制结构也将是单一的所有制结构，除此之外，其他社会形态的所有制结构都是以某一所有制为主体、多种所有制并存的结构，这一点已被人类社会发展的历史所证明。资本主义市场经济条件下的所有制结构，是以资本主义私有制为主体、多种所有制并存的所有制结构，这是由资本主义社会的生产力状况决定的。

我国的社会主义市场经济条件下的所有制结构由公有制和非公有制两部分构成，具体讲就是以社会主义公有制（包括全民所有制和劳动群众集体所有制）为主体、其他所有制（包括个体经济、私营经济等各种形式的非公有制经济）并存和共同发展的所有制结构。党的二十大报告指出，我们要构建高水平社会主义市场经济体制，坚持和完善社会主义基本经济制度，毫不动摇巩固和发展公有制经济，毫不动摇鼓励、支持、引导非公有制经济发展。坚持我国基本经济制度，坚持“两个毫不动摇”，是社会主义公有制为主体，非公有制经济产生、并存和共同发展的根本制度保障。党的十六大、十七大、十八大报告都明确提出了“两个毫不动摇”，党的十九大把“两个毫不动摇”写入新时代坚持和发展中国特色社会主义的基本方略。党的二十大再次重申“两个毫不动摇”，表明党的一贯立场和支持民营经济发展的方针政策没有变，回应了社会重大关切和民营企业的呼声期盼，及时给民营经济送来一颗“定心丸”。这种所有制结构的形成，是由我国的客观经济条件决定的，从根本上来说，是由我国现阶段的生产力状况决定的。众所周知，中华人民共和国成立以前是一个经济非常落后的半殖民地半封建性质的国家，中华人民共和国成立后经过几十年的经济建设，“一穷二白”的面貌已从根本上改观，结构比较齐全的工业基础已经建立起来，特别是改革开放以来，尤其是党的十八大以来，突出了供给侧结构性改革，我国已成为经济结构比较优化、合理，国内生产总值稳居世界第二位，多个领域居于世界领先地位的经济强国。但从总体来说，我国的经济还有不少发展空间，我国还是一个发展中国家。在我国的整个国民经济中，还存在着地区之间、部门之间、部门内部、各企业之间生产力发展的不平衡、不充分，存在着生产力发展水平的多层次。例如从地区来看，我国东部沿海一带，生产力发展水平比较高，中部次之，西部地区生

产力水平则比较低。从国民经济各部门来看，航天、电子、电信、冶金、机械制造、铁路交通等部门生产力水平相当高，生产社会化程度也比较高，而农业、手工业、服务业等部门生产力水平、生产社会化程度则还有待发展。再从同一部门内部的大中小型企业来看，大中型企业生产力水平比较高，小型企业生产力水平则比较低。为了同这种发展不平衡、呈现出多层次的生产力状况相适应，必然要求多种形式的生产资料所有制。在我国现阶段，那些作为国民经济骨干的大中型企业，其生产力水平相当高，生产社会化程度也很高，企业的产供销都面向全国，与之相适应，要求公有化程度比较高的全民所有制。我国部分中型企业和大量的小型企业，包括遍布全国乡镇的乡镇企业，以及作为我国国民经济基础的农业，生产力水平从而生产社会化程度比较低，相应要求公有化程度比较低的公有制形式，即劳动群众集体所有制。至于各类分散的、规模很小的手工服务修理业，由个体来经营则更加适合这些行业的发展和更加方便群众生活，从而使个体所有制在该经济领域里更具有生命力。随着我国改革开放的不断发展，个体、私营等各种形式的非公有制经济得到了很大的发展，它们已成为社会主义市场经济的重要组成部分。我国实行以社会主义公有制经济为主体，个体、私营、“三资”等多种所有制经济长期共同发展的所有制结构，正确地反映了生产关系一定要适应生产力状况这一规律的要求，符合我国现阶段的生产力发展状况，因而有力地促进了我国整个社会生产力的迅速、健康发展。

我国多种所有制并存的所有制结构，一方面是我国生产力发展状况的要求，另一方面又是我国建立社会主义市场经济体制的要求。市场经济体制的建立要求必须构建具有多元利益的市场竞争主体，多种所有制并存本身就标志着具有不同经济利益的竞争主体的客观存在。这种以公有制为主体、多种所有制并存的结构下的不同生产经营单位构成市场经济主体，是社会主义市场经济的一个重要特征。我国建立的社会主义市场经济体制，必须毫不动摇地坚持社会主义公有制的主体地位，坚持全民所有制的主导地位。除了上面分析的我国生产力状况的要求外，它还由我国的社会主义经济制度的性质决定。一个国家的经济制度的性质，是由社会中占主体和主导地位的所有制的性质决定的。我国在 1956 年底“三大改造”基本完成，标志着社会主义公有制占主体地位和全民所有制占主导地位的实现，这就表明了我国由新民主主义社会进入了社会主义社会，建立起了社会主义经济制度。所以，我们要坚持社会主义，必须坚持社会主义公有制在多种所有制并存的结构中的主体地位。在坚持社会主义公有制的主体地位的同时，还必须坚持全民所有制的主导地位，因为只有在全民所有制的主导下，才能使集体所有制经济沿着社会主义方向，同全民所有制经济一起发挥其社会主义经济主体的作用，也才能使个体经济、私营经济等各种形式的非公有制经济发挥促进和繁荣社会主义经济的作用。在我国的国民经济构成中，起着骨干作用的部门诸如冶金、机械制造、能源、铁路交通、航天航空、电子通信等部门，绝大多数企业，特别是大型企业，都是全民所有制或全民所有制主导下的混合所有制经济，所以，从生产发展的角度来看，全民所有制经济也在整个国民经济发展中起主导作用。

（三）社会主义市场经济下以按劳分配为主体、其他多种分配方式并存的分配结构

考察社会主义市场经济的特征，在把握了所有制结构的基础上，还必须进一步分析

社会主义市场经济体制下个人收入的分配结构，因为分配结构同样也是由社会根本制度决定的，也就是由生产资料所有制和生产力水平决定的。社会主义市场经济条件下的所有制结构是以公有制为主体、多种所有制并存和共同发展的所有制结构，那么，同这种所有制结构相适应的分配结构就必然是以由社会主义公有制决定的分配方式为主体、多种分配方式并存的分配结构。

社会主义公有制下所要求的分配方式，就是按劳分配，其原因是：第一，社会主义公有制为实行按劳分配提供了经济前提。马克思指出，在社会主义公有制条件下，一方面，社会成员向社会提供的除了自己的劳动，谁都不能提供其他任何东西；另一方面，除了个人的消费资料，没有任何东西可以成为个人的财产。这种经济条件决定了任何人都不可能再凭借对生产资料的占有来获取消费品，而社会成员向社会提供的唯有劳动，劳动自然可以成为社会成员从社会获取消费品的依据。第二，由于旧的分工的存在，劳动仍然仅仅是个人谋生的手段而非生活的第一需要。旧的分工的存在表明劳动者向社会提供的劳动之间仍然存在着差别，而劳动者又是把劳动作为个人谋生的手段来参加生产过程，并通过参加劳动取得消费资料的，因而劳动者对自己的劳动成果必然有物质利益要求，这就使得劳动者取得消费资料的数量同他们付出的劳动之间，必然存在内在的数量依存关系，即要求实行按劳分配。第三，社会主义时期的生产力水平还比较低，还不可能达到社会产品极大丰富的程度，而能分配的只是生产的成果，所以，还不可能按照劳动者的需要分配个人消费品，只能实行按劳分配。

在社会主义市场经济条件下，与生产资料社会主义公有制为主体的所有制结构相适应，在分配结构中必然是以按劳分配为主体。按劳分配作为分配结构的主体，包括两层含义：（1）在整个国民收入的消费基金中，用于个人消费基金的部分，以按劳分配方式分配给劳动者个人应占主体；（2）在社会主义企事业单位的劳动者个人收入总量中，按劳分配所得在量上应占主体。只有在个人收入分配结构中坚持按劳分配的主体地位，才能体现这种市场经济是社会主义市场经济。

马克思设想的按劳分配是在全社会范围内实现单一的社会所有制，并且已不存在商品货币关系的条件下进行的，所以在全社会范围内实现等量劳动领取等量报酬；按劳分配的分配主体是社会；按劳分配中的“劳”指的是社会平均劳动量；按劳分配的实现媒介是“劳动证书”。社会主义市场经济条件下的按劳分配，显然同马克思设想的按劳分配所依存的条件有很大的不同，这就使得社会主义市场经济条件下的按劳分配产生了一系列新的特点：（1）不是在全社会范围内实现单一的公有制，所以不是在全社会范围内实现等量劳动领取等量报酬；（2）按劳分配的分配主体除了全民所有制事业单位是由国家承担外，其余的按劳分配的分配主体是各个企业；（3）每个劳动者提供的劳动要通过商品货币关系，通过市场交换而转化为社会劳动，这就可能产生不同企业的劳动者贡献等量劳动而不能取得等量报酬，使劳动者得到的报酬多寡受市场上很多因素的影响；（4）按劳分配的媒介是货币，通过分配货币再去市场购买消费品，这也会因商品价格和货币价值的变化而影响劳动者的实际收入。社会主义市场经济下的按劳分配尽管有这些特点，从而不可能实现本来意义上的按劳分配，但从本质上看仍然体现了消灭剥削、以劳动为尺度、多劳多得的分配方式，在单个企业的范围内仍然体现了等量劳动领取等量报酬。

在社会主义市场经济的所有制结构中，还存在着其他作为社会主义市场经济重要组成部分的所有制形式，与之相适应，在分配结构中必然存在着其他分配方式。这些分配方式是：（1）同个体经济相适应，个体劳动者按照自己的劳动收益状况进行分配；（2）同私营经济相适应，私营业主按投入的资本量和经营效益来分配，私营企业雇用劳动者，则按劳动力价值分配；（3）同“三资”经济相适应，外国投资者按资本量分配，外商独资企业的职工按劳动力价值分配，中外合资、合作企业的情况略复杂，如中方是国家或集体出资，那么，企业的劳动者的个人收入既有按劳分配的成分，也有按劳动力价值分配的成分。由于多种经营方式的存在，也必然产生种种个人收入，诸如股息收入、机会收入、风险收入、经营效益收入等。此外，按生产要素的贡献分配，也是社会主义市场经济下必然存在的收入分配方式。

社会主义市场经济下的个人收入分配，作为社会主义的物质利益刺激机制，必须体现兼顾效率与公平的原则。在劳动者的个人劳动报酬方面，要引入竞争机制，打破平均主义，实行多劳多得，合理拉开收入差距，坚持鼓励一部分地区和一部分人通过诚实劳动、创新劳动和合法经营先富起来的政策。社会主义要消除两极分化、实现共同富裕，所以必须在重视提高效率的同时，更加重视分配的公平，因而要提倡并采取有效措施让先富起来的地区和个人带动与帮助后富的地区和个人，逐步实现共同富裕。

（四）社会主义市场经济体制下应建立更有效、更合理的宏观经济调控体制和更完善的法规制度

现代市场经济的特征之一就是存在着国家的宏观经济调控，现阶段资本主义市场经济和社会主义市场经济同属现代市场经济，所以，都存在国家的宏观经济调控，但是宏观调控的有效程度和调控的合理性是不同的。一些发达的资本主义国家如法国、德国、日本等，特别重视由国家运用计划机制来进行宏观经济调控，但是，资本主义国家整个经济的基础是资本主义私有制，有些发达资本主义国家虽然国家垄断资本主义经济比较发达，但毕竟起不到基础的作用。国家站在个别资本主义企业之上，以总体资本家的身份通过计划对经济进行调控，当这种调控与个别资本家的直接利益一致时，调控的效果是明显的；而当这种宏观调控与个别资本家的利益不一致或者不完全一致时，这种调控就会失灵或者效果不明显。所以，资本主义国家的宏观调控大都是主要运用经济手段，即通过利率、税率和各种财政补贴等形式来实施的。此外，资本主义国家还把制定一系列经济法规作为宏观调控的重要手段。资本主义市场经济已有数百年的历史，积累了比较丰富的组织管理社会化大生产的经验，包括对市场经济运行实施宏观调控的经验，但是，资本主义内在的、不可克服的基本矛盾，即生产的社会化同生产资料的资本主义私有制之间的矛盾的存在，使得资本主义的宏观调控的有效性和合理性受到了很大的限制。自资本主义市场经济产生的数百年来，特别是加强了宏观调控的近几十年来，资本主义的经济危机、货币金融危机、农业危机等从未间断，经济滞胀状况更是成了治不好的“慢性病”，这些经济状况都有力地证明了资本主义市场经济下宏观调控的局限性。

社会主义市场经济建立在以公有制为主体的所有制结构的基础上，强大的国有经济

在整个国民经济中处于主导地位，公有制经济占主体地位，整个市场经济运行的根本目标是实现共同富裕。社会主义国家站在全体人民根本利益的高度，按照整个国民经济又好又快发展的要求，对市场经济运行进行宏观调控，这种调控在根本上同社会主义市场经济下占主体地位的市场经济主体的利益是一致的，而且社会主义国家能够把人民的当前利益与长远利益、局部利益与整体利益结合起来，更好地发挥计划和市场两种手段的长处。这就决定了社会主义市场经济下的宏观经济调控比资本主义市场经济下的宏观经济调控更加有效、更为合理，能更好地保持整个国民经济总量的基本平衡，促进经济结构的优化，引导国民经济持续、协调、健康发展，推动社会全面进步。近些年来，世界很多国家，包括发达国家出现了很多经济问题，各种危机频繁爆发，经济衰退严重。但我国在国家正确的宏观政策调控下，仍能在困难重重的条件下使经济保持中高速度的发展，这就是最有力的证明。

社会主义市场经济还是更加完善的法治经济。前面分析市场经济时已经知道，市场经济本质上是一种法治经济，特别是现代市场经济，由于经济运行过程中的关系更加复杂，市场规则和法制也更加趋于系统化和完备。一方面，作为市场经济正常运行保障的法规，有很多是具有普遍性的，即只要是市场经济，不管是同何种社会经济制度相结合，总是存在着市场经济运行共同遵守的法规，从这一点来说，社会主义市场经济法规的建立，在很大程度上可以借鉴资本主义市场经济中已有的、体现市场经济一般性的市场法规；另一方面，市场经济最早是同资本主义经济制度结合在一起的，因而资本主义市场经济的法规中，也在不少地方打上了维护资产阶级利益的烙印。此外，由于资本主义经济制度本身存在着种种矛盾，因而资本主义市场法规体系中，也必然存在着相互矛盾的规定。例如，一方面，为了保持市场竞争，在资本主义国家的市场法规中都有类似的反垄断法；另一方面，也有一些法规是有利于垄断资本发展壮大的，正因为如此，第二次世界大战以来垄断资本主义并未在反垄断法的规范下趋于萎缩，而是不断地发展和加强，并从国内垄断发展到国际垄断，而且近年来垄断资本国际化的趋势越来越明显。又如，资本主义市场经济下一方面有着各种相当完备的税法，而另一方面又在课税后通过国民收入的再分配，不仅把资本集团缴纳的税收的相当大部分归还资本集团，还把广大劳动人民缴纳的税收转归资产阶级享有。由此可见，资本主义市场经济法规制度不可能是完善的，总是带有阶级局限性。

社会主义市场经济建立在以公有制为主体的经济基础上，其运行的根本目标是实现共同富裕，这就决定了社会主义市场经济应当而且必然是更加完善的法治经济。社会主义制度下劳动人民当家做主，国家制定的一切法规制度都是以劳动人民的利益为出发点的，通过建立市场法规制度，保障和促进社会主义市场经济的健康发展，也正是劳动人民的利益所在。因为只有社会主义市场经济健康协调地运行，才能使社会主义整个国民经济迅速发展，从而为彻底消灭剥削、消除两极分化、最终达到共同富裕奠定强大的物质基础。可见，社会主义市场经济法规制度的建立和完备，既是社会主义市场经济正常运行的需要，又是劳动人民根本利益的要求，两者的一致性使社会主义市场法规体系成为一个内在统一的、完善的法制体系。同资本主义市场经济法规制度相比，社会主义市场经济法规制度更加完善，所以社会主义市场经济是更加完备的法治经济。

本章关键词

1. 社会主义市场经济
2. “三步走”战略
3. 现代企业制度
4. 社会主义所有制结构
5. 社会主义个人收入分配结构
6. 社会主义的本质
7. 社会主义的根本任务

复习与思考题

1. 为什么说从计划经济体制向社会主义市场经济体制转变是我国经济体制改革的必然选择？
2. 我国怎样改革才能使国有企业成为市场经济主体？
3. 我国如何使政府职能转变，实现政企分开？
4. 怎样理解社会主义的本质同市场经济的兼容？
5. 社会主义市场经济的特征有哪些？

第三篇

社会主义市场经济的运行

党的十八大以来，以习近平同志为核心的党中央以更大力度推进全面深化改革，经济体制改革全面发力、多点突破，有效破解了经济社会发展中诸多深层次矛盾和问题，推动经济社会发展取得历史性成就、发生历史性变革。新的时代，我国经济已经由高速增长阶段转向高质量发展阶段，对完善社会主义市场经济提出了更高要求。这就是：构建全国统一大市场，深化要素市场化改革，建设高标准市场体系，着力扩大内需，增强消费对经济发展的基础性作用。构建更加系统完备、更加成熟定型的高水平社会主义市场经济体制。

市场中的微观主体——企业和家庭参与市场是为了自身的经济利益，追求利润和收益的最大化，所涉及的是成本、利润、产量、工资收入、消费水平等微观经济变量；市场中的宏观调控主体——政府参与市场侧重于调控整个社会的经济活动总量及结构，如就业量、物价总水平、经济增长率、进出口和国际收支平衡等，另外，政府机构还担负着建立市场组织、制定市场规则、维护市场秩序的职责。

社会主义市场经济运行中，微观经济和宏观经济是经济运行的两个主要方面，它们都涉及社会再生产的四个环节。本篇首先分析微观经济运行及运行环境。

第六章

社会主义市场经济的微观经济运行主体

本章重点

1. 企业成为市场经济主体并规范运行的内外部环境
2. 企业生产经营目标及企业如何实现生产经营目标
3. 现代企业制度及其特征
4. 居民和家庭的最优消费决策
5. 消费水平和消费模式变化的四个阶段及其特点

微观经济运行是指市场主体（企业和企业职工及其家庭等）在各种因素（法律、宏观政策、市场法规和市场机制等）的约束下，追求自身利益的经济流程。企业作为产品、劳务的供给者和生产要素的需求者，是微观经济运行的主要载体；企业职工及其家庭作为要素的供给者和产品、劳务的需求者，其消费行为直接影响经济运行过程。所以，本章将对企业和企业职工及其家庭（居民）的经济行为进行分析。

第一节　社会主义市场经济的微观经济运行主体的构建

经济正常运行需要完善的市场体系和市场机制，但更需要有完善的市场主体。在我国，完善市场主体首先要做的就是重塑企业产权制度、转变企业经营机制，让企业成为市场中自主经营的经济实体。

一、企业成为市场经济主体并规范运行的内外部条件

（一）企业成为市场经济主体并规范运行的内部条件

企业是指独立从事市场活动的经济单位，是发起、实施商品生产和市场交换活动的实际承担者。它的一般性质是：（1）企业作为市场经济主体，具有独立的法人产权，可以自由支配、使用和处理归自己所经营的财产，并承担财产经营的风险和责任；（2）企业是具有独立经济利益的商品生产者和经营者；（3）企业既是商品和劳务的供给者，又是生产要素的需求者。在社会主义市场经济条件下，按所有制划分，企业一般可分成三

大类：公有制企业、非公有制企业和混合所有制企业。

企业成为真正意义上的市场经济主体并规范运行的条件如下。

1. 企业面向市场和依赖市场

（1）必须割断企业与政府的直接的行政依赖关系，使企业能自主地进行生产经营。

（2）企业要以利润最大化作为自己追求的目标，使企业及其职工的经济利益与反映其经济效益的利润挂钩。

2. 企业产权关系明晰

改革开放前我国国有企业的产权关系是不清楚的、模糊的，它表现在以下几个方面：

（1）企业财产关系确立的理论基础不清楚，以不存在商品货币关系的社会为理想目标，把整个社会看作一个大工厂。这种以产品经济为基础的经济体制模式，实际上把企业当作车间甚至班组，企业没有自己的财产，对财产的增值及亏损皆不负责，企业盈利全部上缴，企业的更新改造则不能及时而有效地进行，致使许多工厂设备陈旧、效率低下、技术更新缓慢以至停滞。

（2）企业的全部经济活动由国家安排，包括投资、生产、销售及分配。企业为了轻松地完成指令性计划，往往倾向于隐瞒生产能力，多占生产要素，少领生产任务，同国家讨价还价；国家倾向于给企业压任务、增指标，强行增加计划任务，导致国家与企业的关系不规范、弹性大，企业既不能独立对其行为承担责任，也不考虑财产的增值与否。

（3）企业内利益关系模糊。企业盈亏与企业、企业职工关系不大，工资晋升往往采取以工龄为基准的办法，职工吃企业“大锅饭”，企业吃国家“大锅饭”，只有收入攀比，没有生产上、经营上的竞争。

（4）企业能生不能死，优胜劣汰被优劣共存取代，导致产业结构的优化和生产要素的优化组合始终难以实现。企业之所以只能生不能死，就在于不存在企业产权，企业是国家的企业，国家对落后的和生产不景气的企业往往通过各种形式的优惠予以输血，进行扶植，实行“父爱主义”，最终使产业结构不合理现象长期得不到改善。

（5）全民资产的所有者现象。虽然说国家是全民资产的所有者，却找不到一个明确的国有资产的代表或管理机构。在所有者虚置的同时，国家各级政权机构和职能部门都成了企业资产的所有者，如部、委、厅、局以及行政性公司。这造成国有资产无人负责、无法负责，企业既是政府的又是部门的，每家企业都有众多的“婆婆”。

总而言之，企业产权模糊淡化了利益机制，企业无法走向市场，生产要素的配置只能靠计划指令，使配置效果不佳。这表明企业产权明晰化是经济体制改革的关键。

国有企业改革的基本要求是，通过实行现代企业制度，使企业产权界定清楚，实行企业的资产最终所有权同企业法人财产权分开，以经营单位的财产或法人财产对企业债务负完全责任或有限责任，企业有充分的自主权。

3. 企业经营机制充满活力

企业经营机制，是指决定企业经营行为的各种内在因素及其相互关系的总称，主要是指企业生产和交换活动赖以存在的经济关系，即动力、决策、协调和控制方式。

（1）动力机制（激励机制）。动力机制是指微观经济单位的动力源泉，由物质利益和精神激励构成。物质利益包括财产关系的物质利益（拥有财产和实际支配财产）和非财产关系的物质利益（工资、奖金、福利等）。精神激励包括正向激励（荣誉、称号、地位、事业成就感）和反向激励（风险承担、责任处分等）。

（2）决策机制。决策机制是指企业对经营目标、发展规划和运行措施等做出抉择的机制。企业一般以市场需求和市场价格为导向确定生产方向、生产规模、经营方式，包括搞新产品开发，跨行业调整经营，一业为主多种经营、多业并举等。

（3）自我调节机制。自我调节机制是指企业内部组织结构的调节、生产调节和服务调节以及公共关系调节等。企业不断根据市场变化设置各类部门，配备适当人员，合理安排生产活动，强化内部管理，充分利用人财物，降低成本，以销定产，开发新产品，扩大市场占有率，这些都需要企业有灵敏的自我调节机制。

（4）自我约束机制。自我约束机制是指企业根据企业内部条件和外部环境，自觉地约束自己的行动。自我约束机制包括预算约束机制、收入分配约束机制、道德约束机制等。

（5）自我发展机制。自我发展机制是指企业具有创新（重视人员培养和新产品开发，采用新工艺、新原料、新的生产经营方式等）的内在愿望和能力。

（二）企业成为市场经济主体并规范运行的外部环境

1. 市场信号有序化

企业的生产经营、投资、用工方向和规模等均由价格、利率、工资等市场信号引导。要使企业规范运行，市场信号就必须有序化，它包括：（1）市场信号应是在价值规律、供求规律和竞争规律的综合作用下客观形成的。资金能够灵活融通、迅速周转；劳动力能够合理流动、适时更替；生产条件能够及时更新，技术能够交流、推广；产品能够自由流通。（2）市场信号相互之间有序联动。价格、利率、工资和供求共同作用、联动制约。如果市场信号失灵或扭曲，有的市场信号产生不符实际的放大功能，就难以有效地引导企业的生产经营活动。

2. 良好的竞争环境

包括没有人为的价格控制或价格操纵，垄断被限制在少数公共物品和特殊行业范围内，工资、利率、汇率由市场竞争形成，以条条块块为特征的分割封锁以及地方保护主义被消除，企业进出市场不存在障碍，经济和价格的大幅度忽高忽低的波动得到抑制，有限度的买方市场格局成为市场格局的常态，竞争中卖者难以向买者转嫁损失，等等。

3. 良好的信息传导环境

政府信息咨询机构和决策机构要通过各种信息媒介和经济杠杆为企业活动提供及时、准确的信息，使企业能尽快了解各种生产要素的稀缺程度和市场供求状况，把握国家宏观经济运行状况和中长期经济态势。

4. 完善的企业产权保护制度

国家保护企业产权（包括知识产权）及相关合法权益，保证各种所有制企业依法平等使用生产要素、公开公平公正参与市场竞争、受到法律同等保护，在健全完善金融体系、平等放开市场准入等方面深化改革，推动政策落准、落细、落实。

完善市场体系和市场机制，规范政府行为，减少行政审批，减少政府对微观经济运行的干预，健全支持中小企业发展制度，对国有和民营经济一视同仁，对大中小企业平等对待。从根本上讲，要加快行政管理体制改革，建设服务型政府，推进政企分开、政资分开、政事分开、政府与市场中介组织分开，转变政府职能，构造公共服务体系。

二、企业生产经营目标和生产经营决策

（一）企业生产经营目标

企业成为独立自主的生产经营者之后，企业的生产经营目标必然是企业利润最大化。企业追求利润最大化是基于以下几方面的要求。

1. 实现资源有效配置

所谓利润最大化，就是在产量既定的条件下实现成本最小化，或在成本既定的条件下达到产量最大化。实现利润最大化，能有效地节约资源，使有限资源或有限生产要素投入的产出最大化。企业把利润最大化作为追求目标，其直接结果就是能达到微观层次上的资源有效配置，进而也给宏观层次上资源有效、合理配置创造了条件。

2. 提高经济效益

企业只有以利润最大化为追求目标，才能有效地增加盈利，从而为国家财政收入的增加、资产的增值、企业的自我积累和发展、企业职工的集体福利和个人收入水平的增长等创造物质条件。可以说，经济效益是否提高、企业盈亏与否是评估企业社会贡献的重要标准。亏损意味着消耗和浪费社会资源，需要重新配置或重组流动、转产再配，盈利才表示企业创造了财富，有效地利用了社会资源。

3. 实现企业自身的生存和发展

以利润最大化为目标，是企业生存和发展的内在要求。在市场竞争和产业结构高度化的过程中，旧产业和老企业会逐渐被朝阳产业、新兴企业取代，经济竞争力弱的企业将被竞争力强的企业取代。优胜劣汰是市场竞争的法则，也是企业活力的源泉。如果企业不以利润最大化为目标，那么企业自我积累、自我发展、自我改造就缺乏物质基础，企业经济效益的评价也就没有标准和尺度。

（二）企业生产经营决策

企业生产经营决策涉及以下三个问题。

1. 确定最佳生产规模（产出决策）

最佳生产规模是总利润达到最大时的产量水平，其衡量标准是比较边际成本与边际收益，两者相等时总利润最大（利润最大化原则）。边际成本是指增加一个单位产量所花费的成本（其中包括内在成本或机会成本）。随着产量的增加，边际成本先下降，然后上升，其上升速度逐渐加快。边际收益是指增加一个单位的产量所增加的收益，即新增收益或新增销售收入。

最佳生产规模或产量水平是如何确定的呢？随着产量的增加，边际收益逐渐减少。如果边际收益大于边际成本，表明每多生产一单位产品所增加的收益大于生产这一单位产品所消耗的成本，这时还有潜在的利润没有得到，企业增加生产是有利的。所以，企业必须增加生产，其结果是该种产品的供给增加，当需求不变时，价格会下降，导致边际收益减少，边际成本增加，直至两者相等时，企业才不再增加生产；如果边际收益小于边际成本，表明每多生产一单位产品所增加的收益小于生产这一单位产品所消耗的成本，这时生产该种产品是亏损的，企业会减少生产，其结果是供给减少，当需求不变时，价格会上升，导致边际收益增加，边际成本减少，直至两者相等时，企业才不再减少生产；只有在边际收益与边际成本相等时，企业把该赚到的利润都赚到了，这时边际产品的经济利润虽然为零（会计利润大于零），但总利润达到了最大，企业既不会增加生产，也不会减少生产，此时的产量水平就是最佳生产规模。

2. 寻找成本最小的生产要素投入组合

当产量水平或生产规模既定时，成本最小的生产要素投入组合是实现利润最大化的条件。寻找成本最小的生产要素投入组合，必须做两方面的比较。

（1）比较机会成本。机会成本是指当企业把一定资源用于生产某种产品时所放弃的生产其他产品所可能获得的最大收益。例如，某企业有 100 万元，面对两种投资机会：甲，开汽车修理厂，预期年底可盈利 20 万元；乙，开办出租汽车公司，预期年底可盈利 15 万元。如果该企业从事甲项投资，那么其机会成本就是 15 万元，而该企业从事乙项投资的机会成本则为 20 万元。显然，企业愿意选择机会成本较低的甲项投资。

在考虑机会成本的情况下，经济利润为零并不意味着企业的投入没有得到回报。

（2）比较各生产要素的边际产量。边际产量是指在其他生产要素投入不变的条件下，追加一单位某一生产要素所增加的产量。一般而言，边际产量会逐渐减小。生产要素的最优投入量是指它的边际成本等于产品价格时的那种数量。如果生产过程中投入两种以上的可以相互替代的生产要素，那么在决定要素组合时，必须比较不同生产要素的边际产量。企业要考虑在一定产量水平时，每增加或减少一种生产要素的投入量所必须减少或增加的另一种生产要素的投入量，比较各种投入要素的价格。在生产过程中，企业会选择那些价格相对低廉而边际产量相对高的生产要素。生产要素投入的调整只有在使不同生产要素的边际产量与其价格之比相等时，才会形成最小成本的生产要素组合，达到利润最大化的目标。

假设现在所使用的生产要素是劳动和资本，分别用 L 与 K 代表；劳动的边际产量为 MP_L，价格为 P_L，购买量为 Q_L；资本的边际产量为 MP_K，价格为 P_K，购买量为 Q_K；成

本为 C。生产要素最优投入组合的公式为：

$$P_L \cdot Q_L + P_K \cdot Q_K = C \quad (6\text{–}1)$$

$$\frac{MP_L}{P_L} = \frac{MP_K}{P_K} \quad (6\text{–}2)$$

式（6–1）是成本为既定的这一约束条件，式（6–2）就是生产要素最优投入组合原则。对于这一原则，有的经济学教科书用等产量线与等成本线的切点来表示。

3. 规模经济

它是指当生产技术条件不变时，所有生产要素同比例增减，也就是当整个生产规模变动时，所发生的收益变动情况。企业的生产规模扩大与产量变动之间有着内在的联系：在产品生产的初级阶段或第一阶段，生产规模扩大的幅度小于产量增加的幅度，即规模收益递增阶段，这种情况是规模经济的结果；在第二阶段，生产规模扩大的幅度等于产量增加的幅度，即规模收益不变；在第三阶段，生产规模扩大的幅度大于产量增加的幅度，即规模收益递减，这种情况是规模不经济的结果。任何一个厂商或企业都有一个适度规模问题。适度规模的原则是，尽可能使规模收益递增，而不能使规模收益递减，至少应该使得规模收益不变。规模小于适度规模的企业应扩大生产规模，规模大于适度规模的企业应将企业进行分解或缩小生产规模。

第二节　现代企业制度

在社会主义市场经济条件下，如果想使企业成为真正的市场经济主体，除了必须转变和重塑企业经营机制、完善企业竞争和运行的外部环境外，另一个重要的工作就是建立企业制度，使企业在一个基本的组织结构中规范运行。我国国有企业制度改革的基本方向（不是全部）就是建立现代企业制度。

一、企业制度的含义

企业制度是以产权制度为核心的企业组织结构制度，它反映的是财产关系以及由财产关系决定的企业组织关系与责任关系。

企业制度一般说来包含着下列具体内容：

（1）企业的财产关系和产权制度。主要是企业投资人的出资方式，财产的占有状况，权益实现的规则，企业资产的支配权如何行使，以及企业资产的支配权同出资者所有权之间的关系。各类企业因产权结构、产权制度不同而不同。

（2）企业组织结构。主要是指出资者、财产支配者、经营者与生产者之间的制约、制衡的组织关系。

（3）企业的财产责任及决策责任的相关规则。即因出资者及资产经营者、生产者产权关系不同而决定的不同责任限度的规则。

（4）由以上这些根本制度所决定的、不同的企业行为与市场环境之间的互动关系，以及由此而产生的主要企业行为特征。

二、现代企业制度及其特征

现代企业制度又称现代公司制度，是一种符合现代市场经济要求的，在产权结构、治理结构、决策结构、责权利结构以及制约因素等方面有着一定规则的企业制度。

根据现代企业制度的主要内容（参见第五章第二节），结合我国的实际情况，党中央提出的我国要建立的现代企业制度具有四个特征，即产权清晰、权责明确、政企分开、管理科学。

（一）产权清晰

这里需要明确，现代企业制度中所讲的产权清晰，是指产权主体多元化的公司的产权清晰，或产权关系清晰。法律为这种产权组织形式专门构造了一种特殊的法人财产制度，这就是出资者对所形成的财产拥有所有权，而公司则拥有法人财产权，这种法人财产权具有独立于出资者的法律地位。从产权关系来说，它体现了社会经济运行中由法律界定和法律维护的各种经济当事人对财产的权利关系。因此，要建立能够激发企业动力和活力的现代企业制度，使其有效地配置资源，有序地经营运转，就必须以某种机制界定清楚各经济当事人（包括出资者、经营者和生产者）对财产的权利关系，并协调和维护好这种关系。我国建立现代企业制度，正是要形成以管资本为主的国有资产监管体制，有效发挥国有资本投资、运营公司的功能作用，加大对企业授权放权力度，赋予企业更多自主权，进一步强化国有企业市场主体地位，将一批竞争性行业的国有大中型企业改造成为产权主体多元化的股份公司，是我国建立现代企业制度的关键。只有按照公有制和市场经济双向要求统一的原则，构造出一种新的合理的产权制度，才能有效地理顺新的产权关系，依法搞好各经济当事人对财产权利的界定、协调和维护，充分发挥产权的特殊功能，引导人们将某些难以把握的不确定的外部因素转变为内在化的自我激励，形成有效率的产权结构，才能硬化财产约束，保障正当经营权利和资源优化配置，规范市场交易行为。

如果产权关系能搞好，企业便能吸引更多的社会资金和智力，形成强大的经济技术实力和经营管理与监督力量，发挥法人制度优越机制的作用，承担市场竞争的更大风险，使规范的企业能够成为我国国民经济发展的柱石。

（二）权责明确

责权利统一是现代企业制度处理各种关系的基本准则，也是其优越性和重要特征之一。规范的企业都形成了一套使所有者和经营者及生产者责权利相互协调、相互约束的组织机构和行为机制。国际通行的股东大会、董事会、监事会和总经理负责制，是有效维系责权利制衡关系的企业组织制度。有了这种制度，即可避免责权利相互脱节、有责任无权利或有权利无责任的非正常现象。我国建立现代企业制度，就是要使国有企业过去存在的这种弊病得以彻底改变，既使它们在变成规范的企业后拥有独立的法人财产权、自主经营权和独立的经济利益，同时也确立它们应承担的经济责任。我国建立现代企业制度，对上述符合国际惯例的企业组织制度都可以采用，但是，在具体内容上有些必须根据我国国情，深化国有企业改革，加快完善国有企业法人治理结构和市场化经营机制，健全完善经理层任期制和契约化管理，改革国有企业工资决定机制，推进骨干员工持股制度，激发国有企业发展活力和内生动力。

根据权责明确和责权利结合这一现代企业制度的优点和特征，对企业来说最重要的是要解决好总经理的问题。首先，必须真正按能人治企的原则，选择有高度责任心、事业心和经营才能的人来担任；其次，要给予相应的自主权和报酬，使他真正能履行职责和承担风险。在现代企业中，总经理往往是关系企业兴衰成败的关键人物，既要充分信任他，充分发挥其才能，又要对其进行有效的监督，以防止不端的经营行为发生。经营失误给企业造成损失，当然总经理要撤职，并承担责任，但董事会也要承担一定的责任，出了大问题，董事长必须辞职，董事会也要改组。

权责明确的重要内容之一是在经济方面实行有限责任制度。即当企业发生资不抵债而被宣告破产时，股东以出资额为限对企业负责，企业则以全部财产对全部债务负责。以全部资产偿还全部债务，不足清偿部分，企业不再负清偿责任。

（三）政企分开

政府与企业是两种不同性质的组织机构，按现代企业制度的规范，政企是明确分开的，两者之间是法律关系。政府依法管理企业，不能直接干预企业的经营活动。政府调控企业主要用财税、金融手段和法律手段，包括对企业经营中的某些严格限制也是如此，如禁止企业垄断、污染环境和向外销售关系军事用途与本国经济发展命运的高新技术产品等。企业应依法经营，照章纳税。

在现代企业制度下，政府应积极协助企业开拓市场，特别是国际市场，并着力建立健全社会保障体系，减轻企业的社会负担，让企业致力于发展经济，增强自身和国家的经济力量。企业则应重视所有者、经营者、职工、用户、中间商、供应商、消费者等方面的关系，把其作为搞好生产经营的内在需要看待。

（四）管理科学

所谓管理科学就是企业的内外部管理特别是内部管理要科学，即一切都要以市场要求为中心，以发挥人和科学技术的作用为重点，建立一套科学合理的管理制度。这是现代市场经济的特点所决定的。现代企业要适应市场经济发展的要求，就必须不断地向市场提供质优、价廉、性能好的商品。要不断地开发出这种商品，企业不仅必须拥有先进的科学技术和大批科技人才，而且应该有科学的组织管理方法和制度。在同等条件下，组织管理科学与否，往往会产生截然不同的结果。现代企业制度就具有促进管理科学的机制，它诱导企业通过横向联合集聚和优化社会资源，不断开发、生产适应市场需求的商品；按照能人治企的原则，不断选拔、培养和使用优秀的企业家搞好企业经营，增强企业的竞争能力；正确处理产权关系和责权利关系，有效调动各方面，特别是广大职工的积极性。所以国际企业发展史研究者认为，先进的科学技术和科学的组织管理，是现代企业顺利发展所必需的、缺一不可的两个轮子。因此，我国在建立现代企业制度中绝不可忽视其应有的这一特征。

管理科学还包括在企业内部建立起科学的管理组织结构，按照权力、决策、执行、监督机构之间相互独立、相互协调、相互制约的原则，设立股东大会、董事会、监事会，聘任总经理，由总经理“组阁”。

第三节　居民和家庭的消费

一、最优消费决策

（一）消费的总量和边际量

1. 消费的相对独立性

在社会主义市场经济中，消费不仅是劳动力再生产的条件（保障劳动者的体力和智力），而且是提高人民生活水平和实现人民日益增长的美好生活需要，使人民获得幸福和满足，促进劳动者全面发展的条件。消费不再被局限于劳动力的生产和再生产，消费是一个追求幸福、满足偏好和实现效用最大化的过程。随着社会主义按劳分配为主、多种分配方式并存分配制度的建立和完善，以及初次分配市场机制、再分配调节机制的形成，劳动、资本、土地、知识、技术、管理和数据作为生产要素，由市场评价贡献、按贡献决定报酬的机制的建立与完善，人们的收入尤其是农民的财产性收入将会快速提高，进而城乡居民收入和消费需求必然会普遍地、较快地增长和扩大。

2. 消费决策的目标是效用最大化

消费者选择商品和服务的依据是什么？是购买商品的“成本与收益”的比较，成本是消费者支付的货币，收益就是效用或满足。

效用是消费者的收益，是消费者从消费某种商品或劳务中得到的主观上的享受或有用性。根据诺贝尔经济学奖获得者萨缪尔森的幸福方程式（幸福 = 效用 / 欲望），当一定时期欲望既定时，幸福就取决于效用的大小。消费者追求幸福具体化为实现效用的最大化，效用最大化的过程就是消费者如何把他们有限的资源（收入）分配在能给他们带来最大满足的商品上，即如何有效决策，实现效用最大化。

3. 消费决策首先要区分总效用与边际效用

边际是指新增加或减少的部分。边际效用是指消费者在一定时间内增加消费一单位某种商品和劳务带来的满足或效用。现在设想消费者连续消费了八个商品，第八个商品给他带来的效用被称为边际效用（最边上的或最后的那个商品增加的效用）。

随着个人连续消费越来越多的某种商品，他从中得到的增加的或额外的效用量是递减的，此即所谓的边际效用递减规律。边际效用递减规律的特征如下：（1）边际效用的大小与欲望强弱成正比，与消费商品的数量成反比；（2）边际效用在特定的连续的时间段里起作用，在不同的时间里具有再生性、反复性；（3）边际效用具有主观性，商品价格由边际效用决定，数量少，边际效用大，价值就高。也有例外情况，如成套邮票、毒品等。不过，这不影响边际效用递减规律的合理性和普遍性，多样化、少而精、戒多戒贪、拒腐寡欲、济贫扶弱、自由选择的哲理都可以在边际效用递减规律中找到解释。

总效用是指消费者在一定时期内从一定数量的商品和服务的消费中得到的效用总量。例如 A 先生消费四个汉堡包，第一个到第四个汉堡包的边际效用分别是 7、6、5、4，他的总效用是第一个到第四个边际效用之和，即 $7+6+5+4=22$。随着消费量的增加，只要边际效用为正值，其总效用也增加。但是，当边际效用下降为零时，总效用便停止增加。

边际效用能否变为负值呢？如果消费者的产品多到必须扔掉一部分，多到造成麻烦、破费或痛苦，其边际效用就变为负值。番茄的边际效用在正常情况下为正值，但若收获过剩，就变为负担。

（二）最优消费数量决策

1. 一种商品数量选择原则：边际效用要大于（等于）商品市场价格 $MU \geqslant P$

假定一单位货币代表一单位效用。边际效用决定消费者的支付意愿（MU = 愿付价格。例如，某商品的 MU 为 6，表示消费者愿支付的货币为 6 元）。当市场价格为 P 时，$MU > P$，增加购买；$MU < P$，减少购买；$MU = P$，这时所购商品数量的总效用最大，停止购买。可以通过对比 MU 与 P 来找到购买商品的合适数量，即最后一单位商品的边际效用等于商品的市场价格时就是合适数量，购买商品的数量要遵循 $MU \geqslant P$ 的原则。

一种商品数量选择的最大效用原则为：

$$MU \geqslant P$$

由上可见，在决定一种商品的数量水平时，只要满足边际效用大于或等于市场价格的原则（$MU \geqslant P$），消费者就能实现总效用最大。

2. 多种商品数量选择原则：各种商品的边际效用与价格之比相等

消费者购买多种商品是为了实现效用最大化，存在一种最优决策的原则吗？人们在决定购买各种商品的组合前要考虑两个因素：第一，各种商品的边际效用；第二，该商品的价格及消费预算。人们购买的最后一个汉堡包和最后一杯饮料提供的边际效用不会正好相等，而且汉堡包和饮料的单位价格不同。

人们应该如此安排他们的消费（消费者最大效用原则）：在不超过消费预算的前提下，在每种商品上花费的每单位支出给他带来的边际效用相同，即在消费者的收入和各种商品市场价格既定的条件下，购买不同商品的边际效用与价格之比相等。从这样的购买组合中，消费者能得到最大的满足或效用。

我们用两个公式来简明地表达多种商品数量选择的最大效用原则。假定消费者选择购买两种商品 X 和 Y，消费者实现效用最大化的基本条件可以用两个公式表达：

$$I = P_X X + P_Y Y \qquad (6\text{–}3)$$

$$MU_X/P_X = MU_Y/P_Y \quad (6\text{–}4)$$

（6–3）式是收入和价格约束条件公式，即消费预算方程式，I 为收入，X 和 Y 分别为两种商品的数量，P_X 和 P_Y 分别为两种商品的价格。（6–4）式是实现效用最大化的消费者均衡条件。MU_X 和 MU_Y 分别为两种商品的边际效用。当 MU_X/P_X 大于 MU_Y/P_Y 时，消费者应该增加 X 商品的购买或减少 Y 商品的购买，直到二者相等；当 MU_X/P_X 小于 MU_Y/P_Y 时，消费者应该增加 Y 商品的购买或减少 X 商品的购买，直到二者相等。为什么必须保持这一条件呢？如果对某种商品最后一单位的支出能够提供更多的边际效用，那么，把钱从其他商品的花费中转移到该商品上，边际效用递减规律的作用使得对该商品的最后一单位支出的边际效用下降，直到等于对其他商品的最后一单位支出提供的边际效用为止，这就增加了总效用。如果对某种商品的最后一单位支出提供的边际效用低于普通水平，那么，可以减少购买该商品的数量，直到花费在该商品上的最后一单位支出所提供的边际效用上升到普通水平为止。

例题： 设消费者张某消费 X 和 Y 两种商品的效用函数为 $U = X^2Y^2$，张某的收入为 500 元，X 和 Y 的价格分别为 $P_X = 2$ 元，$P_Y = 5$ 元，求：（1）张某的消费均衡组合点；（2）若政府给予消费者消费 X 以价格补贴，即消费者可以按原价格的 50% 购买 X，则张某将消费 X 和 Y 各多少？（3）若某工会愿意接纳张某为会员，会费为 100 元，加入该工会后张某可以按 50% 的价格购买 X，则张某是否应该加入该工会？

解：（1）对效用函数求导得 $MU_X = 2XY^2$，$MU_Y = 2X^2Y$。根据消费者均衡条件可知 $MU_X/MU_Y = P_X/P_Y = 2/5$，结合预算方程式解出 $X = 125$，$Y = 50$。

（2）价格发生变动，预算约束线随之变动，消费者均衡条件为 $MU_X/MU_Y = P_X/P_Y = 1/5$，得 $X = 250$，$Y = 50$。

（3）收入发生变动，预算约束线也发生变动，同理可知 $X = 200$，$Y = 40$。比较一下张某加入该工会前后的效用：加入该工会前为 $U = X^2Y^2 = 125^2 \times 50^2 = 6\ 250^2$，加入该工会后为 $U = X^2Y^2 = 200^2 \times 40^2 = 8\ 000^2$，后者大于前者，所以张某应加入该工会。

（三）消费者剩余——享受市场交换的好处

消费者剩余是指消费者愿意支付的价格高于商品实际市场价格的差额。在存在分工和交换的社会中，每个人都可能享受消费者剩余，原因在于：市场竞争总会形成相对稳定的均衡价格，我们对所购买的每一个鸡蛋或每一杯水支付相同的价格。根据边际效用递减规律，对于我们来说，前面的单位要比最后的单位具有更高的价值。因此，我们就从前面的每一单位中享受了消费者剩余（效用剩余）。

1. 消费者剩余概念的运用

在制定有关公共物品如机场、道路、水坝、地铁和公园的许多决策中，消费者剩余概念是极其有用的。假设一条新的可免费使用的高速公路的修建正在考虑之中。由于高速公路免费使用，因而它不能给建设者带来任何收入。使用高速公路的人节省了时间或享受了旅行安全，他获得的效用增加，得到更多的消费者剩余。为了避免个人之间效用比较的难题，我们假设有 10 000 个使用者，他们在各个方面都是完全相同的。

我们假定，每个人可以从高速公路中得到 350 元的消费者剩余。如果总成本小于 3 500 000（= 10 000×350）元，消费者就会赞成修建这条高速公路。从事成本-收益分析的经济学家一般建议，如果这条高速公路的总消费者剩余大于它的成本，就应该修建这条高速公路。

2. 价格不等于价值

消费者剩余除了可以帮助社会了解在什么时候值得修建桥梁或公路以外，还可以解释人们对把价格和价值等同的观点表示怀疑是有道理的。我们已经知道，尽管水和空气的总经济价值远远超过了钻石或皮衣，但它们可能具有很低的单位价格。空气和水的消费者剩余是很大的，而钻石和皮衣的价值可能只略微高于其购买价格（较低的消费者剩余）。

3. 市场带来的福利

消费者剩余概念还指出，现代社会的公民享受着分工和交换带来的巨大好处或福利。我们中的每个人都能以低价购买大量品种繁多的非常有用的商品。

二、消费水平和消费模式

（一）消费水平

消费水平是指一定时期内居民或家庭（企业职工或家庭）消费生活资料和劳务的实际状况。反映消费水平的指标分为实物指标和价值指标。实物指标是指人均或户均消费的生活资料和劳务的数量，如年人均食物数量、人均纺织品数量、人均住房面积、耐用消费品的普及率等。价值指标是指城乡居民年人均消费支出。消费水平的高低不仅反映在实物拥有量和货币收入与支出量上，还表现在消费的合理化程度或消费的质量方面，如消费品的质量、规格、品位、档次，居民生活环境，社会治安，社会风气，闲暇时间的多少及利用程度，交通和通信条件，文化教育，医疗保健和人均预期寿命等。

（二）影响消费水平的因素

影响消费水平的基本因素有国民收入总额及其增长速度、积累与消费的比例、积累基金和消费基金的使用方向、城市化水平和人口年龄结构、收入水平及差距、价格水平及其变化、利率水平、税收政策、社会保障、转移支付、商品质量和服务水平等。提高消费水平的主要途径是：（1）提高劳动生产率和经济效益；（2）节约生产资料，降低资源消耗；（3）产业结构合理化、高度化，提高消费质量和档次；（4）缩小收入差距，基本公共服务均等化，推动信息化和工业化深度融合、工业化和城镇化良性互动、城镇化和农业现代化相互协调，促进工业化、信息化、城镇化、农业现代化同步发展。

未来一个时期，我国消费水平的逐步提高必须建立在发展生产、提高劳动生产率、转变经济发展方式、扩大国内市场规模、扩大内需释放居民消费潜力、发展第三产业尤其是服务业的基础上，保持生产与消费良性循环、居民收入增长和经济发展同步、劳动报酬增长和劳动生产率提高同步，低收入者收入明显增加，中等收入群体持续扩大，人民生活质量和水平不断提高。在处理生产与消费关系的问题上，我们既要克服消费超前，又要防止消费滞后。

所谓消费超前，是指消费增长过快，超过了本国生产发展的速度，出现早熟消费或消费膨胀。消费超前会加剧总供给与总需求的失衡，削弱经济发展的后劲，导致物价水平上升和居民实际生活消费水平下降。造成消费超前的原因是多方面的：（1）国际消费示范效应和国际消费模式的传递效应；（2）各地区、各行业和各个企业相对收入变化及由此引起的消费攀比；（3）名义工资、预期收入增加，误导人们加快当前消费或提前消费；（4）银行存款利率过低或者利率调整的幅度赶不上物价上涨幅度，人们没有其他的投资渠道，造成消费紧张心理，人们竞相到银行挤兑，人为地加快了货币流通速度，大量货币追逐有限的商品，进一步强化了物价上涨，结果人们不断地抢购以至囤积物品。

所谓消费滞后是指消费受到不合理的抑制，消费的变化落后于生产的发展，出现了市场销售疲软以致阻碍生产发展。消费滞后主要由以下因素引起：（1）重生产轻消费的观念，过高的积累率使社会再生产主要在生产环节自我循环，而消费领域、服务行业相对萎缩；（2）显性或隐性通货膨胀的存在导致人们实际消费水平的下降或停滞不前；（3）过高的银行存款利率或高利率的有价证券吸纳了大量货币，使人们抑制了当前消费；（4）消费习惯陈旧，消费方式落后，使收入与消费不一致。

扩大内需特别是消费需求的战略是调整结构、形成“三驾马车”（消费、投资、出口）协调拉动经济增长的需要。推进城镇化、提高城乡中低收入居民的收入、完善公共服务体系和社会保障制度、形成良好的居民消费预期、拓展新兴服务消费、改善消费环境、促进消费升级、发展节能环保消费品、倡导绿色低碳消费模式等，是建立扩大消费需求长效机制的重要举措。

（三）消费模式

合理的消费模式应是消费水平与国民收入水平、劳动生产率相互适应，职工平均工资、奖金的增长率不超过劳动生产率的增长幅度，即适度消费。从消费水平变化的趋势看，消费模式一般经历了四个阶段：（1）温饱型；（2）小康型；（3）富裕型；（4）现代型。

1. 温饱型消费模式的特点

（1）消费者没有储蓄，收入仅够维持温饱。如果说有储蓄，也是靠省吃俭用、成年累月地把消费压低到最低限度积攒下来的。

（2）消费需求变化小，基本上以简单的习惯性消费为主；消费结构以基本生活需要为主，消费结构较单一，衣食住用占到消费支出的 85% 以上，恩格尔系数（食物支出占总支出的比重）高达 60% ～ 70%。

（3）消费者现金收入较少，许多生活必需品以实物形式得到。

2. 小康型消费模式的特点

（1）消费者有了些储蓄，但数量不是很大，为了多储蓄，消费者必须在当前消费与未来消费之间进行选择，二者择其一。

（2）消费者的需求结构每隔一段时间都会发生变化，食品消费支出所占比重下降，消费结构逐步向多元化发展。

（3）消费者现金收入增加，绝大多数物品通过货币购买形式取得，消费的自主选择性增强。

3. 富裕型消费模式的特点

（1）消费者既能在每个时期增加储蓄，同时又能改善生活，储蓄与当前消费都可以增加。

（2）消费者需求变化加快，需求的层次上升，生活范围扩大，闲暇时间增多。消费结构由以生存需要的满足为主转向以享受需要、发展需要的满足为主，恩格尔系数明显下降，在 20% 和 40% 之间。

（3）消费的社会化、商品化程度大大提高，食住穿用、家务劳动、精神文化消费社会化了。方便食品、包装食品将大行于天下，消费的相互依赖性大为增强，为购买一件产品转遍无数个商店将成为历史。如果说还存在花时间逛商场，那也是为了享受商场优雅的购物环境、周到的服务和放松。购物时，商品的价格高低不再是举足轻重的因素，对物品使用价值的追求也退居次要地位，购物的随机性增大，对物品新奇、美观的兴趣大为增强，有的消费者甚至为了购买而购买，为炫耀而购买（交际购买）。

4. 现代型消费模式的特点

（1）储蓄不再是出于预防动机和交易动机，而是为了收入的增值，股票、债券、住宅、金银首饰和艺术品将成为大受欢迎的商品。

（2）消费的计划性越来越占有突出地位，消费者的消费行为与宏观经济环境、价格、利率、持久性收入、预期工作年龄的联系越来越密切。消费者更加注重消费决策的合理性。是先买住宅还是先生养孩子？是交学费接受教育还是买股票赚利息？是争取更多的闲暇时间来保持健康（储蓄健康）还是付出时间、精力来储蓄金钱？这些都是消费者自主决策的内容。

（3）消费者的需求变化不再是原有结构基础上的数量延伸或扩展，而是消费结构的重组。消费需求的内容不断地花样翻新。人们收入的大部分用于发展和完善个人的需要，用于满足个人体力和智力全面发展的需要，如旅游、通信联络交际、学习进修、自费出版小说和诗歌、电视台点歌、表演等，消费的自娱性和表现自我本质力量的倾向越来越强。

（4）社会生活质量有较大提高，生活环境大大改善，诸如旅行难、装电话难、租房难、求学难、存取款不便、买卖证券难、看病难等问题得到根本解决。

为了实现全面建成小康社会目标，党的十八大提出了“两个同步，两个提高，一个增加”：努力实现居民收入增长和经济发展同步、劳动报酬增长同劳动生产率提高同步，提高居民收入在国民收入中的比重，提高劳动报酬在初次分配中的比重，多渠道增加居民财产性收入。

在不同历史阶段，根据国际国内形势和我国的发展条件，我们提出相应的战略目标引领发展。改革开放之后，我们党提出了社会主义现代化建设“三步走”战略目标。在解决人民温饱问题、人民生活总体上达到小康水平这两个目标提前实现的基础上，党的十九大又提出“两个一百年”奋斗目标，分两个阶段实现全面建成社会主义现代化强国的战略安排，这是对“三步走”战略目标既一脉相承又与时俱进的深化和推进，凸显了以习近平同志为核心的党中央运用战略思维、进行战略谋划的高超智慧和卓越能力，展现出党和国家事业蓬勃发展的光明前景。党的十九大报告清晰擘画全面建成社会主义现代化强国的时间表、路线图：在2020年全面建成小康社会、实现第一个百年奋斗目标的基础上，再奋斗15年，在2035年基本实现社会主义现代化；从2035年到21世纪中叶，在基本实现现代化的基础上，再奋斗15年，把我国建成富强民主文明和谐美丽的社会主义现代化强国。这个奋斗目标中，前一阶段是后一阶段的基础，后一阶段是前一阶段的跃升，两者既紧密衔接又环环相扣，既明确任务又指明路径，体现了科学缜密的战略谋划。深刻把握“两步走”的发展脉络和实践逻辑，咬定青山不放松，保持各项战略、工作、政策、措施的连续性和前瞻性，就能一步接一步，连续不断朝着确定的目标前进。

从党的十九大到二十大，是“两个一百年”奋斗目标的历史交汇期。收官和开局并举，承前与启后交替，时间紧迫，任务繁重，归根到底靠实干苦干、靠开拓进取。只有撸起袖子加油干，瞄准目标不停干，才能不断开创新时代中国特色社会主义的新境界，朝着伟大目标奋勇前进。

三、消费结构

消费结构是指人们实际消费的消费资料和服务的种类及其比重。消费结构表现为生存性消费、享受性消费、发展性消费各自所占的比重。衡量消费结构状况的指标通常包括三大内容：（1）衣、食、住、用、行；（2）生活环境；（3）闲暇时间。联合国确定的消费结构指标包括13项内容：食品、饮料、烟草、衣服、住房和供水、取暖设备和照明、家具和家用品、家务支出（修理、洗理和清洁）、个人服务及保健、交通邮电、休息娱乐、社会开支（人寿、教育、工会）、居住国外人员开支。这是一个全面的指标，它能准确地反映一国居民的消费结构状况。

对消费结构的任何一种分类，首先会涉及对食物支出在消费结构中的比重的测定。德国统计学家恩斯特·恩格尔（Ernst Engel）提出了一条著名的定律：一个家庭收入越少，其食物支出在总支出中所占的比重就越大，反之则越小；一个国家越贫穷，每个国民的食物支出在平均消费支出中所占的比重就越大，反之则越小；在家庭收入和消费支出都增长的条件下，食物支出的绝对额虽然也增长，但食物支出在家庭消费支出中所占的比重却是下降的。食物支出在总支出中所占的比例被称为恩格尔系数。

$$\text{恩格尔系数}=\frac{\text{食物支出额}}{\text{总消费支出额}}\times 100\%$$

恩格尔系数的高低与居民生活水平的高低成反比。联合国把恩格尔系数作为衡量一国居民生活水平高低和消费结构状况的指标之一。

影响和制约消费结构的因素是多方面的，归结起来有以下几方面：（1）经济体制和经济运行机制。在我国现存的二元经济社会结构下，在经济运行还未完全转到市场经济轨道上来时，农村消费结构中非货币性支出和食物性支出都占较大比重，城市居民住房、医疗、教育等消费刚开始纳入个人自主性消费范围；随着向市场经济的转变，商品性、自主性消费取代了以往的自给性和被动性消费。（2）收入水平。（3）消费品价格。不同商品的比价和差价直接制约着消费结构。（4）人口总量及其构成。（5）消费心理和消费习惯。

合理的消费结构是指人们把收入用于不同消费资料上的合理比例。衡量消费结构是否合理主要有三条标准：（1）经济标准，即消费结构是否促进生产力的发展、经济资源是否合理利用、产业结构是否合理；（2）社会标准，即消费结构是否有利于人们的身心健康，是否有利于提高人的素质；（3）生理标准，即消费结构能否提供人所必需的蛋白质、热量、脂肪及其他营养物质，使身体健康发展。三条标准不可偏废，都应尽可能地考虑进去。

消费结构发展的基本趋势是：（1）消费结构中生存性消费资料的相对量下降，而享受性消费资料和发展性消费资料的比重上升，恩格尔系数不断降低；（2）商品性消费比重不断上升，非商品性消费比重不断下降；（3）消费结构中的各项内容不断丰富，劳务消费比重逐渐上升。

四、消费方式

消费方式是指人们消费生活资料和劳务所采取的方式或形式。消费方式是消费的社会行为，它受到社会经济条件、历史传统、风俗习惯、特定的消费观念、生活目的和生活态度等因素的影响。

消费方式包括个人消费方式与集体消费方式、家庭消费方式与社会化消费方式。

（一）个人消费方式与集体消费方式

个人消费方式是指满足个人消费需要的消费活动，如个人的衣、食、住、用、行、文化娱乐等活动。个人消费一般分散进行，灵活性大、差异性强是其最大特点。集体消费方式是指在全社会、地区、集体范围内为满足共同需要而进行的消费活动，如文化教育、医疗卫生、妇幼保健、交通邮电、公共住宅、广播电视等公共事业和其他集体福利事业。集体消费的特点有相对统一性、集中性和相对非排他性及非竞争性。所谓集体消费的非排他性是指参与消费活动的人员的增加，不会影响生产者的生产成本和管理成本；相反，参与消费活动的人越多，它给社会带来的福利越大。例如，使用电视机收看电视节目的人越多，电视发射的效果（社会影响和社会效益）越好；电影院的观众是 10 人还是 100 人都不会影响电影的放映成本。所谓集体消费的非竞争性是指参与消费活动的人之间不存在竞争性，一部分人消费并不妨碍或减少另一部分人消费。例如，马路上的路灯照明，行人都能共享。

（二）家庭消费方式与社会化消费方式

家庭消费方式是指以家庭为单位进行的消费。现阶段的家庭既执行经济职能（生产职能、交换职能、分配职能、消费职能），又执行生育职能和教育职能，因此，家庭消费方式成为我国城乡（尤其是农村）的重要消费方式之一。社会化消费方式是指在社会分工的基础上，由社会来为劳动者提供各种商品和服务。在这种消费方式中，许多家务劳动由社会提供，个人不用为家庭的吃、穿、用而动手忙碌。社会化消费方式能大大提高劳动生产率，节约劳动时间，增加人们的闲暇时间。

消费方式发展的两大基本趋势是：（1）消费的社会化趋势。它表现在以下两方面：家务劳动的社会化和消费信贷化。随着社会发展水平的不断提高，人们将逐渐摆脱繁重的家务劳动，减少从事家务劳动的时间，增加自由支配的闲暇时间，使众多的家务劳动以社会服务的形式进行，家庭消费转向社会化消费。这种家务劳动的社会化趋势，既是社会发展的必然结果，又是人们自由全面发展的必要条件。所谓消费信贷，是指消费者通过借贷的方式实现消费。这种消费形式是伴随着信用的发展、大件耐用消费品和高科技产品进入家庭、社会生产力水平的提高而出现的。消费信贷的出现使得消费在社会再生产、经济发展中起着越来越重要的作用。（2）消费的公共化趋势。这一趋势也从两个方面反映出来：一是社会公共福利事业的发展和个人消费基金比重的下降；二是消费服务业的兴起与发展。消费方式的社会化趋势和公共化趋势相辅相成，共同促进。随着生产社会化的发展和协作化的加强，消费行为不再单纯是个人或家庭的行为，而逐渐通过社会性购买与交换来实现，这又进一步促进了公共福利事业和社会化服务行业的大发展；反过来，消费服务业的发展和公共消费服务扩大本身就意味着消费的社会化程度越来越高。需要注意的是，消费方式发展的这两大趋势并不表明个人消费方式和家庭消费方式将从消费环节中消失。个人消费和家庭消费的支出额（绝对量）不仅不会降低，反而会增加。减少的只是个人消费或家庭消费支出的比重，并且它只是作为一种趋势存在。

五、消费心理规律

在现实经济生活中，我们会遇到许多千差万别、千奇百怪的消费行为，它们要求我们在理论上做出解释。消费心理是人们消费的社会行为衍生出的个性心理特征，虽然表现形式各异，但仍存在某些带有规律性的消费心理特点。

（一）消费的习惯性

人们在选择购买商品的品种、规格、方式上受过去习惯的影响。例如，一些经常性支出所购物品（肥皂、香烟、牙膏、食盐、主食等）的外观、颜色、型号、价格在人们已经习惯后，任何微小的变化都会引起人们购买时的举棋不定。新产品问世时，最先选购的总是少数年轻人，然后带动大家购买。

（二）消费的不可逆性

人们对社会进步、生产发展寄予厚望，不适应生活水平的忽然下降，即消费水平存在刚性，只能提高，不能下降。

（三）消费的模仿性和攀比性

在社会消费关系中，不同层次的消费者在消费方式、消费取向、消费习惯等方面会相互影响、相互模仿。一般是高层次的消费行为被作为仿效的对象，如果不能很好地引导，有时就会出现盲目地模仿高收入者的消费方式现象，在整个社会形成高消费风气和只顾眼前的享乐主义氛围。

（四）消费的可替代性

一般来讲，消费者对某种物品的需求是可以通过另一种物品来替代的。当某女士希望得到一块镀金袖珍表但不能得到满足时，她可能通过购买其他型号、规格、外观的女式手表来替代。这种情况被称为强制替代。另一种替代被称为自愿替代。例如，某人想买一台电视机，并且没有功能和型号方面的特殊要求，不管屏幕大小，无论彩色黑白都行；某先生用餐时想喝点酒，没有啤酒喝白酒，没有白酒喝甜酒也行。

（五）消费需求的复杂性和矛盾性

消费者的购买行为和消费行为往往是由多种需求推动的，当存在预算收入约束时，消费者追求新、奇、美以及求名、求实、求方便和图安全的各种动机和需求会互相矛盾。例如，求新是大多数人的消费倾向，但他们又怕质量出问题，怕价高质次，怕吃亏上当；有的人追求价廉物美，但由于信息不对等，对卖者的物品知道得不多，担心物品买回去后不能正常使用，以致出现有的商品价格越低越卖不出去的情况。

（六）非理性消费心理

如追求名牌心理，许多人非名牌不买、非名牌不用，即使是具有相同使用价值的物品，也宁要价格昂贵的名牌产品，把人的尊严、档次、优越感同消费联系在一起，注重形式而忽视内容；又如“非整数定价规律”，往往 69.98 元一双的鞋会比 70 元一双的鞋能争取到更多的购买者；再如，风行一时的有奖销售，买涨不买跌的从众心理；等等。这些都反映了人们消费过程中的非理性消费心理。

《本章关键词》

1. 企业经营机制	2. 市场信号	3. 生产要素最优投入组合
4. 现代企业制度	5. 最优消费数量决策	6. 小康型消费模式
7. 消费结构	8. 消费方式	9. 消费心理规律

复习与思考题

1. 企业如何成为市场经济主体?
2. 企业如何确定最佳生产规模?
3. 企业怎样实现生产要素最优投入组合?
4. 什么是消费超前和消费滞后?
5. 比较温饱型、小康型、富裕型、现代型消费模式的不同特点。
6. 试述消费方式及消费方式发展的趋势。
7. 简述消费心理的六大属性。
8. 如何进行最优消费数量决策?

第七章

社会主义市场经济的市场体系

本章重点

1. 市场体系及生产要素市场的重要性
2. 消费品市场的特点
3. 供求定理及市场上价格的决定与波动
4. 生产要素市场上价格的决定及其作用机制

市场经济是通过市场机制配置资源的经济形式，而市场机制对资源配置的作用首先就要求有一个完整的市场体系，从而使得供求、竞争、价格等市场要素发生互动关系并调节资源使其充分流动。所以，社会主义市场经济的正常运行，必须以完整的市场体系为条件。本章具体考察市场体系的作用、构成以及市场价格等问题。

第一节　社会主义市场体系的重要性

一、完整的市场体系是市场机制作用的条件

市场体系是相互联系的各类市场的有机统一体，具体来说，是商品市场（消费品市场、生产资料市场及服务市场等）和生产要素市场（金融市场、劳动力市场、房地产市场、技术市场和信息市场等）相互制约、相互作用、相互渗透和密切联系的有机体系。只有存在完整的市场体系，才能有统一的政府行为、统一的法律、统一的税制、统一的货币和统一的国内市场，才能打破封建割据、地方封锁和行业垄断，才能形成全国范围的市场，并与国际市场建立密切联系。

如果没有成熟和完整的市场体系，残缺失衡的市场将导致竞争不充分、价格扭曲、市场分割，从而资源不能自由流动，给市场经济的正常运行带来一系列不良后果：（1）信息传递受阻，资源流动不畅，市场供求失衡并刚性化，供不应求或供过于求长期化。（2）价格扭曲得不到纠正，价格畸高使部分行业和地区长期获得高额利润，消费者为获得该类产品和服务不得不支付超高的价格，产品质量、服务质量得不到提高；另一部分产品价格长期偏低，导致消费上的惊人浪费。（3）价格多轨制的存在（政府计划价、指导价、市场价、黑市价）必将导致权钱交易，滋生腐败现象。（4）市场机制不能有效

地发挥作用，导致非价格机制和非竞争机制配置资源，使经济运行效率和资源利用效率降低。（5）资源的不流动，尤其是劳动力不流动，极大地影响了人尽其才、物尽其用、地尽其利，作为市场主体的企业内无动力，外无压力，整个经济失去活力。高质量发展离不开高标准的市场，高标准的全国统一大市场是畅通国内大循环促进国内国际双循环的重要基础，商品和要素在全国统一的政府行为、统一的法律、统一的税制、统一的货币、统一的市场规则下，才能充分发挥市场促进竞争、深化分工优势，在更大范围内优化资源配置，提高效率，才能为各类市场主体提供更广阔的发展空间和舞台。

二、生产要素市场对商品市场的决定性作用

一般而言，商品市场的发育、成长要先于生产要素市场，许多发展中国家在很早的时候就有了发达的、繁荣的商品交换市场，商品市场的发展进一步对生产要素市场的形成和发展提出了强烈的要求。但由于国际国内政治、经济、文化、传统、环境等诸方面的原因，这些国家未能形成完整的生产要素市场，故而未能顺利实现向现代市场经济的过渡。

如果没有生产要素市场或者这种市场不健全，消费者对商品的需求信息就较难被传递到生产要素领域，消费需求就无法通过这种传递拉动实际的派生需求并获得供给品（劳动力、资金、土地、企业家才能、技术、数据等），从而消费需求就不能转换成现实的需求并获得满足。没有生产要素市场，市场机制就不能渗入生产要素领域，那么，生产要素按计划统分统配就会合理地存在下去，这样，政企不分、条块分割、产销脱节、供求失衡、计划配给也就会长久地存在下去。我国商品市场发育较为充分，市场决定商品价格基本实现了全覆盖，但要素市场发育不充分，存在市场决定要素配置范围有限、要素流动存在体制机制障碍等问题。推进要素市场制度建设，重点是在土地、金融、科技、数据等领域健全制度规则，实现要素价格市场决定、流动自主有序、配置高效公平。

三、现代市场体系及其特征

什么是现代市场体系？它不仅包括消费品市场、生产资料市场及服务市场等商品市场，而且包括金融市场、劳动力市场、技术市场、信息市场以及房地产市场等生产要素市场。其中，商品市场、金融市场和劳动力市场是现代市场体系的核心，现代市场经济只有借助完整的市场体系，才能有效地配置资源。统一性、开放性、竞争性、有序性是现代市场体系的基本特征。

第二节　社会主义市场体系的构成

由于市场要素的多样性和复杂性，市场体系的构成实际上是非常复杂的。

按地域和市场活动范围，市场可划分为地方市场、国内市场、国际市场；按商品流

通时间和顺序，市场可划分为现货市场与期货市场，批发市场与零售市场；按市场客体的性质，市场从大的方面可划分为商品市场和生产要素市场；等等。市场体系主要是指商品市场和生产要素市场。

一、商品市场

商品市场是市场经济诸市场中形成最早、规模最大、联系最广的市场，是市场体系中的基础性市场。商品市场通常包括消费品市场和生产资料市场。广义的商品市场还包括服务市场，即为用户提供无形产品的市场，例如运输、教育、饮食、商业服务等。

在整个市场结构中，消费品市场占有重要地位。消费品市场与其他市场相比有如下一些特点。

（一）需求多样性

从交易的商品本身来看，它是供人们消费使用的最终产品，它必然受到消费者的收入水平、消费习惯、文化素养、心理因素等众多的人为因素的制约。因为对商品的花色、品种、规格、材料的要求复杂而多变，许多产品的生命周期都较短；而且许多消费品都可以互相替代，因而商品的需求价格弹性、需求收入弹性和需求交叉价格弹性都很大。

（二）购买力分散性

从交易的规模和方式来看，消费品市场购买人数众多，交易次数极为频繁而每次交易量又都较零星。因此在整个社会市场体系中，消费品市场所占用的人力最多，商业机构网点设置最普遍，绝大部分商品都要经过零售商品市场进入消费者手中。

（三）明显的广告导购性

从购买者行为来看，消费品市场的购买者大多数缺乏专门的商品知识和市场知识，属于非专业购买；购买行为和决策容易受外界因素和广告宣传的影响而引起感情性或冲动性购买。因此，市场的广告宣传和推销工作就显得格外重要而有效。

（四）流动性和易变性

从市场的动态来考察，消费品市场的供求关系复杂而多变，供求之间在品种、规格、式样、价格、时间和空间等方面的矛盾出现得特别频繁而普遍。同时，购买力的流动性也较大。主要原因是消费者易于流动，城市与农村以及各地区之间的人员往来日益频繁，购买力也随之流动。特别是随着国内外旅游事业的发展，消费品市场购买力的流动性也明显增强。

了解消费品市场的这些特点，对于组织建立和正确指导消费品市场有重要的意义。例如，需求多样性要求工商企业应重视市场信息工作，切实搞好市场调查与预测，不断推出应时适销的产品，并采取灵活多样的经营方式以适应市场多变的要求，更好地为消费者服务；根据购买力分散性的要求和消费品市场购买人数多、购买次数频繁的特点，消费品经营者应广设网点，尽可能接近消费者，方便消费者购买；根据消费品市场购买力流动性的特点的要求，应在大城镇和交通枢纽地区广设网点，以适应流动购买力的需求。

消费品市场的波动与变化受消费品的供求状况影响。影响消费品供给的因素有：价格和成本、产品生命周期、投资规模、科技水平、经济运行体制等。影响消费品需求的因素有：居民收入水平和收入结构、人口数量及其构成、市场格局、文化传统、社会习俗、政策导向和国内国际环境等。

二、生产要素市场

（一）金融市场

金融市场是现代市场经济中最国际化、最现代化、最核心和起主导作用的生产要素市场。对于经济资源的合理配置和有效运用，规范、发达的金融市场起着举足轻重的作用。金融市场的参与者包括：（1）中央银行。它是准政府机构。中央银行及其附属机构构成金融系统的调节中枢，它通过公开市场业务、对贴现率的调整、对法定存款准备金率的调整，以及对贷款总额的行政指导（也称“窗口指导”），调节货币、资本的供给和需求，调节金融企业的行为。（2）商业银行。它是金融市场的基本主体，通过存、贷之间的差额和提供各种中介服务盈利。（3）大量的非银行金融机构，如养老基金会、保险机构、投资信托机构等。（4）企业和事业单位。（5）居民。

金融市场是社会经济主体间相互融通资金的场所和相互关系的总和。它包括：

1. 资金市场

（1）短期借贷市场和中长期借贷市场，一般都是以政府、企事业单位或个人为资金需求者，以银行为资金供给者。所不同的只是前者的借贷期限在 1 年以内，而后者在 1 年以上（其中 1~5 年为中期，5 年以上为长期）。

（2）同业拆借市场，是指金融机构之间的资金借贷市场，其借贷期限最短仅为 1 天，最长一般不超过 1 年。

（3）票据贴现市场，是指票据所有者将未到期的债权提前变现，以取得资金的市场。

（4）外汇市场，是指以外汇作为买卖对象的货币交易市场。不同国家货币之间的比价即汇率，是用一国货币来表示的另一国货币的价格。我国目前是官方汇率与市场汇率并存，今后应向单一的市场汇率的方向发展，同时政府可通过变动人民币币值来影响汇率。

2. 证券市场

证券是指有一定价格并代表某种所有权或债权、表明特定收益请求权的凭证。证券一般具有以下特征：（1）标明票面金额代表一定的价值；（2）表明财产所有权或债权债务关系；（3）在一定条件下可以转让；（4）经有权审批机关批准后，由具备法人资格的单位按法定程序向社会公开发行；（5）经法人或其代表签署，按规定承担义务。

有价证券的发行和交易的场所被称为证券市场。证券市场按交易时序划分，可分为发行市场（一级市场）和交易市场（二级市场）；按交易内容划分，可分为债券交易市场和股票交易市场。

股票交易市场也称股票二级市场，它由证券交易所和店头市场组成。在交易所内进行的交易被称为场内交易，在交易所以外进行的交易通常被称为场外交易，店头交易或柜台交易就是场外交易。能在交易所进行交易的股票的发行公司被称为上市公司。场内交易的程序有开户、委托、竞价、清算交割、过户等。证券交易所的组织形式多采取会员制。

资金市场属于间接融资市场，市场中的借贷是一种通过金融中介机构进行的融资活动。而证券市场则属于直接融资市场，市场中的证券买卖是不通过金融中介进行的融资活动。

1998 年《中华人民共和国证券法》的颁布，从法律上保证了我国证券市场的健康发展。

（二）劳动力市场

劳动力市场是劳动力就业、流动的场所、渠道和枢纽，它是劳动力的供求、职业中介机构、劳动力组织和管理机构、劳动力培训以及失业救济机构的总和。现代市场经济中，劳动力市场的显著特征是劳动力资源能在地区、产业、部门、企业之间自由流动，雇主与雇员之间双向选择，工资可上下浮动，政府只规定最低工资标准，工资水平由市场供求关系调节。劳动力市场可分成不同层次和类别：（1）专门性劳动力市场。如企业经理人、律师、会计师、建筑师、大学教授等，在这些专门领域中，这些劳动力具有外行人不可替代的专门知识和经验，他们提供的服务对于经济的正常运行和创新发展具有举足轻重的作用，因而，在现代市场经济中，他们所获得的报酬也是较高的。（2）一般劳动力市场。它主要由普通的产业工人、管理人员、政府的公务员、服务业从业人员等组成。这一市场中的某些人员也是具有某种专门经验和服务技能的劳动力，这些人员的就业竞争力也会强于没有专门经验和技能的劳动力。总的来看，这一领域的就业竞争比较激烈。（3）地区性劳动力市场。这是由不同地区人口分布、经济发展水平差异而形成的劳动力市场。劳动力越是自由流动，地区性劳动力市场的差别越小，就越趋向于形成全国性劳动力市场。

（三）资本品市场（生产资料市场）

资本品市场是直接为企业生产服务的市场，包括专业生产资料市场（钢材市场、建材市场、化工原料市场、机械产品市场、能源和辅助材料市场等）、房地产市场（用于生产和经营的土地使用权、房屋产权市场）、技术市场（技术承包、技术咨询、技术服务、技术评估、有偿技术转让市场）和信息市场（信息贸易活动市场）。这里主要介绍房地产市场、技术市场和信息市场。

1. 房地产市场

我国的房地产市场是指从事社会主义市场经济中土地的征用和使用以及土地的经营

权和使用权的转移的总和的市场。

房屋和土地的有偿使用是提高土地资源利用效率的前提。我国土地市场的交易形式有三种：（1）土地所有权变更，即把农民集体所有的土地通过有偿方式转变为国家所有的土地。这主要是国家因工业化和城市化建设而向农民征用土地。（2）土地经营租赁，即国家或农村集体的土地向需用单位出租并一次性收取租期的租金，故也叫“批租”。（3）土地使用权转让，即土地承租单位在租约有效期内将闲置土地有偿转租出去，这实际上是一种土地的再租赁形式。

我国土地市场包括三级市场。一级市场是指国家的土地市场，即国家有偿征用农村集体所有的土地和有偿出让国有土地的使用权。该级土地市场只能由代表国家的地产机构进行垄断经营。二级市场是指土地开发市场，即具有法人资格的土地开发公司对土地进行综合开发、经营形成的市场。三级市场是指用地单位土地使用权的横向有偿转让市场，这种市场有两种具体形态：一是土地使用权“转卖”，即将土地作为取得资金或商品的抵押；二是土地使用权的转租。上述三级市场是互相联系、互相补充的。

2. 技术市场

技术市场的概念有广义和狭义两种。广义的技术市场是指技术商品交换关系的总和，它包括从技术商品的开发到技术商品应用和流通的全过程；狭义的技术市场是指科技商品交换的场所。技术市场的交易活动包括技术转让或专利买卖、技术引进、有偿技术服务、技术服务、技术承包、技术咨询、技术培训等。

3. 信息市场

信息市场是指信息产品生产者、信息服务经营者和信息产品需求者之间在市场上所进行的交换关系的总和，它涵盖了商品化的信息产品从生产到消费之间的整个分配、交换过程与流通领域。信息产品具有如下特点：一是交易活动具有多次性。由于信息交易并不是让渡所有权而是使用权，因此同一信息产品可以在其有效时间内多次、反复出卖。二是交换具有间接性。即需求者不一定通过直接交换方式获得信息，而是可以通过广播、电视、报刊等获得信息。三是交易具有很强的时效性。随着时间的推移和条件变化，信息的使用价值会失效。

三、加快完善现代市场体系推动全国统一大市场建设

为什么要加快完善现代市场体系？因为只有建设了统一开放、竞争有序的市场体系，才能使市场在资源配置中起决定性作用，才能高效、合理地配置资源。加快完善现代市场体系的目标或任务是清除市场壁垒、提高资源配置效率和公平性，形成“统一开放、竞争有序的市场体系”，最终“使市场在资源配置中起决定性作用”。从微观层面看，加快完善现代市场体系的目标是实现：（1）企业自主经营、公平竞争；（2）消费者自由选择、自主消费；（3）商品和要素自由流动、平等交换。

加快完善现代市场体系的具体措施主要包括以下几个方面：

1. 建立公平开放透明的市场规则

全面实施市场准入负面清单制度，改革生产许可制度，健全破产制度，落实公平竞争审查制度，加强和改进反垄断和反不正当竞争法，探索建立集体诉讼制度，倒逼供给质量提高。各类市场主体可依法平等进入清单之外的领域。探索对外商投资实行准入前国民待遇加负面清单的管理模式。推进工商注册制度便利化，削减资质认定项目。改革市场监管体系，实行统一的市场监管，惩处各类违法实行优惠政策行为，反对垄断和不正当竞争。建立健全社会征信体系，褒扬诚信，惩戒失信。健全优胜劣汰的市场化退出机制，完善企业破产制度。

2. 完善主要由市场决定价格的机制

凡是能由市场形成价格的都交给市场，发挥好有效市场的决定性作用，实现产权有效激励、要素自由流动、价格反应灵活、竞争公平有序、企业优胜劣汰，政府不进行不当干预。推进水、石油、天然气、电力、交通、电信等领域的价格改革，放开竞争性环节价格。将政府定价范围主要限定在重要公用事业、公益性服务、网络型自然垄断环节。提高透明度，接受社会监督。完善农产品价格形成机制，注重发挥市场形成价格的作用。

3. 建立城乡统一的建设用地市场

在符合规划和用途管制的前提下，允许农村集体经营性建设用地出让、租赁、入股，实行与国有土地同等入市、同权同价。缩小征地范围，规范征地程序，完善对被征地农民合理、规范、多元的保障机制。扩大国有土地有偿使用范围，减少非公益性用地划拨。建立兼顾国家、集体、个人的土地增值收益分配机制，合理提高个人收益。完善土地租赁、转让、抵押二级市场。

4. 完善金融市场体系

扩大金融业对内对外开放，推进政策性金融机构改革。健全多层次资本市场体系，推进股票发行注册制改革，多渠道推动股权融资，发展并规范债券市场，提高直接融资比重。完善保险经济补偿机制，建立巨灾保险制度。发展普惠金融。

完善人民币汇率市场化形成机制，加快推进利率市场化，健全反映市场供求关系的国债收益率曲线。推动资本市场双向开放，有序提高跨境资本和金融交易可兑换程度，建立健全宏观审慎管理框架下的外债和资本流动管理体系，加快实现人民币资本项目可兑换。

落实金融监管改革措施和稳健标准，完善监管协调机制，界定中央和地方金融监管职责和风险处置责任。加强金融基础设施建设，保障金融市场安全高效运行和整体稳定。

5. 深化科技体制改革

建立健全鼓励原始创新、集成创新、引进消化吸收再创新的体制机制，健全技术创新市场导向机制，发挥市场对技术研发方向、路线选择、要素价格、各类创新要素配置的导向作用。建立产学研协同创新机制，强化企业在技术创新中的主体地位，加强知识产权运用和保护，健全技术创新激励机制，探索建立知识产权法院。建立主要由市场决定技术创新项目和经费分配、评价成果的机制。健全技术转移机制，改善科技型中小企业融资条件，完善风险投资机制，创新商业模式，促进科技成果资本化、产业化。完善政府对基础性、战略性、前沿性科学研究和共性技术研究的支持机制，构建社会主义市场经济下关键核心技术攻关新型举国体制，把集中力量办大事的制度优势、超大规模的市场优势同发挥市场在资源配置中的决定性作用结合起来，以健全国家实验室体系为抓手，加快建设跨学科、大协作、高强度的协同创新基础平台，强化国家战略科技力量。同时加大基础研究投入，健全鼓励基础研究、原始创新的体制机制。建立以企业为主体、以市场为导向、产学研深度融合的技术创新体系和科技成果转化机制，发展新动能，强化标准引领，提升产业基础能力和产业链现代化水平。国家重大科研基础设施依照规定应该开放的一律对社会开放。建立创新调查制度和创新报告制度，构建公开透明的国家科研资源管理和项目评价机制。

6. 营造企业家健康成长环境

要营造企业家健康成长环境，弘扬优秀企业家精神，更好发挥企业家的作用。这是因为企业是市场经济活动的重要主体，而企业家是企业活动的决策者。要全面深化改革，就要激发市场蕴含的活力。市场活力来自人，来自企业家和企业家精神。激发市场活力，鼓励创业，创新体制机制，激发生机活力，就必须深入贯彻习近平总书记系列重要讲话精神和治国理政新理念新思想新战略，着力营造依法保护企业家合法权益的法治环境、促进企业家公平竞争诚信经营的市场环境、尊重和激励企业家干事创业的社会氛围，引导企业家爱国敬业、遵纪守法、创业创新、服务社会，调动广大企业家的积极性、主动性、创造性，发挥企业家的作用，为促进经济持续健康发展和社会和谐稳定、实现中华民族伟大复兴的中国梦做出更大贡献。要更好发挥企业家的作用，就必须依法保护企业家的合法权益，更好发挥企业家遵纪守法、恪尽责任的示范作用，推动企业家带头依法经营，自觉履行社会责任，为建立良好的政治生态、净化社会风气、营造风清气正的环境多做贡献。

7. 更好发挥有为政府的作用

有为政府必须是法治政府、服务型政府，政府必须有所为有所不为。第一，依法履行职责，法无授权不可为。构建职责明确、依法行政的政府治理体系，完善执法程序，严格执法责任，规范执法、公正执法、文明执法。第二，创新行政方式，提高行政效能，建设对人民负责、人民满意、服务市场的服务型政府。第三，规范行政权力运行，依法用权、秉公用权、廉洁用权。第四，深化“放管服”改革，减少政府对市场配置资源的直接干预，变直接干预为指导性、规范性服务。转变政府职能，克服政府职能错位、越位、缺位现象，加快建设统一开放、竞争有序的市场体系，建立公平透明平等的市场规则，构建有效市场和有为政府结合的营商环境。第五，坚持党对经济工作的集中统一领导，发挥党总揽全局、协调各方、把握方向、谋划全局、提出战略、制定政策、推动立法职能。具体讲，就是各级政府转变职能，树立新的发展理念，把工作重点和着力点放到推动创新发展、协调发展、绿色发展、开放发展、共享发展上，坚持发展为了人民、造福人民、保护人民，努力建设法治政府和服务型政府，依法行政，减少直接干预市场，确保高质量建成全国统一大市场，构建新发展格局，尊重市场规律，用改革创新激活市场，用政策引导市场预期，用规划明确投资方向，用法治规范市场行为，营造公平竞争的市场环境，促进有效市场和有为政府相互促进格局的形成。

第三节　社会主义市场经济下的价格

一、商品市场上价格的决定与波动

市场经济是以价格为信号调节资源配置的经济体制，价格的灵活波动和价格机制的作用是市场经济有效运行的条件。市场经济中，价格最终是由价值即社会必要劳动时间决定的，但价格的波动则主要受供求因素影响。供求因素引起价格对价值的背离和回归。需要注意的是，单独的供给或需求并不能影响市场价格的高低，只有供给和需求一起共同作用才能影响市场价格，在经济学上，这被称为“价格是供求的函数”，即供不应求，价格上升，供过于求，价格下降。

（一）需求定理、供给定理和供求定理

1. 需求定理和供给定理

需求是指人们在一定时期在不同价格水平上愿意并且能够购买的商品量。需求定理是指当一种商品的价格下降时，需求量（购买量）就随之增加，当该商品的价格上升时，需求量（购买量）就随之下降，即价格与需求量呈反方向变化（价格作为自变量，需求量作为因变量，需求量是价格的函数）。

供给是指企业在一定时期内，在每一价格水平上愿意并且能够提供出售的商品量。供给定理是指当一种商品的价格下降时，供给量就随之减少，当该商品的价格上升时，供给量就随之增加，即价格与供给量呈同方向变化（价格作为自变量，供给量作为因变量，供给量是价格的函数）。需求定理和供给定理反映的是价格变化对需求量或供给量的影响。

2. 供求定理

当假定价格和需求或供给本身不变时，影响供给或需求的其他因素导致的供给或需求的变动，必然会引起均衡价格和均衡数量的变动。供求定理的内容是：

（1）当假定供给（函数）曲线和价格不变时，需求（函数）的变动引起均衡价格和均衡数量的同方向变动，如图 7–1 所示。

图 7–1 的纵轴表示商品的价格，横轴表示商品数量。市场价格和商品数量由供求相互作用决定。当供给量和需求量相等时，需求曲线（D_0）与供给曲线（S）相交于 E_0 点。该交点（E_0）被称为均衡点。与均衡点对应的供求量和价格分别被称为均衡数量（Q_0）和均衡价格（P_0）。

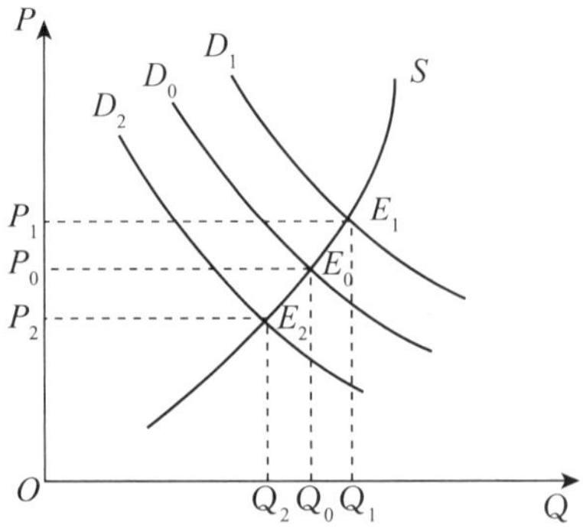

图 7–1　需求变动效应

在图 7–1 中，假定供给曲线和价格水平不变，当需求的增加使需求曲线向右移动时，均衡价格和均衡数量会提高；当需求的减少使需求曲线向左移动时，均衡价格和均衡数量会下降。这被称为需求变动效应。

（2）当假定需求（函数）曲线和价格不变时，供给（函数）的变动引起均衡价格的反方向变动和均衡数量的同方向变动，如图 7–2 所示。

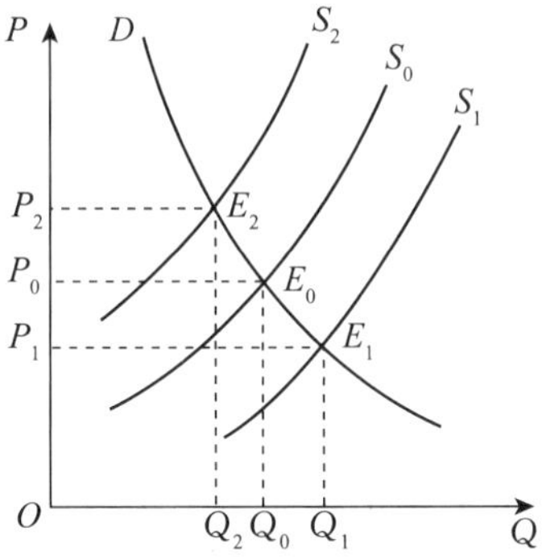

图 7–2　供给变动效应

在图 7–2 中，假定需求曲线不变，该种商品价格不变，当供给的增加使供给曲线向右移动时，均衡数量增加而均衡价格降低；当供给的减少使供给曲线向左移动时，均衡数量减少而均衡价格提高。这被称为供给变动效应。

以上供给变动效应和需求变动效应也就是供求定理。供求定理的内容是：需求的变动引起均衡价格和均衡数量的同方向变动；供给的变动引起均衡数量的同方向变动和均衡价格的反方向变动。

（二）价格弹性

价格弹性分为需求价格弹性和供给价格弹性，它们分别说明价格变动程度对需求和供给变动程度的影响，即马克思讲的伸缩性和变动性。如果某种商品价格变动幅度（如 20%）会引起需求量更大幅度（如 50%）的变化，我们称该商品需求富有弹性，反之则缺乏弹性；如果某商品价格变动幅度（如 10%）会引起供给量更大幅度（如 30%）的变化，则称该商品供给富有弹性，反之则缺乏弹性。

第八章

社会主义市场经济中的市场组织和市场规则

本章重点

1. 市场中介组织及其类型
2. 市场管理和调节组织
3. 市场规则的内容
4. 市场规则的特征

市场运行要求有一定的市场秩序，而市场秩序离不开市场组织及其相应的规则。

第一节　市场组织是市场有序运行的组织保证

一、市场中介组织

市场中介组织是指经营各种各样商品和劳务的流通组织机构。市场中介组织是一个体系，包括各类供销组织机构、银行和非银行金融机构、信托公司、证券交易所、职业培训中心和介绍中心、专利技术交易所和咨询中心、各类信息中心、企业资信评级公司、房屋托管公司、房地产交易所等。这些中介组织可以分成以下几大类：（1）商品流通组织。它包括批发组织、零售组织、中间商和代理商、储运企业、商情信息组织。（2）资金融通组织。它包括银行、保险公司、信托公司、财务公司、证券交易所、资信评估机构。（3）职介培训组织。它包括人才交易中心、劳动服务公司、再就业服务公司、外国服务公司、对外劳务输出组织。（4）技术信息组织。它包括技术咨询中心、技术服务中心、信息咨询与服务中心、网络服务商、专利服务中心。（5）地产组织。它包括房屋托管公司、房地产交易所或信息服务中心。（6）法律和财务服务机构。它包括会计师事务所、律师事务所、公证和仲裁机构等。这类机构专业性强，按照国家法律法规和专业技术要求，提供评价、审查、公证、监督、咨询、调解纠纷服务。

二、市场管理和调节组织

市场管理和调节组织是市场自身的管理组织。它包括审计、统计、交通、市场监管、税收、海关、人力资源和社会保障等部门，以及中央银行和消费者协会等管理机构。

市场管理和调节组织可以分成四大类：（1）一般管理机构，如中央银行和财政、统计、税务、人力资源和社会保障等部门，这类机构及其功能将会进一步加强和完善。（2）专业管理和检查部门，如市场监管部门（包括标准、计量、商检等）、审计部门、海关部门。（3）民间监督协会，如消费者协会、行业工会、个体劳动者协会。这些自愿组成的组织将对商品质量、价格、服务、计量、商标、广告等起到广泛的监督、自律作用。（4）企业业务主管部门，如交通、邮电、商业、工业、建筑、农业、林业、教育、医疗、体育、卫生、制药等部门。随着市场经济体制的进一步完善，这一类管理机构的作用和发挥作用的范围将越来越小。

三、如何进行市场管理和调节

市场管理和调节组织在处理各方的经济矛盾、解决各种经济纠纷、调整各方面的经济利益关系时，必须注意以下问题：

第一，必须依法管理。依法管理就是保护合法的经济行为，制裁违反经济法规的行为。《中华人民共和国民法典》《中华人民共和国外商投资法》《中华人民共和国企业所得税法》《中华人民共和国计量法》《中华人民共和国专利法》《中华人民共和国商标法》《中华人民共和国公司法》《中华人民共和国证券法》等法规，规定了市场经济中从事商品生产、经营及与此有关的经济活动的单位或个人的法律地位，以及作为法人享有的民事权利和应承担的民事义务；规定了经济法律承认的商品生产者、经营者在经济活动中允许做的和不允许做的、合法的和非法的行为；规定了经济司法的原则、条件、程序。市场经济是法治经济，社会主义市场经济运行应该由法律而不应该由行政权力来规范和调整，因此，市场管理和调节组织必须依法管理，摒弃“人治”，弘扬法治。这是建立社会主义市场经济新秩序、保证市场活动有序化的基础。

第二，强化综合管理，弱化行政管理。综合管理包括财政、统计、税务、人力资源和社会保障等部门和中央银行的管理、监督、检查活动，这些管理机构依据国家的政策法规，运用财政方式、金融方式、税收方式、检查和监督的方式对市场流通、生产、分配、就业、价格、消费等施加影响。我国财政目前仍偏重于聚财和分财，监督和管理功能不强。在管理上，工、农、商、建、邮电、交通等垂直型管理已不适应社会主义市场经济的要求，这些政府部门的行政管理仍然成为国家过多行政干预的基础，从而在一定程度上弱化了政府综合部门、监督和检查部门的管理效率。

第三，加强市场监督和检查功能。市场监督和检查包括两方面的内容：一是市场监管部门、审计部门、海关部门等政府机构对市场的监督和检查；二是民间监督系统和新闻舆论监督系统，包括各种民间协会、行业工会、报刊、广播、电视、网络等的监督，它们对企业商标、价格、广告、产品质量和服务的监督、检查、协调行为，会影响和约束市场主体的行为，不但从法律规范方面，而且从企业的道德方面，对企业产生重要影响，因而成为维护市场经济秩序的不可缺少的力量。

四、市场组织的作用

不管是市场中介组织还是市场管理和调节组织，其作用不外乎服务、沟通、监督三个方面。

第一，服务。随着服务的范围不断扩大，水平逐步提高，业务越来越专业化、深化，竞争程度越来越高，准入门槛越来越少、越来越低，社会流通的总成本越来越低。市场组织的作用和服务范围也会不断扩展，由起初主要提供单一的服务，发展到如今提供法律、会计、信息、咨询、结算、培训、经纪等服务。

第二，沟通。沟通为各类市场主体搭起桥梁。市场组织沟通的领域越来越宽，渠道也日益多样化，使得企业之间、政府和企业之间、个人和单位之间、国外企业与国内企业之间的联系变得更加便利和通畅。市场组织提供的信息、服务在时间上平衡了波峰谷底，在空间上调剂了余缺；市场组织在微观上为各市场主体降低了成本，在宏观上平抑了物价、优化了社会资源的配置。

第三，监督。随着市场组织的作用逐步被认可，其“经济警察”的职能日益得到加强。特别是在监督企业行为、调解市场纠纷、稳定市场秩序等方面发挥着不可替代的作用。其中，监督职能较强的市场组织主要包括消费者协会、商品检验中心、质量检验所、计量检查所等。这些职能过去大多在政府部门，随着市场经济的发展和政府职能的转变，逐步由中介组织承担。因此，这类中介组织与政府的关系相对要更密切。

公正性是市场组织必须具备的素质。市场组织的自我约束、自我调节，坚持客观性、业务活动公开是公正性的基本要求，市场组织独立提供服务，不受行政力量左右，依法发挥职能作用。

第二节　市场规则是市场经济运行的基本准则

一、市场规则的内容和特征

（一）市场规则的内容

市场规则是指以法律契约、公约形式确定下来的市场参与者共同遵守的行为准则和规范。市场规则的内容主要有：（1）市场进出规则；（2）市场行为规则；（3）市场交易规则。

1. 市场进出规则及其功能

所谓市场进出规则，就是指市场主体和市场客体（即商品）进入或退出市场的法律规范和行为准则。因此，市场进出规则实际上是对某个市场主体或某种商品能否进入或退出市场进行评判。也就是说，具备什么条件的市场主体可以进入或退出市场，哪些商品可以进入或退出市场，都要在市场规则上反映出来，由市场进出规则确定。市场进出规则既可以通过把那些不具备进入市场条件的市场主体及商品拒之于市场之外，又可以通过不允许那些应该在市场之中的市场主体及商品退出市场来维护市场的有序运行，满足居民和厂商的需要。

市场进出规则首先是从规范市场主体的行为来保证市场的有序运行的。在这方面，市场进出规则的主要功能是：（1）规范市场主体进入市场的资格。也就是说，要对市场主体进行统一的和全面的资格审查，明确市场主体的应有条件，确认各个市场主体的合法身份，市场主体必须由政府有关部门颁发一定的证明（如营业执照、经营许可证、经纪人证书等），方能进入市场进行经营活动。一切非正规的市场主体均不得进入市场。实行统一的市场准入制度，推进工商注册制度便利化，削减资质认定项目。（2）规范市场主体的经营功能。也就是说，市场主体在进入市场之前，都必须明确其经营范围、经营项目、经营渠道，并且要实现规范化，不能随意变更。（3）规范市场主体的责任和义务。也就是说，市场主体必须按照市场规则的有关规定进行合法经营、照章纳税，必须自觉接受市场监管部门、财政和税务部门的监督管理。（4）规范市场主体退出市场的行为。也就是说，市场主体退出市场要符合市场进出规则的有关要求，不能随意进行，以保证市场供求格局的合理性，防止因某些市场主体退出而造成市场垄断和市场缺位。

市场进出规则还要通过保证商品使用价值的有效性来保证市场运行的有序化，即市场进出规则要对进入市场的商品的使用价值做出明确的质量规定和要求，并采取有力措施防止假冒伪劣商品进入市场。在这方面，市场进出规则要对进入市场的商品做出全面规定：（1）商品的质量要符合要求，低劣商品不能进入市场，以保证商品使用安全和维护消费者权益；（2）商品的效用要符合社会利益，那些不利于社会安定和有害于人民身心健康的商品不能进入市场；（3）商品要名副其实，商品的实际质量要与说明书相符，要坚决贯彻《中华人民共和国商标法》，任何假冒商品都不能进入市场；（4）商品的价格、计量和包装等都要符合要求，否则不能进入市场。总之，对进入市场的商品从质量到价格等方面都要做出明确规定，通过净化进入市场的商品来保证市场的有序运行。

2. 市场行为规则及其要求

所谓市场行为规则，是指市场主体在市场竞争中应遵循的行为准则，如禁止不正当竞争、禁止垄断资源和市场、禁止哄抬物价、禁止假冒商标、禁止行贿受贿。市场竞争要求市场主体之间进行平等的交换，平等地进行各种市场竞争，即机会均等、公平竞争。因此，作为维护市场公平竞争的市场行为规则，就是要把超经济制约的行政特权的干预，垄断和市场分割造成的封锁，以及拉关系和“走后门”等各种干扰，作为主要反对目标。它要求市场主体靠自己的劳动技能和经营才干，靠对市场信息的捕捉和综合判断，靠提高效率和节约成本，来获取竞争收益。实践证明，商品是天然的平等派，公平竞争是市场有序化的基本要求；没有公平竞争，就不可能实现优胜劣汰，也就不可能发挥市场的积极作用。

市场行为规则要反映公平竞争的内在要求，其中主要是：（1）使市场主体都能够机会均等地按照统一的市场价格取得生产要素；（2）使市场主体都能够机会均等地进入市场并按照市场状况自主地出售自己的商品，包括机会均等地制定价格和确定销售地区等；（3）使市场主体都能够平等地承担税负及其他方面的负担，没有任何优惠或不公正的负担；（4）维护所有方面的平等竞争，如劳动者之间的就业机会均等和经营机会均等。也就是说，市场行为规则必须充分反映公平竞争的全部内在要求，以保证市场的公平竞争。

根据公平竞争的内在要求，我国建立起公平、开放、透明的市场规则，市场行为规则必须从三个方面规范竞争，使公平原则得以贯彻其中。

首先，要保证各市场主体有公平的竞争环境，禁止垄断及各种不公平因素。其中主要包括：（1）消除条块分割和封锁，打破部门和地方政府人为造成的各种阻碍竞争的壁垒。（2）把市场中大量存在的各种特殊待遇和种种照顾，通通从市场活动中排除掉，防止这些因素造成不公平竞争。（3）着力清除市场壁垒，使资金、技术、人才等各种生产要素能自由流动，让任何企业都能从市场上顺畅地获得自己所需要的生产要素，打破各种类型的生产要素垄断。实行统一的市场准入制度，在制定负面清单的基础上，各类市场主体都可依法平等进入清单之外的领域。探索对外商投资实行准入前国民待遇加负面清单的管理模式。推进工商注册制度便利化，削减资质认定项目。推进国内贸易流通体制改革，建设法治化营商环境。（4）破除企业在行政上的各种等级差别，确立所有企业平等相待的观念，实行公平税负原则和公平价格原则，以确保公平竞争。（5）反对和防止各种人为造成的垄断，包括幕后交易、排他性规定、价格歧视、不正当的竞争或欺诈行为等，以维护市场的竞争环境。

其次，规范各市场主体的竞争行为，禁止各市场主体的非法竞争行为。应禁止的非法竞争行为主要有：用虚假广告和欺骗资料招徕顾客；盗用和模仿别人的商标；强制顾客接受其没有订购的附加物件和其他物件；损害别人的广告和商誉；散布有关竞争对手的不符合事实的流言蜚语；阻止第三方同竞争对手的正常业务往来；采用不正当手段压价供应；单方面地把风险强加给弱者；把回扣和行贿等不正当行为作为竞争手段。

最后，规范对竞争性商品的规定，防止竞争者使用假冒伪劣商品进行竞争，损害竞争的公平性，其中主要是：（1）要求商品包装、规格、商标以及产品“三包”等标准化；（2）要求产品质量、计量标准、构成成分、性能及等级公开化；（3）要求产品必须符合卫生检验、质量规定等各方面的要求，通过商品质量竞争来保证竞争的公平性。

3. 市场交易规则及其要求

所谓市场交易规则，是指市场主体在市场交易中应遵守的原则和行为规范。执行和贯彻市场交易规则将对市场参与者提出如下要求：

首先，它要求市场交易方式规范化。其中主要包括：（1）交易公开化，即一切交易活动都要在有组织的市场上公开进行，明码标价，公平交易，不容许幕后活动与黑市交易。（2）交易货币化，即交易以货币为媒介，让货币执行价值尺度的职能，以防止不等价交换和不公平交易，使交易建立在货币价值尺度的基础上。（3）信用票据化，即通过信用票据来促进商品交换，并使商业信用规范化。（4）交易规则化，即交换必须依据规则进行，如经营场地规则、计量器具规则、批发和零售规则等，以形成良好的交易秩序。

其次，它要求市场交易行为规范化。在这方面，市场交易规则主要是要形成自愿的而非强制的公平交易，使买卖双方进行双方互惠和货真价实的买卖活动，反对和禁止强买强卖、巧取豪夺、坑蒙拐骗等非法行为。为此，市场交易规则一方面要求交易双方规范地进行交易活动，禁止各种非正当交易；另一方面为双方的规范交易创造了良好的环境条件，包括反对各种垄断和改变严重短缺或严重过剩的市场格局。

最后，它要求市场交易价格规范化。价格规范化是市场交易有序化的重要内容和基础，市场混乱往往突出表现为价格的混乱，因而市场交易规则必须把规范价格作为重要的内容。市场交易规则要明确价格形成制度，对包括作价原则、作价方法、申报和监督制度在内的一整套价格形成过程都要做出明确规定，不允许任何交易者违背价格形成制度。市场交易规则规范交易价格的核心，是防止无根据定价、牟取暴利及不必要的转手加价。通过规范价格，可以实现市场运行有序化的目标。

（二）市场规则的特征

市场规则是以法律、法规、契约、公约等形式规定下来的市场运行准则，它实质上是一套把各种市场主体的经济行为合理化、有序化、契约化的规章制度。市场规则主要从两方面发挥作用：一方面是静态规范。它对市场主体参与市场活动的资格进行判断，禁止不符合要求的市场主体进入市场，并把违规者罚出市场，以此来保证市场的有序化运行。另一方面是动态规范。它通过确定市场主体的经济行为、协调市场主体间的经济关系、处理各种利益纠纷来规范市场运行过程。为发挥市场规则的以上两方面的作用，市场规则必须具备如下几个基本特征：

（1）客观性和科学性。市场规则必须真实、客观地反映市场经济、市场竞争和市场运行的内在要求，并把这种内在要求法制化。

（2）系统性和统一性。市场规则中各内容之间具有统一性，不能相互矛盾，各规则之间应相互协调和呼应。

（3）强制性和严肃性。市场规则一旦确立并公布，必须强制执行，任何人都不能拒绝接受和违反规则，违规者都将受到严厉的制裁。

（4）公平性和普遍性。任何市场主体都不能具有某种超市场力量或超经济权力，不能违背公平原则寻求特殊优惠，市场规则对市场主体的作用应具有普遍性。

（5）广泛性和开放性。不能一个地区一个规则，也不能关起门来自己搞一套，要逐步地与国际惯例接轨，要有类似国际商品流通的行为规范，使市场主体能按一定规则有序地进入国内市场和国际市场。

二、市场法规是市场规则的法律形式

市场规则通常是以法律和法规形式存在的，它建立在不可商议的强制性法律的基础上，任何人都不能拒绝接受或违反市场规则，否则将受到严厉制裁。所以，市场规则具有严肃性和强制性特征。市场规则的实质是以法律、法规、契约、公约的形式规定下来的运行准则。

市场法规包括以下三个方面：

（一）市场主体法规

市场主体法规主要由两个部分组成：一部分是规范作为市场主体的企业的形式，包括确定市场主体财产组织和财产责任形式的企业法、公司法、合伙企业法、独资企业法、股份合作企业法以及商务登记法等，这些法律规定市场主体的产生程序，并赋予其合法的市场主体资格；另一部分是有关权利的法规，主要是物权法和知识产权法，前者是用以确立市场主体对其所有（或占有）的财产享有控制、收益和处置权利的法律，后者是确认并保护智力成果权的法律，如商标法、专利法、著作权法等。

（二）有关市场行为及市场主体之间关系的法规

有关市场行为及市场主体之间关系的法规分为确定市场竞争秩序规则的一般法律和调整特殊领域内市场竞争活动的专门性法律。前者主要是指反不正当竞争法、反垄断法、经济合同法等；后者主要包括分别用于各领域、各部门的专项法律，如海商法、证券交易法、房地产交易法、商业保险法、广告法、票据法等。与各项规范和调整特殊领域市场活动的专门性法律相比，确定市场竞争秩序规则的一般性法律是基础性、通用性的，是整个有关市场竞争的法律的核心。

（三）调整市场主体与国家、个人之间关系的法规

调整市场主体与国家、个人之间关系的法规涉及确定国家在市场竞争中的作用，保护作为劳动者和消费者的个人及对市场竞争所导致的社会后果进行调节等方面。例如，税法、预算法、中央银行法、外贸法、环保法等，为国家发挥经济调节作用，影响市场主体竞争活动提供了法律依据；劳动法、最低工资法、消费者权益保护法是为了保证作为劳动者和消费者的个人的权利和利益在市场竞争过程中不受到侵害；社会保险法、社会救济法以及其他有关社会保障的法规是为了调节市场竞争过程导致的社会后果，保持社会的稳定和协调发展。

本章关键词

1. 市场中介组织　2. 市场管理和调节组织　3. 市场规则
4. 市场进出规则　5. 市场行为规则　6. 市场交易规则
7. 市场法规

复习与思考题

1. 试述市场进出规则及其功能。
2. 试述市场行为规则及其要求。
3. 试述市场交易规则及其要求。
4. 试述市场规则的特征。
5. 试述市场法规的内容。

第四篇

坚持和完善社会主义市场经济体制

社会主义市场经济体制建立后，需要有一个坚持和完善的过程，坚持和完善社会主义市场经济体制，既是社会主义市场经济本身的内在要求，也是社会主义市场经济正常运行的基础条件。党的十九届四中全会指出，要“坚持和完善社会主义基本经济制度，推动经济高质量发展”，并对社会主义基本经济制度做出了新概括——将“公有制为主体、多种所有制经济共同发展”“按劳分配为主体、多种分配方式并存”“社会主义市场经济体制”这三项制度并列，都作为社会主义基本经济制度，这是对社会主义基本经济制度内涵的重要发展和深化，标志着我国社会主义基本经济制度更加成熟、更加定型、更加完整。坚持和加快完善社会主义市场经济体制，要求进一步激发市场活力和改革创新动力，推动中国经济稳步迈向高质量发展阶段；要求对整个经济体制按照市场经济的要求全面进行深化改革，着力增强改革的系统性、整体性、协同性。其中最主要的是对所有制结构、政府体制、分配体制、财政税收体制、金融体制、社会保障体制等进行调整和改革。

第九章

坚持和完善公有制为主体、多种所有制经济共同发展，激发各类市场主体活力

本章重点

1. 社会主义初级阶段中国特色社会主义的基本经济制度
2. 以公有制为主体、多种所有制经济共同发展的所有制结构
3. 毫不动摇巩固和发展公有制经济
4. 毫不动摇鼓励、支持和引导非公有制经济的发展

第一节　社会主义初级阶段中国特色社会主义的基本经济制度

一、中国特色社会主义基本经济制度的内涵

坚持和完善社会主义基本经济制度是习近平新时代中国特色社会主义思想的重要内容。党的十九届四中全会审议通过的《中共中央关于坚持和完善中国特色社会主义制度推进国家治理体系和治理能力现代化若干重大问题的决定》明确指出，公有制为主体、多种所有制经济共同发展，按劳分配为主体、多种分配方式并存，社会主义市场经济体制等社会主义基本经济制度，既体现了社会主义制度优越性，又同我国社会主义初级阶段社会生产力发展水平相适应，是党和人民的伟大创造。该决定将公有制为主体、多种所有制经济共同发展，按劳分配为主体、多种分配方式并存，社会主义市场经济体制三项制度并列，都作为社会主义基本经济制度，是对社会主义基本经济制度做出的新概括，是对社会主义基本经济制度内涵做出的重要发展和深化。深入学习领会、全面准确理解、认真贯彻落实该决定关于社会主义基本经济制度的重要新概括和重大决策部署，对于更好发挥社会主义制度优越性、不断解放和发展生产力，推动经济高质量发展具有重大意义。

二、坚持和完善社会主义基本经济制度的重大意义

社会主义基本经济制度在整个经济制度体系中具有基础性、决定性的地位，它对其

他领域的各种制度建设以及国家治理效能具有重要影响。中国特色社会主义进入新时代，坚持好、巩固好、完善好、发展好社会主义基本经济制度，使其更加成熟、更加定型，具有更大的理论和实践意义。

第一，社会主义基本经济制度是改革开放理论和实践创新的重要成果。社会主义基本经济制度是在革命、建设、改革的实践中形成和确立起来的。中华人民共和国成立后，我国确立了社会主义基本制度以及与此相适应的各个方面的经济体制，为当代中国发展进步奠定了根本政治前提和制度基础。改革开放40多年来，我们党深刻总结国内外正反两方面的经验教训，从我国社会主义初级阶段的基本国情出发，解放思想，实事求是，以巨大的政治勇气主动调整生产关系，以适应生产力发展需求，推动着我国经济体制发生了深刻而重大的变化。在所有制方面，我们坚持了公有制经济的主体地位和国有经济的主导地位，同时大力调整所有制结构，支持个体经济、私营经济、外资经济等健康发展，有效激发了各类市场主体的活力和创造力。在分配制度方面，我们坚持按劳分配为主体，承认物质利益原则和合理的收入分配差距，同时允许和鼓励资本、土地、知识、技术、管理等其他生产要素参与分配，极大地调动了各方面的积极性。在资源配置方式方面，我们支持社会主义市场经济改革方向，破除了社会主义和市场经济相对立的思想观念，实现了从高度集中的计划经济体制向社会主义市场经济体制的转变，把有效的市场机制和适度的宏观调控有机结合起来。实践证明，在革命、建设特别是改革开放伟大实践中形成和确立的社会主义基本经济制度，把社会主义制度和市场经济有机结合起来，充分显示了巨大的优越性，既有利于解放和发展社会生产力，改善人民生活水平，又有利于维护社会公平正义、实现共同富裕。社会主义基本经济制度为党领导人民创造的世所罕见的经济快速发展奇迹和社会长期稳定奇迹提供了十分重要的制度保证。

第二，社会主义基本经济制度是新时代经济改革发展的根本遵循。随着经济建设的发展和改革的深入，社会主义基本经济制度也不断地得到完善。党的十八大以来，以习近平同志为核心的党中央坚持和完善社会主义基本经济制度，在巩固和发展公有制经济、发展混合所有制经济、支持民营经济健康发展、健全按劳分配和按要素分配机制、深化供给侧结构性改革、发挥市场在资源配置中的决定性作用等方面，取得了一系列新的重要理论和实践成果，把社会主义制度和市场经济更好地结合起来，形成了习近平新时代中国特色社会主义经济思想。多年来我们一直把公有制为主体、多种所有制经济共同发展作为社会主义基本经济制度，党的十九届四中全会通过的《中共中央关于坚持和完善中国特色社会主义制度 推进国家治理体系和治理能力现代化若干重大问题的决定》在此基础上，着眼于新的实践和发展需要，把按劳分配为主体、多种分配方式并存，社会主义市场经济体制，与公有制为主体、多种所有制经济共同发展并列，上升为社会主义基本经济制度，这是习近平新时代中国特色社会主义思想的重要创新和发展，它具有科学的理论基础、广泛的实践基础、深厚的群众基础。这三项基本经济制度是相互联系、相互支持、相互促进的，是经济制度体系中具有长期性和稳定性的部分，起着规范方向的作用，对经济制度属性和经济发展方式有着决定性影响。这三项基本经济制度，成为新时代我国构建更加有效管用、逻辑贯通、衔接匹配的经济制度体系和推动经济高质量发展的根本遵循，具有重要指导意义。

第三，社会主义基本经济制度对国家治理体系和治理能力现代化具有系统性重要影响。中国特色社会主义制度是党的领导和经济、政治、文化、社会、生态文明等各方面制度的总和，是一整套紧密联系、内在协调、相互支撑的制度体系。习近平总书记指出："经济基础决定上层建筑。经济体制改革对其他方面改革具有重要影响和传导作用，重大经济体制改革的进度决定着其他方面很多体制改革的进度，具有牵一发而动全身的作用。""坚持社会主义市场经济改革方向，不仅是经济体制改革的基本遵循，也是全面深化改革的重要依托。使市场在资源配置中发挥决定性作用，主要涉及经济体制改革，但必然会影响到政治、文化、社会、生态文明和党的建设等各个领域。要使各方面体制朝着建立完善的社会主义市场经济体制这一方向协同推进，同时也使各方面自身相关环节更好适应社会主义市场经济发展提出的新要求。"[①] 所以，习近平总书记的重要论述和党的十九届四中全会通过的《中共中央关于坚持和完善中国特色社会主义制度 推进国家治理体系和治理能力现代化若干重大问题的决定》对社会主义基本经济制度做出的新的重要概括和重大决策部署，必将对坚持和完善中国特色社会主义制度，从各方面、各领域推进国家治理体系和治理能力现代化产生深远影响，确保党和国家事业蓬勃发展、长治久安。

第二节　以公有制为主体、多种所有制经济共同发展的所有制结构

一、以公有制为主体、多种所有制经济共同发展的所有制结构的形成过程

1956 年，我国对个体农业、手工业和资本主义工商业的社会主义改造基本完成，这是所有制变革的一次伟大的历史性胜利。但是，在工作中也存在着一些缺点和失误。要求过急，工作过粗，变革速度太快，形式上过于简单划一，存在不少遗留问题。到 1978 年，全国个体工商业者只剩下 14 万人。1956 年以后，具有资本主义性质的私营企业在我国的土地上已经完全消失。总之，在 1978 年以前，由于对基本国情缺乏认识和"左"的错误的干扰，我国的个体、私营经济等其他经济成分一直没有恢复和发展，形成了公有制一统天下的单一所有制结构，这种所有制结构脱离我国的生产力状况，阻碍了我国经济的发展。

党的十一届三中全会以后，解放思想、实事求是的马克思主义思想路线恢复，在改革开放政策的指引下，个体、私营经济和其他经济成分适应我国生产力的状况，开始恢复和发展起来，我国逐步形成了以公有制为主体、多种所有制经济共同发展的结构。1981 年 6 月党的十一届六中全会通过的《关于建国以来党的若干历史问题的决议》把个体经济看作我国现阶段生产资料所有制结构中的一个重要组成部分。在农村经济体制改

① 十八大以来重要文献选编（上）. 北京：人民出版社，2014：550–552.

革过程中，随着家庭联产承包责任制的实行与农村集市贸易的恢复和发展以及城镇市场的开放，个体经济和私营经济如雨后春笋般破土而出。在城镇，一些待业者和无业者开始办起了个体饮食业、服务业，开始出现农民进城搞长途贩运，在农村出现了一批离土不离乡的从事工商业的专业户。在个体经济发展的基础上，开始出现雇工现象，私营经济随之应运而生。个体、私营经济在我国消失了近 20 年之后，于 20 世纪 80 年代初重新登上了中国的历史舞台。之后，党的十二大、十三大都提出了要鼓励、发展个体经济和私营经济，这使之获得了迅猛发展。

1992 年秋季召开的党的十四大明确提出了我国经济体制改革的目标是建立社会主义市场经济体制。这种经济体制“在所有制结构上，以公有制包括全民所有制和集体所有制经济为主体，个体经济、私营经济、外资经济为补充，多种经济成分长期共同发展，不同经济成分还可以自愿实行多种形式的联合经营”，“国有企业、集体企业和其他企业都进入市场，通过平等竞争发挥国有企业的主导作用”①。党的十五大认真总结了党的十一届三中全会以来在所有制结构问题上的经验，明确了公有制为主体、多种所有制经济共同发展，是我国社会主义初级阶段的一项基本经济制度，并进一步确认“非公有制经济是我国社会主义市场经济的重要组成部分”②。党的十四大、十五大不仅认为个体、私营经济应该存在和发展，而且确立了个体、私营经济在我国社会主义市场经济中应有的地位，党的十六大重申：“个体、私营等各种形式的非公有制经济是社会主义市场经济的重要组成部分”。这是我们党在对社会主义条件下的个体经济、私营经济认识上的一次重大飞跃。党的十七大提出：“坚持平等保护物权，形成各种所有制经济平等竞争、相互促进新格局。”党的十八大强调，要毫不动摇巩固和发展公有制经济，推行公有制多种实现形式，深化国有企业改革，完善各类国有资产管理体制，推动国有资本更多投向关系国家安全和国民经济命脉的重要行业和关键领域，不断增强国有经济活力、控制力、影响力。毫不动摇鼓励、支持、引导非公有制经济发展，保证各种所有制经济依法平等使用生产要素、公平参与市场竞争、同等受到法律保护。党的十九大再度明确指出：“必须坚持和完善我国社会主义基本经济制度和分配制度，毫不动摇巩固和发展公有制经济，毫不动摇鼓励、支持、引导非公有制经济发展”。

二、以公有制为主体、多种所有制经济共同发展的所有制结构产生的必然性

社会主义初级阶段的基本经济制度问题，实质上就是所有制的结构问题。公有制为主体、多种所有制经济共同发展作为我国社会主义初级阶段的基本经济制度是历史的必然，它揭示了社会主义初级阶段生产关系内在的本质特征。我国社会主义初级阶段之所以必然实行以公有制为主体、多种所有制经济共同发展的所有制结构，我们在本书第五章第四节已做了分析，不再重复，这里仅引用党的十五大报告所做的简练归纳作为提示：“公有制为主体、多种所有制经济共同发展，是我国社会主义初级阶段的一项基本经济制

---

① 十四大以来重要文献选编（上）. 北京：人民出版社，1996：19.

② 十五大以来重要文献选编（上）. 北京：人民出版社，2000：22.

度。这一制度的确立，是由社会主义性质和初级阶段国情决定的：第一，我国是社会主义国家，必须坚持公有制作为社会主义经济制度的基础；第二，我国处在社会主义初级阶段，需要在公有制为主体的条件下发展多种所有制经济；第三，一切符合‘三个有利于’的所有制形式都可以而且应该用来为社会主义服务。”

我国的所有制结构在发展的过程中走过了一段曲折的道路。我国在社会主义制度建立以后的很长一个时期内由于没有完全搞清楚什么是社会主义，以及对我国社会主义所处历史阶段缺乏科学认识，实行了一些超越阶段的错误政策，从而使所有制结构严重单一化，脱离了生产力的实际状况，严重阻碍了生产力的发展。例如，在 1975 年的工业总产值中，全民所有制工业企业产值占 83.2%，集体所有制工业企业产值占 16.8%；在社会商品零售总额中，全民所有制商业企业占 90.2%，集体所有制商业企业占 7.7%，基本上公有制经济一统天下。这种超越生产力发展水平的所有制结构，在很大程度上阻碍了我国生产力的发展。党的十一届三中全会以后，邓小平领导我们党对社会主义初级阶段的所有制问题进行了新的探索，取得了许多重大突破：突破了社会主义只能实行单一公有制的框框，坚持以公有制为主体、多种所有制经济共同发展；突破了公有制只能有两种形式的框框，实行多种所有制之间的联合；突破了集体所有制只能向全民所有制过渡这一轨道的局限性，确认各种所有制形式可以沿着各自的轨道或交叉联合的轨道发展；突破了全民所有制只能国家经营，集体所有制只能集体经营的框框，实行所有权和经营权适当分离，经营方式多样化。在上述突破的基础上，形成了以公有制为主体、多种所有制经济共同发展的所有制结构。这是对马克思主义所有制结构理论的重大发展。

党的十一届三中全会以后的党的重要文献都明确指出，我国实行这种特色的所有制结构。党的十七大报告进一步指出：“坚持和完善公有制为主体、多种所有制经济共同发展的基本经济制度”，党的十八大通过的新党章又重申了这一论述。党的十八届三中全会进一步指出：“公有制为主体、多种所有制经济共同发展的基本经济制度，是中国特色社会主义制度的重要支柱，也是社会主义市场经济体制的根基。公有制经济和非公有制经济都是社会主义市场经济的重要组成部分，都是我国经济社会发展的重要基础。”这标志着我们党对我国社会主义现阶段基本经济制度认识的深化。

第三节　毫不动摇巩固和发展公有制经济

一、坚持公有制为主体是社会主义的一条根本原则

社会主义公有制，是指社会主义条件下与社会化大生产相适应的全体劳动者或部分劳动者共同占有生产资料的一种所有制形式。它不仅包括国有经济和集体经济，还包括混合所有制经济中的国有成分和集体成分。国有经济，即社会主义全民所有制经济，是指由全体社会成员共同占有生产资料的公有制形式。它是同较高的社会化生产力相适应

的一种公有制形式，它基本上实现了劳动者在生产资料所有关系上的平等，劳动者与生产资料直接结合，生产资料已不再是剥削工具，而是为全体社会成员谋福利的工具。全民所有制是社会主义生产关系的主要经济基础，是整个国民经济的支柱和主导力量。在现阶段，全民所有制的生产资料由国家代表全体人民所有，采取国家所有制形式，所以称为国有经济。集体经济，即社会主义集体所有制经济，是指由部分劳动群众共同占有生产资料和产品的一种公有制形式。集体所有制经济是劳动群众根据自愿互利的原则组织起来的，实行自主经营、独立核算、自负盈亏的合作经济组织。它在集体经济组织的范围内实现了劳动者在生产资料所有关系上的平等，劳动者和生产资料直接结合，不存在剥削关系，劳动者之间建立了平等的互助合作关系。集体所有制经济是社会主义公有制经济的重要组成部分，在我国国民经济中发挥着重要作用。混合所有制经济是指不同所有制经济通过合资、合作等各种形式联合形成的一种经济组织或企业。在混合所有制经济中的国有经济成分和集体经济成分，同样属于公有制经济范畴。

在社会主义初级阶段的所有制结构中，必须坚持公有制的主体地位。邓小平指出："我们允许个体经济发展，还允许中外合资经营和外资独营的企业发展，但是始终以社会主义公有制为主体。"①"一个公有制占主体，一个共同富裕，这是我们所必须坚持的社会主义的根本原则。"②党的十八届三中全会更明确指出："必须毫不动摇巩固和发展公有制经济，坚持公有制主体地位，发挥国有经济主导作用，不断增强国有经济活力、控制力、影响力。"之所以必须坚持公有制的主体地位，是因为：

第一，生产资料公有制是社会主义生产关系的经济基础，也是社会主义制度的经济基础。没有生产资料公有制，就没有社会主义生产关系，也就没有社会主义制度。同时，公有制集中代表了社会主义国家全体人民的利益和意志，是现代社会化大生产和社会主义社会生产力发展的必然要求，代表着社会发展进步的基本方向。因此，坚持公有制的主体地位，就是坚持社会主义，削弱或取消公有制的主体地位，就是削弱或取消社会主义。所以，公有制是社会主义的根本特征。《中华人民共和国宪法》第六条规定，中华人民共和国的社会主义经济制度的基础是生产资料的社会主义公有制，即全民所有制和劳动群众集体所有制。第七条规定，国有经济，即社会主义全民所有制经济，是国民经济中的主导力量。国家保障国有经济的巩固和发展。第八条规定，农村集体经济组织实行家庭承包经营为基础、统分结合的双层经营体制。农村中的生产、供销、信用、消费等各种形式的合作经济，是社会主义劳动群众集体所有制经济。城镇中的手工业、工业、建筑业、运输业、商业、服务业等行业的各种形式的合作经济，都是社会主义劳动群众集体所有制经济。国家保护城乡集体经济组织的合法的权利和利益，鼓励、指导和帮助集体经济的发展。因此，支持公有制为主体、巩固和发展公有制经济，直接关系到坚持社会主义基本经济制度，我国是中国共产党领导的社会主义国家，在这一点上绝对不能有丝毫动摇。

第二，公有制经济掌握着国家的经济命脉，是社会主义现代化建设的主要支柱。它们拥有现代化的物质技术力量，掌握着国家经济命脉，在国民经济中，在提供物质技术

---

① 邓小平．邓小平文选：第3卷．北京：人民出版社，1993：110.

② 同①111.

基础、控制并调节生产和流通、提供资金积累、稳定市场和物价等方面都起着决定性作用。公有制经济是在我国长期发展历程中形成的。中华人民共和国成立初期，经过社会主义改造，消灭了剥削制度，建立了生产资料公有制的社会主义制度。几十年来，公有制经济控制着我国国民经济命脉，为国家建设、国防安全、人民生活改善做出了突出贡献。改革开放前，我国工业企业基本上都是全民所有制和集体所有制企业，1978 年公有制经济占全国工业总产值的 100%。改革开放 40 多年来，经过一系列改革和布局战略调整，国有企业数量占比虽然有所降低，但是企业实力、影响力和控制力进一步增强。2015 年，全国国有企业（不含金融类）共 16.7 万家，资产总额达到 140.7 万亿元，实现营业收入 44.9 万亿元，利润总额达到 2.5 万亿元。在 21 个基础性和支柱型产业中，国有资本比重超过 50%，在关系国家安全和国民经济命脉的领域发挥了主导作用；中央企业在电信、机械、海运、建筑、工程承包等关键技术领域实现重大突破，竞争力大幅提高。2018 年，全国国有企业（不含金融类）资产总额为 210.4 万亿元，国有资本权益总额为 58.7 万亿元，在全国规模以上工业企业中，国有控股企业数量仅占 4.9%，但主营业务收入占 26.8%，利润占 28%。2018 年《财富》杂志评选的世界 500 强企业中，中国有 120 家企业上榜，其中中央企业有 48 家（有 3 家中央企业排名前 10），这些中央企业的营业收入占我国全部上榜企业营业收入的 49.1%。国有企业在载人航天、探月工程、深海探测、高速铁路、特高压输变电、移动通信等领域取得了一批具有世界先进水平的重大科技成果，掌握了一大批关键核心技术。同时，国有企业还承担了大量社会责任，许多投资大、收益薄的基础设施和公共服务建设，许多周期长、风险大的基础性开发，许多国防科技工业的重大项目，许多重大自然灾害、突发事件的抗击救援，许多脱贫攻坚、改善民生项目的实施，都是由国有企业扛起来的。如果没有国有企业长期以来为我国发展打下的重要物质基础，就没有我国的经济独立和国家安全，就没有人民生活的不断改善，就没有我国今天在世界上的地位，就没有社会主义中国在世界东方岿然屹立。由此可见，国有企业在我国国民经济中始终发挥着中流砥柱的作用，是全体中国人民的宝贵财富，我们必须巩固好、发展好国有企业，做优、做大、做强国有企业，使其继续为改革开放和社会主义现代化建设做出更大贡献。

第三，公有制经济是保证市场经济沿着社会主义方向稳定、健康发展的物质基础。市场经济是一种多元经济主体相互竞争的经济，企业生产和经营的直接目的与动机是利润的最大化，因而就有可能产生忽视社会经济效益的行为和无序竞争的现象，这一点在非公有制经济中表现得更加明显。同时，在依靠市场机制配置社会资源的过程中，一些投资大、利润低的基础产业部门往往很难发展，而另一些受自然条件制约的基础产业部门又容易产生不合理的垄断现象。坚持公有制为主体，使国家掌握国民经济命脉，控制一些基础产业部门，并拥有强大的财力，就可以对市场进行有效的宏观调控，合理调节各种利益主体之间的矛盾，引导非公有制经济沿着有利于社会主义的方向发展。

第四，公有制是社会主义的根本特征，是实现我国劳动人民在政治上当家做主、经济上共同富裕的物质保证。只有坚持公有制的主体地位，才能保证劳动人民政治上的主人翁地位。同时，公有制从根本上消除了个人或集团凭借生产资料所有权无偿占有他人的劳动的现象，铲除了劳动人民被剥削被压迫的根源，使劳动人民成为生产资料的真正主人，公有制企业的产品归劳动人民所有，并根据劳动人民的利益，按照按劳分配的原则进行分配，为消除两极分化，最终达到共同富裕提供了保证。

公有制的主体地位主要体现在：公有资产在社会总资产中占优势，国有经济控制国民经济命脉，对经济发展起主导作用。首先，公有资产占优势包含两层含义：一是量的优势；二是质的提高。只有在保持量的优势的同时，更强调质的提高，努力使公有制经济不断提高整体素质，注意结构优化和规模效益，加强科学管理，加速技术进步，才能真正保持公有制自身的主体地位。其次，国有经济对经济发展起主导作用，主要体现在国有经济对国民经济的控制力和对经济发展的导向作用上。对关系国民经济命脉的重要部门、行业和关键领域，国有经济必须占支配地位。在其他领域，可以进行资产重组和结构调整，以加强重点，提高国有资产的整体质量。最后，公有制经济占主体地位，是就全国来讲的，并不意味着在所有领域和所有地区都是这样。不同地方、不同产业可以有差别。只要我们坚持公有制为主体，国家控制国民经济命脉，国有经济的控制力和竞争力得到加强这个前提，国有经济比重减少一些，就不会影响我国的社会主义性质。

二、毫不动摇巩固和发展公有制经济

公有制经济和非公有制经济都是社会主义的重要组成部分，都是我国经济社会发展的重要基础。《中共中央关于全面深化改革若干重大问题的决定》对坚持和完善公有制为主体、多种所有制经济共同发展提出了明确要求。经过多年的改革，我国公有制总体上已经同市场经济相融合，同时，还需要在一些重要领域继续深化改革。

（一）探索公有制多种实现形式，鼓励发展国有资本、集体资本、非公有资本等交叉持股、相互融合的混合所有制经济，实现各种所有制资本取长补短、相互促进、共同发展，使我国基本经济制度发挥出更大优越性

党的十八届三中全会通过的《中共中央关于全面深化改革若干重大问题的决定》指出，“国有资本、集体资本、非公有资本等交叉持股、相互融合的混合所有制经济，是基本经济制度的重要实现形式”，要求“积极发展混合所有制经济”。这就为深化国有企业改革、国有资本战略性调整进一步指明了方向，也为非公有资本参与国有企业改革改组、与其他资本平等竞争进一步指明了方向，是今后完善基本经济制度的重要着力点。

所有制与所有制实现形式之间既有区别又有联系。所有制是指生产过程中人与人在生产资料占有方面的关系，它包括人们对生产资料的所有权、占有权、使用权、分配权等方面的经济利益关系。所有制的实现形式是指这些经济关系借以实现的具体形式，主要是指资产或资本的组织形式和经营方式。所以两者是不同的。但它们之间是密切联系的。同一种所有制可以采取不同的实现形式，不同的所有制可以采取相同的实现形式。

在我国改革开放的伟大实践中，人民群众创造出了许多公有制的实现形式，其中最主要的有股份制、股份合作制和联产承包为主的双层经营制等。党的十七大报告强调，要推进集体企业改革，发展多种形式的集体经济、合作经济。

改革开放以来，我们党一直在努力寻找公有制和基本经济制度有效的实现形式。

1993 年，党的十四届三中全会通过的《中共中央关于建立社会主义市场经济体制若干问题的决定》提出："随着产权的流动和重组，财产混合所有的经济单位越来越多，将会形成新的财产所有结构。"1997 年，党的十五大报告确立了社会主义初级阶段的基本经济制度，提出："公有制实现形式可以而且应当多样化。""要努力寻找能够极大促进生产力发展的公有制实现形式。股份制是现代企业的一种资本组织形式，有利于所有权和经营权的分离，有利于提高企业和资本的运作效率，资本主义可以用，社会主义也可以用。"1999 年，党的十五届四中全会通过的《中共中央关于国有企业改革和发展若干重大问题的决定》进一步指出："国有大中型企业尤其是优势企业，宜于实行股份制的，要通过规范上市、中外合资和企业互相参股等形式，改为股份制企业，发展混合所有制经济。"2002 年，党的十六大报告提出："除极少数必须由国家独资经营的企业外，积极推行股份制，发展混合所有制经济。"2003 年，党的十六届三中全会提出："要适应经济市场化不断发展的趋势，进一步增强公有制经济的活力，大力发展国有资本、集体资本和非公有资本等参股的混合所有制经济，实现投资主体多元化，使股份制成为公有制的主要实现形式。"党的十八届三中全会通过的《中共中央关于全面深化改革若干重大问题的决定》提出，积极发展混合所有制经济，并强调国有资本、集体资本、非公有资本相互持股、相互整合的混合所有制经济是基本经济制度的重要实现形式。我们的基本经济制度是社会主义初级阶段的基本经济制度，初级阶段的主要特征就是生产力不发达。我国在世界上的地位仍然是最大的发展中国家。坚持和完善基本经济制度，就是要充分发挥各种所有制的优势，激发各种所有制的活力和创造力，推进社会生产力的发展。混合所有制经济从本质上说就是股份制经济，是一种富有活力和效率的资本组织形式。我国股份制的特点是不同性质的资本配合的混合所有制的股份制经济，也就是混合所有制经济。积极发展这样的混合所有制经济有利于改善国有企业、集体企业、非公有制企业的产业结构，推动企业建立适应市场经济发展的现代企业制度；有利于国有资本放大功能、保值增值、提高竞争力；有利于推动各类所有制企业产权的流动和重组，优化资本配置，使效益最大化；有利于依托多元产权架构和市场化的运营机制，提高国有经济或公有经济效益；有利于非公有制经济进入基础设施、公用事业等更多领域拓展发展空间。总之，有利于各种所有制资本取长补短、相互促进、共同发展，统一于社会主义现代化建设进程中，最大限度地解放和发展生产力。

（二）完善国有资产监管体制，形成以管资本为主的国有资产监管体制，推进国有经济布局和结构调整，更多投向关系国家安全、国民经济命脉的重要行业和关键领域，服务国家战略目标，增强国有经济竞争力、创新力、控制力、影响力、抗风险能力，做强做优做大国有资本

积极发展混合所有制经济，就要完善国有资产监管体制。随着改革的不断深化，国有资本和民营资本、外国资本有效融合，形成了多种所有制相互参股的混合所有制企业，市场化改革加快，产权流动和重组更加频繁，企业的产权结构也在不断变化。这种变化客观上要求进一步完善国有资产监管体制。党的十八届三中全会通过的《中共中央关于全面深化改革若干重大问题的决定》对今后国有资产管理体制改革做出了部署：以管资

本为主加强国有资产监管，改革国有资本授权经营体制，组建若干国有资本运营公司，支持有条件的国有企业改组为国有资本投资公司。一方面，随着国有企业股份制改革的深化和现代企业制度的建立，国有资本的资本化和证券化趋势明显，流动性增强，对国有资本授权经营体制提出了改革要求；另一方面，国有资本的运营效率低下和收益率低下也暴露了授权经营体制的缺陷。因此，我国总结和参考国内外资产管理公司的经验，通过划拨现有国有企业股权组建一批国有资本运营公司，即以资本运营为主的公司形式，运营的对象是持有的国有资本（股本），包括国有企业的产权和公司制企业中的国有股权，主要在资本市场运作，既可以在资本市场融资（发行股票），又可以通过股权产权买卖来改善国有资本的分布结构和质量。资本运营强调的是资金的周转循环，追求资本在运动中增值，运作的形式有兼并或分立、成立合资公司、公司制改建、培育上市公司、产权转让置换等，通过资本运营，使国有资本保值增值。

为了克服国有资本职能定位不清晰、国有经济布局不合理的问题，今后需要明确界定国有资本的职能。总的来说，国有资本可以分为公益性和收益性两大类。公益性资本主要投资于提供公共服务的保障领域，包括基础设施、基础产业中普通服务的部分；收益性资本主要投资于重要竞争性产业和技术创新等领域，包括投资于引领科技进步、具有国际竞争力、进入世界500强的大型企业和跨国公司。为与上述国有资本职能相适应，我国组建若干国有资本运营公司，分别制定不同类公司对各家企业的出资和投资方式，确定它们的经营目标和考核体系。总之，国有资本投资运营要服务于国家战略目标，更多投向关系国家安全、国民经济命脉的重要行业和关键领域，重点提供公共服务、发展重要前瞻性战略性产业、保护生态环境、支持科技进步、保障国家安全。

完善国有资本经营预算制度，是完善国有资产监管体制的重要方面。我国从1994年起，国有企业利润留给企业，不上缴国家财政，这是因为当时国有企业处境比较困难。后来，国有企业利润大幅增加，2006年突破1万亿元，2007年达到1.62万亿元，在这种情况下，继续维持企业利润留给企业已经不合适。于是，2007年12月，财政部和国务院国资委发文规定，中央企业分三类分别向财政部上缴10%的利润、5%的利润和三年不上缴利润。地方国有企业由地方国资委决定利润上缴制度。经过三年试运行，2011年初国务院常务会议决定，从2011年起将5个中央部门（单位）和2个企业集团所属1 631户企业纳入中央国有资本经营预算实施范围，同时适当提高中央企业国有资本收益收取比例。其中，资源类企业由10%提高到15%，一般竞争类企业由5%提高到10%，军工科研类企业收取5%。为了纠正国有企业利润上缴比例偏低的情况，参考国际上国有资本平均分红比例30%的水平，党的十八届三中全会通过的《中共中央关于全面深化改革若干重大问题的决定》要求：“提高国有资本收益上缴公共财政比例，二〇二〇年提到百分之三十，更多用于保障和改善民生。”

继续推进以管资本为主加强国有资产监管，转变监管职能，优化监管方式，切实加强国有资产监管。确保资产保值增值，严防国有资产流失，把人民的共同财富切实守护好、发展好。一要加快推进监管职能转变。加快制定出资人监管权力和责任清单，进一步明确履职边界，有效解决监管错位、越位、缺位问题。二要强化国有资产监督。进一步整合监督力量，突出监督重点，提高监督效能，强化对关键岗位、重点环节、重要人员特别是“一把手”的监督管理，加强当期监督和事中监督，提高监督工作的严肃性、权威性和时效性。推动国有资产和国有企业重大信息公开，自觉接受监督。三要不断完善监管方式。更多采用市场化、法治化、信息化监管方式，优化监管流程，推进分类监管、分类定责、分类考核，推进信息化与监管业务深度融合，切实解决信息不对称、监管不到位的问题，消除监管空白点。

（三）深化国企国资改革

国有企业是中国特色社会主义制度的特色和优势，是公有制经济的核心载体。国有企业是推进国家现代化、保障人民共同利益的重要力量。深化国有企业改革、推动国有企业发展，是巩固和发展公有制经济、发挥国有经济主导作用的需要，是不断增强国有经济活力、控制力、影响力的需要，是完善中国特色社会主义制度的需要。

为了适应市场化、国际化新形势，必须进一步深化国有企业改革。深化国有企业改革的重点是规范经营决策、促进资产保值增值、公平参与竞争、提高企业效率、增强企业活力、承担社会责任。根据中央有关决定，当前在加快推进国企国资改革过程中要牢牢把握稳中求进总基调，以提高质量、效益和企业核心竞争力为中心，以推进供给侧结构性改革为主线，围绕增强活力、优化布局、强化创新、提质增效、管控风险、防止流失，加快国企国资改革步伐，力争在重要领域和关键环节取得新突破，坚定不移做强做优做大国有企业，为促进经济社会持续健康发展做出积极贡献。

1. 推进改革政策落实落地

目前国企改革从顶层设计到操作细则已基本齐备，要进一步推进国有企业改革举措落地生效。一要大力推进政策落地，确保改革扎实有效推进。二要全面推进“十项改革”试点，将试点与解决国有企业改革重点难点问题紧密结合，力争在国有资本投资运营、董事会运行机制、党组织发挥政治核心作用等方面探索出新路子。三要坚持边试点、边总结、边完善，尽快在改体制、改机制、改模式上见成效、出成果，以点带面推进改革。地方国资委也可以结合地方和企业实际，加快改革探索。四要加快建立改革容错纠错机制，为国企改革划出红线、明确底线，保护广大干部创造性开展工作的勇气和积极性。

2. 深入推进公司制股份制和混合所有制改革

一是加大力度全面完成国有企业公司制股份制改革。支持中央企业间、中央企业和地方国有企业间交叉持股，积极引入其他各类投资者实现股权多元化，探索集团层面股权多元化改革。二是加快混合所有制改革。要按照完善治理、强化激励、突出主业、提高效率的要求，在电力、石油、天然气、铁路、民航、电信、军工等领域迈出实质性步伐，推动国有企业与其他所有制企业融合发展。

3. 切实建立灵活高效的市场化经营机制

一是完善公司法人治理结构，大力推进规范董事会建设，加快形成权责对等、运转协调、有效制衡的决策执行监督机制。二是继续推进改组改建国有资本投资、运营公司，探索有效运营模式，充分发挥国有资本投资、运营公司在国企改革中的示范作用。三是深化企业三项制度市场化改革，充分调动国有企业广大管理人员和员工的积极性。四是加快剥离国有企业办社会职能和解决历史遗留问题。

4. 加大推进供给侧结构性改革力度

一要加快深度调整重组步伐，提高企业素质和产业集中度，增强市场竞争力。二要发挥好国有企业结构调整基金的作用。结构调整基金的使用必须有利于发展战略性新兴产业、先进制造业、现代服务业等，进一步提高国有资本配置和运行效率，从而增强核心企业的盈利能力和市场竞争力。三要继续“瘦身健体”提质增效。按照“三去一降一补”总体要求，钢铁、煤炭企业要全面完成化解过剩产能工作，其他行业，如有色金属、船舶制造、建材、炼化和电力等行业，也要加快淘汰落后产能。要继续积极稳妥处置“僵尸企业”。四要继续推进压减管理层级工作。要进一步加大工作力度，确保管理层级减至 3 ～ 4 级以下，法人层级减少 3 ～ 5 个层级，减少法人单位，降低企业成本，提高集团管控能力和运行效率。

5. 全面从严加强国有企业党的建设

一要全面落实国有企业党委（党组）抓党建的主体责任、党委书记第一责任人的责任、班子成员的“一岗双责”，确保党的领导和党的建设在企业改革发展中得到充分体现和切实加强。二要把加强党的领导与完善公司治理统一起来，把党的领导融入公司治理各环节。明确和落实党组织在公司法人治理结构中的法定地位，使党组织发挥领导核心和政治核心作用组织化、制度化、具体化。三要抓好干部队伍和基层党组织建设，不断提高他们的思想政治素质、增强党性修养。四要进一步深入推进反腐倡廉建设和作风建设。持之以恒落实中央八项规定，努力构建“不敢腐、不能腐、不想腐”的长效机制。

（四）加快构建新型农业经营体系

加快构建新型农业经营体系，是党的十八届三中全会针对当前农业农村发展新形势，以及同步推进新型工业化、信息化、城镇化、农业现代化的要求，提出的进一步深化农村改革的重大任务。农业经营体系，既包括从事农业生产经营活动的主体，也包括为农业生产经营主体提供各种经济、技术支持的服务主体。

1. 推进家庭经营基础上农业经营主体的多样化发展，是建设现代农业的必然要求

党的十八届三中全会通过的《中共中央关于全面深化改革若干重大问题的决定》提出：“坚持家庭经营在农业中的基础性地位，推进家庭经营、集体经营、合作经营、企业经营等共同发展的农业经营方式创新。”这就要求，在培育新型农业经营主体的过程中，必须坚持以家庭经营为基础、多种经营形式共同发展的方向。农业是一个特殊的产业，它是利用动植物的生命活动过程来生产产品的产业。农业所提供的产品，尤其是种植业的大宗产品（如粮、棉、油、糖等），都是在自然环境中的田野上生产的。这就决定了农业的生产经营者必须随时关注气候和作物两方面的各种变化，并及时采取有针对性的措施以保障农作物的健康生长。农业与工业不同，我们不可能对农业劳动者进行劳动监督和劳动计量。正是这个特点，决定了农业生产更适合由家庭来经营，因为家庭成员之间有紧密的利益关系，可以不必考虑对劳动的监督和计量。党的十一届三中全会后，农村

改革首先破除的就是人民公社统一核算、统一分配的经营体制，由此恢复了农户家庭在农业生产经营中的基础性地位。改革开放40多年来，我国农业在实行这一基本经营体制的基础上取得了举世瞩目的成就，粮食及其他各类农产品的产量均成倍增加，农民收入大幅度增长，农村面貌发生了显著变化。事实证明，以家庭承包经营为基础、统分结合的双层经营体制，符合农业产业的特点、适应社会主义市场经济的要求，必须长期坚持、不断完善。

农业经营主体的多样化，是农业在向现代化演进过程中的必然现象。我国幅员辽阔，各地经济社会的发展差距很大，各地的地形、地貌和气候条件差异很大，农业生产经营者所生产的农产品也各不相同。特别是在工业化、城镇化的带动下，农业劳动力正在大规模向城镇和非农产业转移，原来由各家各户自己经营的承包耕地经营权有了流转和集中的可能。同时，越来越多的农产品开始走向集约化、专业化、组织化、社会化生产，这些变化都在加快促进各种新的农业经营形式的成长。从各地已有的实践看，为了提高农业生产经营效率，不同农产品的生产往往会对经营形式提出各不相同的要求。例如，粮棉油糖等大宗农产品的生产效率，主要取决于耕地的经营规模。因此，通过流转承包耕地的经营权、实现扩大土地经营规模的家庭农场、专业大户、土地股份合作社等，便在这一领域应运而生。瓜果、蔬菜、花卉等鲜活农产品的生产效率，主要取决于品种的选择、栽培技术和市场营销等，通过组织农民专业合作社，能够最大限度地发挥这些方面少数“能人”的带动作用，专业合作社受到从事这些产品生产的农户的欢迎。现代化设施农业和规模养殖业，对技术、投资、管理和营销等方面的要求，超越了大多数农户和农民专业合作社的能力，更适合引入社会资本实行企业化的经营。因此，党的十八届三中全会提出：“鼓励和引导工商资本到农村发展适合企业化经营的现代种养业，向农业输入现代生产要素和经营模式。”

家庭经营基础上农业经营主体的多样化发展，已经在我国初显端倪。应当在坚持农村土地农民集体所有、农地农用和粮田种粮的用途管制原则下，从当地实际出发，在尊重农民意愿和保障农民权利的基础上，鼓励探索创新，使符合现代农业发展要求的各类农业经营主体都能得到完善和发展。

2. 切实保障农户承包土地的合法权利，是创新农业经营体系的必要前提

创新农业经营主体意味着土地等农业生产要素必须实现流动和重新组合。要使农户无后顾之忧地流转承包土地的经营权，前提条件是必须切实保障农户对承包土地的合法权利。党的十八届三中全会指出：“坚持农村土地集体所有权，依法维护农民土地承包经营权，发展壮大集体经济。稳定农村土地承包关系并保持长久不变，在坚持和完善最严格的耕地保护制度前提下，赋予农民对承包地占有、使用、收益、流转及承包经营权抵押、担保权能，允许农民以承包经营权入股发展农业产业化经营。”这就要求我们在构建新型农业经营体系过程中，必须切实保障农户合法的土地承包经营权。我们必须强调和坚持这个基本原则，原因如下。

第一，在我国现行的农村基本经营制度下，只有明确农户拥有的是土地的承包经营权，才能坚持农村土地的集体所有权；也只有明确了必须稳定农村土地承包关系并保持长久不变，才能使农户放心地去流转自己承包土地的经营权。因此，必须加快推进农村集体土地所有权、农户土地承包经营权的确权、登记、颁证工作，为依法保障农村土地的集体所有权和稳定农户的土地承包权提供坚实的依据，为承包土地经营权的流转和集中创造适宜的制度环境。

第二，农村土地承包经营权作为法律赋予农户的合法财产权利，农户有权依法自主选择其实现形式。只要不擅自改变承包合同中明确规定的土地用途，农户就可以以多种方式选择承包土地的具体经营形式。农户可以自己经营承包土地，也可以向他人出租或转包承包土地的经营权；可以与本集体经济组织成员自愿互换各自所承包的地块，也可以和其他农户以土地股份合作制的形式发展农业的合作生产；可以将承包土地的经营权用于向金融机构抵押、担保融资，还可以将承包土地的经营权作为股份投入到农业产业化的经营中去。在上述种种情况下，土地的承包关系均不发生变化，原承包农户仍将继续拥有本集体经济组织土地承包者的权利。此外，在农户有了稳定的非农产业收入或迁入城镇居住就业后，还可以将自己承包的土地转让给本集体经济组织的其他成员。选择何种方式实现土地承包经营权，完全由农户自主选择，绝不能采取任何违背农户意愿、损害农民权益的强制性办法。

第三，只有加快明确农村土地所有权、承包权、经营权这三者之间的关系，才能保障承包农户在耕地经营权流转中的合法权利。农村土地制度改革（这里主要是指耕地经营制度的改革）必须坚持农村土地属于农民集体所有的性质，必须保障承包农户的合法权利，必须有利于提高耕地的利用效率。农村的土地承包关系要保持稳定并长期不变，但承包农户的家庭人口、农村的劳动力数量却经常在发生变化。处理好这个“变”与“不变”的关系，是培育和完善我国农村承包土地经营权流转市场的关键。改革初期，农户创造了土地集体所有权与农户土地承包经营权的“两权分离”，由此确立了以家庭承包经营为基础，统分结合的双层经营体制。之后，随着农村劳动力流动和农户家庭人、地关系的变化，不少地方的农民又进一步创造了农村土地明确所有权、稳定承包权、放活经营权的“三权分离”，这为承包农户在稳定土地承包权的基础上放心地流转承包土地的经营权奠定了理论基础。

实现农村土地所有权、承包权、经营权的“三权分离”，关键要在土地经营权的流转中始终维护承包农户的主体地位，保证土地经营权的流转由农户自主按市场机制的原则进行，因此，必须加快农村土地流转市场的建设。党的十八届三中全会要求：“鼓励承包经营权在公开市场上向专业大户、家庭农场、农民合作社、农业企业流转，发展多种形式规模经营。”近些年来，各级农业部门不断加强对农户承包土地经营权流转的服务和管理，相当多的一部分乡镇建立了土地流转服务机构，有些地方还在村中设立服务点，在网上及时公布土地转出、转入的意愿等相关信息；有些地方还开展试点，设立更高层级的农村土地经营使用权流转交易市场；同时，在绝大多数县级农业行政部门，已经设立了农村土地承包纠纷仲裁机构。这些做法都促进和规范了农村承包土地经营权的流转。到 2012 年底，除了在亲友之间流转以及依法可以不必签订合同的流转期限不足一年的行为以外，农村流转的承包土地经营权大部分已签订了合同，农户承包耕地经营权流转的行为正在逐步规范化。党的十九大报告强调，巩固和完善农村基本经营制度，深化农村土地制度改革，完善承包地“三权”分置制度。保持土地承包关系稳定并长久不变，第二轮土地承包到期后再延长三十年。

3. 鼓励农户发展多种形式的联合与合作，是加快构建新型农业经营体系的重要途径

农业经营体系创新是提高农业经营主体生产效率的重要途径之一。从各地探索实践的经验看，农业经营体系的创新，主要有三大类表现形式：

一是通过承包土地经营权的流转，扩大家庭经营的土地规模，如发展家庭农场、专业大户等。除了常规的承包土地经营权流转外，近年不少地方农民创造的土地托管、代耕、“土地银行”等形式，也对扩大耕地的经营规模发挥了积极作用。

二是依靠农业社会化服务体系的支持，通过“耕、种、收等主要作业环节靠社会化服务，日常田间管理主要靠家庭成员”的方式，以扩大社会化服务的规模来弥补生产经营主体耕地规模的相对不足，节本增效明显。

三是发展多种形式的合作与联合，既有围绕某些特定农产品的生产、销售、加工而展开的农民专业合作社，也有实行土地股份合作制的农业生产联合组织。它们的共同特点就是着力解决农民一家一户办不了、办不好、办起来不经济的事情。

党和国家高度重视农民自愿发展的各种合作和联合。党的十八届三中全会明确要求：“鼓励农村发展合作经济，扶持发展规模化、专业化、现代化经营，允许财政项目资金直接投向符合条件的合作社，允许财政补助形成的资产转交合作社持有和管护，允许合作社开展信用合作。”各地和各有关部门都要认真贯彻落实中央的要求，促使我国农民的各种联合和合作健康发展，加快中国特色农业现代化的前进步伐。

第四节 毫不动摇鼓励、支持和引导非公有制经济发展

公有制为主体、多种所有制经济共同发展，是我们党在认真总结改革开放前所有制超越发展阶段、生产关系严重不适应生产力发展水平的教训的基础上，逐步探索后确立的一项大政方针，而且是随着实践发展在具体内涵和实现形式上不断丰富和完善形成的。党的十八届三中全会指出，毫不动摇鼓励、支持、引导非公有制经济发展，这是同我国社会主义初级阶段生产力发展水平相适应的必然选择，是坚持和完善社会主义基本经济制度的题中应有之义。

习近平总书记指出，“民营经济是我国经济制度的内在要素，民营企业和民营企业家是我们自己人”[①]，这为广大民营企业家吃下了定心丸。现在，要在前期工作基础上，为非公有制经济特别是民营经济发展营造更好环境，推动其走向更加广阔的舞台。

一、非公有制经济及其作用

在社会主义初级阶段，发展非公有制经济绝不是权宜之计，它们本身就是社会主义市场经济的重要组成部分，它们在搞活经济、方便人民生活、解决就业压力、增加国家

① 习近平：在民营企业座谈会上的讲话. 人民日报，2018-11-02.

税收、吸收外资、引进先进技术和管理经验等方面起到了积极作用。所以，党的十八大各次全会、党的十九大都指出，必须毫不动摇鼓励、支持、引导非公有制经济发展，激发非公有制经济的活力和创造力。

非公有制经济包括个体经济、私营经济以及外资经济。

个体经济是指生产资料归劳动者个人所有，并由劳动者个人及其家族成员直接支配和使用的经济形式。个体经济具有规模小、经营分散、工具简单、依靠手工操作等特点，所以它适合于生产社会化程度较低，或者不具有社会化生产的部门和行业。它在我国城乡手工业、农业、商业、交通运输业和服务行业中广泛存在。个体经济在许多社会经济形态中存在，它总是依附于一定社会中占主导地位的经济形式，并为其服务。在社会主义初级阶段，它作为社会主义公有制经济的一种补充形式，能够起到公有制经济所起不到的作用。

私营经济是指生产资料私人所有，以雇佣劳动为基础的私有制经济形式。所以，这里讲的私营经济不是从经营方式而是从所有制关系上来界定的，它是私有制经济中的一种形式。

个体、私营经济是社会主义市场经济的十分重要的组成部分，在社会主义现代化建设中发挥着重要作用，主要表现在以下几个方面。

（1）个体、私营经济促进了社会主义生产力的发展。个体、私营经济的发展吸收了大量农村富余劳动力和城镇的待业人员，为他们提供了一个能更好地施展自己才能、实现自身价值的场所，极大地调动了他们的潜力，为国家创造了大量物质财富。资金是生产力各要素的黏合剂，资金只有在运动中才能发挥效益，增加物质财富。我国的经济发展仍需要大量建设资金。而个体、私营经济的发展能够把民间大量闲散的货币资金集中起来，进行投资，发展生产，迅速形成实际的生产能力。个体、私营经济的发展还加快了科技产品的开发和科研成果向生产力的转化。随着科研体制的改革，不少科技人员脱离了原来的科研单位，直接创办民营科技企业，把科技成果直接用于生产，迅速形成了生产能力。

（2）个体、私营经济的发展有利于增强国家的综合国力。当今世界力量的对比是综合国力的对比。要使我国跻身于世界强国之林，立于不败之地，必须增强国家的综合国力。这就要求在加快发展公有制经济的同时，还必须大力发展个体、私营经济。目前，我国个体、私营经济大力发展，已经成为国民经济的一个新的增长点、国家财政收入增长的一个重要因素。个体、私营经济的发展不仅加快了国民经济的发展，增加了国家财政收入，而且加快了农村产业结构的变化和农村工业化的发展。个体、私营经济的发展还促进了第三产业的发展和国家城市化水平的提高。第三产业的发展程度和国家城市化水平的高低是衡量一个国家经济发展水平和综合国力强弱的重要标志。现在个体、私营经济不仅在第一产业、第二产业中得到广泛的发展，而且在广告业、信息咨询业、仓储业、生产技术服务业等第三产业中呈现出蓬勃发展势头。个体、私营经济的发展，地区经济的活跃，一方面需要有一个生产要素和产品的集散地点，需要有相应的生活设施和相关产业的发展，另一方面也为各种基础设施的建设提供了必要的资金。这一切都为农村小城镇的形成和发展创造了条件，从而使农村城镇化、国家城市化的步伐大大加快。

（3）个体、私营经济的发展有利于促进公有制经济的改革，加快社会主义市场经济体制的形成。个体、私营经济的存在和发展打破了公有制经济一统天下的局面，初步形成了公有制经济、“三资”企业和个体、私营经济共同发展的新局面。个体、私营经济本身就是商品经济，它们一出现，就以经营的灵活性、市场的适应性、强烈的竞争性和较高的效益性向国有、集体经济发出了挑战，促使国有、集体经济不得不转变经营作风，面对市场，增强竞争意识，转换经营机制。同时，个体、私营经济的存在和发展也在客观上促进了政府职能的转变和政府机构的改革，间接地为推进国有企业改革创造了有利条件。市场经济是一种自主经济、法治经济。没有真正的自主经营、自负盈亏、自我积累、自我发展的市场主体，就谈不上市场经济。多元的产权主体的存在是市场经济的基本前提。个体、私营经济是天然的自主经营、自负盈亏的市场主体，因而它们就成为发展社会主义市场经济的先导。个体、私营经济的健康发展对传统计划体制造成的冲击和压力越大，社会主义市场经济体制建立的速度就越快。

（4）个体、私营经济的发展有利于提高人民的生活水平。个体、私营经济的发展为一部分富余劳动力提供了就业机会，直接增加了他们的收入，同时也为在职职工提供了利用业余时间从事第二职业的机会，从而也提高了这部分在职职工的收入水平。个体、私营经济一般都从事与人民生活息息相关的行业。它们见缝插针，越是短缺紧俏的商品，就越有人去生产经营。改革开放以后，我国各类集贸市场、商店里商品琳琅满目，应有尽有，这与个体、私营经济的发展密切相关。个体、私营经济的发展不仅为人们提供了大量的物质产品，满足人们日益增长的物质生活需要，而且为人们提供了大量的服务，满足人们日益增长的精神文化和服务的需要。个体、私营经济的经营网点遍及城镇的街头巷尾以及广大农村地区，哪里有人群，哪里就有它们的踪迹。它们把城里的工业消费品、农用生产资料源源不断地销往农村，又把农村大量的农副产品运往城市，活跃了城乡经济交流，方便了人们的生活。

（5）个体、私营经济的发展有利于经营人才的成长。发展社会主义市场经济需要成千上万优秀的企业家和经营管理人才。商品经济是培养和造就企业家、经营管理人才的大学校。由于个体、私营企业主既是生产资料所有者，又是生产和流通的直接经营者、管理者，他们完全根据自身的利益和市场的需求进行决策，从事生产经营活动，内有动力，外有压力，在风云变幻的市场上，在激烈的竞争中经受磨炼，增长才干，因而不仅能涌现出一大批精明能干的企业家和经营管理者，而且会使雇工在这所大学校里受到熏陶，学到技术和经营管理的经验，提高自己的素质。

外资经济是指以中外合资企业、中外合作企业和外商独资企业的形式存在的“三资”企业中的外资成分。中外合资企业，是指我国同外商共同投资、共同经营、共负盈亏、共担风险的企业。中外合作企业，是指由中方提供土地、厂房以及其他可供利用的设备和劳动力，由外商提供资金、技术、设备、原材料，合作兴办的企业。外商独资企业，是指外商经我国政府批准，在我国境内租赁土地、独自投资、独自生产和经营、自负盈亏的企业。外资经济就其性质来讲，是社会主义条件下的国家资本主义经济，是一种国家能够加以限制、规定其活动范围的资本主义经济。

“三资”企业的存在及其一定程度的发展，有利于我国引进先进的技术设备，利用外国资本，学习国外先进的管理经验和技术，从而大大加快我国的技术改造步伐，促进资源合理开发，提高生产能力和产品质量，扩大出口和就业。所以，发展“三资”企业对我国加强对外经济合作和技术交流，促进经济现代化起着重要作用。我国是社会主义的主权国家，一切外商来华投资都必须严格遵守我国的法律法规。同时，我国为它们来华投资提供必要的方便和优惠条件，其合理的利润和合法的权益受到我国法律的保护。

二、支持非公有制经济健康发展，更好激发非公有制经济的活力

改革开放以来的理论和实践表明，在功能定位上，公有制经济和非公有制经济都是社会主义市场经济的重要组成部分，都是我国经济社会发展的重要基础。这就提升了非公有制经济的地位和作用，丰富和发展了基本经济制度的内涵。据统计，2012 年，我国非公有制经济占国内生产总值的比重就已超过 60%，提供的税收占全国税收的 73.1%。2016 年，民间投资占全国固定资产投资的比重达到 61.2%；规模以上私营企业工业增加值增长 7.5%，成为经济增长的重要推动力量。大量创新型科技企业都是民营中小企业，涌现出华为、海尔等一批技术创新走在行业前列的民营企业，在促进科技创新方面做出了重要贡献，同时吸纳了 80% 以上的城镇就业人员和 90% 的新增就业人员。2016 年末，个体、私营经济从业人员达到 3.1 亿人，成为解决就业的主渠道。在各种所有制经济中，个体、私营企业的税收增长是最快的。非公有制经济还是创新创业的生力军。非公有制经济创造了 60% 以上的发明专利、70% 以上的技术创新和 80% 以上的新产品。新设小微企业周年开业率占到 70.8%，初次创业小微企业占 85.8%。所以，党中央要求毫不动摇地鼓励、支持、引导非公有制经济发展，激发非公有制经济的活力和创造力。当前，我国经济正处于转型升级的关键时期，适应国内外经济形势的新变化，加快形成新的经济发展方式，必须着力激发各类市场主体的发展活力，充分释放创新驱动发展新动力。作为最具活力和创造力的经济成分，非公有制经济是有效破解经济发展动力不足、活力不强的关键所在，也是推动我国经济转型升级的重要依托。所以，以习近平同志为核心的党中央十分重视和大力支持非公有制经济的发展，2016 年再度明确肯定了对非公有制经济“三个没有变”，即非公有制经济在我国经济社会发展中的地位和作用没有变，我们鼓励、支持、引导非公有制经济发展的方针政策没有变，我们致力于为非公有制经济发展营造良好环境和提供更多机会的方针政策没有变。党的十九大再次重申“支持民营企业发展”。这就为非公有制经济的健康发展提供了最有力的保障。

从我国国情出发，当前支持非公有制经济健康发展，在政策待遇上要坚持权利平等、机会平等、规则平等，创造市场公平竞争的政策环境。权利平等，就是赋予非公有制经济与公有制经济平等的法律地位和发展权利，为非公有制经济持续健康发展提供基础和保障。机会平等，就是赋予非公有制经济平等进入市场的机会，进一步拓宽非公有制经济准入领域。规则平等，就是赋予非公有制经济参与竞争的平等市场环境和政策环境，在发展环境上与公有制经济同等对待、一视同仁，进一步创造非公有制经济平等参与市场竞争的前提和条件。为此，必须完善产权保护制度，健全归属清晰、权责明确、保护严格、流转顺畅的现代产权制度，保障公有制经济和非公有制经济财产权不可侵犯。国家保护各种所有制经济的产权和合法利益，保证各种所有制经济依法平等使用生产要素、公开公平公正参与市场竞争、同等受到法律保护，依法监管各种所有制经济。

为了推动非公有制经济的发展，党的十八届三中全会还提出了一系列新的任务和举措：

一是废除对非公有制经济各种形式的不合理规定。提出实行统一的市场准入制度，在制定负面清单的基础上，各类市场主体可依法平等进入清单之外的领域，实行“非禁即入”“法无禁止皆可为”，将进一步扫清影响非公有制经济发展的制度障碍，极大地拓展非公有制经济发展的空间。

二是消除非公有制经济健康发展的各种隐性壁垒。保证各种所有制经济依法平等使用生产要素，公平参与市场竞争，同等受到法律保护，这必将极大地焕发和增强非公有制经济的生机和活力。

三是制定非公有制企业进入特许经营领域的具体办法。当前我国特许经营领域主要集中在供水、供气、供热、垃圾处理、污水处理及公共交通等直接关系社会民生和涉及公共资源配置的市政公用事业上。党的十八届三中全会要求增强特许经营领域的透明度和规范度，提升非公有制企业进入特许经营领域的可操作性，将有效消除导致非公有制企业不愿、不想、不敢进入特许经营领域的约束，拓展非公有制经济发展的领域。

四是鼓励非公有制经济参与国有企业改革。下一阶段的国有企业改革主要集中在一些重要行业和关键领域，鼓励非公有制经济参与国有企业改革，有利于进一步深化国有企业改革，增加国有经济的活力，推进公有制经济与非公有制经济协调发展。

五是鼓励发展非公有资本控股的混合所有制企业。允许更多国有经济和其他所有制经济发展成为混合所有制经济，赋予非公有制经济控股权利，将进一步推动非公有制经济与公有制经济的深度融合和有机统一。

六是鼓励有条件的私营企业建立现代企业制度。我国的私营企业中 99% 为中小企业，90% 为家族式企业，企业制度还停留在传统模式阶段，主要表现为企业产权不明晰、法人治理结构不科学、管理制度不合理，这些问题严重制约企业的长远发展。党的十八届三中全会提出，鼓励有条件的私营企业建立现代企业制度，将促进非公有制企业构建与市场经济相适应的科学化、规范化的现代企业组织制度和管理制度，进一步提升非公有制经济的发展能力和水平，实现非公有制经济的持续健康发展。

《本章关键词》

1. 社会主义基本经济制度　　2. 国有经济　　3. 集体经济
4. 个体经济　　5. 私营经济　　6. 公有制为主体
7. 混合所有制经济

《复习与思考题》

1. 怎样正确理解我国社会主义初级阶段的基本经济制度？

2. 怎样理解公有制为主体？为什么必须坚持公有制为主体？

3. 为什么必须毫不动摇地鼓励、支持和引导非公有制经济的发展？怎样支持非公有制经济的发展？

滞后、均等化程度不高；教育、医疗、社保、食品药品质量安全、执法司法等关系群众切身利益的问题较多；资源能源浪费、环境污染、生态退化等问题依然存在；等等。二是税收制度不适应经济社会发展、改革、转型的新形势，特别是在解决产能过剩、调节收入分配、促进资源能源节约和生态环境保护方面的功能较弱，不利于公平竞争和统一市场环境建设。三是中央和地方事权与支出责任划分存在不清晰、不合理、不规范等问题，转移支付制度不完善，项目过多，规模过大，资金分散，没有配套，不利于建设财力与事权相匹配的财政体制和推进基本公共服务均等化。四是财政收入中低速增长与支出刚性增长之间存在矛盾，支出结构固化，地方性债务规模居高不下，财政赤字和债务风险积聚，财政中长期可持续面临挑战。

深化财政体制改革、加快建立现代财政制度必须处理好以下关系：一是处理好当前和长远的关系，既要解决当前的突出问题，又要注意构建有利于科学发展的财税体制机制；二是处理好推进改革与保持经济社会持续稳定健康发展的关系，坚持以改革促发展，通过发展解决改革中出现的矛盾和问题，确保经济持续稳定增长；三是处理好中央和地方的关系，建立权责清晰、财力协调、区域均衡的中央和地方财政关系，充分调动中央和地方两个积极性；四是处理好总体设计和分步实施的关系，在确定方向、增强协同性的基础上，准确把握各项措施出台的时机、力度和节奏；五是处理好财税改革与相关配套改革的关系，实现各项改革的全面协调推进，确保改革取得实效。

财政体制是规范中央和地方政府间财政分配关系的制度安排。健全财政体制，既是推动城乡区域协调发展、促进科学发展的重要制度保障，也是完善公共财政体系和社会主义市场经济体制的客观需要。

事权划分是现代财政制度有效运转的基础。只有在明晰各级政府间事权划分的基础上，才能界定各级政府间的支出责任。只有明确划分政府间财政收入，再通过转移支付等手段调节上下级政府间的财力余缺，补足地方政府履行事权存在的财力缺口，才能健全财力与事权相匹配的财政体制。

近些年我国完善财政体制取得了一定成效，但也存在政府间事权和支出责任划分不清晰、不合理、不规范的问题，制约了市场统一、司法公正和基本公共服务均等化。一些应该由中央负责的事务交给地方承担，而适宜地方负责的事务，中央却承担了较多的支出责任，中央和地方职责交叉重叠、共同管理的事务较多，包括社会保障、公共卫生、义务教育等。应按照健全中央和地方财力与事权相匹配的体制的总体要求，进一步理顺各级政府间财政分配关系。合理界定中央与地方的事权和支出责任，优化收入划分和财力配置。健全统一规范透明的财政转移支付制度，优化转移支付结构，提高转移支付资金使用效益。建立完善县级基本财力保障机制，加强县级政府提供基本公共服务的财力保障。

第一，合理界定中央与地方的事权和支出责任。现行的中央与地方财政事权和支出责任划分还在不同程度上存在不清晰、不合理、不规范等问题，主要表现为政府职能定位不清、中央与地方财政事权和支出责任划分不尽合理、不少中央和地方提供基本公共服务的职责交叉重叠、省以下财政事权和支出责任划分不尽规范等。按照党的十八大和十八届三中、四中、五中全会提出的建立事权和支出责任相适应的制度、适度加强中央事权和支出责任、推进各级政府事权规范化和法律化等重要要求，国务院于2016年8月印发实施《关于推进中央与地方财政事权和支出责任划分改革的指导意见》，明确提出了推进中央与地方财政事权与支出责任划分改革的指导思想、总体要求、划分原则，围绕推进中央与地方财政事权划分、完善中央与地方支出责任划分、加快省以下财政事权和支出责任划分等方面做出部署，为未来几年推进相关改革提供了基本遵循。在合理划分政府职能范围和简化政府层级的基础上，遵循受益范围、成本效率、基层优先等原则，明确划分中央和地方以及各级地方政府之间事权与支出责任。在事权的划分上，一是适度加强中央事权。将国防、外交、国家安全等关系全国政令统一、维护统一市场、促进区域协调、确保国家各领域安全的重大事务集中到中央，以加强国家的统一管理，提高全国的公共服务能力和水平。二是明确中央与地方共同事权。将具有地域管理信息优势但对其他区域影响较大的公共物品和服务，如社会保障、跨区域重大项目建设维护等作为中央与地方共同事权，由中央和地方共同承担。三是明确区域性公共服务为地方事权。调动和发挥各级地方政府的积极性，更好地满足区域公共服务的需要。在支出责任的划分上，进一步明确中央承担中央事权的支出责任，地方承担地方事权的支出责任，中央和地方按规定分担共同事权的支出责任。中央可以通过转移支付将部分事权的支出责任委托给地方承担。根据事权和支出责任，在法规明确规定的前提下，中央对财力困难的地区进行一般性转移支付，省级政府也要相应承担起均衡区域内财力差距的责任，建立健全省以下转移支付制度。

第二，进一步理顺中央和地方收入划分。完善事权和支出责任划分以后，需要相应调整政府间收入划分。在保持现有中央和地方财力格局总体稳定的情况下，结合税制改革，考虑税种属性，进一步理顺中央和地方收入划分。要根据税种属性特点，遵循公平、便利和效率等原则，合理划分税种，将收入周期性波动较大、具有较强再分配作用、税基分布不均衡、税基流动性较大、易转嫁的税种划为中央税，或中央分成比例多一些；将其余具有明显受益性和区域性特征、对宏观经济运行不产生直接重大影响的税种划为地方税，或地方分成比例多一些。这样既有利于保证中央履行职能和实施重大决策，又有利于保障地方既得利益，培育地方主体税种，调动中央和地方两个积极性。

第三，优化转移支付结构。转移支付是实现财力与事权相匹配的重要保障。要科学设置、合理搭配一般性转移支付和专项转移支付，发挥好各自的作用，促进地方政府的财力与其事权相匹配。在明确划分各级政府支出责任的基础上，逐步做到属于地方政府事务，其自有收入不能满足支出需求的，中央财政原则上通过一般性转移支付给予补助；属于中央委托事务，中央财政通过专项转移支付足额安排资金；属于中央地方共同事务和支出责任的支出，明确各自的负担比例。增加一般性转移支付规模和比例，完善中央对地方均衡性转移支付增长机制，提高转移支付补助系数，逐步补足地方标准收支缺口。分类规范专项转移支付项目，并从监管制度、技术操作等方面着手，进一步提高转移支付资金使用效益。

第四，推进省以下财政体制改革。这是实现省以下各级政府财力与事权相匹配的客观需要。规范省以下财政收入和政府支出责任划分，将部分适合更高一级政府承担的事权和支出责任上移，强化省级政府在义务教育、医疗卫生、社会保障等基本公共服务领域的支出责任，提高民生支出保障程度，促进省内地区间基本公共服务均等化。在处理好与现行行政管理体制和其他经济管理权限关系的基础上，积极推进省直管县财政管理方式改革。强化乡镇财政管理，因地制宜深化乡镇财政县管改革。

第五，加快完善县级基本财力保障机制。县级政府是落实民生政策、提供基本公共服务的重要责任主体。要把加强县级政府提供基本公共服务财力保障放在更加突出的位置，以实现保工资、保运转、保民生为目标，在中央和省财政加大支持力度的基础上，通过建立和完善奖补机制，全面建立起县级基本财力保障机制，并随着经济财政发展逐步提高保障水平，进一步提高县乡政府提供基本公共服务能力，促进城乡统筹发展。

第六，规范地方政府举债行为。截至2022年末，我国地方政府债务余额为35.06万亿元，控制在年度地方政府债务限额以内，风险总体可控。今后要进一步规范地方政府举债行为，做好政策储备，确保不出现区域性和系统性风险。要严格执行预算法和国务院有关文件规定，强化地方政府债务限额管理、预算管理。依法界定地方政府债务边界，健全统计监督体系，控制地方其他相关债务过快增长势头。加强地方债务风险评估和预警，做到风险事件早发现、早报告、早处置。改革和完善地方政府债券发行机制。

二、完善促进基本公共服务均等化和主体功能区建设的公共财政体系

公共财政具有稳定经济、配置资源、调节收入分配、监督管理等职能作用，也是政府履行职能的物质基础、体制保障、政策工具和监管手段。完善公共财政体系，是促进基本公共服务均等化和主体功能区建设、不断改善民生的重要保障。

随着我国经济社会的发展，在财政体制逐步健全、财政收入保持平稳较快增长的同时，不断加大公共服务领域投入，有力推动了我国基本公共服务建设，切实保障和改善了民生。我国全面实行了城乡免费义务教育，大力发展职业教育，公共教育体系日趋完备。实施了积极的就业政策，初步建立起面向全体劳动者的公共就业服务体系。社会保障制度逐步由城镇向农村、由职工向居民扩展，养老等社会保障水平逐步提高，城乡社会救助体系和社会福利体系逐步形成。深入推进医药卫生体制改革，初步建立了国家基本药物制度，医疗保障水平不断提高，全面实施免费基本公共卫生服务项目，逐步健全城乡基层医疗卫生服务体系。加快保障性安居工程建设，初步形成了以廉租住房、公共租赁住房和农村危房改造等为主要内容的基本住房保障制度。大力支持覆盖城乡的公共文化服务体系建设，推动博物馆、纪念馆向社会免费开放。积极落实促进区域协调发展的各项财政政策，逐步形成了对主体功能区建设的财政转移支付支撑体系。

当前，基本公共服务财政保障力度需要继续加大，促进主体功能区建设的财税政策有待进一步完善。党的十八大和十八届三中全会明确要求，今后一个时期，要完善促进基本公共服务均等化和主体功能区建设的公共财政体系，提升基本公共服务水平和均等化程度。

第一，促进基本公共服务均等化。在经济发展的基础上，完善财政收入稳定增长机制，优化财政收入结构，进一步提高财政收入质量，提高基本公共服务财政保障能力。建立公共资源出让收益合理共享机制，出让收益主要用于基本公共服务支出。建立与经

济发展和政府财力增长相适应的基本公共服务财政支出增长机制，切实提高各级财政特别是县级财政提供基本公共服务的保障能力。进一步优化公共财政支出结构，优先安排基本公共服务支出，增加教育、医疗卫生、社会保障、就业、住房、公共文化、农业水利、城乡社区、生态环保等重点领域投入，切实保障和改善民生。完善财政转移支付制度，按照地区人口等因素合理安排基本公共服务支出，逐步提高基本公共服务均等化水平。

第二，实施促进主体功能区建设的财税政策。建立健全主体功能区利益补偿机制，推进主体功能区建设，构建科学合理的区域经济社会和生态协调发展格局。加大财政转移支付力度，增强禁止开发与限制开发区域政府公共服务保障能力，加强生态建设和环境保护。完善中央对地方转移支付制度和省以下转移支付制度，加大对农产品主产区、中西部地区、民族地区、贫困地区、重点生态功能区的转移支付力度，促进区域协调发展，提高人民生活水平。优先推进西部大开发、全面振兴东北地区等老工业基地，大力促进中西部地区崛起，积极支持东部地区率先发展。支持区域间产业有序转移，完善跨区域合作机制，发挥各区域比较优势，增强经济整体竞争力，促进经济社会全面协调可持续发展。

三、健全现代预算制度

为全面建设社会主义现代化国家提供坚实财力保障和强大物质基础，党的二十大报告从战略和全局的高度，明确了进一步深化财税体制改革的重点举措，提出“健全现代预算制度”，为做好新时代新征程财政预算工作指明了方向、提供了遵循。

（一）健全现代预算制度的必要性

预算体现党和国家的意志，服务保障党和国家的重大方针、重大方略、重大决策、重大工作。经过党的十八大以来的改革，我国现代预算制度基本确立。党的二十大要求进一步健全现代预算制度，这是党中央立足国情、着眼全局、面向未来的重大部署。

1. 健全现代预算制度是实现新时代新征程目标任务的重大举措

党的二十大从新的时代条件出发，针对我国改革发展面临的新形势新任务，从战略全局上对党和国家事业做出规划和部署，向全面建成社会主义现代化强国、实现第二个百年奋斗目标迈进。当前，世界百年未有之大变局加速演进，我国发展需要应对的风险和挑战、需要解决的矛盾和问题更加错综复杂。作为党执政的重要资源，现代预算必须准确把握新的战略机遇、新的战略任务、新的战略阶段、新的战略要求、新的战略环境，以新发展理念为引领，更加体现时代性、法治性、透明性、科学性、开放性、安全性，支持加快构建新发展格局，实现高质量发展。

2. 健全现代预算制度是推进中国式现代化的重要保障

党的二十大提出，要坚持从中国式现代化全面推进中华民族伟大复兴。中国式现代化是中国共产党领导的社会主义的现代化，既有各国现代化的共同特点，更有基于自己国情的中国特色。现代预算制度必须与中国式现代化相适应，立足社会主要矛盾，着力解决发展不平衡不充分问题，发挥预算在资源配置、财力保障等方面的重要作用，补短板、强弱项、固底板、扬优势，更好满足人民日益增长的美好生活需要，更好推动人的全面发展、社会的全面进步。

3. 健全现代预算制度是构建高水平社会主义市场经济体制的重要支撑

党的二十大指出，构建高水平社会主义市场经济体制，充分发挥市场在资源配置中的决定性作用，更好发挥政府作用。预算作为宏观经济治理工具，要根据社会主义市场经济体制要求和宏观调控目标，引导优化市场资源配置，推动有效市场和有为政府相结合。现阶段预算统筹力度、预算控制和约束、财政资源使用等方面还存在不足，要进一步深化和拓展预算制度改革成果，必须坚持社会主义市场经济改革方向，盯住重点领域和关键环节发力，进一步提高宏观经济治理能力，为更好理顺政府和市场关系，构建高水平社会主义市场经济体制提供支撑。

（二）准确把握和坚持健全现代预算制度的基本原则

健全现代预算制度必须坚持以党的创新理论为指导，贯通运用贯穿其中的马克思主义立场、观点、方法，重点应把握以下基本原则。

1. 坚持党中央集中统一领导，确保预算制度改革正确方向

习近平总书记强调，中国共产党领导是中国特色社会主义最本质的特征，是中国特色社会主义的最大优势，是党和国家的根本所在，命脉所在。党中央治国理政、当家理财，财政部门做具体服务保障工作，必须不断提高政治判断力、政治领悟力、政治执行力，把党的领导贯彻到健全现代预算制度全过程，确保预算制度安排体现党中央战略意图，更好发挥财政在国家治理中的基础和支柱作用。

2. 坚持以人民为中心的发展思想，推动现代化建设成果更多更公平惠及全体人民

习近平总书记强调，我们谋划推进工作，一定要坚持全心全意为人民服务的根本宗旨。预算安排涉及“蛋糕”分配，关系民生福祉，必须把实现好、维护好、发展好最广大人民根本利益作为健全现代预算制度的出发点和落脚点，取之于民、用之于民，健全民生领域投入保障机制，着力解决地区差距、城乡差距、收入分配差距，促进全体人民共同富裕。

3. 坚持艰苦奋斗、勤俭节约，建立可持续的财政保障机制

习近平总书记强调，要提倡艰苦奋斗、勤俭节约，坚持反对铺张浪费，在全社会营造浪费可耻、节约光荣的浓厚氛围。健全现代预算制度，要把艰苦奋斗、勤俭节约作为预算收支安排的基本原则，党政机关坚持过紧日子，勤俭办一切事业。要尽力而为、量力而行，把保障和改善民生建立在经济发展和财力可持续发展的基础之上，重点加强基础性、普惠性、兜底性民生保障建设。

4. 坚持高质量发展，全面提升预算管理现代化水平

习近平总书记强调，高质量发展是“十四五”乃至更长时期我国经济社会发展的主题，关系我国社会主义现代化建设全局。健全现代预算制度，要按照高质量的要求，运用先进的理念方法深化改革创新，着力构建涵盖预算编制、预算执行、预算监督和基础支撑等科学规范的现代预算制度，促进财政支出结构优化、财政政策效能提升。

5. 坚持统筹发展和安全，牢牢守住不发生系统性风险的底线

习近平总书记强调，统筹发展和安全，增强忧患意识，做到居安思危，是我们党治国理政的一个重大原则。健全现代预算制度，要深刻把握我国经济社会发展面临的复杂性艰巨性，牢固树立底线思维，平衡好促发展和防风险的关系，既注重壮大财政实力，为宏观调控提供充足资源保障，也把握好预算支出时度效，增强风险防范化解能力。

（三）深入推进现代预算制度改革的重点任务

按照党中央统一部署，健全现代预算制度，要进一步破除体制机制障碍，补齐管理制度的短板，推动预算编制完整科学、预算执行规范高效、预算监督严格有力、管理手段先进完备，构建完善综合统筹、规范透明、约束有力、讲求绩效、持续安全的现代化预算制度。

1. 优化税制结构，坚持以共享税为主体的收入分配制度

我国共享税收入占比较高，这是应对各地区之间发展不平衡的客观需要，也是中国特色社会主义的分配特点。

（1）在保持中央和地方财力格局总体稳定的前提下，完善相关税收收入划分。继续将增值税、企业所得税、个人所得税作为中央和地方共享收入，减少经济波动对地方收入的影响，适度消解税基分布不均衡及流动带来的地区间利益分享的不合理性，既要做大“蛋糕”，又要分好“蛋糕”。

（2）在保持基本税制稳定前提下，优化税制结构。健全以所得税和财产税为主体的直接税体系，适当提高直接税比重，强化税制的累进性。完善个人所得税制度，适当扩大综合所得征收范围，完善专项附加扣除项目。深化增值税制度改革，畅通增值税抵扣链条，优化留底退税制度设计。健全地方税体系，加快培育地方税源。全面落实税收法定原则，规范税收优惠政策，进一步加强非税收入管理。

2. 发挥中央和地方两个积极性，完善财政转移支付体系

应按照与财政事权和支出责任划分相适应原则，规范转移支付分类设置，厘清边界和功能定位。

（1）共同财政事权转移支付具有鲜明中国特色，以保障和改善民生为目标，增强地方基本公共服务保障能力。合理安排共同财政事权转移支付，实行差异化补助政策，推进地区间公共服务水平更加均衡。

（2）专项转移支付以保障党中央重大决策部署落实为目标，资金定向精准使用，强化对地方的引导激励，并逐步退出市场机制能够有效调节的领域。专项转移支付据实安排，不强调数量多少。

（3）一般性转移支付以均衡区域间基本财力配置为目标，结合财政状况增加规模，并向中西部财力薄弱地区倾斜，向革命老区、民族地区、边疆地区、欠发达地区以及担负国家国防安全、粮食安全、能源安全、生态安全等职责的功能区倾斜，促进财力分布更加均衡。

（4）全面提升管理科学性。严格转移支付设立程序，健全定期评估和退出机制。对支持同一战略、同一领域、同一行业的转移支付，加强统筹、协同实施。优化分配方式，完善支出成本差异、财政困难程度评价方法等工具，探索建立区域均衡度评估机制及指标体系，逐步加大常住人口权重。

3. 增强重大决策部署财力保障，健全财政资源统筹机制

当前和今后一个时期，要保持宏观税负基本稳定，财政相应处于紧平衡状态，必须加强资源统筹，集中财力办大事。

（1）强化“四本”预算统筹。全面落实取消一般公共预算中以收定支的规定，应当由政府统筹使用的政府性基金项目转到一般公共预算，合理确定国有资本收益上交比例，稳步提高社会保险基金统筹层次。逐步统一预算分配权，减少交叉重复安排。

（2）强化增量与存量资源统筹。完善结余资金收回使用机制，存量资金与下年预算安排挂钩。将依托行政权力、国有资源资产获取的收入等全面纳入预算管理，推动长期低效运转、闲置资产调剂使用。

（3）强化财政拨款收入和非财政拨款收入统筹。各部门和单位依法依规将取得的事业收入、事业单位经营收入等纳入预算管理，在非财政拨款收入可以满足支出需要时，原则上不得再申请财政拨款。

（4）在强化收入统筹基础上，优化支出结构保障“国之大者”。加大对教育、科技、就业和社会保障、卫生健康、农业农村、生态环保等重点领域的保障力度，确保重大决策部署落地见效。

4. 提升资金效益和政策效能，进一步完善预算管理制度

要加强预算管理重点环节，促进资金规范安全高效使用、精准有效落实积极的财政政策。

（1）深化预算绩效管理。扩大重点绩效评价范围，提高绩效评价质量。推进部门和单位整体支出绩效评价，探索开展政府收入绩效管理。用好绩效评价结果形成评价、反馈、整改、提升良性循环。推进支出标准化。完善基本支出标准，加快项目支出标准建设，健全基本公共服务保障制度和标准。

（2）健全预算执行管理体系。严格预算控制、核算、决算，完整反映预算资金流向和预算项目全生命周期情况。优化政府采购需求管理和交易制度，强化政府采购政策功能。完善国债收益率曲线，进一步发挥政府债券金融工具作用。

（3）完善财政资金直达机制。优化直达资金范围，保持规模合理适度。压实地方主体责任，增强地方分配资金自主性。实施资金分类管理，完善全过程监管机制。

（4）全面推进预算管理一体化。推动中央和地方财政系统信息贯通，动态反映各级预算安排和执行情况。加强财政与行业部门信息互联共享，实现一体化系统在各级财政部门和预算单位全面运行。

（5）加强预决算公开。进一步扩大范围，细化内容，改进方式，提升公开的及时性、完整性、规范性和可获得性。

5. **增强财政可持续能力，筑牢风险防范制度机制**

要兼顾当前和长远，把财政可持续摆在更加突出的位置。

（1）防范化解政府债券风险。坚持高压监管，坚决遏制隐性债务增量，妥善化解存量，逐步实现地方政府债券按统一规则合并监管。加大违法违规举债查处力度，完善问责闭环管理和集中公开机制。加强地方政府融资平台公司治理，打破政府兜底预期。

（2）保持县区财政平稳运行。坚持县级为主、市级帮扶、省级兜底、中央激励，足额保障"三保"支出，坚持"三保"支出优先顺序，坚决兜住"三保"底线。强化基层财政运行监测预警，对风险隐患早发现早处置。

（3）建立健全财政承受能力评估机制。出台涉及增加财政支出的重大政策和实施重大政府投资项目前，按规定进行财政承受能力评估，防止过高承诺，过度保障。除统一要求以及共同事权下级政府应负担部分外，上级政府及其部门不得要求下级配套或变相配套。

（4）加强跨年度预算平衡。强化跨周期、逆周期调节，科学安排赤字、债务规模，将政府杠杆率控制在合理水平。对中长期支出项目、跨年度项目等纳入中期财政规划管理，与年度预算加强衔接。健全预算稳定调节基金机制，防止形成顺周期调节。

6. **强化财政纪律约束，优化财会监督体系**

应履行财会监督主责，发挥财会监督在党和国家监督体系中的重要作用。

（1）健全监督机制。推动出台进一步加强财会监督工作的意见，形成财政部门主责监督、有关部门依责监督、各单位内部监督、相关中介机构执业监督、行业协会自律监督的财会监督体系，完善各监督主体横向协同、中央和地方纵向联动的工作机制。

（2）突出监督重点。强化重大财税政策落实情况监督，加强部门预算闭环监管，对转移支付实施全链条监督，做好对地方政府债务、财政运行、"三保"等方面的持续监控。加强会计信息质量和中介机构执业质量监督，严肃查处财务舞弊、会计造假等案件。

（3）提高监督效能。做好财会监督与各类监督贯通协同，实现信息共享、成果共用，推动实施联合惩戒。加强财会监督队伍建设，探索运用"互联网 + 监管"、大数据等现代信息技术手段。对监督发现的问题严格追责，让财经纪律成为不可触碰的"高压线"。

四、深化税收制度改革，完善税收制度

改革开放以来，我国税制建设虽然取得了重要进展，但是现行税制仍然存在一些需要解决的问题，突出表现为税制结构不尽合理，地方税体系建设相对滞后，税收在促进科学发展、社会公平和市场统一方面的作用没有充分发挥。党的十八大和十八届三中全会、党的十九大为此明确指出，要深化税收制度改革，健全地方税体系，完善税收制度，并提出了具体目标和任务。

（一）推进增值税改革，适当简化税率

增值税是一个具有中性特征的良性税种。全面实行营业税改征增值税，建立符合产业发展要求、规范的消费型增值税制度，有利于彻底消除重复征税，进一步减轻企业负担，推进产业转型升级和商业模式创新。

按照党中央、国务院决策部署，我国自 2016 年 5 月 1 日起全面推开"营改增"试点。根据税收征管数据，2016 年"营改增"实现减税 5 736 亿元，还打通了第二、三产业的抵扣链条，对培育经济发展新动能发挥了重要推动作用。对于那些确实因为政策本身原因导致税负增加的行业，研究采取针对性的措施，确保实现所有行业税负只减不增的目标。2018 年我国增值税根据不同行业，确定了 16%、10%、6% 和零税率四档税率，还有适用于小规模纳税人的 3% 和 5% 的征收率。2019 年我国进一步下调增值税税率，原适用 16% 税率的，税率调整为 13%；原适用 10% 税率的，税率调整为 9%。增值税税率结构的简化有助于营造简洁透明、更加公平的税收环境，进一步减轻企业税收负担。

（二）调整消费税征收范围、环节、税率

消费税是引导合理消费行为、调整产业结构、形成合理消费结构、促进公平税负的重要税种。要运用好这一税种，当前必须调整好征收范围、环节和税率，把高耗能、高污染产品及部分高档消费品纳入征收范围，增强消费税引导合理消费行为的作用。将消费税由目前主要在生产（进口）环节征收，逐步改为主要在零售或批发环节征收，使政府对生产环节的税收依赖降低，增强对消费环境的重视，有利于扩大内需和优化经济结构。要进一步扩大消费税税基、增加税负。

（三）完善综合与分类相结合的个人所得税制度

个人所得税是筹集财政收入、调节收入分配的重要税种。我国过去对个人所得税采用分类税制，使得量能负担原则难以体现，调节收入分配的作用未能有效发挥，所以，我国于 2018 年修订《中华人民共和国个人所得税法》，实行综合与分类相结合的个人所得税制度。在此基础上，要适应我国新经济、新业态下居民收入形式多元化以及老龄化的趋势，加快完善综合与分类相结合的个人所得税制度。继续扩大纳入综合征税的所得范围，继工资薪金收入、劳动报酬、稿酬、特许权使用费之后，将其他符合条件的收入纳入综合所得的范畴。要适当增加专项附加扣除项目，将近年来社会关心的婴幼儿照护费用、养老保险支出等纳入扣除范围。要加强对重点领域、重点人群的税收管理。

（四）加快房地产税立法并适时推进改革

征收房地产税是降低房地产投资投机收益预期、抵制不合理需求等方面的重要工具。加快房地产税改革，有利于引导住房合理消费，促进节约集约用地；有利于引导市场预期，促进建立房地产市场健康发展的有效机制；也有利于构建地方税主体税种，可以为地方政府提供持续、稳定的收入来源。当前，要在总结上海、重庆试点经验的基础上，完善政策，科学决策，逐步建立统一完整的房地产税制度。

（五）加快资源税改革

资源税具有社会成本内部化的功能。我国的资源税主要采取从量定额计征方式，而且税额标准近 20 年来没有大的变化，税负水平相当低，使得资源税在组织收入、促进资源节约、保护环境方面的作用没有得到应有的发挥，造成资源开采使用的社会成本不断扩大。因此，改变计征方式势在必行。目前石油、天然气资源税改变为从价计征后，取得了明显成效，增加了资源所在地区财政收入，增强了部分地方政府的民生保障和环境治理能力，而且在一定程度上制约了企业成本外部化行为。我们必须在总结经验的基础上加快资源税的改革，重点是推进煤炭资源税从价计征改革，清理取消相关收费基金，适当提高从量计征的资源税的税额，逐步扩大资源税征收范围。

（六）加强对税收优惠政策的规范管理

税收优惠政策在实现经济社会发展目标方面具有重要作用。我国现行税收优惠政策，尤其是区域优惠政策过多过滥，严重冲击了市场经济正常秩序，损害了国家税制的统一性，必须进行清理整顿。要按照统一税制、公平税负、促进公平竞争的原则，加强对税收优惠特别是区域税收优惠政策的规范管理，清理已出台的税收优惠政策，区域发展规划应与税收优惠政策脱钩。今后原则上不再出台新的区域税收优惠政策，税收优惠政策统一由专门税收法律法规规定，严禁各种越权税收减免。

（七）完善税收征管体制

税收征管体制是税收制度有效运行的基础和保障。随着税制改革的深化，必然要求相应推进税收征管体制的完善。深化税收征管改革是完善现代税收体制的主要内容，涉及政府与市场关系的调整，对完善社会主义市场经济体制具有积极作用。2021 年 3 月中共中央办公厅、国务院办公厅印发的《关于进一步深化税收征管改革的意见》提出，要全面推进税收征管数字化升级和智能化改造，加快推进智慧税务建设，稳步实施发票电子化改革，深化税收大数据共享应用，既为完善现代化税收征管体制指明了路径和条件，也为深化税收征管改革明确了方向，提出了要求。

第二节　深化金融体制改革，建设现代金融体系

根据社会主义市场经济的要求，深化金融体制改革的目标是：一方面要把每个金融企业真正转变为自主经营、自负盈亏、自我约束、自我发展的市场主体，形成内有动力、外有竞争压力的经营机制；另一方面要使银行真正建立起既对国民经济进行有效控制又能促进微观经济搞活的宏观经济调控机制。

要按照党的十八大、十八届三中全会和十九大精神，紧紧围绕市场在资源配置中的决定性作用，全面深化金融体制改革，不断提升金融业整体实力和服务水平，加快建设和健全促进宏观经济稳定、增强金融服务实体经济能力的现代金融体系。

一、建设现代金融体系

（一）加强和完善金融宏观调控

加强和完善金融宏观调控必须把立足国情创新与借鉴国际经验结合起来，发挥好传统货币政策工具的作用，并根据我国经济金融发展水平和现实需要，因时、因势、因地制宜地创新工具，不断提高调控的科学性和预见性，增强针对性和灵活性，健全货币政策和宏观审慎政策双支柱调控框架，促进经济持续健康发展。

1. 完善金融宏观调控体系

优化货币政策目标体系，更加突出整体价格水平稳定目标，处理好促进经济发展、保持物价稳定和防范金融风险的关系。完善市场化的间接调控机制，创新和丰富货币政策工具和手段，更多运用市场化的工具和手段，保持合理的融资规模，避免经济增长出现大幅波动。继续深化金融体制改革，完善金融市场体系，提高货币政策传导效率。

2. 健全逆周期的金融宏观审慎管理制度框架，保持金融体系稳健运行

落实好稳健的货币政策，加强社会融资总量调控，把好流动性总闸门。引导货币信贷平稳适度增长。坚持“区别对待、有扶有控”的原则，把信贷资金更多投向实体经济特别是“三农”和中小企业 。加大对节能环保产业、战略性新兴产业、现代服务业、科技自主创新等领域的金融支持，强化对就业和再就业、助学、扶贫开发等环节的金融服务，促进区域经济协调发展。严格控制高耗能、高污染和产能过剩行业的贷款，支持低碳经济和消费信贷的发展。提高金融机构的资本水平，逐步建立动态拨备机制，防范顺周期系统性风险积累。扩大监管覆盖面，加大对“影子银行”、金融衍生交易业务、理财产品等的监管力度。建立和完善宏观审慎管理和微观审慎监管协调配合、互为补充的机制。

3. 加强各项政策的协调配合，增强调控的有效性

继续发挥国家发展规划和产业政策在宏观调控中的导向作用和协调作用，建立和实行重大政策和事项的协商处理机制，加强政策协调和行动配合，充分发挥货币、财政和产业政策的合力，共同促进经济社会又好又快发展。

（二）进一步深化金融机构改革

坚持金融服务实体经济的本质要求，深化各类金融机构改革，强化内部治理和风险管理，提高服务能力、创新发展能力和国际竞争力。

1. 完善现代金融企业制度，促进经济结构战略性调整

进一步提升国有金融机构治理水平，放宽民间资本和外资进入金融服务领域的限制，优化股权结构；推行更加市场化的管理层选拔方式，减少行政任命；建立良性的管理层激励，确保高管人员以股东利益为主要目标。完善金融机构公司治理，形成有效的决策、执行、制衡机制，把公司治理的要求真正落实到日常经营管理和风险控制中去。建立有效的选人用人机制，切实加强金融队伍建设，全面提高从业人员素质和职业操守，探索建立规范有效、包括薪酬制度在内的激励约束机制。针对当前政策性金融机构存在的公司治理不完善、业务和财务规则不明晰、可持续性不强等问题，继续推进政策性金融机构改革，建立符合中国特色、能更好地为当前经济发展服务、可持续运营的政策性金融机构及其政策环境。

2. 构建多层次、广覆盖、可持续的农村金融服务体系

以服务“三农”为根本方向，充分发挥政策性金融、商业性金融和合作社金融的作用。进一步深化农村信用社改革，发挥其支农主力军的作用；培育发展新型农村金融机构；鼓励各类金融机构积极探索服务“三农”的有效方式，引导、带动更多信贷资金和社会资金投向农村。支持符合条件的现代农业企业通过资本市场发展壮大，积极拓展期货市场服务“三农”的渠道和模式。继续完善农业保险制度，扩大农业保险保障范围和覆盖区域。

3. 加快发展民营金融机构

按照党的十八届三中全会的要求，立足于建立公平开放透明的市场规则，实行统一的市场准入制度，鼓励和引导民间资本进入金融服务领域。加快发展民营金融机构对改善基层金融服务具有重要意义。经过多年的金融改革和发展，我国大中型企业、大中城市的融资环境得到明显改善，但部分基层和农村地区仍然存在金融服务不足的问题。金融业作为竞争性的服务行业，也应该按照“负面清单”的准入制度和扩大服务业开放的要求，为各类投资主体准入提供公平竞争的市场环境。在加强监管的前提下，允许具备条件的民间资本依法发起设立中小型银行等金融机构，将为实体经济提供必要的竞争性金融供给，解决部分基层地区、社区和小微企业金融服务供给不足的问题。所谓具备条件，主要是指发起设立银行的出资人应当拥有充足的资金实力和胜任银行业务的管理团队。允许具备条件的民间资本依法发起设立中小型银行等金融机构，有利于扩大民间资本投资渠道；可以有效提高居民消费水平，可以促进我国金融体系不断完善，是促进金融业对内对外开放、完善金融体系的重大举措。

同时，积极推动银行业金融机构合理布局，大力发展证券、保险等非银行金融机构，扩大金融对实体经济的服务覆盖面和融资渠道。促进金融资产管理公司商业化转型。完善保险机构公司治理。

（三）促进多层次资本市场健康发展

以显著提高直接融资比重为目标，推进股票发行注册制改革，继续完善主板、中小企业板和创业板市场，积极探索股权交易市场等多渠道推动股权融资，发展并规范债券市场，完善保险市场，鼓励金融创新，丰富金融市场层次与产品。

1. 提高直接融资比重

继续坚持金融服务实体经济的本质要求。要实施好差别化政策，支持结构性改革尤其是供给侧结构性改革，推动对重点领域和薄弱环节的支持。鼓励金融机构开发适合大众创业、万众创新的金融产品，创新服务于“互联网+”、现代物流、节能环保、智能制造等领域发展的方式和手段，加大对现代服务业、战略性新兴产业以及传统产业改造升级的金融支持力度。改革政策性开发性金融机构，充分发挥其对新型城镇化、棚改、“三农”、扶贫开发、区域协调发展、“一带一路”建设等的支持作用。商业性金融机构更多向小微企业和民营经济“短、小、频、急”的融资要求倾斜。鼓励大中型商业银行设立普惠金融事业部。引导地方中小金融机构、农村信用社、符合条件设立的民营银行、消费金融公司等金融机构扎根当地，服务基层，赢在小微企业和“三农”金融服务。着力推动经济结构调整和经济发展方式转变，大力发展股票市场、债券市场等资本市场，拓展企业直接融资渠道，优化社会融资结构，减少不必要的行政管制，坚持市场化改革方向，激发市场动力和内在活力，大力培育商业信用。坚持尊重市场发展客观规律，大力发展各类机构投资者，促进场外市场和场内市场分层有序、功能互补，推动金融市场、金融产品、投资者及融资中介的多元化。坚持规范发展的理念，强化市场约束和风险分担机制，进一步提高市场运行透明度。健全相应的法律框架、金融调控框架、监管框架及财税政策等。

2. 推进股票发行注册制改革

以充分信息披露为核心，在股票发行过程中，减少证券监管部门对发行人资质的实质性审核和价值判断，弱化行政审批，增强发行制度的弹性和灵活性，降低股票发行成本，提高融资效率。加强事中、事后监管力度，完善各种民事与刑事责任追究制度，有效抑制欺诈上市等行为。进一步完善上市公司退市制度，通过优胜劣汰，提高上市公司质量。加大对虚假陈述、市场操纵和内部交易等证券违法违规行为的打击力度，强化上市公司、中介机构等市场参与主体的市场约束和诚信约束，促进市场参与各方归位尽责，切实保护投资者合法权益。

3. 多渠道推动股权融资

稳步提高上市公司治理水平和透明度，完善上市公司投资者回报机制，引导和鼓励增加现金分红。健全退市制度，不断提高上市公司质量。在继续完善主板、中小企业板和创业板市场的同时，继续推进三板股权市场建设。加快完善以机构为主、公开转让的中小企业股权市场，建立健全做市商、定向发行、并购重组等制度安排，丰富融资工具和交易品种，增强服务中小企业的能力。各省区可以在统一的制度框架下，结合区域经济发展需要建立区域性股权市场。积极引导私募股权投资基金、风险投资基金健康发展，支持创新型、成长型企业股权融资。建立健全不同层次市场间的差别制度安排和统一的登记结算平台，推动形成有机联系的股权市场体系。

4. 发展并规范债券市场

稳步扩大债券市场规模，推进金融产品创新和多元化，加大发展资产证券化的力度。探讨市政债券，完善城镇化融资机制。发展中小企业集合债券、私募债等融资工具，拓展企业融资渠道，加大支持实体经济力度。发挥公司信用类债券部际协调机制作用，加强债券管理部门的协调配合，提高信用披露标准，落实监管责任。加强债券市场基础设施建设，进一步促进银行间市场和交易所市场协调发展。稳步推进债券市场对外开放。

5. 完善保险经济补偿机制，建立巨灾保险制度

完善保险经济补偿机制，研究建立专业中介机构保障基金。推动巨灾保险立法进程，界定巨灾保险范围，建立由政府推动、市场化运作、风险共担的多层次巨灾保险制度。明确政府与市场的定位，鼓励商业保险公司经营巨灾保险。以风险共担、分级负担为原则，利用再保险和资本市场（如发行巨灾债券等）分散巨灾风险。

6. 鼓励金融创新，丰富金融市场层次和产品

发挥市场对金融资源配置的决定性作用，有赖于多层次的金融市场和丰富的金融产品。要推进股票发行注册制改革，规范发展主板和中小板市场，推进创业板市场建设，构建协调发展的多层次股权交易市场体系，多渠道推动股权融资。发展规范债券市场，完善债券发行管理体制，稳步推进资产证券化。稳步推动金融市场机制、组织、产品和服务模式创新，形成长效创新机制，稳步拓展资本市场的深度和广度，提高直接融资比重。继续发展货币、外汇和黄金市场，推动发展期货和金融衍生品市场，探索发展并购投资基金，允许私募股权投资基金、风险投资基金产品创新，努力建设一个品种丰富、运行高效、功能完备、具有相当规模，与社会主义市场经济体制相适应的金融市场体系和产品体系。同时要把防范风险始终贯穿于金融创新全过程，处理好创新、发展和风险之间的关系。

7. 加强金融基础设施建设，保障金融市场安全高效运行和整体稳定

积极稳妥落实有关国际组织联合发布的《金融市场基础设施原则》，加强和改进我国金融市场基础设施建设。稳步推进金融市场中央对手方、交易信息报告库等制度和设施建设，完善金融产品登记、托管、交易、清算、结算制度。统筹协调支付、清算、结算体系发展，完善支付、清算、结算法规制度。进一步加强发行系统、交易系统、清算系统、托管结算系统、市场成员内部系统和监管机构监测系统之间的数据高效处理和传递，提升相关基础设施技术系统功能，提高市场透明度和运行效率，保障金融市场安全高效运行和整体稳定。

（四）深化利率和汇率市场化改革

发挥市场在资源配置中的决定性作用，关键是完善市场决定价格的机制。凡是能由市场形成价格的，一律交给市场，政府不进行不当干预。利率和汇率作为要素市场的重要价格，是有效配置国内国际资金的决定性因素。稳步推进汇率和利率市场化改革，有利于优化资金配置效率，有利于加快经济结构调整和经济发展方式转变。

1. 完善人民币汇率市场化形成机制

人民币汇率市场化形成机制，就是人民币汇率主要由市场供求关系来决定。为了提高国内国际两种资源的配置效率，促进国际收支平衡，必须发挥市场供求在汇率形成中的决定性作用。要发展外汇市场，丰富外汇品种，扩展外汇市场的广度和深度，从而更好地满足企业和居民的需求。根据外汇市场发育状况和经济金融形势，有序扩大人民币汇率浮动区间，增强人民币汇率双向浮动弹性，保持人民币汇率在合理均衡水平上基本稳定。进一步发挥市场汇率作用，中央银行基本退出常态式外汇市场干预，建立以市场供求为基础、有管理的浮动汇率制度。

2. 加快推进利率市场化

利率市场化改革的目标是建立健全由市场供求决定的利率形成机制，中央银行运用货币政策工具引导市场利率，金融机构在竞争性市场中进行自主定价，从而实现资源的合理配置。近期，着力健全市场利率定价自律机制，提高金融机构自主定价能力；做好贷款基础利率报价工作，为信贷产品定价提供参考；推进同业存单发行和交易，逐步扩大金融机构负债产品市场化定价范围；注重培育形成较为完善的市场利率体系，完善央行利率调控框架和利率传导机制。中期，全面实现利率市场化，健全市场化利率宏观调控机制。

3. 健全反映市场供求关系的国债收益率曲线

国债收益率曲线用来描述各个期限国债的到期收益率。国债市场的深度、流动性等越高，编制出的收益率曲线就越可靠。由于国债的主权信用特征，国债收益率曲线在经济金融运行中具有独特的基准性和指标性功能，往往被作为基准利率曲线，向全社会提供期限较为完整的无风险利率信息。这包括：一是为国债和信用债券的发行和交易提供定价基准，例如，信用债券的定价可参考同期限国债收益率加上相应的信用风险溢价来确定。二是为远期、期货等衍生金融产品提供定价参考，同时也为商业银行等金融机构的资产定价、市场风险管理、会计计量等提供定价参考。三是为宏观经济管理提供参考信息。国债收益率曲线形状变化、整体利率水平的高低等与经济运行状况密切相关，能较为迅速准确地反映市场预期，因此成为宏观经济管理的重要参考指标。国债收益率曲线是固定收益市场的主要收益率，反映无风险收益率基准在各种期限上的分布。在此基础上，其他各种固定收益产品有一个风险溢价。随着我国金融宏观调控逐步由以数量调控为主转为以价格调控为主，以及利率市场化改革的不断推进，必须健全反映市场基准的国债收益率曲线，进一步发挥收益率曲线在金融资源配置中的重要作用。要完善国债发行，优化国债期限结构；要完善债券做市支持机制，提高市场流动性；要进一步丰富投资者类型，稳步提高债券市场对内对外开放程度，降低以买入并持有到期为主要目的的银行与保险机构等投资者的比重，增加交易需求；要改进曲线编制技术，加大宣传和应用推广力度。

（五）加快实现人民币资本项目可兑换

推进人民币资本项目可兑换，是构建开放型经济新体制的本质要求，其根本目的在于促进贸易投资便利化，为扩大企业及个人对外投资、确立企业及个人对外投资主体地位创造有利条件，是进一步加快发展各项跨境金融业务、体现金融支持实体经济发展、落实“走出去”战略、加快经济结构调整和产业转型升级的客观要求。应抓住人民币资本项目可兑换的有利时间窗口，在统筹国内需求和国际形势的基础上，加快实现人民币资本项目可兑换。

1. 转变跨境资本流动管理方式，便利企业及个人“走出去”

进一步转变外汇管理方式，推动对外投资便利化。减少外汇管理中的行政审批，从重行政审批转变为重监测分析，从重微观管制转变为重宏观审慎管理，从“正面清单”转变为“负面清单”。方便企业及个人“走出去”过程中的投融资行为，逐步提高境内企业向境外提供人民币和外币信贷及融资担保的便利程度，加大企业“走出去”的力度。

2. 推动资本市场双向开放，有序提高跨境资本和金融交易可兑换程度

进一步扩大合格境内机构投资者（QDII）和合格境外机构投资者（QFII）主体资格，增加投资额度。在条件成熟时，取消合格境内机构投资者、合格境外机构投资者的资格和额度审批，将相关投资便利扩大到境内外所有合法机构。研究建立境内外股市的互联互通机制，逐步允许具备条件的境外公司在境内资本市场发行股票，拓宽居民投资渠道。在建立相关管理制度的前提下，放宽境外机构境内发行人民币债券资格限制。有序提升个人资本项目交易可兑换程度，进一步提高直接投资、直接投资清盘和信贷等的可兑换便利化程度，在有管理的前提下推进衍生金融工具交易可兑换。

3. 建立健全宏观审慎管理框架下的外债和资本流动管理体系

建立健全针对外债和资本流动的宏观审慎政策框架，提高可兑换条件下的风险管理水平。综合考虑资产负债币种、期限等匹配情况，合理调控外债规模，优化外债结构，做好外债监测，防范外债风险。加强反洗钱和反恐融资方面的管理，保持对非法资金跨境流动的高压政策，同时防止过度利用避税天堂。在鼓励合理创新的同时，限制与实体经济严重脱节的复杂金融衍生品，坚持金融创新为实体经济服务的原则要求，同时按照最新的国际标准推动场外金融衍生品市场的监管改革。在紧急情况下，可以对资本流动采取临时性管理措施。建立健全相关监测体系，实现资本跨境流动便利化和收集有效信息的统一。

（六）更好服务于开放型经济发展

推进金融业双向开放对于更好利用国内国际两个市场、两种资源，更好服务于经济社会发展大局十分重要。我们既要坚定不移扩大金融业双向开放、对等开放，又要把握好节奏和力度，使金融开放与国家整体开放进程、风险防范能力相适应，以更好服务于开放型经济发展。要不断完善人民币国际化的政策框架和基础设施，顺势而为推进人民币国际化。加强与有关国家和地区的双边本币合作，推进人民币对其他货币直接交易市场的发展。围绕“一带一路”建设和国际产能合作等国家重大战略，在对外贸易投资中更多使用人民币结算。加强与“一带一路”沿线国家的资本市场合作。通过双边多边谈判为金融机构“走出去”营造良好的法律和政策环境，加强境外业务风险管控，保障境外金融资产安全。

推进资本项目可兑换涉及多方面的利益调整和利益诉求，需要处理好各种利害关系。要根据国内外经济状况的发展变化，保持政策的灵活性和针对性，包括采取临时性特别措施。

二、加强和完善金融监管

应加强和完善金融监管，采取综合措施维护金融稳定，守住不发生系统性金融风险的底线。系统性风险是指由于金融体系整体或局部受到破坏而导致金融服务中断，并对实体经济造成严重影响的风险。要立足我国国情，借鉴国际经验，加快建立健全适应现代金融市场发展的金融监管框架，明确监管职责和风险防范处置责任，强化综合监管和功能监管，加强和改善宏观审慎管理。对于不良资产风险、流动性风险、债券违约风险、影子银行风险、外部冲击风险、房地产泡沫风险、政府债务风险、互联网金融风险等，要加强摸底排查，及时掌握真实情况，制定并动态完善应对预案，有序处置化解一批突出风险点，防止个别风险、局部风险演化成全局性风险、系统性风险。同时，要整顿金融秩序，严厉打击非法集资、银行卡犯罪、电信诈骗等非法活动。

党的二十大报告指出，要加强和完善现代金融监管，强化金融稳定保障体系，依法将各类金融活动全部纳入监管，守住不发生系统性风险底线。必须按照党中央的决策部署，深化金融体制改革，推进金融安全网建设，持续强化金融风险防控能力。

（一）现代金融监管的基本内涵

1. 宏观审慎管理

防范和化解系统性风险，避免全局性金融危机，是金融治理的首要任务。在现代市场经济中，货币超发、过度举债、房地产泡沫化、金融产品复杂化、国际收支失衡等问题引发的金融危机反复发生，但是很少有国家能够真正做到防患于未然。有效的信息共享、充分的政策协调至关重要，但是决策层对重大风险保持高度警惕、执行层能够迅速反应更为重要。

2. 微观审慎监管

“将本求利”是古代钱庄票号最基本最重要的行事准则，实质就是重视资本金约束。巴塞尔银行监管委员会和国际保险监督官协会，就是在资本金约束规则基础上，逐步推动形成银行业和保险业今天的监管规则体系。资本标准、政府监管、市场约束，被称为微观审慎监管的“三大支柱”。许多广泛应用于微观审慎监管的工具，如拨备制度等，也具有防范系统性风险的功能。

3. 保护消费权益

金融交易中存在着严重的信息不对称，普通居民很难拥有丰富的金融知识，而且金融机构工作人员往往也不完全了解金融产品所包含的风险。这就导致金融消费相较于其他方面消费，当事人常常会遭受更大的利益损失。2008 年国际金融危机之后，金融消费者保护受到空前重视。我国“一行一局一会”内部均已设立金融消费者权益保护部门，从强化金融知识宣传、规范金融机构行为、完善监督管理规则、及时惩处违法违规现象等方面，初步建立起行为监督框架。

4. 打击金融犯罪

金融犯罪活动隐蔽性强、危害性大，同时专业性、技术性较为复杂。巴塞尔银行监管委员会和一些国家的金融监管机构，均将与执法部门合作作为原则性要求加以明确。我国也探索形成了一些良好的经验。例如，公安部证券犯罪侦查局派驻证监会联合办公，国家金融监督管理总局承担全国处置非法集资部际联席会议牵头职责，部分城市探索成立专门的金融法院或金融法庭。但是，如何更有效地打击金融犯罪，仍然是政府机构设置方面的重要议题。

5. 维护市场稳定

金融发展离不开金融创新，但是必须认真对待其中的风险。过于复杂的交易结构和产品设计，容易异化为金融自我实现、自我循环和自我膨胀。能源、粮食、互联网和大数据等特定行业、特定领域在国民经济中具有重要地位，集中了大量金融资源，需要防止其杠杆过高、泡沫累积最终演化为较大金融风险。金融市场是经济社会运行的集中映射，在经济全球化背景下，国际上各种事件都可能影响市场情绪，使金融市场更加容易出现“大起大落”的异常震荡。管理部门要加强风险源头管控，切实规范金融秩序，及时稳定市场预期，防止风险交叉传染、扩散蔓延。

6. 处置问题机构

一是“生前遗嘱”。金融机构必须制订并定期修订翔实可行的恢复和处置计划，确保出现问题时得到有序处置。二是“自救安排”。落实机构及其主要股东、实际控制人和最终受益人的主体责任，全面做实资本工具吸收损失机制。自救失败的问题机构必须依法重整或破产关闭。三是“注入资金”。必要时运用存款保险等行业保障基金和金融稳定基金，防止挤提、退保事件和单体风险引发系统性区域性风险。四是“及时止损”。为最大限度维护人民群众根本利益，必须以成本最小为原则，让经营失败的金融企业退出市场。五是“应急准备”。坚持底线思维、极限思维，制定处置系统性危机的预案。六是“快速启动”。有些金融机构风险的爆发具有突然性，形势恶化如同火警，启动处置机制须有特殊授权安排。

（二）现阶段金融监管面临的主要挑战

党的十八大以来，在以习近平同志为核心的党中央坚强领导下，我国金融业改革发展稳定取得历史性的伟大成就。我们经受住了一系列严重风险冲击，成功避免了若干全面性危机，金融治理体系和治理能力现代化持续推进。

近年来，百年变局和世纪疫情交织叠加，国内外经济金融环境发生深刻变化，不稳定不确定不安全因素明显增多，金融风险诱因和形态更加复杂。这为金融监管造成许多新的挑战，主要表现在：

（1）世界经济复苏分化加剧，增长动力不足。高通胀正在成为全球经济的最大挑战，主要发达经济体中央银行激进的收紧货币政策，很可能引发欧美广泛的经济衰退，叠加大国博弈、地区政治冲突和能源粮食危机等，将持续影响全球贸易投资和国际金融市场稳定。此外，西方国家经济先是由产业资本主导转变为金融资本主导，近些年来正在向科技资本和数据资本主导转变，带来的震荡非常广泛，影响十分久远。

（2）我国正处于高速增长向高质量发展转变的关键时期。经济社会高质量发展为抵御风险提供了坚实依托，转型调整也带来了结构性市场出清。随着工业化、城镇化持续推进，需求结构和生产函数发生重大变化，金融与实体经济适配性不足，资金循环不畅和供求脱节现象相互影响，有时甚至会反复强化。

（3）现代科技的广泛应用使金融业态、风险形态、传导路径和安全边界发生了重大变化。互联网平台开办金融业务带来了特殊挑战，一些平台企业占据数据、知识、技术等要素优势，亦与资本紧密结合。如何保证公平竞争、鼓励科技创新，同时防止无序扩张和野蛮生长，是当前面临的艰巨任务。数据安全、反垄断和金融基础设施稳健运行成为新的关注重点。监管科技手段与行业数字化水平的差距凸显。

（4）金融机构公司治理与高质量发展要求相比仍有差距。一些银行、保险公司的管理团队远远不能适应金融业快速发展、金融体系更加复杂和不断开放的趋势。近年发生的金融风险事件充分证明，一些金融机构不同程度地存在弱化党的领导、股权关系不透明、股东行为不审慎、关联交易不合规、战略规划不清晰、董事高管履职有效性不足和绩效考核不科学等问题。解决这些治理方面的沉疴痼疾仍须付出艰苦努力。

（5）在疫情反复冲击下，金融风险形势复杂严峻，新老问题交织叠加。信用违约事件时有发生，影子银行存量规模依然不小，不少地方政府隐性债务尚未缓解，一些大型企业特别是头部房企债务风险突出，涉众型金融犯罪多发，地方金融组织防控能力薄弱。这些都迫切需要健全事前事中事后监管机制安排，实现监管全链条全领域全覆盖。

（6）专业化处置机构和常态化风险处置机制不健全。市场化处置工具不完善，实践中“一事一议”的处置规范性不足。金融稳定保障基金、存款保险基金、保险保障基金、信托业保障基金和投资者保护基金等行业保障基金的损失吸收和分担缺乏清晰的法律规定。金融机构及其股东、实控人或最终受益人的风险处置主体责任需要强化，金融管理部门风险处置责任需进一步明确，地方党委政府属地风险处置责任落实的积极性还需进一步提升。

此外，金融生态、法治环境和信用体系建设任重道远。金融监管资源总体仍然紧张，高素质监管人才较为缺乏，基层监管力量十分薄弱。金融治理的一些关键环节，法律授权不足。如此等等。

（三）加强和完善现代金融监管的重点举措

在新的历史起点，金融监管改革任务非常艰巨。必须以习近平新时代中国特色社会主义思想为指导，坚守以人民为中心的根本立场，不断提升金融监管的能力和水平。

1. 强化党对金融工作的统一领导

党的领导是做好金融工作的最大政治优势。走中国特色金融发展之路，必须进一步强化党中央对金融工作的领导，建立健全金融稳定和发展统筹协调机制，中央各相关部门和省级党委政府都要自觉服从、主动作为。我国绝大多数金融机构都是地方法人，其党的关系、干部管理、国有股权监管、审计监察和司法管辖也都在地方，因此，必须进一步强化地方党委对金融机构党组织的领导，建立健全地方党委主要领导负责的重大风险处置机制。中央金融管理部门要依照法定职责承担监管主体责任，派出机构要自觉服从地方党委政府领导，积极发挥专业优势和履行行业管理职责，共同推动建立科学高效的金融稳定保障体系，公开透明地使用好风险处置基金。要及时查处风险乱象背后的腐败问题，从强监督推动强监管严监管，坚决纠正"宽松软"，打造忠诚干净担当的监管铁军。

2. 深化金融供给侧结构性改革

全面强化金融服务实体经济能力，坚决遏制脱实向虚。管好货币总闸门，防止宏观杠杆率持续快速攀升。健全资本市场功能，提高直接融资比重。完善金融支持创新体系，加大对先进制造业、战略性新兴产业的中长期资金支持。健全普惠金融体系，改进小微企业和"三农"金融供给，提升新市民金融服务水平，巩固拓展金融扶贫成果。督促中小银行深耕本地，严格规范跨区域经营。强化保险保障功能，加快发展健康保险，规范发展第三支柱养老保险，健全国家巨灾保险体系。稳妥推进金融业高水平开放，服务构建"双循环"新发展格局。

3. 健全"风险为本"的审慎监管框架

有效抑制金融机构盲目扩张，推动法人机构业务牌照分类分级管理。把防控金融风险放到更加重要的位置，优化监管技术、方法和流程，实现风险早识别、早预警、早发现、早处置。充实政策工具箱，完善逆周期监管和系统重要性金融机构监管，防范风险跨机构跨市场跨国境传染。加强功能监管和综合监管，对同质同类金融产品，按照"实质重于形式"原则进行穿透性监管，实行公平统一的监管规则。坚持金融创新必须在审慎监管的前提下进行，对互联网平台金融业务实施常态化监管，推动平台经济规范健康持续发展。强化金融反垄断和反不正当竞争，依法规范和引导资本健康发展，防止资本在金融领域无序扩张。

4. 加强金融机构公司治理和内部控制

紧抓公司治理"牛鼻子"，推动健全现代金融企业制度。筑牢产业资本和金融资本"防火墙"，依法规范非金融企业投资金融机构。加强股东资质穿透审核和股东行为监管，严格关联交易管理。加强董事会、高级管理层履职行为监管，引导金融机构选配政治强业务精的专业团队，不断增强公司治理机构之间和高管人员之间的相互支撑相互监督。完善激励约束机制，健全不当所得追回制度和风险责任事后追偿制度。督促金融机构全面细化和完善内控体系，严守会计准则和审慎监管要求。强化外部监督，规范信息披露，增强市场约束。

5. 营造严厉打击金融犯罪的法治环境

遵循宪法宗旨和立法精神，更好发挥法治固根本、稳预期、利长远作用。坚持金融业务持牌经营规则，既要纠正"有照违章"，也要打击"无证驾驶"。织密金融法网，补齐制度短板，切实解决"牛栏关猫"问题。丰富执法手段，充分发挥金融监管机构与公安机关的优势条件，做好行政执法与刑事司法衔接，强化与纪检监察、审计监督等部门协作。提高违法成本，按照过罚相当的原则，努力做到程序正义和实体正义并重。保持行政处罚高压态势，常态化开展打击恶意逃废债、非法集资、非法吸收公众存款和反洗钱、反恐怖融资等工作。省级地方政府对辖内防范和处置非法集资等工作负总责。

6. 切实维护好金融消费者的合法权益

探索建立央地和部门间协调机制，推动金融机构将消费者保护纳入公司治理、企业文化和经营战略中统筹谋划。严格规范金融产品销售管理，强化风险提示和信息披露，大力整治虚假宣传、误导销售、霸王条款等问题。推动健全价值投资、理性投资和风险投资意识，不断提升全社会金融素养。依法保障金融消费者自主选择、公平交易、信息安全等基本权利，守护好广大人民群众“钱袋子”。

7. 完善金融安全网和风险处置长效机制

加快出台金融稳定法，明确金融风险处置的触发标准、程序机制、资金来源和法律责任。在强化金融稳定保障机制的条件下，建立完整的金融风险处置体系，明确监管机构与处置机构的关系。区分常规风险、突发风险和重大风险，按照责任分工落实处置工作机制，合理运用各项处置措施和工具。金融稳定保障基金、存款保险基金及其他行业保障基金不能成为“发款箱”，要健全职能，强化组织体系，充分发挥市场化法治化处置平台的作用。

8. 加快金融监管数字化智能化转型

积极推进监管大数据平台建设，开发智能化风险分析工具，完善风险早期预警模块，增强风险监测前瞻性、穿透性、全面性，逐步实现行政审批、非现场监管、现场检查、行政处罚等各项监管流程的标准化线上化，确保监管行为可审计、可追溯。完善监管数据治理，打通信息孤岛，有效保护数据安全。加强金融监管基础设施建设，优化网络架构和运行维护体系。

三、建设现代中央银行制度

党的二十大报告提出“建设现代中央银行制度”，为做好中央银行工作指明了方向。我们要全面贯彻习近平新时代中国特色社会主义思想，以加强党中央集中统一领导为引领，坚持金融工作的政治性、人民性和专业性，夯实现代中央银行制度，走中国特色金融发展之路，服务和保障社会主义现代化强国建设。

（一）建设现代中央银行制度的必要性

中央银行是金融体系的中枢，它随着经济社会发展，逐步演变为以国家或国家联盟为单位的现代中央银行。现代中央银行的职责主要是：负责货币发行，调节货币供应和流通，维护币值稳定；调控金融活动，推进金融改革，加强资源跨时空有效配置，促进充分就业的经济增长；履行最后贷款人职能，实施宏观审慎管理，防范化解系统性金融风险，维护金融体系稳健运行。中央银行履职，既要防止货币超发，导致通货膨胀和资产泡沫，又要防止发生通货紧缩，导致引发经济金融危机。

从 1984 年开始，作为中央银行的中国人民银行不再从事商业银行业务，专门履行中央银行职能。1995 年颁布的《中华人民共和国中国人民银行法》，确定了人民银行“制定和执行货币政策，防范和化解金融风险，维护金融稳定”的中央银行定位。

建设现代中央银行制度，是全面建设社会主义现代化国家的必然要求：一是走中国特色金融发展之路的必然要求。中国特色金融发展之路的内涵是，坚持党中央对金融工作的集中统一领导，坚持以人民为中心的金融价值取向，坚持金融服务实体经济的根本要求，坚持把防控风险作为金融工作永恒主题，坚持市场化法治化的改革方向。中央银行自身的现代化建设，既是中国特色金融发展之路的重要组成部分，也是推动整个金融体系走好中国特色金融发展之路的重要条件。二是服务经济高质量发展的必然要求。我国经济迈向高质量发展阶段，面临需求收缩、供给冲击、预期转弱等短期压力，以及人口老龄化、区域经济分化、潜在增长率下降等中长期挑战。中央银行要支持经济发展方式转变和经济结构优化，稳妥应对经济发展中的各种挑战，这也对中央银行自身的制度建设提出了更高的要求。三是统筹金融发展和安全的必然要求。在百年变局和世纪疫情交织叠加的历史阶段，我国经济金融运行面临更加复杂严峻的环境，外部冲击风险明显增多，国内经济金融的一些风险隐患可能“水落石出”。这要求中央银行在政治上、业务上、作风上、廉政上达到更高标准、落实更严要求，有效应对各种风险和挑战。四是推进国家治理体系和治理能力现代化的必然要求。金融制度是经济社会发展中重要的基础性制度，而中央银行发行的货币又是金融的根基和血脉，因此，现代中央银行制度是现代化国家治理体系的重要组成部分，要按照推进国家治理体系和治理能力现代化的要求，进一步推进现代中央银行制度建设。

（二）建设现代中央银行制度的基本原则

党的十八大以来，以习近平同志为核心的党中央高度重视金融事业和中央银行工作。习近平的经济思想以及关于金融工作的系列重要讲话和指示批示精神，为建设现代中央银行制度提供了根本遵循和行动指南。建设现代中央银行制度必须立足中国国情，紧扣时代脉搏，突出社会主义市场经济特征。建设现代中央银行制度必须坚持以下基本原则：

1. 必须坚持党中央集中统一领导

金融事关经济发展和国家安全，事关人民群众安居乐业。只有坚持党中央集中统一领导，完善党管金融的体制机制，才能确保金融工作正确的政治方向和发展导向。中央银行要不折不扣执行党中央路线方针政策，高效落实党中央决策部署，成为党执政兴国的坚强支柱。

2. 必须坚持以人民为中心

中央银行事业起于为人民服务，兴于为人民服务，必须充分体现人民性，以不断满足人民日益增长的优质金融服务需求为出发点和落脚点。中央银行要着力健全具有高度适应性、竞争性、普惠性的现代金融体系，守护好老百姓的“钱袋子”，以高质量金融服务促进共同富裕，不断实现人民对美好生活的向往。

3. 必须立足中国国情

20 世纪八九十年代我国出现过几轮严重通货膨胀，针对这一实际问题，党中央要求人民银行坚决维护币值稳定，明确财政赤字不得向央行透支，这带来了近30年来我国货币金融环境的长期基本稳定。2017年全国金融工作会议又结合实际情况，确立了服务实体经济、防控金融风险、深化金融改革三大任务。中央银行要继承优良传统，从我国国情出发，从现实问题出发，实施有利于金融长治久安的政策措施。

4. 必须坚持市场化法治化

《中华人民共和国中国人民银行法》规定，人民银行是我国的中央银行，在国务院领导下依法制定和执行货币政策，从事金融业务活动。这说明人民银行既是国务院组成部门，也是市场主体，要遵循市场化法治化原则运行。在实施货币政策时，要通过市场化方式调节货币和利率，充分发挥市场在资源配置中的决定性作用。在开展金融管理和金融服务、防范化解金融风险时，要依法行使行政权力，依法保护产权和人民利益，维护市场公平秩序。

5. 要借鉴国际金融发展的有益实践

中央银行在发展过程中，形成了一系列被广泛接受的行为规则，包括：为维护币值稳定，央行应具有一定的独立性；当通胀或经济增速偏离目标水平时，央行应当灵活调整利率；为避免道德风险，央行发放再贷款时要有合格抵押品并收取适当利率；为防范风险传染，央行可向金融体系提供流动性支持；等等。我国建设现代中央银行制度，可以借鉴上述有益经验，同时要吸取历次国际金融危机的教训，不断提升中央银行的履职效能。

（三）建设现代中央银行制度的主要举措

建设现代中央银行制度，必须围绕党的二十大确立的金融改革发展稳定任务，做好以下工作：

1. 完善货币政策体系，维护币值稳定和经济增长

高杠杆是宏观金融脆弱性的总根源，中央银行必须管好货币总闸门。自2008年国际金融危机爆发以来，特别是新冠疫情暴发以来，在党中央的坚强领导下，我国保持住了政策定力，是少数实施正常货币政策的主要经济体之一。我国没有实施量化宽松、负利率等非常规货币政策，利率水平在全世界居中，在主要发展中国家中较低，人民币汇率也在合理均衡水平上保持基本稳定，物价走势整体可控，有力促进了我国经济的稳定增长。

（1）实施正常的货币政策。正常的货币政策是指主要通过利率的调整可以有效调节的货币政策。与其相对应的是在零利率或负利率情况下的非常规货币政策。正常的货币政策不仅有利于促进居民储蓄和收入合理增长，也有利于提高人民币资产的全球竞争力，利用好国内国际两个市场、两种资源。未来，我国经济潜在增速有望维持在合理区间，有条件尽量长时间保持正常的货币政策，保持正的利率，保持正常的、斜率向上的收益率曲线形态。

（2）健全货币政策调控机制。健全基础货币投放机制和货币供应调控机制，强化流动性、资本和利率约束的长效机制。发挥货币政策的总量和结构双重功能，精准加大对国民经济重点领域和薄弱环节的支持力度。建立市场化利率形成和传导机制，均衡利率由资金市场供求关系决定，中央银行确定利率政策要符合经济规律。完善以市场供求为基础、参考一篮子货币进行调节、有管理的浮动汇率制度，有效管理和引导市场预期。

2. 深化金融体制改革，提升金融服务实体经济能力

改革和开放是我国经济社会发展的不竭动力，服务实体经济是金融立业之本。党的十八大以来，我国金融改革开放成绩卓著。当前，在加快构建新发展格局背景下，需要进一步深化金融供给侧结构性改革，持续优化金融产品和金融服务，大力发展普惠金融、绿色金融、科技金融，推进构建多层次资本市场，健全资本市场功能，提高直接融资比重，加强金融基础设施建设。

（1）健全绿色金融体系。构建绿色金融“五大支柱”，支持碳达峰碳中和目标的实现：一是按照“国内统一、国际接轨、清晰可执行”的原则，建立和完善绿色金融标准体系；二是分步建设强制性的信息披露制度，有序覆盖各类金融机构和融资主体；三是健全激励约束机制，对金融机构开展绿色金融服务进行评价；四是健全绿色金融产品和市场体系，推动形成碳排放权的合理价格；五是深化绿色金融国际合作，引领国际标准制定。

（2）扩大金融业高水平开放。在安全可控的前提下，进一步完善准入前国民待遇加负面清单的管理模式，提升我国金融市场的投资便利性，提高全球竞争力。坚持多边主义原则，积极参与国际金融合作和治理，稳步扩大规则、规制、管理、标准等制度型开放。在多边债务重组中坚决维护我国海外债权利益。对于海外债权，按照“谁投资谁承担风险、谁决策谁负责风险补偿”的原则，由金融机构和企业承担主体责任，相关决策部门充分考虑项目的金融可持续性，负责风险补偿。

3. 落实金融机构及股东的主体责任，提升金融机构的稳健性

市场经济本质上是法治经济，各市场主体依法承担经营失败造成损失的法律责任。做金融是要有本钱的，金融机构股东要保证做实资本，资产扩张必须受资本金的约束，如果经营失败从而出现风险，也要首先进行“自救”，即通过资本盈余吸收损失。如果不够，则根据股东出资依法承担损失，直至资本清零。如果“自救”失败，则股东承担机构破产重组或清算的法律后果，此时为保护中小存款人的利益、防范系统性风险，“他救”机制和金融稳定保障体系开始发挥作用。

（1）大规模的“他救”是特定历史时期的特殊安排。“他救”客观上不利于形成风险自担的正向激励，往往是针对计划经济时期的遗留问题而不得已采取的措施。例如 20 世纪 90 年代至 21 世纪初，国有大型银行和农村信用社因职责和产权不清、行政干预严重等政策性原因积累了大量经济转轨风险。对此，国家在改革过程中化解了风险，通过发行国债、外汇储备、央行票据、地方政府专项借款等注入资金，并对不良资产进行了果断处置。通过“花钱买机制”，建立了资本约束和有效的公司治理结构，取得了举世瞩目的成就。在市场经济条件下，政府或央行出资的“他救”，一般以原股东破产清零为前提条件，要慎用，要防止道德风险。

（2）“自救”应成为当前和今后应对金融风险的主要方式。当前，我国社会主义市场经济体制已经全面确立，金融机构及股东作为市场主体，应当承担自主经营、自负盈亏、

“自救”风险的主体责任。金融机构要建立市场化资本补充机制，按照监管规则计提拨备，加大不良资产处置力度，塑造金融机构健康的资产负债表。健全激励约束机制，尊重金融机构自主经营权，减少对金融机构经营活动的行政干预。推动资不抵债的金融机构有序实行市场化退出，通过股权清零、大额债权打折承担损失。

（3）“自救”能力来源于市场经济下机构的股东出资和可持续经营产生的效益，“自救”的动力和自觉性来源于有效的监管。金融机构的稳健性是建立在预算硬约束基础上的，市场主体以自己的资本充足率为约束，股东承担主体责任，在出现坏账时，用拨备、核销、补资本的方式满足监管要求，保持自身的稳健性。例如，2017—2021 年，银行业机构共计提贷款拨备超过 8 万亿元、核销不良资产超过 6 万亿元、补充资本金超过 10 万亿元。可见，商业银行的“自救”能力是在产权和监管的约束下，主要由自身的税后资源来实现的。

4. 加强和完善现代金融监管，强化金融稳定保障体系，守住不发生系统性风险底线

金融是经营管理风险的行业，防范化解金融风险是金融工作的永恒主题。自 2018 年以来，防范化解重大金融风险攻坚战取得重要阶段性成果，金融风险整体收敛。但与此同时，监管不到位成为制约金融高质量发展的瓶颈。必须坚持底线思维，进一步加强和完善金融监管，进一步健全金融稳定保障体系，建立维护金融稳定的长效机制。

（1）依法将各类金融活动全部纳入监管。一是把好金融机构准入关，加强对股东监管，防止内部人控制。二是按照“管合法更要管非法”原则，加强对非法金融活动的认定和处置，保护金融消费者权益。三是加强监管执法，丰富执法手段，强化与纪检监察、司法、审计等部门协作。四是加快监管科技和大数据平台建设，推动数据标准统一和监管共享。五是强化监管问责，查处失职渎职和腐败行为。六是统筹协调中央和地方金融管理，确保全国一盘棋，监管无死角。

（2）构建权责一致的风险处置机制。责任清晰、分工明确是有效处置金融风险的前提，金融监管者负责金融机构准入和日常监管，是金融风险的最早发现者，也应当是金融风险的纠正和处置者。金融监管部门只有切实承担风险处置责任，才会真正努力将风险消灭于萌芽状态，才有助于促进各方形成防范化解风险的正确预期。因此，要按照“谁审批、谁监管、谁担责”原则，依法合规压实各方的风险处置责任。金融监管部门承担所监管机构的风险处置责任。人民银行承担系统性金融风险处置责任。地方健全党政主要领导负责的财政金融风险处置机制，承担风险处置属地责任。

（3）实行中央银行独立的财务预算管理制度。“财政的钱”与“央行的钱”存在本质区别。财政部门收入来源于税收，支出主要是提供公共物品和公共服务。中央银行拥有法定的货币发行权，开展货币政策操作，实现维护币值稳定和促进经济增长的根本目标，在此过程中附带产生收益或亏损。一旦财政出现亏损，处于赤字状态，就直接靠央行印票子填补亏空，或者直接向央行透支，靠央行印票子满足财政支出需要，最终必然会引发恶性通货膨胀，财政产生债务危机，不可持续。所以按照《中华人民共和国中国人民银行法》的有关规定，实现中央银行独立的财务预算管理制度，对人民银行承担金融稳定和改革成本应当每年计提拨备，按程序尽快核销，并充实中央银行准备金和资本，实现央行资产负债表的可持续，进而保障人民银行依法履职，实现币值稳定和金融稳定，并以此促进充分就业和经济稳定增长。

第三节　深化收入分配制度改革，形成合理有序的收入分配格局

一、实行以按劳分配为主体、多种分配方式并存的分配制度及其必然性

建立以按劳分配为主体、多种分配方式并存的分配制度，是建立社会主义市场经济体制，使市场在国家宏观调控下对资源配置起决定性作用的主要环节之一。

在社会主义市场经济体制下，市场对劳动力资源的配置起决定性调节作用。在市场上，企业之间的竞争实质上是人才的竞争，是看谁的劳动力资源配置更加优化。企业追求的唯一目标是利润的最大化，主要考虑的是劳动力要素的投入产出率。而职工个人主要考虑的是工资水平，哪儿工资高就往哪儿去。企业的工资水平若太低，没有人愿意来；工资水平若太高，企业的成本就高，效益就上不去。劳动力的市场供求机制，通过企业与企业之间、劳动者与劳动者之间、劳动者与企业之间的竞争，必然使职工与企业之间的双向选择逐渐形成一个双方都能接受的市场工资率。这就是市场机制对个人收入分配的调节作用。在社会主义市场经济体制下，企业经营收入的高低、经济效益的好坏都通过市场来调节，劳动投入的有效数量和质量都要接受市场的检验。

个人收入分配制度改革直接关系到国家和人民群众的切身利益，关系到经济发展和社会的稳定。我国改革开放以来，许多改革措施都是从调整分配关系开始的，如农村实行家庭联产承包责任制后，生产与分配直接挂钩，把过去的“工分制”改变为目前的“包干分配制”；城市体制改革后，国有企业实行了工资总额与经济效益挂钩的制度，改变了过去的以行政手段为主的计划分配管理体制。随着我国所有制结构的变化，城乡个体工商业、私营企业、中外合资企业、中外合作企业和外商独资企业有了很大的发展，与此相适应，在分配领域里，初步形成了以按劳分配为主体、多种分配方式并存的分配格局。

坚持以按劳分配为主体，就是在全社会范围内，按劳分配在所有分配方式中应居于主体地位，起主导作用；在公有制经济的劳动者收入中，按劳分配收入同其他非劳动收入相比应占较大的比重；公有制经济的劳动者按劳分配的收入量，应作为其他所有制形式下劳动者收入水平的参照系。

在社会主义初级阶段，个人收入必须实行以按劳分配为主体、多种分配方式并存的分配制度。这是因为：

第一，是社会主义初级阶段所有制结构的客观要求。在社会主义初级阶段，一方面，存在着以公有制为主体、多种所有制经济共同发展的所有制结构；另一方面，公有制经济的实现形式呈现出多样化的趋势，并且各种所有制经济实现形式之间日益融合、日益复杂。生产决定分配，生产资料所有制是生产关系的基础，决定着产品分配的性质和形

式。在社会主义初级阶段，多层次的生产资料所有制结构，多样化的公有制实现形式，必然要求多层次、多样化的个人收入分配结构与之相适应。

第二，是社会主义市场经济发展的需要。建立社会主义市场经济，就是要使市场对资源配置起决定性作用。要利用市场来配置社会资源，就必须建立、发展和完善劳动力、资本、技术、信息、房地产等生产要素市场。这样，一切生产要素都作为商品进入市场，参加流通，通过市场竞争，生产要素的供求关系、价格的变动，直接影响到生产要素所有者的个人收入，所以，在社会主义初级阶段，必须要求生产要素参与收益分配，把按劳分配和按生产要素分配结合起来。目前，居民除了通过按劳分配获得收入以外，还可以通过银行存款获取存款利息收入；通过购买政府、银行、企业发行的债券获取债券利息收入；通过购买企业股票获取股息、红利收入；通过租赁、承包经营获取风险收入；通过投资获取利润收入；等等。

第三，在生产资料所有权和经营权分离的情况下，企业拥有个人收入的自主分配权。每一个国有企业都是自主经营、独立核算、自负盈亏的商品生产者和经营者，是具有独立经济利益的法人实体。它们对生产资料拥有占有、使用、经营、处置等权利，它们都以自己的经营收入弥补自己的经营支出，以便获取盈利，完成上缴国家的任务，求得企业自身的发展，增加企业职工的收入，所以它们都拥有收益的自主分配权。由于各个国有企业在生产资料的数量、质量，经营者的管理水平，职工的素质，市场环境等因素上是不同的，因而不同国有企业的收益水平也是不同的。在企业拥有自主分配权的情况下，各个国有企业都会采取适合本企业情况的分配形式，这样必然会存在多种多样的个人收入分配形式。

二、按劳分配是社会主义公有制经济的基本分配原则

在社会主义制度下，劳动者的劳动分为两部分，即劳动者为自己的劳动和为社会的劳动。劳动者为自己的劳动所创造的价值形成个人消费基金，即个人收入，这部分资金在物质形态上表现为个人消费品。在社会主义制度下，个人消费基金或个人收入的分配是根据按劳分配原则进行的。所谓按劳分配就是在社会主义公有制基础上，劳动者为社会提供劳动，社会做了各项必要的扣除以后，按照劳动者提供的劳动数量和质量分配个人收入，实行多劳多得、少劳少得、不劳动者不得食的原则。

在社会主义制度下，个人收入实行按劳分配是由客观经济条件决定的。

第一，生产资料的社会主义公有制是个人收入实行按劳分配的前提条件，而按劳分配又是生产资料社会主义公有制在经济上的实现形式。马克思说消费资料的任何一种分配，都不过是生产条件本身的分配的结果。所谓生产条件的分配是指生产资料归谁所有。生产资料的社会主义公有制，排除了依靠生产资料所有权不劳而获的可能性，排除了产品分配中的剥削关系，为实现按劳分配创造了前提。而且，按劳分配是生产资料社会主义公有制在经济上的实现形式，因为生产资料的社会主义公有制意味着劳动者有使用生产资料进行劳动的权利，以及凭劳动领取报酬的权利。

第二，社会主义社会生产力的发展水平提供了实行按劳分配的物质条件，同时，按

劳分配又是促进社会主义社会生产力发展的最有效的分配方式。个人收入的分配方式除了取决于生产资料所有制的性质以外，还取决于可分配产品的数量，因为就分配对象来说，能分配的只能是生产的成果。在社会主义条件下，生产力的发展水平还不可能达到社会产品极大丰富的程度，还不能充分满足劳动者的一切合理需要，还不可能实行按需分配，而只能实行按劳分配。个人收入分配形式不仅要受到生产力发展水平的限制，而且最终要服从于生产力发展的要求，因为只要个人收入分配为纯粹经济利益的考虑所支配，它就将由生产的利益来调节，而最能促进生产的是能使一切社会成员尽可能地全面发展、保持和运用自己能力的那种分配方式。由于按劳分配使劳动者的劳动与个人收入的多少联系起来，所以它是社会主义时期最能促进生产力发展，最适合于社会成员全面地发展、保持和运用自己能力的个人收入分配方式。

第三，社会主义社会劳动仍仅仅是谋生手段，这是个人收入实行按劳分配的直接根据。在社会主义社会，旧的社会分工还存在，人们还不可能完全摆脱旧社会遗留下来的痕迹，劳动者还没有达到全面发展，因此劳动还不可能成为生活的第一需要，它还只是人们谋生的手段。劳动者对自己的劳动成果还有物质利益的要求，劳动者不同等的工作能力便成为一种“天然特权”，社会只有承认这种“特权”，把劳动者向社会提供的劳动量同他可能获得的个人收入联系起来，实行按劳分配，才能促使劳动者努力学习，提高自己的劳动技能，充分运用自己的劳动能力为社会工作，从而推动社会主义生产的发展。

我国正处在并将长期处在社会主义初级阶段，还不可能在全社会范围内实行单一的公有制，公有制还有多种经济形式和多种实现形式，社会主义经济是公有制基础上的商品经济，现阶段实行的是社会主义市场经济体制，所以，我们现在实行的按劳分配，与马克思当时设想的在社会统一占有生产资料和不存在商品货币关系条件下的按劳分配有很大的差别。社会主义初级阶段的按劳分配有它自己的特点。

第一，企业是实行按劳分配的主体。因为社会主义劳动者的劳动是以企业为单位进行的，而且每一个企业都是独立的商品生产者和经营者，具有独立的经济利益，所以企业必然成为自主的收入分配者。企业根据职工生产和工作的实际情况，具体实施按劳分配。

第二，按劳分配不是直接以劳动者提供的劳动数量和质量而是按照实现了的价值进行分配的。这是因为，社会主义劳动是由个别劳动组成的企业集体劳动或局部劳动。作为独立的商品生产者和经营者，这些集体劳动能否和在多大程度上转化为社会总劳动的一部分，要取决于它们的商品价值在市场上的实现情况。

第三，按劳分配不是直接以“劳动证书”而是通过商品和货币形式来实现的，即劳动者从企业得到货币收入，然后用货币去购买消费品。

第四，由于不同部门、不同地区、不同企业的主客观条件不同，等量劳动获取等量报酬的原则只能在同一个企业中贯彻，至于不同部门之间、不同地区之间、不同所有制之间，以及同一所有制内部不同企业之间，不可能做到等量劳动获取等量报酬。

三、社会主义市场经济下的其他分配方式

在社会主义市场经济下，除了按劳分配以外，还有许多其他分配方式，主要有：

（一）个体劳动者经营收入

这主要是指个体劳动者和农村专业户的个人收入。他们从事个体工商业、个体服务业以及农副业生产等经济活动，主要依靠自己的劳动获得收入。这种劳动收入不同于按劳分配的劳动收入，它是个体私有者在经济上的一种实现形式。这种劳动收入里不仅包括劳动者的劳动收入，而且包括他们的经营收入，也就是说，这种收入的数量不仅取决于他们的劳动，而且取决于他们拥有的生产资料的数量和质量，取决于市场状况。实行家庭联产承包责任制后的农民家庭收入中也包含这种个体经营收入。国家企事业单位的职工利用业余时间从事一切劳动获得的收入也属于这一类。

（二）按资分配

这是指凭借资金、资产所有权，通过集资、入股、投资获取利息、股息、红利或级差收益的一种分配方式。这种分配方式是以资金、资产所有者在一定时间内的资金、资产的有偿转让为前提的。按资分配的主体是各种资金、资产的所有者，各种利息、股息、红利等都是按资金、资产所有权获得的收入。例如，地租是土地所有者凭借土地所有权获得的收入；房租是房屋所有者凭借房屋所有权出租房屋获取的收入；机器设备租赁费是凭借固定资产所有权出租机器设备取得的收入；国家从国有企业取得的上缴利润，是国家作为国有资产所有者取得的收入；私营企业主和外资经济中的资本家获取的利润是典型的按资分配取得的收入。实行按资分配，对资金、资产实行有偿使用，一方面可以充分利用社会闲散资金，解决资金短缺的困难，另一方面有利于提高资金的使用效率，促进资产的合理配置，这一切都可以大大加快经济的发展。

（三）按经营成果分配

这是以经营效果好坏来分配个人收入的一种分配方式。在社会主义市场经济条件下，所有权和经营权是分离的。国家是国有资产的最终所有者，而国有企业是国有资产的法人所有者，它拥有对国有资产的占有、使用、经营、处置等权利，企业经营效果的好坏直接影响到企业经营管理者以及广大企业职工的收入。企业的经营管理者和职工，在市场竞争中，在价格和供求关系的变动中获得的风险收入或机会收入，反映了一个企业的经营管理者的智慧、经验和能力，以及广大职工的素质。这种按经营成果进行的分配有利于精明强干的、富有创新和开拓精神的企业家阶层的形成，有利于改变我国企业经营管理落后的状况，有利于提高企业的整体经营管理水平，从而能大大提高企业的经济效益。个体、私营企业主和实行家庭联产承包责任制的农户的收入中，也包含这种按经营成果分配的收入。

（四）按劳动力价值分配

这是在外资经济和私营企业中工作的职工的工资收入的分配方式。这种工资是劳动者劳动力的价值或价格的转化形式，它与公有制企业中采取按劳分配形式的工资收入不同，它体现了雇主与雇工之间的剥削与被剥削的关系。国家应采取有效措施，切实保障外资经济和私营企业中职工的一切合法权益。

上述各种分配方式被我们归结为按生产要素进行分配。随着所有制结构的调整和完善、生产要素市场的培育和发展，出现了公有制实现形式和分配方式多样化的局面。在社会主义市场经济条件下，生产要素所有者只要将各种生产要素投入社会生产，就有权取得相应的收入。随着社会主义市场经济的发展，按生产要素分配将越来越重要。党的十五大报告指出，要把按劳分配和按生产要素分配结合起来；党的十六大报告提出要确立劳动、资本、技术和管理等生产要素按贡献参与分配的原则。这是我党在分配理论上的重大突破，也是我党在处理分配问题上的重要指导思想和基本原则，是社会主义的基本原则和市场经济的基本要求在分配制度上的体现。要形成与社会主义市场经济下的基本经济制度相适应的分配机制，让一切劳动、知识、技术、管理和资本的活力竞相迸发，让一切创造财富的源泉充分涌流，以造福于人民，造福于社会。

四、构建初次分配、再分配、第三次分配协调配套的制度体系

（一）收入分配领域存在的问题及其产生的原因

改革开放以来，我国收入分配制度改革不断深化，确立了按劳分配为主体、多种分配方式并存的分配制度，实现了收入分配制度向适应社会主义市场经济体制的转变。实践证明，我国收入分配制度的改革方向是正确的，极大地激发了全体人民的积极性、主动性和创造性，解放和发展了社会生产力，促进了经济持续快速发展，城乡居民收入不断增加，生活水平不断提高。

但是我们必须清醒地看到，由于收入分配及相关领域体制改革还不到位，特别是经济社会发展进程中不断出现新情况、新变化，因此收入分配领域积累了一些突出问题，具体表现在：一是城乡区域发展和收入分配差距依然存在。二是在国民收入分配格局中，居民收入在国民总收入中的比重依然偏低，劳动报酬在初次分配中的比重有待提高。三是收入分配秩序不规范。部分行业企业高管人员收入畸高，与一般员工收入差距过大。一些领域法律不健全、政策不规范、管理不严格，各种隐性收入大量存在。在自然资源开发、房地产开发、资本市场、国有企业改制等领域，存在通过内幕交易、操纵市场、商业贿赂等违法活动谋取非法暴利的问题。四是存在腐败现象。一些权力比较集中的公共管理领域和国有企事业单位，以权谋私、权钱交易问题依然存在。

对于收入分配领域产生的这些问题，一方面要看到，作为一个发展中大国，在由计划经济向社会主义市场经济转变的过程中出现的这些问题，在一定程度上很难避免，这反映了我国发展的阶段性特征。一是我国区域之间自然条件不同，资源禀赋差异很大，客观上存在发展不平衡问题。二是我国城乡二元结构明显，在工业化、城镇化快速发展进程中，在一定时期内城乡收入差距较大有其客观必然性。三是长期以来我国劳动力供大于求，资本、技术、管理等要素相对短缺，在市场机制的作用下，容易形成这些要素收益挤占劳动报酬的现象。四是我国在国际分工中总体上处于产业链中低端，激烈的国际竞争也使提高劳动报酬面临较大压力。五是在体制转轨过程中，由于各种主观和客观原因，一部分人的财富较快积累，使居民拥有的财富差距较大。这也是世界各国工业化、

现代化初期经济快速发展过程中的普遍现象。

另一方面也要看到，收入分配领域面临的一些突出问题，很大程度上也是由改革滞后、政策不到位不完善造成的。一是经济领域改革滞后，市场机制不健全。资源价格形成机制不合理，一些资源性行业企业以低成本甚至无偿使用公共资源。国有企业改革不到位，就业市场化和要素流动不充分。一些行业竞争不充分，一些企业依靠垄断获取超额利润。一些行业门槛过高，限制社会资本进入参与竞争，固化了行业收入差距。二是收入分配制度改革滞后，工资制度不完善。企业工资决定机制不健全，最低工资标准偏低，随意性大，强制性不够。机关事业单位工资制度改革滞后，还没有建立体现同地区同岗位同工同酬和不同地区不同岗位差异的工资决定和调整机制。三是再分配领域改革滞后，调节机制不完善。税制改革滞后，调节收入分配功能较弱。现行个人所得税难以充分发挥调节作用，调节居民财富的税制不健全，不能发挥对存量财产的调节作用。财政支出用于基本公共服务的比重偏低，均衡性转移支付比例较低。社会保障体系不健全，城乡和不同社会群体之间的保障水平差距较大。我们要充分认识到，这些问题都不是改革和社会主义市场经济本身的问题，而是改革不到位和发展过程中的问题，所以必须用改革发展的办法去解决。

（二）完善分配制度，促进共同富裕

习近平总书记在党的二十大报告中指出，分配制度是促进共同富裕的基础性制度，构建初次分配、再分配、第三次分配协调配套的制度体系。这为我们指明了在全面建设社会主义现代化国家新征程中迈向共同富裕的目标任务、改革举措和政策取向。

1. 共同富裕是中国特色社会主义的本质要求

第一，共同富裕是马克思主义的一个基本目标。马克思主义以实现人类解放、促进每一个人自由而全面发展为己任，期盼生产力的发展使社会财富的一切源泉充分涌流，期盼没有工农、城乡、脑体三大差别的社会，预见未来社会生产将以所有人的富裕为目的。第二，共同富裕是自古以来我国人民的一个基本理想。早在2000多年以前，先贤即提出“大道之行也，天下为公”的大同思想，后来的思想家又多次对大同社会提出设想，反映了中华民族对一个繁荣、富裕、公正、平等社会的美好理想。第三，共同富裕是中国共产党根本宗旨的体现。民之所望，政之所向。实现全体人民共同富裕，反映了人民对美好生活的向往，体现了以人民为中心的发展思想，体现了中国共产党人的初心和使命，体现了全心全意为人民服务的党的根本宗旨。第四，共同富裕是中国式现代化的一个重要特征。中华人民共和国成立后，毛泽东提出把我国建设成为社会主义现代化强国的目标和共同富裕概念。新时代以来，习近平总书记提出，中国式现代化是全体人民共同富裕的现代化。

2. 促进全体人民共同富裕既是一项长期任务，又是一项现实任务

第一，全面建成小康社会为促进共同富裕创造了良好条件。在社会主义革命和建设时期，我国建立起独立的比较完整的工业体系和国民经济体系。在改革开放和社会主义现代化建设新时期，我国实现了从生产力相对落后到经济总量跃居世界第二的历史性突

破，实现了人民生活从温饱不足到总体小康、奔向全面小康的历史性跨越。党的十八大以来，我国经济发展的平衡性、协调性、可持续性明显增强，党领导人民打赢了脱贫攻坚战，历史性地解决了绝对贫困问题，在中华大地上全面建成了小康社会。2021 年，我国国内生产总值达到 114 万亿元人民币，人均国内生产总值超过 1.2 万美元，标志着我国社会生产力、综合国力、人民生活水平跃上新台阶，为推进共同富裕打下了坚实基础。第二，我国已经到了扎实推进共同富裕的历史阶段。进入新时代，我国社会主义主要矛盾转化为人民日益增长的美好生活需要和不平衡不充分的发展之间的矛盾，经济社会结构加快调整变化，高速增长转向高质量发展，对扎实推进共同富裕提出了新的要求。第三，实现共同富裕是经济社会发展的宏伟目标。实现全体人民共同富裕是一个长期的历史过程，伴随全面建设社会主义现代化国家的全过程，必须被纳入国民经济和社会发展的长远规划。要深入研究不同阶段的现代化和共同富裕目标，分阶段循序渐进地实现。

3. 扎实推进共同富裕必须完善分配制度

制度问题更带有根本性、全局性、稳定性和长期性，分配制度是促进共同富裕的基础性制度。要在全国人民共同奋斗把"蛋糕"做大做好基础上，通过合理的制度安排，把"蛋糕"切好分好，坚持按劳分配为主体、多种分配方式并存，构建初次分配、再分配、第三次分配协调配套的制度体系。第一，完善分配制度是促进共同富裕的必然要求。生产决定分配，分配反作用于生产。改革开放以来，我国初步建立了社会主义市场经济分配制度，有力地促进了经济发展和居民收入提高。1979—2021 年，我国国内生产总值年均增长 9.2%，居民人均可支配收入年均增长 8.2%，其中，农民人均可支配收入年均增速快于城镇居民 0.6 个百分点。但分配领域不平衡的问题仍然比较突出。只有完善分配制度，才能进一步调动广大劳动者生产积极性、更好发挥人力资源和人力资本的作用、持续扩大国内需求特别是居民消费需求，构建合理分配格局。第二，完善分配制度是坚持和完善中国特色社会主义制度的重要内容。分配制度具有基础性和能动性。完善分配制度，有利于坚持和完善社会主义基本经济制度、社会主义市场经济体制以及统筹城乡的民生保障制度。同时，坚持"两个毫不动摇"，坚持公有制为主体、多种所有制经济共同发展，又有利于更好地发挥分配对生产、流通、消费和投资的促进作用，从而为推进国家治理体系和治理能力现代化筑牢基础。第三，完善分配制度是发挥多层次分配协调配套制度作用的重要举措。初次分配、再分配、第三次分配既相互区别，又相互联系。初次分配是基础，是促进共同富裕的重要途径，要健全生产要素由市场评价贡献、按贡献决定报酬的机制；再分配是保障，是促进共同富裕的重要手段，要完善政府对收入分配进行调节的机制；第三次分配是补充，是促进共同富裕的辅助方式，要建立社会自愿参与公益慈善事业的机制。三个层次的分配机制相互协调，相互配套，依法依规运行，有利于有效市场、有为政府、有爱社会相结合，扎实推进共同富裕。

（三）发挥好初次分配的基础性作用

1. 提高发展的平衡性、协调性、包容性

人民的幸福生活是奋斗出来的，共同富裕要靠勤劳智慧来创造。要把推动高质量发展放在首位，形成人人参与的发展环境，厚植共同富裕的物质基础。第一，促进人的全

面发展。要维护社会公平正义，防止社会阶层固化，畅通向上流动通道，促进机会公平，为人民提高教育程度、增强发展能力创造更加普惠公平的环境和条件，提高全社会就业创业和创新创造能力，鼓励勤劳致富。第二，健全城乡融合发展体制机制。要坚持以城带乡、以工促农，巩固拓展脱贫攻坚成果，全面推进乡村振兴，对易返贫人口加强监测、及早干预，确保不发生规模性返贫和新的致贫。开拓乡村特色产业发展等增收渠道，使更多农民勤劳致富。完善新型城镇化战略，促进农民工融入城市。第三，健全区域协调发展体制机制。要深入实施区域协调发展战略、区域重大战略，加大对欠发达地区的支持力度，增强欠发达地区自我发展能力，建设好浙江共同富裕示范区。第四，强调行业发展的协调性。要加快垄断行业改革，营造公平竞争的市场环境，让平均利润率规律发挥作用。要发挥企业促进协调发展的能动性，鼓励、支持和引导企业与金融机构增加环境、社会、治理投资。

2. 提高居民收入和劳动报酬比重

目前，我国住户部门可支配收入占国民可支配收入的比重约为60%，劳动者报酬占国民可支配收入的比重约为50%，有待提高。要坚持居民收入增长和经济增长基本同步、劳动报酬提高与劳动生产率提高基本同步，构建体现效率、促进公平的收入分配体系。第一，努力提高居民收入在国民收入分配中的比重。要通过扩大就业和提高就业质量增加劳动者收入，拓展服务业、中小微企业、劳动密集型企业、知识和技能密集型企业的就业空间，促进新就业形态、灵活就业人员就业增收，帮助高校毕业生、农民工等重点群体就业增收。第二，提高劳动报酬在初次分配中的比重。要坚持多劳多得，着重增加劳动所得。要完善劳动者工资决定、合理增长和支付保障机制。要健全国有企业市场化薪酬分配机制和科技创新薪酬分配激励机制，改革完善体现岗位绩效和分级分类管理的事业单位薪酬制度，落实并完善公务员工资正常调整机制。要完善劳动争议调解仲裁机制，健全劳动关系协商协调机制。

3. 扩大中等收入群体

目前，我国中等收入家庭人口占总人口的比重约为30%，提升空间较大。要增加低收入者收入，着力提高中等收入家庭人口比重。第一，高校毕业生是有望进入中等收入群体的重要方面。要提高高等教育质量，做到学有专长、学有所用。第二，技术工人应成为中等收入群体的重要组成部分。要加大技能人才培养力度，提高技术工人工资待遇，吸引更多劳动者加入技术工人队伍。第三，中小微企业和个体工商户从业者是创业致富的重要群体。要完善营商环境，促进其稳定经营并增收。第四，进城农民工是中等收入群体的重要来源。要深化户籍制度改革，解决好农业转移人口住房、医疗、教育、社保等问题。要合理提高基层公务员和基层企事业单位职工的工资待遇。

4. 完善按要素分配制度，健全劳动、资本、土地、知识、技术、管理、数据等生产要素由市场评价贡献、按贡献决定报酬的机制

党的十九届四中全会提出“健全劳动、资本、土地、知识、技术、管理、数据等生产要素由市场评价贡献、按贡献决定报酬的机制”，这为坚持和完善按劳分配为主体、多种分配方式并存的社会主义基本经济制度指明了方向，明确了要求。第一，要加大对劳动所得的保护力度，努力实现劳动报酬增长和劳动生产率提高同步，提高劳动报酬在初次分配中的比重，以体现按劳分配在基本分配制度中的主体地位。要健全工资决定和正常增长机制，完善最低工资和工资支付保障制度，有效保证普通劳动者工资收入随国民经济、社会平均工资同步增长，随着物价水平变动及时调整。要深化企业和机关事业单位工资和津贴补贴制度改革，完善艰苦边远地区津贴增长机制。要推行企业工资集体协商及选定机制和正常增长机制。第二，要健全资本、土地、知识、技术、管理、数据等由市场评价贡献、按贡献决定报酬的机制。市场经济通过积极发挥竞争机制、价格机制作用，推动资源配置效率不断优化。各类生产要素在要素市场上通过买卖进入生产过程之中，生产出的产品在商品市场上通过交换实现商品价值，最后生产要素按照各自对商品价值的贡献参与分配，实现各自价值。坚持各种生产要素由市场评价贡献、由贡献决定报酬的机制，体现了发展社会主义市场经济条件下按要素分配的效率原则，有利于调动各方面的积极性。所以要进一步促进生产要素市场化改革，打破垄断和条块分割，推动生产要素自由流动。建立规范的要素市场，扩展投资和租赁服务的途径，优化上市公司投资者回报机制，保护投资者尤其是中小投资者的合法权益。进一步加强知识产权保护，完善有利于科研成果转移和高技能人才特别津贴、协议工资、项目工资等制度，继续健全根据经营管理绩效、风险和责任确定薪酬的制度。同时，健全相关制度和政策措施，防止资本、管理等要素超额分配，防止非市场因素参与分配。

人类社会发展由农业经济到工业经济、知识经济时代不断演进。在现代经济增长的来源中，科技创新的作用越来越大，经营管理的作用日益突出，数据收集和加工所产生的价值前所未有。知识、技术、管理、数据成为重要生产要素，并且对生产的贡献明显提升，这是现代经济发展的一个重要趋势。只有由市场评价要素贡献、按要素贡献决定报酬，才能让各种生产要素活力竞相迸发，让经济发展充满活力。否则，技术创新、管理创新、制度创新就没有动力，经济就难以实现创新驱动和高质量发展。

当前，我国由市场评价要素贡献、按贡献决定报酬的机制还不健全、不充分，还必须健全相关机制：第一，坚持多劳多得，少劳少得，不劳不得，着重保护劳动所得，让不同种类、不同强度的劳动获得不同水平的劳动报酬收入，提高劳动报酬在初次分配中的比重。第二，全面贯彻落实以增加知识价值为导向的收入分配政策，充分尊重科研、技术、管理人才，充分体现知识、技术、管理的市场贡献。第三，建设城乡统一的建设用地市场，增加土地一级、二级市场竞争性，增加土地管理灵活性，发挥市场在土地要素配置中的决定性作用，合理反映不同方式、用途土地要素的价值，推动土地资源向优质企业、优势区域集聚。第四，深化金融体制改革，优化金融体系、结构和产品，让不同期限、承担不同风险的资金获得合理收益和风险补偿。

总之，党的十九届四中全会提出的健全按要素分配的体制机制，对调动社会各方面积极性、主动性、创造性，提高全要素生产率，推动经济高质量发展，不断解放和发展社会生产力具有十分重要的意义，我们必须进一步解放思想、深化改革、加快推进。

5. 多渠道增加居民财产性收入

要多渠道增加居民财产性收入，必须进一步深化改革、加强立法、完善制度，有效保护居民的财产和财产收益。财产性收入一般可分为家庭拥有的动产（银行存款、有价证券等）和不动产（房屋、车辆、收藏品等）所获得的收入，主要是通过交易、出租财产权或进行财产运营所获得的利息、股息、红利、租金、专利收入、财产增值收益、出让纯收益等。一是适度扩大存贷款利率浮动范围，逐步缩小存贷款利差，保护存款人权益。加强上市公司监管，明确和落实分红制度，持续回报股东。支持社会保险基金积极稳妥地进入资本市场，并将投资收益划入统筹基金和个人账户，实现保值增值。二是在加强市场监管和风险防范的基础上拓宽居民投资渠道。鼓励商业银行等金融机构研发大众化理财产品，丰富债券基金、货币基金等基金产品。发挥机构投资者专业理财的优势和作用。促进创业投资规范发展。鼓励居民金融资产投向实体经济，支持有条件的企业实施持股计划。三是规范发展和依法保障居民不动产权及其抵押、转让、出售、出租等权利，形成可交易的流动资产。四是依法保障农民对承包土地占有、使用、收益等权利。按照依法自愿有偿原则，允许农民以转包、出租、互换、转让、股份合作等形式流转土地承包经营权，确保农民分享土地承包经营权流转收益。改革征地制度，缩小征地范围，提高征地补偿标准，逐步实现农村集体建设用地与国有建设用地同权同价。五是鼓励有条件的地方推进农村集体经济组织产权制度改革。积极发展农村土地股份合作以及社区合作、专业合作等合作形式，鼓励农户利用土地承包经营权、农用设备、技术、资金等入股，拓展农民租金、股息、红利等财产性收入渠道。随着城镇化水平稳步提升和新农村建设逐步深入，农民在拥有和运用土地承包经营权、集体资产股权、农户宅基地用益物权、住房财产权等方面，以及在金融产品和实业投资等领域，都将有更多的条件和机会增加财产性收入。

（四）完善再分配制度，加大税收、社会保障、转移支付等调节力度

1. 完善税收调节机制

税收是国家财政的主要来源，也是收入分配的调节利器。第一，优化税制结构。要健全地方税、直接税体系，提高直接税比重，增强税收对收入分配的调节作用。第二，完善个人所得税制度。要健全综合与分类相结合的个人所得税制度，完善专项附加扣除范围和标准，优化个人所得税税率结构。第三，完善消费、财产等方面税收。要加大消费环节税收调节力度，积极稳妥推进房地产税立法和改革，探索建立与数字经济发展相适应的税收制度。第四，完善税收征管。要深化税收征管制度改革，健全自然人税费服务与监管体系，提升税收监管能力。

2. 促进基本公共服务均等化

这是促进共同富裕的重要途径。要尽力而为、量力而行，提高基本公共服务和社会保障能力，逐步实现人均基本公共服务均等化。第一，完善低收入人口保障服务。要逐步健全生活救助和专项救助制度，加快缩小社会救助城乡标准差异，逐步提高城乡最低生活保障水平，完善社会救助和保障标准与物价上涨挂钩联动机制。第二，促进教育公平。要加大普惠性人力资本投入，推动义务教育优质均衡发展和城乡一体化，有效减轻困难家庭教育负担。第三，完善养老和医疗保障体系。要逐步缩小职工与居民、城市与

农村筹资和保障待遇差距，逐步提高城乡居民基本养老金水平，加快优质医疗资源扩容和区域均衡布局。第四，完善住房供应和保障体系。要坚持租购并举、因城施策，完善长租房政策，扩大保障性租赁房供给，重点解决好新市民住房问题。第五，完善公共文化服务体系。要不断满足人民群众多样化、多层次、多方面精神文化需求，促进人民精神生活共同富裕，加强促进共同富裕舆论引导，营造良好舆论氛围。

3. 加大转移支付力度

这是促进区域协调发展的工具。2022 年中央对地方转移支付规模近 9.8 万亿元，比 2021 年增加约 1.5 万亿元，作用明显。第一，完善财政转移支付制度。要继续增加财政转移支付，缩小区域人均财政支出差距，逐步实现主要常住人口进行均衡性转移支付，增加基层公共服务保障能力。加大对口支援和帮扶工作力度。第二，优化转移支付结构。要明确中央和地方财政事权和支出责任，稳定提高一般性转移支付比重，提高均衡性转移支付在一般性转移支付中的比重。第三，强化转移支付管理。要提高转移支付项目实施的精确性，提高转移支付资金使用效率，促进转移支付制度化、规范化。

4. 规范收入分配秩序

完善收入分配调控体制机制和政策体系，建立个人收入和财产信息系统，保护合法收入，调节过高收入，清理规范隐性收入，取缔非法收入，增加低收入者的收入，扩大中等收入者比重，努力缩小城乡、区域、行业收入分配差距，逐步形成橄榄型分配格局。要形成这一格局，根本要靠法制。要加强分配领域的法制建设，不断完善收入分配调控体制机制和政策体系，重点通过建立个人收入和财产信息系统，健全财产登记制度，完善财产法律保护制度，保障公民合法财产权益。健全行政司法联动监管机制，创新劳动关系协调机制，完善劳动争议处理机制，构建和谐劳动关系，加大维护劳动者合法权益执法力度，为增加低收入者收入提供制度保障。一是健全工资保障机制。针对容易发生拖欠的行业企业，完善工资保证金制度，建立健全打击恶意欠薪制度。二是规范机关事业单位和国有企业工资外收入、非货币福利。完善部门预算制度和国库集中收付制度，在各级机关及直属事业单位全面推行公务卡支付结算。加强事业单位创收管理，严格控制国有全资和国有控股企业高管人员职务消费。加强监督检查，严肃查处违规违纪行为。三是加大廉政建设反腐败工作力度。严格执行领导干部收入、房产、投资、配偶子女从业等情况定期报告制度。探索实施领导干部报告个人有关事项在一定范围内公开制度。四是严厉打击非法收入。加强国企改制、矿产资源开发、土地出让、工程建设、资本市场等重点领域的监督管理，深入治理商业贿赂；依法严肃查处以权谋私、权钱交易、行贿受贿、操纵股市、内幕交易、偷税漏税、走私贩私等违纪违法行为。

（五）建立健全第三次分配机制

1. 支持有意愿有能力的企业、社会组织和个人积极参与公益慈善事业

进入 21 世纪，我国社会公益事业迅速起步，捐赠财物较快增长，志愿者队伍不断扩大。但公益慈善事业发展总体上仍相对滞后，社会参与不足。要进一步调动社会各方面发展公益慈善事业的积极性，支持更多人财物投入社会公益领域。企业是我国慈善捐赠

的主体，目前企业捐赠占款物捐赠总量的60%以上。要鼓励企业更好履行社会责任，积极参与生态治理、民生建设、乡村振兴和区域协调发展，持续增加慈善捐赠。社会组织参与第三次分配具有较好条件。要积极有序发展慈善组织，动员更多社会组织从自身实际出发参与慈善捐赠。个人是参与第三次分配的源头活水。目前我国个人捐赠占捐赠总量的比重不到30%，需要提高。要增强个人公益慈善意识，采取财物捐赠、志愿服务、互助互济等多种方式参与公益慈善活动。

2. 探索公益慈善活动有效实现形式

第一，完善适合中国国情的慈善组织形式。要加强现代慈善组织制度建设，建立健全非营利法人制度，打造慈善捐赠主平台，完善志愿者服务平台。第二，探索各类新型捐赠模式。要探究金融助力第三次分配的方式，鼓励设立慈善信托。利用数字网络便捷泛在的优势，积极培育和规范发展互联网慈善。第三，拓展慈善捐赠和志愿服务领域。要加大扶贫济困、教育、医疗卫生、助残助老、减灾救灾等方面慈善投入，拓展生态环保、文艺、科技等领域慈善活动，支持慈善力量更加及时充分参与重大突发事件救援。

3. 完善公益慈善事业政策法规体系和社会文化环境

第一，落实公益慈善税收优惠政策。对非营利组织从事公益性或非营利性活动，予以免税。对企业发生的公益性捐赠支出，不超过年度利润总额12%的部分，准予扣除企业所得税。对个人将其所得用于教育、扶贫、济困等公益慈善事业的捐赠额，未超过纳税人申报应纳所得税额30%的部分，可以从其应纳税所得额中扣除。对符合各种公益慈善事业的捐赠，实行企业所得税或个人所得税金额税前扣除。建立健全慈善褒奖制度，让捐赠者获得光荣感和成就感。第二，加强慈善领域法制建设。要执行好《中华人民共和国慈善法》《中华人民共和国公益事业捐赠法》《中华人民共和国红十字会法》《中华人民共和国民法典》以及《社会团体登记管理条例》《基金会管理条例》等，推进相关立法修法工作。第三，健全慈善综合监管体系。要加强慈善组织专业化、规范化建设。建立健全慈善组织、志愿者、捐赠方或政府部门协调联动机制，加强政府部门对慈善行业的监督管理。第四，创造有利于公益慈善事业发展的社会环境。要弘扬中华民族乐善好施、守望相助的传统文化，提倡向上向善、关爱社会，引导更多个人、社会组织和企业自愿积极参与社会公益事业。

本章关键词

1. 分税制
2. 财政转移支付
3. 利率市场化
4. 按劳分配
5. 按生产要素分配

复习与思考题

1. 当前深化财政体制改革，建设现代财政制度的任务是什么？

2. 当前完善税收制度要做好哪些工作？

3. 当前继续深化金融体制改革，建设现代金融体系的主要内容是什么？

4. 什么叫以按劳分配为主体？社会主义初级阶段为什么必须坚持以按劳分配为主体、多种分配方式并存的制度？

5. 怎样理解允许一部分地区、一部分人在诚实劳动和合法经营基础上先富起来，是人民群众达到共同富裕的必由之路？

6. 当前深化收入分配制度改革的主要目标和重点内容是什么？

7. 如何构建初次分配、再分配、第三次分配协调配套的制度体系？

第十一章

建立与社会主义市场经济相适应的社会保障体系

本章重点

1. 社会保障体系的功能
2. 社会保障体系的内容和特征
3. 我国建立和完善社会保障体系的基本原则
4. 我国建立和完善社会保障体系的主要任务

社会主义市场经济的正常运作，必须有安定的社会环境，必须使劳动者在劳动暂时中断时有最低的生活保障，而社会保障体系则是这两个必需条件的基础。本章将考察社会保障体系的功能、社会保障体系的内容以及如何建立和完善我国与社会主义市场经济相适应的社会保障体系。

第一节　建立社会保障体系的必要性

在社会主义市场经济体制的建立和完善过程中，出现的经济社会发展不平衡以及效率与公平关系的失衡，都与社会保障体系残缺不全直接相关。社会保障体系建设的滞后及不成熟既是效率优先走向效率至上的结果，又进一步导致了对效率追求的异化。因此，有必要建立更加公平可持续的社会保障体系。

党中央十分重视社会保障体系的建设，党的十九大明确要求“加强社会保障体系建设”，并做出具体的部署：“按照兜底线、织密网、建机制的要求，全面建成覆盖全民、城乡统筹、权责清晰、保障适度、可持续的多层次社会保障体系。全面实施全民参保计划。完善城镇职工基本养老保险和城乡居民基本养老保险制度，尽快实现养老保险全国统筹。完善统一的城乡居民基本医疗保险制度和大病保险制度。完善失业、工伤保险制度。建立全国统一的社会保险公共服务平台。统筹城乡社会救助体系，完善最低生活保障制度。坚持男女平等基本国策，保障妇女儿童合法权益。完善社会救助、社会福利、慈善事业、优抚安置等制度，健全农村留守儿童和妇女、老年人关爱服务体系。发展残疾人事业，加强残疾康复服务。”在党的二十大报告中，习近平总书记总结了新时代的成就：“我们深入贯彻以人民为中心的发展思想，在幼有所育、学有所教、劳有所得、病有所医、老有所养、住有所居、弱有所扶上持续用力，人民生活全方位改善。人均预期寿命增长到七十八点二岁。居民人均可支配收入从一万六千五百元增加到三万五千一百元。城镇新增就业年均一千三百万人以上。建成世界上规模最大的教育体系、社会保障体系、医疗卫生体系，教育普及水平实现历史性跨越，基本养老保险覆盖十亿四千万人，基本医疗保险参保率稳定在百分之九十五。及时调整生育政策。改造棚户区住房四千二百多万套，改造农村危房二千四百多万户，城乡居民住房条件明显改善。互联网上网人数达十亿三千万人。人民群众获得感、幸福感、安全感更加充实、更有保障、更可持续，共同富裕取得新成效。”

一、社会运行机制与社会保障

社会发展历程表明，社会经济运行不仅需要以效率为目的的动力系统，还需要以社会安全为目的的稳定系统，以缓和各种社会经济矛盾，矫正各种偏离社会目标的行为，提高社会的整合程度。而连接这两个系统的是以政府为核心的社会控制系统。由此，可以看到社会经济运行体系中有三个既相互独立又密切联系和相互制约的系统，即社会动力系统、社会控制系统和社会稳定系统。这三个系统各有其载体、内在机制和功能。

（一）社会动力系统

社会动力系统的载体是市场，内在机制是市场的供求机制、竞争机制、价格机制、平均利润率机制、风险机制等，其功能是激励，即通过上述机制的作用使社会成员在追求自身利益的同时充分发挥其积极性、能动性、创造性，实现效率最大化，使社会有机体充满活力。

（二）社会控制系统

社会控制系统的载体是政府，其内在机制是国家的宏观调控、计划预测等，其功能是整合。政府是行为具有一元化特征的社会中心，不仅对其他社会个体、社会群众产生较强的吸附力量，使之凝聚、融合为一体，并且这种整合是以“国家利益”的名义，通过法律的形式强制实现的。上述机制综合发挥作用使国家政令统一、民族团结、社会平等、民主化程度和文化道德水平提高，社会成员严格遵守社会规范，保持社会行为的一致性等。

（三）社会稳定系统

社会稳定系统的载体主要是社会保障，其内在机制是社会公平机制、收入调节机制等，它通过保障社会成员的基本生活需要，使其在生理上和心理上均处于安全状态，这张社会安全网的构筑增强了社会成员的生活保障感、心理平衡感、人际亲密感、社会公平感、政治上的向心力、民族精神上的凝聚力，从而达到经济稳定和社会安定的双重目标。

这三个系统是互动的。它们并不是天然地高度协调和吻合的，不仅任何一方的不足都会使社会经济运行失衡或失控，而且任何一方的过度发展都会使自身功能异化，并且给另外两方的功能发挥造成障碍。

如果社会控制系统缺乏弹性，或者在控制的范围、力度、时序上出现失误，或者滥用控制权力，均会扼杀、窒息社会成员的积极性、主动性和创造性，使其由行为主体变成行为工具，其结果是动力衰减、腐败盛行。如果社会经济资源过分向社会动力系统倾斜，那么就会造成两极分化，矛盾冲突和摩擦增多，直至社会动乱，西方资本主义发展初期的状况就是如此。如果社会经济资源过多地流向社会稳定系统，就会奖懒罚勤，削弱激励。

二、社会保障体系的功能

社会保障体系的功能不是一种单一政治的、经济的、社会的、伦理的局部调节功能，而是当社会生产力发展到一定程度时，在经济结构变化导致社会结构变化的过程中形成的一种复合型社会功能系统。

（一）社会保障体系具有“稳定器”功能

社会保障体系的主要功能是通过收入补偿、支出补偿以及互助互济，使受到创伤的社会机体得以恢复并重新投入运行；通过社会保险费的统筹调剂作用，以及通过救济、扶贫、扶持经济开发等措施，在一定程度上调节经济发达地区与贫困地区之间、各阶层社会成员之间收入水平和富裕程度的过分悬殊，减少社会贫困现象，维护社会成员的基本生活权利；通过各种扶持和转移支付提高全社会的就业水平和福利水平，调节市场竞争机制、效率机制、动力机制与社会公平机制、均衡机制、稳定机制之间的矛盾。

（二）社会保障体系具有自动调节经济运行的功能

这一功能主要表现在，社会保障基金的收支作为一种经济变量对经济运行发挥着越来越大的调节作用。

在经济萧条时期，失业人数的增加，使得社会保障基金的收入减少、支出增加，这种支大于收的状况既可以使劳动者的收入维持在一个相对稳定的水平上，缓解经济萧条程度，又可以从增加购买力方面刺激和推动经济复苏。在经济繁荣时期，就业增加和贫困人数减少使得社会保障基金的积累收大于支，相对减少了人们的货币收入，从而起到一定的抑制需求的作用。

在西方国家，社会保障基金的积累和给付与所得税、农产品支持制度相提并论，被誉为调节经济波动的三大手段，因为社会保障基金开支可以不受经济危机的影响而成为社会需求稳定和增长的有力支柱。

但是，需要指出的是，社会保障体系在刺激需求方面的作用比其减少需求的作用要大。由于社会保障津贴支付是政府的一项契约性义务，而个人津贴水平具有能上不能下的“刚性”，所以，经济膨胀时政府很难用它作为减少总支出的手段，这使得社会保障体系在需求管理中的作用有一定的局限性。

（三）社会保障体系间接影响经济社会发展

诚然，社会保障体系可通过改善劳动力质量、减少工人家庭生活波动、利用转移支付制造市场需求等方式刺激经济增长，但是，这种刺激作用所取得的直接经济效益是有限的。并且从政府的角度看，所获得的直接经济效益在很大程度上被付出的代价所抵消，其主要效用还是实现了一定程度的社会和谐和政治稳定。党的十九届四中全会指出：“增进人民福祉、促进人的全面发展是我们党立党为公、执政为民的本质要求。必须健全幼有所育、学有所教、劳有所得、病有所医、老有所养、住有所居、弱有所扶等方面国家基本公共服务制度体系，尽力而为，量力而行，注重加强普惠性、基础性、兜底性民生建设，保障群众基本生活。”即使仅从经济意义上来说，这种影响力与社会保障基金开支刺激经济增长所产生的直接经济效益相比，也是相当可观的。

（四）社会保障体系是构建和谐社会的必然要求

和谐社会的核心是人与人的和谐、人与社会的和谐，前提是维护和实现社会公平与正义，促使经济社会协调发展，让全体人民共享经济社会发展成果，从而形成一个全体人民各尽其能、各得其所而又和谐相处的社会。

社会保障体系包括各种社会保险、社会救助、社会福利，还包括教育福利、住房福利以及各种补充性保障措施。社会越是发展，人们的生产方式与生活方式越是社会化，家庭保障的功能就越弱，人们就越是依靠社会保障体系来化解生活风险，并使生活质量得到改善和提高。

作为国家干预收入分配和协调经济社会发展的重要工具与手段，社会保障体系具有缩小贫富差距、化解社会矛盾、创造并维护社会公平、实现共享发展成果等多方面的功能。构建社会主义和谐社会离不开社会保障体系的保障与维系作用，社会保障体系是社会主义和谐社会的重要内容。

第二节 社会保障体系的内容和特征

一、社会保障体系的基本内容

所谓社会保障（英语为“ social security”，直译为“社会安全”），是指通过立法对社会成员给予物质帮助的各种社会措施的总称。社会保障体系则指国家依据一定的法律和法规建立的，在劳动者或全体社会成员因年老、疾病等原因丧失劳动能力而失去生活来源或遇到其他困难时，向其提供基本生活保障或帮助的一种社会制度。

社会保障体系经历了以社会救助为萌芽形式、以社会保险为基本内容、以社会福利为其完成形式以及医疗保健服务普遍化等四个阶段后，其内容日渐丰富起来。一般而言，社会保障体系包括社会保险、社会救助、社会福利等三个部分（见图 11–1）。

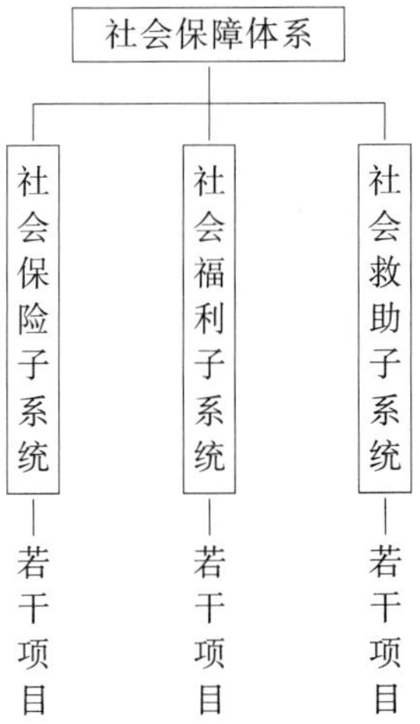

图 11–1　社会保障体系的内容

（一）社会保险

社会保险指劳动者及其家属由于生育、年老、疾病、工伤等原因而丧失劳动能力或失业，从而失去生活来源时，根据法律享受由社会提供必要物质帮助的社会制度。主要包括：养老保险，即对因年老丧失劳动能力的劳动者，在养老期间向其发放养老金，并给予其医疗及生活方面的照顾等；生育和疾病保险，即对因生育而中断劳动和因患病而暂时丧失劳动能力者，在生育和患病期间向其发放收入补助，并给予其医疗保险待遇；失业保险，即对因失业中断工作的劳动者，给予其基本的生活费、医疗费，并为他们提供转业培训和职业介绍等服务（见图 11–2）。

- 社会保险系统
  - 养老社会保险
    - 企业职工养老保险
    - 公务员养老保险
    - 农民养老保险
    - 自由职业者养老保险
    - 其他职业者养老保险
  - 失业社会保险
    - 失业救济保险
    - 再就业培训保险
    - 其他失业保险
  - 工伤社会保险
    - 死亡保险
    - 伤残保险
    - 其他工伤保险
  - 医疗社会保险
    - 普通医疗保险
    - 特种医疗保险
    - 孕产医疗保险
    - 其他医疗保险
  - 生育社会保险
    - 生育保险
    - 哺乳费用保险
    - 孕产假收入保险
  - 其他社会保险
    - 天灾人祸保险
    - 特种工作保险
    - 其他临时特需保险

图 11–2　社会保险系统

1. 养老社会保险

根据不同职业（也可根据不同阶层）设立企业职工养老保险、公务员养老保险、农民养老保险、自由职业者（如个体工商户、个体医生、律师、演艺界人士、自由撰稿人等）养老保险和其他职业者（如除政府机关外的事业部门、公益部门职工，军人，警察等）养老保险，享受标准一般依据个人缴纳保障税的多少确定，需要特别关照的，则按照社会保障法的有关条例规定执行。

2. 失业社会保险

根据失业者生活状况和再就业需要设立失业救济保险、再就业培训保险和其他失业保险（可根据失业者家庭状况设立，如失业者家庭赡养补助保险、失业者家庭医疗费用保险等）。失业社会保险的享受者是非自愿失业者。享受标准根据失业者失业时间长短、失业者家庭生活状况，依据相关法律确定。

3. 工伤社会保险

根据劳动者在劳动中受到伤害的状况设置相应项目。主要有：死亡保险、伤残保险、其他工伤保险（如职业病保险、精神类疾病保险、污染类疾病保险等）。工伤社会保险的享受者必须是因工受到伤害者。享受标准可根据伤残程度和类别依照相关法律统一制定。

4. 医疗社会保险

此项保险根据受保群体特征设立相应项目：（1）普通医疗保险，主要针对普通劳动者设立；（2）特种医疗保险，主要针对特殊职业群体（如军人、警察、秘密工作者等）设立，保费主要由国家承担；（3）孕产医疗保险，主要针对孕产妇女设立；（4）其他医疗保险，主要针对未成年人和其他需要社会、政府照顾的成员（如“五保”户、孤儿等）设立。享受此项保险者是患有疾病的上述人员。享受标准根据各类人员参保状况和相关法律确定。

5. 生育社会保险

此项保险根据育龄妇女状况相应设立生育保险（包括新生儿生命保险、孕妇生命保险、新生儿残疾保险）、哺乳费用保险、孕产假收入保险等项目。享受此项保险待遇者必须是孕产期间的妇女劳动者。享受标准根据参保状况和相关法律确定。

6. 其他社会保险

此项保险根据社会特殊需要设立，以解决特定的社会问题。主要有三个项目：（1）天灾人祸保险；（2）特种工作（如危险工作、高污染工作、秘密工作等）保险；（3）其他临时特需保险。此项保险费主要由政府承担，只有符合上述条件者才能享受。享受标准由社会保障法有关条例特别规定。

（二）社会救助

社会救助是当劳动者在其不能维持最低限度的生活水平时，根据有关法律规定，有权要求国家和社会按照法定的标准向其提供满足最低生活需要的资金和实物援助的一种社会保障。例如，《中华人民共和国宪法》第四十五条明文规定："中华人民共和国公民在年老、疾病或者丧失劳动能力的情况下，有从国家和社会获得物质帮助的权利。"它是公民应享受的一种基本权利，其目标是克服贫困。社会救助一般包括灾害救助、贫困救助、特殊救助等项目（见图 11－3）。

- 社会救助系统
  - 灾害救助
    - 生活救济
    - 医疗救助
    - 其他救助
  - 贫困救助
    - 定期救济
    - 临时救济
    - 扶贫开发资助
    - 自救资助
    - 贫困者医疗救助
  - 特殊救助
    - 孤寡老人救助
    - 孤儿救助
    - 残疾人救助
    - 难民救助
    - 其他救助

图 11－3　社会救助系统

社会救助子系统是新型社会保障体系的重要支持和辅助系统，它对保护社会脆弱群体、提高社会公平程度具有重要作用。其主要功能是保障社会脆弱群体获得基本生存条件和恢复基本生活水平。它面向因不可抗拒的力量（如自然灾害、战争等）袭击而丧失生存条件或生活水平急剧下降的群体而设立。该体系一般由政府主导，社会相关团体参与共同举办，同时寻求国内外企业和热心者的支持。

1. 灾害救助

灾害救助是任何国家在任何时候都不可或缺的社会救助项目。当某些社会成员遭受天灾人祸陷入生活困境又无力自救时，政府或社会应向他们伸出援助之手。灾害救助主要包括生活救济、医疗救助、其他救助等项目。享受标准视受灾程度和受灾者灾后生活状况而确定。

2. 贫困救助

在市场机制或其他社会因素的作用下，有些社会群体有时会陷入困境，生活出现困难。贫困救助就是针对这部分社会成员而设立的。享受者是生活在政府规定的生活贫困线以下的社会成员。社会救助主要由政府拨款承担，可相应设立定期救济、临时救济、扶贫开发资助、自救资助、贫困者医疗救助等项目。

3. 特殊救助

它主要针对社会脆弱群体而设立，只有那些无依无靠、生活无来源的孤老残幼者、战争难民或需社会特殊关照者才有资格享受。此项下可设立孤寡老人救助、孤儿救助、残疾人救助、难民救助和其他救助等保障项目。享受标准视脆弱群体的生活状况和需要而确定。

（三）社会福利

社会福利即由国家或社会为法律或政策规定范围内的所有公民普遍提供旨在保证一定的生活水平和尽可能提高生活质量的资金和服务的一种社会保障形式。它偏重于提供福利设施和福利服务，不带任何前提条件地给予每一位符合规定的公民，囊括了除社会保险、社会救助之外的其他所有社会保障内容。例如，我国城镇职工和居民所享受的物价补贴，就是一种社会福利。

社会福利子系统是新型社会保障体系的三大支柱之一，它面向全体社会成员，并按不同群体和阶层设置众多的保险项目。该子系统内的大多数项目主要由政府举办，社会团体、志愿机构协助举办。实现形式有直接给付现金、实物援助、劳务服务等。其功能主要有二：一是保障社会成员拥有基本生存条件；二是改善和提高社会成员的生活质量。它依据社会群体特征和社会需要设置相应项目。社会福利系统结构框架及其项目见图11－4。

- 社会福利系统
  - 残疾人福利
    - 就业保障
    - 康复服务
    - 特殊教育
    - 其他生活补助和服务
  - 老年人福利
    - 老人扶养
    - 生活服务
    - 保健
    - 医疗健康服务
  - 儿童福利
    - 托幼事业
    - 孤儿收养
    - 儿童保健
    - 独生子女福利
    - 其他儿童福利
  - 妇女福利
    - 孕产福利
    - 保健服务
  - 职业福利
    - 职业福利津贴
    - 职业福利设施
    - 职工保健文化服务
  - 住宅福利
    - 公积金补贴
    - 房租补贴
    - 购房优惠
  - 教育福利
    - 义务教育津贴
    - 学校助（奖）学金
    - 职业培训津贴
    - 其他教育津贴
  - 其他福利
    - 价格补贴
    - 生活费补贴
    - 社会服务
    - 特殊职业福利

图 11－4　社会福利系统

二、社会保障体系的特征

（一）社会保障体系的社会性

社会保障由国家来组织，目的是补偿现代社会中被削弱的家庭保障功能，是家庭保障逐渐解体的结果。当劳动者保障由分散走向集中，由家庭走向社会时，国家作为全社会的总代表，责无旁贷地担当起组织劳动者保障的责任。当然，这个转变不是偶然的，它深刻地反映了由小生产向社会化大生产飞跃的实质，体现了经济发展的内在要求。所以，社会保障带有社会性的特点。

（二）社会保障体系权利与义务的对等性

劳动者保障是所有社会都面临的一个问题，是社会再生产的一种运行费用。马克思在《哥达纲领批判》中提到了六项“扣除”，其中“为丧失劳动能力者等设立的基金”就是指社会用于劳动者保障上的费用。无论是家庭保障，还是社会保障，其费用都是真实存在的。就社会保障而言，虽然经办主体由家庭变为国家，但其费用负担是不可能转移的，它以个体劳动者付费为前提，因此，社会保障体系体现了权利与义务对等的特点。

（三）社会保障体系的共济性

社会保障虽然贯彻了权利与义务对等的原则，但是，就劳动者个人而言，这并不意味着所享受的权利与应承担的义务恰好相等，否则，对于劳动者来说，社会保障和家庭保障没有什么两样，社会保障也就不具备存在的必要性。事实上，以国家为主体的社会保障体系集中了全社会成员的一部分财力，仅对部分社会成员提供帮助（每一时点上肯定只有少数人处于需要救济的境地），共济性很强，大大增强了劳动者个人抵御未来风险的能力，从而增加了社会稳定性。特别是在市场经济条件下，劳动者面临的风险大大增加（甚至是生存风险），如果单纯依靠个人或家庭的自我保障，那么，一旦风险发生，个人或家庭就将难以抵御。社会保障体系得以普遍推行的原因正在于此。

（四）社会保障体系的功能性

西方国家经过长期市场经济的发展，建立了完善的社会保障体系。然而由于各国的具体条件不同，在社会保障体系上还存在着某种程度的差异。但由于市场经济共同规律的作用，它们的社会保障体系又显示出某些共同的功能特性，具体表现在以下几个方面。

第一，功能方面。首先是保障功能，即为满足人们基本生活需要提供物质保障的功能。其次是调节功能，一方面表现为社会保障是国家对经济进行宏观调控的“内在稳定器”，另一方面表现为通过社会保障的再分配缩小贫富差距。

第二，保障项目方面。覆盖面具有广泛性，几乎包括了生、老、病、死、伤、残的各个方面。

第三，经费来源方面。主要由雇主、雇员和政府三方按比例共同承担。即使企业破产倒闭，个人所应享受的社会保障也不受影响。目前，还有一个经费来源，就是慈善事业，近年来已日益发挥重要的作用。表 11–1 是社会保障体系所涉及的大部分内容。

表 11–1　社会保障体系的三个维度

类别	保障项目	服务人群	责任 / 服务主体
就业保障	教育福利 教育救助 培训福利 / 保障 失业保险	受教育者 受教育者 劳动年龄人口 劳动者	政府＋慈善组织 政府＋慈善组织 雇主＋个人 雇主＋个人
社会救助保障	灾害救助 城市低保 农村低保	受灾者 城市贫困者 农村贫困者	政府＋慈善组织 政府＋慈善组织 政府＋慈善组织
住房保障	住房福利 住房公积金 住房救助	城市居民 / 家庭 城市劳动者 住房困难者	政府＋雇主 个人＋雇主 政府
健康 / 医疗保障	医疗福利 医疗保险 医疗救助 工伤保险 生育保险	全体公民 全体公民 贫困者 在职劳动者 在职劳动者	政府 政府＋雇主＋个人 政府＋慈善组织 雇主 雇主
养老保障	老年福利 养老保险 老年救助 老年服务	老年人口 在职劳动者 无子女供养老年人口 老年人口	政府＋慈善组织 政府＋雇主＋个人 政府＋慈善组织 政府＋慈善组织＋个人
特殊保障	军人保障 军烈属保障 特殊贡献者保障 特殊人群福利 残疾人保障 流浪乞讨救助	军人 军烈属家庭 特殊贡献者 儿童、妇女 残疾人 流浪乞讨者	政府 政府 政府 政府＋慈善组织 政府＋慈善组织 政府＋慈善组织

第三节　我国社会保障体系的建立与完善

一、社会保障体系建立的基本原则

（一）与生产力水平相适应原则

中国的社会保障体系必须从我国社会主义初级阶段的具体国情出发，以国民经济所能提供的物质资源及政府和社会的承受能力为基础，坚持“低水平、广覆盖、多层次”的基本方针。具体地说：

第一，基本保障水平不能高，只能保证“基本”，把真正该保未保的保起来，把一些超出“基本”的部分剔除。

第二，社会保障水平不能攀比，只能从各地实际出发，全国统筹，必须考虑各地经济发展水平悬殊的实际，切忌“穷人办富人的事”，搞“一刀切”。

第三，保障基金的筹资水平只能根据财政、企业和个人的实际支付能力来确定。

第四，对于经济实力较强的地区、企业，可采用企业补充保险、购买商业保险的办法相应提高保障水平。

第五，为了满足不同层次的不同需要，必须建立多种层次、不同形式的社会保障体系，否则就会影响基本保障的巩固和发展。

（二）效率优先原则

如前所述，市场经济的效率属性要求社会保障必须遵循效率优先原则，社会保障体系的建立和完善要为实现社会资源优化配置服务，缓解市场经济运行中的矛盾和震荡，从而为提高社会整体经济运行效率创造条件。

1. 充分发挥社会保障对宏观经济的调控作用

社会保障对宏观经济的调控作用主要表现为社会保障随经济周期而发生反方向变化，从而可以缓和经济波动，达到调控目的。社会保障对宏观经济的调控作用还表现在推进适度就业政策上。因此再就业工程的主要职能应是培训，即为下岗职工重新就业提供必要的专业技术帮助，同时发挥“蓄水池”的作用，这是市场经济对人力资源配置的内在要求，它既有利于促使劳动力向短缺部门流动，激励在职者努力工作，提高效率，也有利于劳动力市场整体素质的提高。

2. 对不同类型的企业实行不同的差别费率制

我国现行的社会保障基金筹集方式实行统一费率制，效益好的企业辞退职工少，但工资总额高，缴费量大，而效益差的企业正好相反，两者权衡，存在“鞭打快牛”的现象，影响了效益好的企业的缴费积极性。因此统一缴费制对不同类型的企业存在着不公平的待遇，影响了社会保障体系配置资源的效率，必须进行相应的改革。

首先，应把缴费率与解雇率结合起来，对解雇率低的企业，可在统一缴费中划出一块以企业补充保险的形式专项存储，产权归企业所有，专款专用；对恶意解雇导致解雇率高的企业，征收惩罚性失业保险费，以避免社会保障机制外部不经济行为的发生。其次，鼓励国有大中型企业建立内部劳动力市场，社会保障基金应拨出专款用于企业的技术培训，帮助企业形成培训人才、使用人才、留住人才的良性循环，使企业产生“储备囤积”劳动力的主观动因，而不是一味地“开闸放水”。而对于小企业，应强制其在辞退职工时缴纳较高的遣散费或失业保险费，使失业职工得到基本生活保障，同时减轻社会保障基金的压力。

3. 社会保障不能成为制约下岗职工再就业的障碍

实施最低生活保障制度、下岗职工“基本工资”及“部分基本工资”制度，有可能会削弱下岗职工再就业的积极性，使一定数量的下岗职工和富余人员不能积极地参与再就业培训，不能主动地寻找就业信息及渠道，甚至不愿重新就业和自谋职业。

二、我国社会保障体系的现状及存在的问题

（一）我国社会保障体系的现状

我国的社会保障体系始建于 20 世纪 50 年代初。改革开放以来，我国对社会保障体系进行了一系列改革：1984 年开始企业职工养老保险制度改革，1986 年建立了城镇失业保险制度，1994 年、1996 年和 1998 年分别开始实施生育保险、工伤保险和城镇职工医疗保险制度改革，1999 年建立了城市居民最低生活保障制度，2002 年开始建立新型农村合作医疗制度。近几年来，我国社会保障工作稳步推进，特别是 2011 年《中华人民共和国社会保险法》的实施，确定了“广覆盖、保基本、多层次、可持续的方针”，该法的出台大大推动了中国社会保障事业的法制化，增强了社会保障体系的权威性和稳定性。

截至 2021 年末，全国参加基本养老保险的人数达 10.28 亿人。我国已经建立起了世界上最大的医疗保障体系。全国基本医疗保险参保人数超过 13.6 亿人，参保覆盖率在 95% 以上。

（二）我国社会保障体系存在的问题

我国社会保障体系存在的问题可归结为以下几个方面：

1. 社会保障的征缴缺乏强制性，收缴困难

由于长期以来我国社会保障基金的征缴缺乏必要的法律保证和有效的征缴手段，征缴工作相当困难，征缴率很低。许多地方政府私自决定不对城镇私营企业征缴保险费，使得许多地方社会保障基金入不敷出，给国家社会保障政策的实施带来了困难。

2. 现行保险费用以收定支、现收现支，缺乏必要的积累

目前，我国社会保障基金还未建立有效的保值增值机制。社会保障基金只能用于购买国债和存入银行，回报率低。国家允许社会保障基金进入资本市场，但仍未正式进入，且风险性较大。个人账户资金由于被统筹基金透支而无法进行再投资，实现保值增值。此外，社会保障基金管理成本较高，营运效率低下，更有一些利益集团视社会保障基金为既得利益，挤占、挪用、贪污者屡见不鲜。对社会保障基金收支、管理、投资的监管机制亟待建立和完善，相关法律法规建设滞后。

3. 社会化程度低，管理体制不健全，缺乏统一的立法

由于传统体制的影响，我国社会保障事业形成了多头管理的格局。人力资源和社会保障部门负责城镇企业职工的养老保险、失业保险、工伤保险、生育保险等方面政策的制定和基金管理工作；民政部门负责农村养老保险和城乡社会救济、优抚工作；还有许多地方的商业保险机构也在承办农民的养老保险业务；一项保险政策的出台与实施往往还与卫生、财政、税务、金融等许多部门的工作有关。由于各部门看问题的角度不同，受利益关系的驱动，在实际工作中往往发生决策及管理上的摩擦和矛盾。近年来，社会保障一直缺乏完整统一的立法，致使许多地方自己出台的制度、办法不规范，不同地区、不同所有制之间的办法五花八门，社会保障体系的强制性和权威性难以发挥。概括来说，

资风险的管理能力等综合情况加以确定。目前我国的社会保障基金可供选择的投资渠道主要有购买有价证券、银行存款、不动产投资、对企业直接投资、参与国有企业战略性改组、向海外资本市场投资等。

（二）建立健全养老保险制度的对策

1. 政府应通过多种途径偿还对中老年职工的养老金隐性债务

据世界银行测算，我国中老年职工积累的养老金权益占年度 GDP 的比重只有 40% 多一点，相较于其他许多国家仍处于很低的水平。从动态过程看，因为职工养老金并不需要一次性支付，而是在相当长的年份内逐年偿还，每年支付的数量并不是很大，所以不存在偿还能力不足的问题。偿还途径有多种，主要包括：（1）结合对国有企业的公司制和股份制改造，将国有企业的部分股权划归专门的社会保障机构，用股权收益支付隐性负债；（2）将部分国有企业划归社会保障机构进行经营，以其经营收入偿债；（3）对一部分国有资产（例如一些中小企业、部分国有房地产等）进行出售、租赁，以销售和租赁收入偿债。

2. 完善现行社会养老保险制度的管理体制

改革现行社会养老保险制度的管理体制，必须真正实现行政管理机构与基金投资营运机构、执行机构与监督机构的分设。在保持必要的政府监管的前提下，可以考虑将基金投资营运机构推向市场。例如，像智利那样培育一个养老金基金的托管人市场，成立多家形成竞争态势的基金管理公司，通过建立在规范的信息披露机制之上的市场竞争降低管理成本与管理风险。

3. 选择多种投资方式，确保社会养老基金的保值增值

养老保险基金如不能有效投资运营，便难以保值增值，难以满足不断增长的养老保险支付需求。为确保社会养老基金的保值增值，可选择以下几种投资工具：（1）银行存款是当前的主要投资工具，但其比例应该逐渐降低，可保持在不超过 20% 的水平。（2）国债是养老基金较好的投资选择。可从国债二级市场上寻找获利和以更低成本变现的机会。另外，养老基金可以中央养老基金为主，争取获得国债一级承销资格，从而减少国债持有成本，增加收益。（3）有选择地投资于证券投资基金。可以从两方面向证券投资基金投资：一是新基金发行时，规定一定比例向养老基金发行；二是在二级市场上选择业绩良好的基金，在适当的时候购买。（4）可以有选择地以一般投资人身份投资上市流通股。这是有较大风险的投资，要十分谨慎，投资比例不宜过高。（5）可以有选择地投资于优良的企业债券、基本建设债券和金融债券。

（三）建立健全医疗保险制度的对策

1. 扩大医疗保险的覆盖范围

要根据条件，逐步把城镇所有用人单位包括企业（国有企业、集体企业、外商投资企业、私营企业等）、机关、事业单位、社会团体、民办非企业单位及其职工，乡镇企业

及其职工，城镇个体经济组织业主及其从业人员都吸收到基本医疗保险里来。

2. 扶持商业医疗保险的发展，真正形成多层次的医疗保险体系

为了进一步推动商业医疗保险的发展，至少可以从两方面考虑：一要划分社会医疗保险和商业医疗保险的范围，补充医疗保险应该交由商业医疗保险经营。二要进一步完善和落实扶持商业医疗保险发展的政策。就税收方面而言，比如补充医疗保险费在一定额度内（工资总额的4%）予以税前列支；对个人缴纳的医疗保险费部分不征收个人所得税等。

3. 加强医疗保障经费的征集和管理

可以通过建立相关的法律制度、财务制度、审计监察制度和激励机制，保证经费的征集，防止不缴、欠缴和拖缴以及贪污挪用、周转缓慢等现象的发生和蔓延。同时可以根据国家的有关规定，在确保基金安全性的前提下适当进行投资，使基金得到不断增值。

4. 健全基本医疗保险基金的监督机制

可以通过社会保险经办机构负责医疗保险基金的筹集、管理和支付，并建立健全预决算制度、财务会计制度和内部审计制度。社会保险经办机构的事业经费不得从基金中提取，而应由各级财政预算支付。各级劳动保险和财政部门要加强对基本医疗保险基金的监督管理。审计部门要定期对社会保险经办机构的基金收支情况和管理情况进行审计。统筹地区应设立由政府有关部门代表、用人单位代表、医疗机构代表、工会代表和有关专家组成的监督组织，加强对基本医疗保险基金的社会监督。

5. 加强医疗服务管理

要改革医疗机构，区分营利性和非营利性医疗机构，营利性医疗机构要引进竞争机制；要明确基本医疗保险的服务范围和标准；要对基本医疗保险通过竞争实行定点医疗机构、定点药店管理；要建立医药分开核算制度，在适当降低医药费用水平的基础上，合理提高医疗技术劳务价格。

（四）建立健全失业保险制度的对策

1. 要扩大失业保险金的筹集渠道，努力增加失业保险金的数量

具体办法如下：一是统一全国的失业保险机构，实行垂直领导。二是对所有的城镇从业人员实行强制性失业保险缴纳制度。三是在一定时期内征收失业保险特种税。四是进一步严格国家税收。即便是降低税率，只要严格征收措施，加大偷税漏税的成本，也能够增加财政收入，从而增强政府的转移支付能力。

2. 要逐步扩大失业保险范围

根据《中华人民共和国劳动法》的要求和失业保险制度改革的目标，失业保险范围将覆盖到中华人民共和国境内的城镇企业、城镇个体经济组织、国家机关、事业组织、社会团体中与之建立劳动合同关系的劳动者。这样就解决了非国有经济从业人员有险无保的问题。同时，实行统一的缴费标准，缴纳的失业保险费由全社会统筹使用。

3. 要加强监督机制

可以建立由政府有关部门代表、用人单位代表、劳动者代表和其他合法团体代表组成的失业保险监督机构，由过去的一方代表增加为多方代表，重大问题由保险监督机构集体决定，报同级人民政府批准后实施。同时，要加重法律责任，保证失业保险基金的足额收缴和有效使用，维护法律法规的严肃性。

4. 要把促进就业与失业保险结合起来

建立失业保险制度的目的是为社会发展解决好稳定的问题。因此，失业保险部门一方面的工作是对失业人员的保险进行管理；另一方面的工作是促进失业人员的再就业，建立再就业机制。这一机制的内容包括以下几方面：（1）制定激励再就业的给付条件，失业者必须在失业后登记求职才能具备领取失业救济金的前提条件；失业第二年的失业救济金要降低 10 个百分点；介绍职业无充足理由而拒绝两次者停发失业金；等等。（2）建立一套促进就业的体系，为失业者创造再就业的条件。（3）对雇佣单位实行优惠政策，鼓励其为失业者提供更多的就业岗位。

四、构建农村社会保障体系

农村社会保障体系是国家社会保障体系的重要组成部分，是指在农村这一特定区域范围内所施行的社会保障和福利事业。随着农村改革的深入和经济的发展，建立与完善农村社会保障体系，对加快我国社会保障体系建设、完善社会主义市场经济体制、促进农村经济可持续发展具有十分重要的意义。

（一）构建农村社会保障体系应遵循的几项基本原则

为实现上述目标，构建农村社会保障体系应坚持以下几项原则。

1. 坚持从维护农民根本利益出发的原则

占中国人口比重超过 70% 的农民为社会主义经济建设与发展做出了巨大贡献，可以说他们是中国经济大厦的基石。因此，实施农村社会保障，必须本着服务农民、保护农民利益的原则，坚持从中国实际出发，建立起具有中国特色的农村社会保障体系。

中国农村的情况相当特殊，人口多，文化素质低，地区发展不平衡，因此应在借鉴国外及城市经验的基础上，坚持从农村实际出发，建立起适合中国国情的农村社会保障体系。

2. 社会保障水平要适应生产力发展水平的原则

农村社会保障水平不能超越农业生产力发展水平及国家的承受能力，否则将会影响经济的健康发展。应坚持社会保障基金由国家、集体、个人合理负担的原则。对于较发达地区，以个人负担为主，以国家、集体补助为辅；而对于贫困地区，国家、集体应加大投入，减轻农民负担。

3. 坚持依法管理的原则

社会保障管理及基金运作应有法可依，尽快以法律形式确定合适的管理模式。

（二）构建农村社会保障体系的内容

中国农村社会保障体系的建立可以从以下几个方面考虑。

1. 养老保障

中国已进入人口老龄化时期，老年人的数量将大幅度增加。由于我国老龄人口绝大部分分布在农村，随着农业工业化、农村城市化进程的加快，农村受到的冲击将比城镇更大。再者，由于实行计划生育政策，普遍存在“421”结构型家庭，老年人晚年生活将面临困难。因此，建立农村养老保障就显得尤为重要。

（1）关于养老方式。农村养老方式应以家庭养老、农村养老保险、个人储蓄积累养老及社会养老为主。家庭养老延续了几千年，在某种程度上也是中国传统文化的一种反映。当前农村 90% 以上的老人都依靠家庭养老，是农村养老的一种主要方式。农村仍应积极倡导以家庭养老为主要的养老方式。这是因为，其一，这种养老方式是中国传统文化的一部分，是尊老爱幼的一种集中体现，它的推行可以促进农村精神文明建设，对形成良好的民风有较大的积极作用。其二，在经济欠发达的农村，父母将一辈子的心血全部花在对儿女的培养上，一生几无积蓄，做子女的长大成人之后应尽养老义务，尽管这种保障水平不高，但养老的责任应由他们来承担。其三，在经济发达地区，儿女完全有能力赡养老人，基本上不存在养老的负担。其四，随着农村经济的快速发展，农村养老不会是一个问题，问题主要在于父母与子女的情感沟通上。农村养老保险是随着农村经济条件逐步改善而发展起来的一种社会保障方式，具体是有条件的农民按时缴纳规定的保险费，建立起个人账户，当该农民到了养老期时，则按个人账户积累确定养老待遇。我国农村养老保险也在改革完善之中，正在试行由原来完全个人账户模式改变为个人账户与待遇调整机制相结合的模式。养老金筹集方式也由原来的个人缴纳为主、集体补助为辅、国家予以政策扶持改变为个人缴费、集体补助、政府补贴。个人储蓄积累养老在中国农村将有较大的发展空间。这种方式主要适合农村较富裕的农民。他们的收入较高，有足够的资金储蓄起来以备老年之用，这样既可以减轻儿女的负担，同时自己对这笔资金又具有完全的支配权，自己比较放心。因此，这一方式将会被越来越多的先富起来的农民采用。社会养老的对象主要是那些无儿无女及身患残疾的农村老年人。这一部分人的养老应由集体、国家及相关亲属来承担。当然，负主要责任的是集体和国家。以上四种养老方式应该成为主要和基本的养老方式，但它们又不是绝对分开的，可以综合使用，灵活把握。

（2）关于农村社会养老保障基金的筹集、管理及运作。考虑到我国农村经济发展水平及农村的实际收入状况，农村社会养老保险应坚持低标准起步、低保障水平的原则，采取政府积极引导与农民自愿参加相结合的方式，筹资按照个人缴费为主、集体补助为辅、国家予以政策扶持的原则进行，建立个人账户，储蓄积累，按积累总额确定发放标准。社会养老保险基金运作应实现保值增值，尽量降低投资风险，选择风险较小的投资项目。要建立科学的基金管理机制，防止基金流失。

2. 医疗保障

从某种意义上讲，相对于养老保障来说，医疗保障可能更为紧迫与重要。在我国绝大多数农村，农民已完全解决温饱问题，供老人吃饱饭、穿暖衣已经不成问题。但由于大多数农村发展仍较为落后，农民抵御疾病侵袭的能力较差，加之医疗费用昂贵，许多农民因病致穷，因病返穷，造成恶性循环。因此，提高农民医疗保障水平，对于解决农民贫困问题、促进农民身体素质提高、促进农村经济发展等都具有重要意义。

3. 社会救济

农村社会救济主要包括两项，一是社会扶贫，二是社会救灾。社会扶贫主要针对少数农村贫困地区及偏僻山区的农民，扶贫方式除了货币资助外，应主要将扶贫与治贫结合起来，帮助贫困地区农民发展生产，利用知识、技术与当地资源优势带领农民走致富之路。社会救灾针对的是自然及人为因素造成的灾害性损失。社会救济的主体力量是国家，但同时要动员社会各阶层的力量共同扶贫救灾。

4. 社会福利

农村社会福利应主要包括无人赡养的老年人福利、农村残疾人福利、教育福利、基础设施投资福利等。在农村，存在一部分无依无靠及自身严重残疾的老年人，这些人自我保障能力极差，需要社会加以保护。农村教育费用逐年攀升，已严重影响到新一代农民的素质教育问题，因此对一些因贫困不能完成学业的农村青少年进行资助，应成为农村社会福利的一项重要内容。另外，国家和各级政府还可对农村的各种基础设施有选择性地给予福利资助，尽可能地帮助农村改善生产环境，促进农业发展。

5. 社会优抚

优抚对象是军人及烈士家属、为当地做出重大贡献的人及其家属。

（三）当前农村社会保障体系存在的问题

中华人民共和国成立以来，我国部分农村地区建立了一些初步的社会保障制度，这些保障制度对于保障人民生活安定、调动广大农民的积极性，都曾发挥过极为重要的作用。但是由于它们是在高度集中的计划经济体制下，在自给自足的自然经济的基础上逐步形成和发展起来的，因此，随着农村社会经济的发展和改革开放的推进，其弊端和问题逐渐显露出来，主要表现在以下几个方面。

1. 农村社会保障水平低，覆盖面小

农村社会保障无论是范围还是标准，相对于城市而言都是有很大差距的。有关调查显示，占人口总数 20% 的城镇居民享受了 89% 的社会保障，占人口 80% 的农村居民仅享受了 11% 的社会保障，县级以下集体单位的 1 000 多万职工和 2 000 万个城镇个体经营者基本上得不到应有的社会保障权利，保障水平也较低。从国家和社区提供的养老金数据来看，农村老人社会养老供给人均不足 200 元，可见其保障水平之低。

2. 农村社会保障资金来源不尽合理，未能体现全社会的责任

目前我国农村社会保障资金来源是以农民个人缴纳为主，集体次之，国家为补充。这使国家和集体所体现的社会责任过小，不仅造成了资金来源的不足，降低了保障标准，而且影响了农村居民参加养老、医疗等保障的积极性，加大了开展保障工作的难度。

3. 农村社会保障发展不平衡

这主要表现在两个方面：一是农村社会保障发展水平不平衡。一般来说，经济较发达的地区，农村社会保障水平较高，而经济不发达的西部地区，则集中了我国大多数低收入人口，农村社会保障水平仍然很低。二是农村地区各社会保障项目发展不平衡。大部分地区的农村社会保障项目不全，而且各项目之间缺乏有机联系，未能形成配套，无法构成整体优势。

4. 农村社会保障管理不够科学与规范

一是管理体制不顺，表现为政出多门、管理多头。民政部门、卫健委、基金会、寿险公司等机构都涉及了农村社会保障，导致相互扯皮、办事效率低下的状况。二是有些地方的管理规章制度不健全，难以保证农村社会保障事业的健康发展。三是因尚未立法，农村社会保障工作无法可依。四是农村社会保障资金管理不规范。五是基金运营不合理，保值增值程度低。

（四）建立农村社会保障体系的对策

建立农村社会保障体系，是一项艰巨而复杂的社会系统工程，既需要政府积极引导与高度重视，又需要农村集体与广大农民的积极支持。具体来说，要加速建设我国农村社会保障体系，主要应注意解决好以下几个问题。

1. 根本出路在于加速农村经济发展

社会保障基金的多少，直接受到经济发展水平的制约。社会保障水平的提高必然要依赖经济的发展，因此，健全和完善农村社会保障体系的根本在于加速农村经济的发展。既然经济发展水平直接决定着社会保障水平的高低，而我国的经济又不够发达，这就要求我们全力发展经济，同时要求我们在建立农村社会保障体系时，保障水平不能要求过高。

2. 加大投入，扩大农村社会保障覆盖面，提高农村社会保障水平

覆盖面是反映劳动者消除生、老、病、死、伤、残的后顾之忧，生活于有安定感的网络之内的比例。这一“安全网”的覆盖面越大，社会越稳定，经济发展也就越有保证。我国社会保障的城乡差别很大，农村社会保障覆盖面很小，社会保障水平很低。作为一个农业大国，我们必须重视农村社会保障的发展。

3. 多渠道筹措农村社会保障资金

资金问题是我国农村社会保障的核心问题。要为我国数亿农民建立社会保障体系，无疑需要巨额的资金投入。由于社会保障是国家对公民应尽的责任，因此，建立农村社会保障体系，首先要求国家投入资金。目前国家的投入主要有三项，即救灾、特困户生活救济和优抚补助。但由于我国农村人口多，国家财力有限，单一依靠国家财政来开展社会保障工作显然极不现实。这就要求我们广拓渠道，多形式筹措社会保障资金。借鉴近年来我国城市筹措社会保障资金的经验，可以采取如下措施：一是要通过有关政策和

第五篇

社会主义市场经济的宏观调控

自觉的、有意识的政府间接宏观调控和经济管理，是现代市场经济的特征之一。政府的宏观调控和对经济的间接管理主要是保持宏观经济稳定，加强和优化公共服务，保障公平竞争，加强市场监管，维护市场秩序，推动可持续发展，促进共同富裕，弥补市场失灵。本篇将对政府的宏观经济调控、我国社会主义市场经济体制下的发展战略等内容做一些介绍。

第十二章

社会主义市场经济下政府的宏观经济调控

本章重点

1. 社会主义市场经济下政府宏观经济调控的必要性
2. 社会主义市场经济下政府宏观经济调控的目标、依据和内容
3. 供给侧结构性改革和扩大内需
4. 以间接经济调控为主的管理方式
5. 政府宏观经济调控的各种经济政策、手段以及相机抉择
6. 全球宏观经济治理

当今世界正经历百年未有之大变局，我国正处于实现中华民族伟大复兴的关键时期。为了不断满足人民对美好生活的新期待，战胜前进路上的各种风险和挑战，我们必须坚持和完善中国特色社会主义制度，推进政府宏观调控体系和治理能力现代化。

第一节　社会主义市场经济下政府宏观经济调控的必要性

在社会主义市场经济中，政府是社会经济管理的主体，发挥着宏观经济调控的作用。它的宏观经济调控职能根源于社会化大生产、社会经济正常运行和发展的要求。正如党的十八届三中全会所指出的那样，科学的宏观调控、有效的政府治理是发挥社会主义市场经济体制优势的内在要求。

一、社会化大生产的要求

社会主义市场经济是建立在社会化大生产的基础上的，各个地区、部门和企业之间存在着复杂的社会分工和紧密的经济联系。为了协调各个地区、部门、企业以及社会各层次间的经济关系，使社会再生产正常进行，国家必须进行经济管理。这一点，无论是资本主义市场经济还是社会主义市场经济都是同样的，因为它们都是以社会化大生产为基础的。

二、协调社会各方面经济利益的需要

在社会主义市场经济中，各个地区、部门、企业之间，全民所有制企业与集体所有制企业之间，全民所有制各企业之间，集体所有制各企业之间，个体企业之间，以及其他各种经济成分之间，都存在着利益差别。为了协调这些不同的经济利益关系、调动各方面的积极性、促进国民经济的发展，需要政府对经济进行宏观调控。

三、实现社会主义市场经济运行根本目标的需要

社会主义市场经济运行的根本目标是，最大限度满足劳动人民不断增长的物质和文化生活的需要，实现共同富裕。这一目标仅靠微观经济的自发活动是不可能达到的，必须通过政府对整个社会经济进行管理，协调好各产业部门的运行和发展才能实现。

四、建立和完善社会主义市场经济的需要

我国市场经济的建立和完善如果按一些主要工业国过去的路子来走，完全靠市场的自发力量，可能需要花费相当长的时间；如果政府采取主动行动，通过宏观经济政策，帮助市场发育，制定有关平等竞争的规则，保护和促进平等竞争，消除和防止各种不正当竞争行为，那么，健全的市场体系和竞争性的市场秩序就能较快地建立起来。第二次世界大战后迅速崛起的一些新兴工业化国家中的市场经济的发展充分证明了这一点。

市场交易是产权的交换，而制定产权规则和市场平等竞争的规则，是政府应尽的责任，没有任何其他组织和个人能够替代。特别是如果没有一个尽职尽责的政府去打破旧体制、建立新秩序，旧的行政权力结构就会阻碍新秩序的建立，甚至用旧体制去歪曲新秩序，在行政权力和市场经济的结合中，孕育出权贵经济之类的反市场的怪胎，给平民大众和市场经济造成损害。

保护公平竞争、防止垄断是经济繁荣的保证。只有保持公平竞争，市场机制才能有效地发挥作用。但是，市场竞争本身具有走向垄断的趋势。特别是在规模经济收益显著的行业，市场有产生垄断的倾向。垄断产生后，会抑制市场机制的有效运作，进而妨碍效率的提高。因此，反对垄断和非公平竞争是政府的重要职责。政府对建立公平的市场竞争秩序和促进市场发育负有重大的责任。但政府的职能只限于帮助市场发育，而不是越俎代庖，直接介入交易关系。

五、解决市场失灵的需要

社会主义市场经济并不是自由放任的经济。市场经济也存在着诸多问题和缺陷。我们不应将市场经济理想化。在市场经济条件下，政府对经济加以干预、进行宏观经济调控也是必要的。这种必要性表现在以下几方面：

（一）克服市场调节的盲目性

市场调节是一种事后的调节，从价格形成、信号反馈到产品生产，存在着时间差。此外，企业和个人掌握的经济信息不足，经济决策带有一定的被动性和盲目性。这说明，单靠市场本身不能实现国民经济的协调、稳定增长。因此，必须发挥政府对社会经济的调控作用。

（二）提供公共物品

公共物品是指不是为社会上某些人或某个集团享有，而是为公众所享用的产品和服务。例如，国防保障、大规模的环境治理等。这些公共物品是社会经济发展所必需的，又是市场经济本身无力提供的，只能由政府来承担。

（三）处理单个经济与社会经济的关系

市场经济对资源的配置是建立在个体对边际成本与边际收益的比较的基础上的，而未考虑社会成本。因此，当把单个经济与社会经济的关系纳入考虑范围时，特别是当个体边际成本及边际收益与社会成本发生背离时，就需要借助政府的行政手段进行干预。例如，禁止超过废气排放标准的汽车行驶，规定污水排放标准，对造成社会危害的单位给予处罚，等等。

（四）消除两极分化，实现共同富裕

消除两极分化和实现共同富裕，是社会主义国家经济运行的根本目标。对此，市场本身并不能自动达到，只有政府采取措施才能保证其实现。

（五）赶超先进国家，实现跨越式发展

后进国家赶超先进国家实现跨越式发展，除了吸收、采纳世界上先进的科学技术、机器设备和管理方法之外，借助政府的力量是至关重要的。

在社会主义市场经济条件下，政府进行宏观经济调控，是社会经济发展的客观要求，但这与计划经济条件下的政府对经济的管理有着根本的区别。政府已不再直接、全面地支配社会经济，而是对市场失灵的地方予以纠偏和补充，以实现社会经济发展的目标。

第二节　社会主义市场经济下政府宏观经济调控的目标和内容

一、政府宏观经济调控的指导思想及其目标

（一）政府宏观经济调控的指导思想

政府宏观经济调控的主要任务是保持经济总量平衡，促进重大经济结构协调和生产力布局优化，减缓经济周期波动的影响，防范区域性、系统性风险，稳定市场预期，实

现经济持续健康发展。党的十八届三中全会强调了政府的职责和作用主要是保持宏观经济稳定，加强和优化公共服务，保障公平竞争，加强市场监管，维护市场秩序，推动可持续发展，促进共同富裕，弥补市场失灵。这些论述为政府实行宏观经济调控明确了指导思想和目标。

（二）政府宏观经济调控的目标

根据政府宏观经济调控的指导思想，实现国民经济持续健康发展，需要政府在经济调控中必须把握好经济调控的目标，具体如下：一是总量平衡。要保持总供求基本平衡，防止通货膨胀，实现宏观经济的稳定。二是结构优化。要促进需求结构趋于协调，推动产业结构优化升级，逐步缩小城乡之间、区域之间的差距。三是资源节约。要狠抓节能降耗，加快发展循环经济，大力提高资源利用效率。四是生态良好。要控制并减少污染物排放总量，保护和治理城乡环境，促进生态修复和建设。五是民生改善。要不断提高城乡居民收入，提供基本公共服务，做到发展成果由人民共享。

二、政府宏观经济调控的依据

国家计划是政府宏观经济调控的依据。市场经济并非不要国家计划。发达的市场经济国家都有社会经济的发展计划。社会主义市场经济下的国家计划一般不再下达各种微观指令，不再具体去分钱、分物、分劳动力、批项目等。社会经济中资源配置的决定作用由市场取而代之。社会主义市场经济下国家计划主要是分析、预测、规划、指导社会经济的发展。

（一）国家计划的形式

国家计划，原来就是国民经济计划，从 1981 年起正式改为国民经济和社会发展计划。改动的原因在于原国民经济计划中包括了大量社会发展的内容，而这些内容过去只是作为国民经济发展的条件提出的，不利于经济和社会的协调发展。

国家计划是指在认识社会及其客观规律的基础上制订的经济和社会发展计划。国家计划可分为战略规划、长期计划和短期计划三种。

1. 战略规划

战略规划指的是国家确定的在一个相当长的时期内要完成的经济和社会发展的任务及其需要采取的重大措施。战略规划的侧重点在于这一时期的科学和技术发展状况、生态平衡、资源的合理开发利用和生产力的合理配置以及人民生活水平的提高。

习近平总书记在党的二十大报告中提出的从 2020 年到 2035 年，基本实现社会主义现代化，从 2035 年到 21 世纪中叶，把我国建成富强民主文明和谐美丽的社会主义现代化强国，就是典型的战略规划。

2. 长期计划

在我国，长期计划一般指五年计划。长期计划的侧重点是在战略规划的基础上使目标和措施具体化。如党的二十大报告提出的未来五年主要目标和任务，就是在战略规划基础上的具体化。

3. 短期计划

短期计划主要指年度计划。短期计划是经济建设和社会发展的行动计划。所以，短期计划比长期计划更为具体和明确。年度计划是实施宏观调控的重要依据，是由国务院提出并经全国人民代表大会批准的计划。它涉及经济增长速度、投资总额、财政预算、信贷总额、外汇收支、失业率、物价上涨率和人口增长率等八大指标。所有掌管经济杠杆的部门都会围绕这八大调控目标各负其责，完成调控任务。

战略规划给人们指出了奋斗目标，画出了蓝图，鼓舞着人们为之奋斗，但它还只是个轮廓，还需要粗线条的长期计划和细线条的短期计划使之得以实现。因此，整个国家计划乃是三者的结合。我们要按照党的二十大提出的要求，不断完善国家规划体系，发挥国家发展规划、计划、产业政策在宏观调控中的导向作用，使中长期计划与年度计划、全国规划与地区规划、综合性规划与专项规划相互衔接，以国家计划为依据，统一步调，协同动作，实现经济稳定增长。

（二）制订国家计划必须依据的基本条件

国家在制订国民经济和社会发展计划时，必须根据国情、客观经济规律和面临的国际形势，按照维护、补充和引导市场的要求，统筹兼顾，全面规划。

1. 正确、全面地把握国情

国情是国家计划的立足点和出发点。我国的国情可大体从以下几个方面来认识：

（1）中国特色社会主义进入新时代。这是中华民族从站起来、富起来发展到强起来的新时代。新时代，人民不仅对物质文化生活提出了更高要求，在民主法制、公平正义、安全、环境等方面的需求也日益增长。虽然生产水平显著提高，但发展不平衡、不充分制约着人民美好生活需要的满足。因此，社会主要矛盾不再是人民日益增长的物质文化需要与落后生产之间的矛盾，而是人民日益增长的美好生活需要和不平衡不充分的发展之间的矛盾。

（2）我国已经建立了工业化的生产体系。这个生产体系的潜力还远未充分发挥出来。现在，我国经济已由高速增长阶段转向高质量发展阶段，正处在转变发展方式、优化经济结构、转换增长动力的攻关期，建设现代化经济体系是越过关口的迫切要求和战略目标。

（3）社会主义市场经济体制初步建立。我们有着广阔的国内市场，国际市场也正在全面打开。两个市场正不断扩大，日益发挥出对生产的巨大促进作用。

（4）我国多年来一直采用粗放型经济发展方式。这种发展方式既受我国资源稀缺、生态和环境容量有限的制约，也不利于提升劳动者福利，更会影响经济社会健康可持续发展。

（5）我国的经济发展战略有了重大转变，社会主义市场经济体制还有待完善。政治体制改革也在进一步深化。这些都将为经济的进一步发展开辟道路。国际环境总的来看对我国建设有利，也为我国经济走创新之路提供了条件。

（6）一方面人口数量越来越庞大，需要改善人民的生活质量，另一方面要不断扩大生产建设，解决二者的矛盾不是容易的事。此外，还存在着增加就业与提高效率之间的矛盾和劳动力数量充足与素质不高之间的矛盾。

（7）我国资源相对不足。从总量上讲，我国的资源是丰富的。然而相对于庞大的人口来说，许多重要资源特别是可利用的土地资源不仅不充裕，而且不足。我国的人均耕地只有世界平均水平的40%，人均可利用的草原面积是世界平均水平的30%，人均森林蓄积量只占世界平均水平的13%。

（8）我国经济实力有了大幅提升。国民经济以世界少有的速度持续快速发展。现在，我国成为世界商品贸易第一大进出口国、第二大吸收外资国、第二大对外投资国、第一大外汇储备国，国民经济总量跃至世界第二。这些为我国社会经济进一步发展提供了坚实的基础。

认清我国的基本国情，了解我国的国力状况，找出发展的有利条件和不利条件，对于确立经济发展的战略指导思想，克服无所作为和速成论，正确制订国家计划，有着重要意义。我们应充分利用经济发展的有利因素，扬长避短，化消极为积极，努力实现社会经济发展的战略目标。

2. 按照客观经济规律的要求，处理好主要比例关系

（1）积累与消费的比例关系。这对比例关系描述的是国民收入分配的比例，影响到生产、交换、分配和消费各个环节，决定着人民生活改善的程度和国家建设的规模，关系到国家、集体和个人三者的利益，关系到劳动者的当前利益和长远利益，也是社会再生产各部门协调发展的前提条件。因此，必须努力协调，注意二者的总和不能超过国民收入总和，保持二者的价值形式与生产的物质形态相对应。

（2）农业、工业、服务业之间的比例关系。按照市场经济国家的划分，农业属于第一产业，工业属于第二产业，服务业属于第三产业。处理好三个产业间的比例关系，保持三个产业协调发展的重要性是不言而喻的。依据三个产业的现实分布情况，未来一个时期我们在全面发展第一、第二和第三产业经济的同时，要逐步减少第一产业在国民经济中的比重，适当增加第二产业、全面增加第三产业在国民经济中的比重和地位。

（3）生产和基本建设之间的比例关系。这对比例关系实际上是简单再生产和扩大再生产的关系。基本建设是实现扩大再生产的重要部分，而生产则是基本建设的基础和出发点。只有当前生产发展了，基本建设才有保障。基本建设的规模和发展速度主要取决于当前工农业生产的水平和国民收入总额。如果离开现有的生产水平，盲目扩大基本建设规模，就会造成基本建设战线过长、资金周转缓慢、物资供不应求的现象，其结果势必冲击当前生产，挤占人民生活，破坏社会再生产的协调发展。

（4）市场上商品供应量和社会购买力之间的比例关系。这个比例关系直接影响到人民生活和社会经济的稳定，关系到社会再生产的正常进行。

（5）经济建设、文化教育建设和国防建设的比例关系。现代化的关键是科技现代化，而科技现代化的实质乃是人才问题。只有文化教育事业发展了，才会造就大批有用的人才，才会实现用现代化的科学技术装备国民经济各部门。因此，党中央提出了“科教兴国”的发展战略，把教育事业放到了极其重要的地位。但文化教育事业的发展要受到经济发展水平的制约。所以，在处理二者关系时应根据现有经济发展水平，积极地安排文化教育事业的发展，大力普及初等教育，加强中等职业教育，提高高等教育和扫除文盲。国防建设同经济建设也应有适当的比例关系。经济建设是国防建设的基础。只有经济建设发展了，特别是基础工业和尖端技术发展了，才会有强大的物质力量支援国防建设。

3. 认清国际经济形势

经济全球化是每个国家的经济发展都必须面临的国际经济形势，特别是要考虑到国际金融危机的影响。在金融危机期间，发达国家过度消费拉动全球经济增长的需求结构正在发生变化，而新兴市场国家的需求增长，在短期内还难以完全承担起推动经济发展的重任。这种情况决定了全球经济继续按照过去的方式增长是不可持续的。当前世界经济形势的复杂变化、逆全球化经济的出现、新冠疫情的暴发和地缘政治冲突加剧了世界经济大变革，对我国经济产生了重大影响。全球经济可能在较长时间里处于低速增长态势，我国经济发展的外部空间将受到制约；全球科技和产业变革、国家间贸易关系的调整，将使我国未来发展面临的国际产业、技术竞争更加激烈；应对气候变化的博弈和能源资源的获取、粮食供求情况和金融体制的变化调整也会影响我国的经济安全。目前，各国都在抓紧经济结构调整升级，纷纷推出绿色新政、再工业化战略，力图在新能源、新材料、生物医药等新兴产业领域扩大优势、抢占制高点。

国际经济形势的变动及其趋势，要求我们加快转变经济发展方式，把经济增长更多地建立在扩大需求、结构优化升级、科技创新的基础上，以便在国际经济竞争中赢得主动。

三、政府宏观经济调控的内容

政府宏观经济调控的内容既包括总量经济，也包括总供给与总需求的构成关系。

（一）总供给与总需求

在社会主义市场经济条件下，总供求的关系主要通过市场机制来调节，以利于资源合理配置。但市场经济不是万能的。市场的不确定性、企业的利益冲突、价格波动、个人消费偏好及其变动以及竞争中的盲目性等因素会引起总供求发生偏离。总供求失衡表现为总量失衡和结构失衡两方面。

总量失衡是指市场上所形成的货币购买力总额与社会提供的产品、服务的市场价值总额不一致。如果总供给大于总需求，意味着市场上的生产企业和商业企业库存积压，难以实现其市场价值，从而阻碍生产和国民收入增长。如果总供给小于总需求，意味着市场上的生产企业和商业企业的库存急剧下降，在生产资源一定和生产能力得到充分利用的情况下，就会导致一般价格水平上涨，出现通货膨胀。

结构失衡是指在实物形态上社会提供的总产品和服务与市场的需求不一致。总产品从其最终用途上可分为生产资料和消费资料两大类。每一类中又有不同的副类。生产资料可分为机器设备、原料、建筑材料等。消费资料可分为工业消费品、农产品等。市场上提供的服务也可分为各种生产性服务和生活服务。社会总产品及服务的这种构成，要求市场上的货币支出中用于生产资料、消费资料和服务消费方面的购买，必须同市场提供的生产资料、消费资料和服务相适应，换言之，生产部门的产品和非生产部门提供的服务必须在数量、质量、规格、品种等方面符合市场上生产消费、个人消费和社会公共消费的需要。如果所需产品和服务与市场上提供的不一致，就会形成总供求的结构失衡。

我国总量失衡曾长时期表现为总供给小于总需求，有效供给不足。与此相适应的是，长期存在着行政性扼制型需求和持币待购型需求。近些年，随着社会主义市场经济的建立和生产力水平的快速提高，我国经济在结构失衡方面表现出的问题越来越突出。因此，在扩大有效需求的同时，增加有效供给已成为政府管理经济的重点。

（二）供给侧结构性改革

现在，中国经济面临的困难集中表现在经济增长速度下降、企业利润下降、工业生产品出厂价格下降、财政收入增幅下降以及潜在金融风险逐步上升几个方面。这些问题的深层原因在于，供给结构出了问题。正如 2015 年中央经济工作会议所指出的那样，中国经济遇到的困难并非周期性问题而是结构性问题，需要通过结构性改革予以化解。

1. 主要经济问题

影响中国经济增长的问题有总量问题，但结构性问题更为突出。主要矛盾是供给与需求不匹配、不协调和不平衡，而矛盾的主要方面不在需求侧，而在供给侧。现在，扩大内需特别是扩大投资的效果在递减，而供给体系总体上呈现中低端产品过剩、高端产品供给不足的状况。中低端产品生产过剩不是因为需求不足，或没有需求，而是因为需求变了但供给的产品没有变，质量、服务跟不上，已不能满足需求的变化。比如，一些行业和产业产能严重过剩，同时大量关键装备、核心技术、高端产品还依赖进口；有的农产品生产缺口很大，而有的农产品则超过了需求增长；一些有大量购买力支撑的消费需求在国内得不到有效供给，消费者将大把钞票花费在出境购物、“海淘”上。

从三个产业来看，虽然产业结构得到了显著改善，但结构性矛盾依然较为突出。与欧美等发达国家 70% 以上的第三产业比重相比，中国第三产业在经济总量中的份额为 50% 左右。此外，中国工业体系中传统工业较多，新兴产业的增长难以弥补传统工业的萎靡，结构性矛盾十分明显。

这种结构性问题单纯依靠刺激内需难以解决，必须改善供给结构，实现由低水平供需平衡向高水平供需平衡跃升。

2. 经济调控的主要任务

习近平总书记强调，推进供给侧结构性改革，要从生产端入手，重点是促进产能过剩有效化解，促进产业优化重组，降低企业成本，发展战略性新兴产业和现代服务业，增加公共物品和服务供给，提高供给结构对需求变化的适应性和灵活性。具体来说，改革的主要任务可概括为“三去一降一补”五大任务。

一是去产能。分类有序处置过剩产能和“僵尸企业”。推动企业兼并重组、破产清算，坚决淘汰不达标的落后产能，严控过剩行业新上产能。去产能必须安置好职工，确保分流职工就业有出路、生活有保障。

二是去库存。目前三四线城市房地产库存仍然较多，要支持居民自住和进城人员购房需求。坚持住房的居住属性，落实地方政府主体责任，加快建立和完善促进房地产市场平稳健康发展的长效机制，以市场为主满足多层次需求，以政府为主提供基本保障。加强房地产市场分类调控，房价上涨压力大的城市要合理增加住宅用地，规范开发、销售、中介等行为。

三是去杠杆。我国非金融企业杠杆率较高，这与储蓄率高、以信贷为主的融资结构有关。要在控制总杠杆率的前提下，把降低企业杠杆率作为重中之重。促进企业盘活存量资产，推进资产证券化，支持市场化法治化债转股，加大股权融资力度，强化企业特别是国有企业的财务杠杆约束，逐步将企业负债降到合理水平，防范化解金融风险。

四是帮助企业降低成本。扩大小微企业享受减半征收所得税优惠的范围，提高年应纳税所得额上限；提高科技型中小企业研发费用加计扣除比例；大幅降低非税负担，包括取消城市公用事业附加等基金，授权地方政府自主减免部分基金；取消或停征部分中央涉企行政事业性收费，各地也要削减涉企行政事业性收费；减少政府定价的涉企经营性收费，清理取消行政审批中介服务违规收费；降低金融、铁路货运等领域涉企经营性收费，加强对市场调节类经营服务性收费的监管；适当降低“五险一金”有关缴费比例，降低企业制度性交易成本，降低用能、物流等成本。

五是补短板。针对严重制约经济社会发展和民生改善的突出问题，加大补短板力度，加快提升公共服务、基础设施、创新发展。

（三）以畅通国民经济循环为主构建新发展格局

当前，新冠疫情全球大流行，加速了世界百年未有的经济大变革，保护主义、单边主义上升，世界经济低迷，全球产业链供应链因非经济因素面临冲击，国际经济、科技、文化、安全和政治格局都在发生深刻调整，世界进入动荡变革期。

随着外部环境和我国发展的要素禀赋的变化，市场和资源两头在外的国际大循环动能明显减弱，而国内供给能力和需求潜力不断释放，国内循环活力日益强劲，客观上形成了此消彼长的态势。为了重塑我国国际合作和竞争新战略，我们需要建立以国内大循环为主体、国内国际双循环相互促进的新发展格局。当然，新发展格局不是封闭的循环，而是开放的国内国际双循环。

（四）政府调控要处理好三种关系

一是供给与需求的辩证关系。我们说的供给侧结构性改革，既强调供给又关注需求，既突出发展社会生产力又注重完善生产关系，既发挥市场在资源配置中的决定性作用又更好发挥政府作用，既着眼当前又立足长远。改革的内涵是增强供给结构对需求变化的适应性和灵活性，不断让新的需求催生新的供给，让新的供给创造新的需求，在互相推动中实现经济发展。

二是供给侧改革与创新发展的关系。习近平总书记强调，推进供给侧改革，必须牢固树立创新发展理念，推动新技术、新产业、新业态蓬勃发展，为经济持续健康发展提供源源不断的内生动力。一个国家的经济发展，从根本上要靠供给侧推动。一次次科技和产业革命，带来一次次生产力提升，不断创造供给能力。社会化大生产的突出特点，就是供给侧一旦实现了成功的颠覆性创新，市场就会以波澜壮阔的交易生成进行回应。

创新能力不强，被习近平总书记喻为我国这个经济大块头的“阿喀琉斯之踵”[①]。他指出，通过创新引领和驱动发展已经成为我国发展的迫切要求。要以重大科技创新为引领，加快突破关键核心技术，加快科技创新成果向现实生产力转化，加快构建科技、教育、产业、金融相结合的创新体系，加大基础研究的投入。

三是政府和市场的关系。这是经济体制改革的核心问题，也是供给侧结构性改革的根本任务，目的是使市场在资源配置中起决定性作用和更好发挥政府作用。供给侧结构性改革就是要从供给侧入手，针对重大结构性问题推进体制改革，破除一切阻碍社会生产力发展的体制机制，完善市场经济体制建设。

从长远看，就是要建立健全适应市场需求变化的供给体系。这一体系包括微观主体、市场体系和市场管理三方面。三方面改革的方向是：其一，依法平等保护各种所有制经济的产权和合法利益，保证各种所有制经济依法平等使用生产要素、公开公平公正参与市场竞争，发展混合所有制经济。其二，建设统一开放、竞争有序的市场体系，着力清除市场壁垒，打破行业垄断和地方保护，提高资源配置的效率和公平性。其三，着力解决政府干预过多和监管不到位问题，大幅度减少政府对资源的直接配置，推动依靠市场规则、市场价格、市场竞争配置资源，实现效益最大化和效率最优化。

现在，中国经济正在由过去靠规模和速度扩张的粗放型增长，转变为以质量和效益为主的集约型增长，以畅通国民经济为主的国内国际双循环经济正在形成。在这一阶段，需要通过双循环经济增加有效需求为供给侧结构性改革创造条件，实现结构优化、动力转化，提升社会经济总体水平，使中国经济再上新台阶。

第三节　社会主义市场经济下政府宏观经济调控的方式和手段

一、社会主义市场经济下政府宏观经济调控的方式

社会主义市场经济体制的建立，要求改变过去那种政府高度集中的直接管理经济的方式，代之以间接经济调控为主的新模式。

---

① 《荷马史诗》中的英雄阿喀琉斯是凡人珀琉斯和仙女忒提斯的儿子。传说忒提斯在儿子刚出生时将其倒提着浸进冥河，以使其能刀枪不入。忒提斯捏住的脚后跟不慎露在水外，所以脚后跟是阿喀琉斯最脆弱的地方，成了他的“死穴”。长大后，阿喀琉斯虽然作战英勇无比，却被帕里斯一箭射中脚后跟而身亡。后人常以“阿喀琉斯之踵”说明即使是再强大的英雄，也有致命的死穴或软肋。

间接经济调控方式，是指通过市场机制的作用由政府调控市场，再由市场引导生产和消费的方式。这一调控方式表明，政府对企业不再是直接、具体的管理，而是通过市场间接进行，以便发挥生产者和消费者的主动性、创造性，推动经济发展。

（一）政府间接调控经济的方式

国家对市场的调控分中央和地方两级。中央调控是中央政府根据所要实现的全社会的战略目标、重点，通过市场对全国各地区、各部门供求状况进行的调控。地方调控则是地方政府根据国家计划和地方发展计划，通过市场对地区及地方各部门供求状况进行的调控。无论是中央政府还是地方政府，对市场的调控都应是间接的。国家对市场的间接调控是根据国民经济和社会发展计划及商品供求状况，向市场输入经济参数的调控。所谓经济参数是指国家为使市场输出一个预期值而向市场输入的可控变量。

经济参数可分为作为基本参数的价格和作为调节参数的税率、利率等两类。这两类参数又可细分为三种：（1）市场决定的参数，如商品价格和服务价格。这类参数一般应由市场供求决定，政府不能对其进行直接干预。（2）政府决定的参数，如税率、财政预算、国家公债发行等。这类参数通常是在不损害平等竞争原则的前提下由政府根据自身需要来决定。（3）政府与市场共同决定的参数，如货币供应量、工资率、利率、汇率等。这类参数是在市场供求关系的基础上，由政府通过它所掌握的调节参数进行调控。三种参数中，第二种是政府可直接规定的参数，其他则是政府间接调控的参数。

调节参数与作为基本参数的价格之间存在着函数关系。调节参数的变化会引起价格的变动。例如，国家为了使市场输出合乎国民经济发展要求的价格信号，可对市场进行参数调节。国家通过增加或缩减财政支出的方法，扩大或减少市场供给，进而调节市场价格；中央银行通过调整法定存款准备金率、规定再贴现率和公开市场业务等，调节货币供应量，进而影响市场价格；国家通过储备制度的购销活动，调节市场供求关系，进而影响价格；等等。国家通过参数间接地调节市场，不仅可使市场形成符合计划要求的信号，而且一旦参数出现偏差，市场机制就会校正参数，为国家及时修正计划、调整参数提供信息。

（二）政府间接调控市场的作用过程

市场引导企业的实质，在于经济利益关系对企业的吸引。从宏观经济管理角度看，市场并不直接作用于某一个别企业，而是直接地作用于生产某类产品的部门。因此，市场引导企业首先表现为对部门的作用。当国家通过经济参数变动市场价格信号时，首先表现为不同类产品之间展开竞争。在市场竞争中，生产不同类产品的各个部门必然围绕着已经变动的市场信号比较同一劳动投放在不同部门的收益水平。这里有以下两种情况。

一是收益差别较大。收益不同可由两种原因引起：第一，同一劳动投放在不同部门形成的价值不同。这是由部门劳动量与市场对这一部门的需要量的失衡造成的。第二，价格与价值的背离。这主要是由供求关系的影响以及不合理的价格体制造成的。在收益率差别较大的条件下，劳动收益率低的部门生产要素必然向劳动收益率高的部门转移。

二是收益大体相同。在这种条件下，市场竞争主要转向部门内部。在部门内，各企业为获得超额经济收益展开竞争。部门内的竞争应通过采用新技术、改善经营管理、生产适销对路的产品、降低成本、提高劳动生产率来进行。在这一竞争中，企业的潜力就会得到发挥，从而促进经济效益不断提高。

应该指出的是，市场竞争的产生发展过程与市场竞争的作用过程是不同的。从它的产生过程来看，首先是部门内部的竞争。这是部门间竞争的基础。而部门间的竞争则是部门内部竞争的延伸。一旦市场竞争确立，从市场竞争的作用过程来看，竞争首先是作用于部门之间，而后才是部门内部的竞争。因此，市场引导企业，首先是对部门的影响，而后通过部门作用于企业，引导企业发展。可见，国家调节市场、市场引导企业的过程，具体讲就是，国家通过经济参数调节市场，市场作用于部门，引导企业发展的过程。

社会主义市场经济条件下的经济管理体制，使企业面向市场，追求企业自身利益最大化，使企业内有动力、外有压力，可最大限度地发挥企业的能动性和开拓性，促进生产发展。同时，企业又会依照国家经济参数调节的市场价格等市场信号，组织生产和经营，因而有利于企业沿着国家计划确定的方向协调发展。

二、政府宏观经济调控的经济政策

（一）货币政策

货币政策按其调节经济的功能可分为扩张性货币政策和紧缩性货币政策两种。不同性质的货币政策是相对于社会经济中存在的紧缩缺口和膨胀缺口而言的。当经济中出现紧缩缺口时，意味着有效需求不足的存在。这时，政府应实行扩张性货币政策，增加货币供应量，进而扩大总需求，以消除紧缩缺口。当经济中出现膨胀缺口时，意味着过度需求的存在。这时，政府应实行紧缩性货币政策，减少货币供应量，抑制总需求，以消除膨胀缺口。政府通过货币政策的调节，最终达到使经济稳定增长的目标。货币政策在其调控社会经济过程中主要采取的手段是公开市场业务、调整法定存款准备金率和调整中央银行再贴现率。

1. 公开市场业务

政府债券是由银行代理发行或包销的，它可在公开市场上进行交易，这种在公开市场上买卖政府债券的活动叫作公开市场业务。中央银行通过在公开市场上买卖政府债券，可调节市场上的货币存量，达到稳定经济发展的目的。当中央银行认为需要采取扩张性货币政策时，便可买进政府债券，将货币投放到市场上。于是，市场上货币流通量增加，总需求扩大，并且，由于中央银行在公开市场上买进政府债券会使债券价格上升，迫使利率下降，从而促使投资增加，起到扩大总需求的效应。当中央银行认为有必要采取紧缩性政策来缓解通货膨胀压力时，便会在公开市场上卖出政府债券以回笼货币，减少货币供应量，使总需求缩小。同时，中央银行在公开市场上卖出债券使债券价格下跌，利率上升，也有利于减少投资，缩小总需求。

公开市场业务作为中央银行的重要政策手段，在发达国家得到了相当广泛的运用，对于平抑经济波动起到了良好作用。我国自 1981 年恢复发行国库券以来，已发行了国库券、金融债券、国家重点建设债券、财政债券等多种政府债券。随着政府债券发行种类和发行量的不断增加，政府债券的发行方式已从行政摊派转到自愿认购上来。政府债券的发行市场和交易市场已经形成。这些都为中央银行进行公开市场业务、调控社会经济创造了条件。

2. **调整法定存款准备金率**

法定存款准备金率是国家以法律形式规定的商业银行存款准备金的最低比率。商业银行在吸收存款以后，必须按照法定存款准备金率保留准备金，其余部分才可作为贷款放出。法定存款准备金制度可使商业银行有备无患，免遭不测，同时也是中央银行控制商业银行、调剂市场货币供应量的重要手段。

根据实行市场经济国家的经验，在较完善的银行体系和法定存款准备金制度下，一笔存款可派生出更多的存款。例如，法定存款准备金率为 10%，一笔存款为 1 000 元。商业银行按 10% 的法定存款准备金率留下 100 元准备金，而后将 900 元贷出。债务人或将 900 元存入下一个商业银行以备用，或将其用于购买商品，转到出售商品者手中，由出售者将其存入银行。第二个银行按 10% 提留准备金，再将 810 元贷出。依此类推，最初存款额可最终创造出的存款总额为：

$$100\times\left[1+\left(\frac{9}{10}\right)+\left(\frac{9}{10}\right)^2+\left(\frac{9}{10}\right)^3+\cdots\right]=1\ 000\times\left[1\div\left(1-\frac{9}{10}\right)\right]=10\ 000\text{（元）}$$

式中，10 000 元是由最初 1 000 元派生出的总存款额，即派生存款。

总存款额与引起它的最初存款额之比为存款乘数。存款乘数的简便确定方法是：法定存款准备金率的倒数。上例中的存款乘数为 10。

如果设 K 为存款乘数，ΔR 为银行存款增加额，ΔD 为派生存款总额，r 为法定存款准备金率，上述关系可用公式表示为：

$$K=\frac{\Delta D}{\Delta R}=\frac{1}{r}$$

存款乘数表示一笔存款额可按何种程度派生出更多存款。派生存款与法定存款准备金率成反比。法定存款准备金率较高时，银行派生的货币存款较少；法定存款准备金率较低时，银行派生的货币存款较多。法定存款准备金率的微小变动都会带来派生存款和货币供应量的较大变动。例如，法定存款准备金率由 10% 下降为 9%，降低 1 个百分点，派生存款总量将会增加 10% 左右。

法定存款准备金率是中央银行调控经济的又一主要手段。在经济高涨时期，中央银行提高法定存款准备金率。这意味着商业银行在吸收存款时必须保留更多的准备金，相应减少贷款额。这时，银行体系所能创造出的货币供应量成比例地减少，引起货币市场银根坚挺，利率上升，投资减少，从而抑制社会总需求。在经济衰退时期，中央银行则降低法定存款准备金率。其结果与提高法定存款准备金率的作用相反。

法定存款准备金率在一些市场经济国家被作为威力巨大而不轻易动用的手段。我国自改革开放以来，已初步建立起法定存款准备金制度。随着我国金融改革不断深入，各专业银行转向商业银行，实行企业化经营，法定存款准备金率已经发挥了调控经济运行的应有作用。

3. 调整中央银行再贴现率

贴现是将未到期的票据兑换成现金。银行办理贴现如同发放贷款，也需计息。所以，专门用于贴现的利率就是贴现率。商业银行期票过多需要现金时，要向中央银行办理再贴现。中央银行的再贴现率是其进行宏观调控的又一主要手段。在经济衰退时期，中央银行降低再贴现率，鼓励商业银行向中央银行借款。这一措施必然导致商业银行也降低贴现率，吸引票据持有者进行贴现。于是，银行贷款增多，信用扩张，货币供应量增加，引起利率降低，投资上升，使总需求增大。在经济高涨时期，中央银行提高再贴现率会引起相反的经济效果，使总需求减少。

中央银行调控社会经济除去上述三项主要手段，还可采取道义劝告、控制分期付款和抵押贷款的条件等辅助性手段。

货币政策的作用有一定局限性。中央银行对经济的调控最终都是通过货币数量和利率的变动进行的。但在对货币的日常交易和预防需求的作用下，利率降低受到限制，从而制约了货币政策的作用。此外，货币政策作用过程存在“时滞”。从中央银行向市场输入调节参数到实现预期政策目标，这期间经济情况可能已发生变化，从而会造成市场扭曲。

我国于1984年建立了中央银行制度，在金融体制改革方面走出了坚实的一步。现在，法定存款准备金率、公开市场业务、再贴现率等货币政策工具在市场经济中的作用正在日益增强。

（二）财政政策

财政政策是指政府通过财政收入和支出的方式来调节社会经济的政策。财政收入主要来源于税收和出售政府债券。财政支出主要用于政府购买、公共工程建设和转移支付（对某些地区、阶层及人员实行的津贴和补助等）。

1. 财政政策的“内在稳定器”作用

财政政策对社会经济具有调节作用，其中有的财政政策对社会经济有着自动调节功能，例如个人所得税、企业所得税和转移支付。这些财政政策被人们称为“内在稳定器”。

在经济衰退时期，税收会自动减少，因为个人收入和公司利润会减少，按累进税率应纳税率会降低，即使税率不变，税金也会减少。同时，转移支付会自动增加。转移支付包括失业救济和福利支出。需要救济和领取福利支出的人员增加，使政府转移支付增加。政府一方面减少了财政收入，另一方面增加了支出，从而有助于抑制消费和投资的下降，维持总需求。在经济高涨时期，由于个人收入和公司利润增加，纳税者多了，纳税人应缴税额和相应税率也提高了，使平均税率和税收自动提高。这时，政府的救济金和福利支出会自动减少。这两方面的作用可抑制消费和投资的增加，从而有助于控制总需求。

财政政策内在稳定器作用的大小，取决于税收结构和转移支付比例的高低。发达国家以所得税为主，转移支付比重较大，内在稳定器的作用较强。低收入国家受税收成本和国家财力的限制，一般以间接税为主，累进特征不明显，转移支付比例较低，内在稳定器作用较弱。但即使在发达国家，内在稳定器的作用也是有限的，它只能减小经济波动的幅度，而不能改变经济发展的总趋势。因此，政府还必须主动地采取财政政策进行调节。

2. 扩张性和紧缩性财政政策

政府逆经济风向，相应采取扩张性或紧缩性财政政策调节社会经济。在经济衰退时期，政府采取扩张性财政政策，减少税收，增加公共工程费用、政府购买、转移支付，以增加总需求。在经济高涨时期，则采取紧缩性财政政策，以减少总需求。在经济健康运行的情况下，通常实行稳健的财政政策。

政府在运用财政政策的过程中往往会遇到许多困难。例如，增加税收会遭到普遍反对，甚至会引起政治动荡；削减转移支付会受到低收入阶层及其同情者的反对；减少税收并不一定使人们将减税所得收入用于增加支出；等等。

（三）产业政策

市场经济是一种利益经济，企业生产的目的是追求最大利润。这种利益动机将会与社会整体利益产生矛盾，这就需要政府制定产业政策予以引导，通过产业政策加速产业结构升级、优化资源配置。所谓产业政策是指国家规划、干预和诱导产业形成和发展的政策。产业政策主要是产业结构政策和产业组织政策。

1. 产业结构政策

产业结构政策主要指政府为了优化产业结构，协调产业关系，实现资源在产业间的合理配置所制定的政策。产业结构政策规定了一定时期产业结构演进的方向和步骤，以及国民经济各产业发展的顺序和态势。政府通过产业结构政策，可扶持、鼓励和优先发展一些产业部门或限制、削弱和减少发展一些产业部门，以确立经济发展中的带头或骨干产业，迅速实现产业结构高度化，推进国民经济健康快速增长。

政府制定和实施产业结构政策对于发展中国家尤为重要。其原因有以下两点：第一，发展中国家的高速成长时期往往是一个经济结构急剧变化的时期。为了快速实现工业化和现代化，原有十分薄弱的基础设施和基础工业需要以超常的速度发展。但这些部门投资大，盈利低，资金回收期长，如果单靠市场力量实现结构变革，工业化和现代化的过程就会拖得很长。第二，发展中国家改变利用资源禀赋发展经济的道路，而转向附加值较高的生产时，会遇到国际市场上原有经济格局的限制，单靠市场力量很难打入国际市场。在上述情况下，政府根据一定时期的经济结构变动趋势，制定和实施正确的产业政策，具有重要意义。

2. 产业组织政策

产业组织政策主要是指政府为了提高产业内资源配置效率所采取的促进有效竞争和组织结构合理化的政策措施。它规定了一定时期内产业内部企业或市场秩序的发展方向、应达到的平等的竞争秩序和企业规模。

在市场经济条件下，政府通过产业政策实现宏观经济管理与计划经济体制中的政府行政管理是不同的，不能将二者混为一谈。产业政策发挥作用的特点是：依据市场提供的信息制定产业政策，通过市场来实施，并接受市场检验。它是适应市场经济的，而不是旨在限制市场经济。具体来讲，只有在出现外部经济效益垄断趋势、扶植新兴产业、奖励研究开发和技术进步、建设基础设施、防治污染等有利于降低社会成本和增加社会收益的情况下，政府才可通过产业政策干预经济。如果超越这一界限，就会妨碍效率提高和损害经济发展。

制定和实施产业政策是发展中国家实施赶超战略的重要手段。它能在一定时期内通过引导资源配置，把具有战略意义和带动作用的产业尽快搞上去，以增强国家整体竞争力。

（四）价格政策和收入分配政策

1. 价格政策

价格调节是在市场上自发进行的，有其盲目性。例如，当农产品过剩时，农产品价格会较大幅度下降。由于农业生产周期长，农产品价格较大幅度下降将会对农业生产的长期发展产生不利影响。再有，某些重要商品的过剩或短缺会使价格忽高忽低，影响正常生产和人民生活。对此，需要政府制定价格政策予以纠正。

（1）最低限价。最低限价是指政府为了扶植某一行业的生产而规定的该行业产品的最低价格。在商品供大于求时，政府增加库存或出口；在商品供不应求时，政府减少库存，平价销售，从而使商品价格由于政府的支持而维持在某一水平上。例如，在农业方面，一些国家实行政府最低限价政策，从而使农业生产得到了较好发展。这一政策也有其负面作用，主要是政府财政支出会大幅度增加。

（2）最高限价。最高限价是指政府为了限制某种商品价格上涨而规定的该种商品的最高价格。限制价格一般是在战争或自然灾害等特殊时期使用。在一些国家，对房租、粮食和一些生活必需品实行最高限价政策。这样的政策有利于平等和社会安定，但不利于刺激生产。

2. 收入分配政策

在市场经济中，个人收入分配实行的是效率原则，这种分配缺少公平的机制，因此需要政府通过有关收入分配政策缓解分配不公现象。

第一，税收政策。这里是从个人收入上看待税收政策，其目的在于通过税收缩小收入差距。有关的税收有个人所得税、遗产税、赠与税、财产税、消费税等。其中个人所得税是主要手段。个人所得税实行的是累进税制。它根据收入的高低确定不同税率，对高收入者按高税率征税，对低收入者按低税率征税。政府通过上述方式纠正社会成员间的收入分配不平等现象，实现收入分配公平化。

第二，社会福利政策。如果说税收政策是通过对高收入者征收更多的税来实现收入分配公平化，那么，社会福利政策则是通过给无收入者或低收入者补助来实现收入分配公平化。社会福利政策主要有：（1）各种形式的社会保障和社会保险，包括失业救济金制度、退休金制度、残疾人保险制度、贫困家庭补助制度。(2)各种保护劳动者的立法，包括最低工资法、最高工时法、劳动合同法、环境保护法、食品和医药卫生法。这些法律法规有利于增加劳动者收入，改善工作和生活条件，从而有利于收入分配公平化。(3)改善住房条件。如以低房租向低收入者出租国家兴建的经济适用型住宅；限制私人高价出租房屋；资助无房者建房和买房；实行住房补助；等等。此外，还可通过各种社会保障制度，如医疗保险、医疗援助、向贫困者提供就业机会、增加教育事业投入等方式，实现收入分配公平化。

(五) 消费者保护政策

与生产者和经营者相比，消费者处于弱势地位。消费者的经济实力弱小，一般缺乏商品专业知识，选择的多样化也使其在购买商品和服务时难以做到经济合理。这些弱点与生产经营者的组织性、专业性和经济性形成鲜明对比。为了保护消费者权益不受侵害，政府需要制定有关消费者保护政策。

1. 确保商品质量

政府有关机构颁布商品和服务的最低标准并予以检验，以确保消费者享受到合乎标准的产品。

2. 正确的消费宣传

例如，商品广告和说明书必须真实可信；烟和烈酒等不利于健康的商品不得进行广告宣传。

3. 禁止和限制不正确的消费

例如，禁止出售枪支和毒品；通过宣传、税收等措施，限制烟、烈酒、某些刺激性药物的销售和消费。

4. 对劳务人员素质规定标准

例如，政府对医生、律师、教师等进行资格认证，做出规定并进行考核，以保障消费者得到符合标准的服务。

5. 消费干预政策

个人消费并不完全是个人行为，对社会也是有影响的，因此，有时也需要政府予以干预。例如，用资源保护法禁止或限制对某些珍稀动物制品的消费；调整水价，杜绝水资源的浪费；等等。

6. 公共物品政策

消费者不仅需要消费私人物品，而且需要消费公共物品，如国防、立法、交通等。公共物品具有非排他性和非竞争性的特征。非排他性是指在技术或经济上不可能将不支付费用而消费的人排除在外。非竞争性是指在经济上微利、无利，不具有利益追逐特性。市场经济是一种利益经济，这与公共物品的特性是矛盾的。解决这一矛盾的办法就是政府制定公共物品政策和提供公共物品，以满足消费者的需要。

消费者也可通过消费者协会、行业协会等组织，对产品和服务的质量、价格等方面提出申诉，以维护自身权益。

（六）反不正当竞争和反垄断政策

1. 反不正当竞争政策

在我国社会主义市场经济建立过程中，一些企业为了求得生存和发展，以各种不正当的方式参与竞争，损害他人利益，为自己争取竞争优势。例如，假冒名优商标、盗用他人的商誉、诋毁竞争对手、窃取他人的商业秘密、进行虚假广告宣传等。不正当竞争行为是对公平、自由的竞争秩序的破坏，使竞争机制难以正常发挥作用，经济失去活力，消费者和社会公共利益遭受损害。因此，需要政府通过法规的形式排除危害竞争的行为，维护公平竞争秩序，保障市场经济健康发展。1993 年 9 月 2 日，第八届全国人大常务委员会第三次会议通过了《中华人民共和国反不正当竞争法》。根据该法的规定，主要反对以下不正当竞争行为：采用假冒或混淆手段从事市场交易的行为；侵犯他人商业秘密的行为；利用贿赂性销售进行竞争的行为；损害竞争对手的商业信誉、商品声誉的行为；进行虚假广告宣传、损害经营者或消费者利益、破坏市场秩序的行为；公用企业或其他具有独占地位的经营者限定他人购买指定商品、排挤其他竞争对手的行为；政府利用行政权力限制商品流通、限制正当竞争的行为；以排挤竞争对手为目的、以低于成本的价格销售商品的行为；搭售商品或附加其他不合理条件的行为；串通投标的行为；违反法规的有奖销售行为；等等。

2. 反垄断政策

市场竞争有一种趋势，即在竞争中通过生产集中使企业的生产规模变得越来越大，当集中发展到一定程度时，必然产生垄断。垄断者通过垄断地位对竞争企业实行控制或排挤竞争对手，造成市场结构不合理，使竞争机制失效，从而破坏市场经济，损害公众利益。随着外资大量流入，目前一些行业已形成由外商支配和控制的局面，同时，国内也出现了某些企业利用垄断地位谋取不正当收益的现象，因此，2007 年 8 月，我国政府制定了《中华人民共和国反垄断法》。这一法律的出台对于反对和消除垄断、保护和鼓励公平合理的竞争有重要意义。

三、政府宏观经济调控的手段

政府作为宏观经济的调控者，必须按照社会经济发展的要求，选择采用不同的经济调控手段。

（一）政府调控经济的主要手段

政府进行经济管理的手段主要有经济手段、法律手段、行政手段和思想工作手段四种。

1. 经济手段

它是国家或经济组织通过运用经济杠杆，调整不同经济主体的物质利益关系，引导和调节经济运行的一种调控方式。这些经济杠杆主要有财政、税收、信贷、利率、工资收入等。

2. 法律手段

法律手段主要起保护和制裁两方面的作用。法律手段的保护作用，在于通过法律维护市场经济秩序，保护社会再生产及其流通正常进行。法律手段的制裁作用，在于通过法律制止和纠正经济发展过程中的某些违法和消极的现象。

从人们对社会经济管理的发展看，首先是经验管理；经验经过总结上升为政策，发展为政策管理；人们将那些行之有效的政策以法律形式条文化、规范化确立下来，则又发展到法律管理的形式。因此，法律手段是更高级的管理方式。

3. 行政手段

它是一种依靠行政组织，运用行政措施并按照行政方式调控社会经济的方式，是政府调控社会经济不可缺少的方式。如在商品供求矛盾较突出时，为保证生产正常进行和满足人民生活的基本需要，政府便可通过行政手段调控经济。特别是为实现社会和经济发展目标，当单靠市场的自发调节难以取得成功时，政府的行政干预更显必要。但就整个国民经济及其发展而言，行政手段应是辅助性调控方式。

4. 思想工作手段

它是通过教育和宣传，使人们的思想觉悟接近和达到预期要求的一种方式。社会经济运行不可能脱离人们的经济活动单独进行，因此，加强对人们的思想教育工作也是宏观经济管理不可忽视的方面。当前，应大力宣传社会主义市场经济新思想，提高人们对社会主义市场经济的认识，为建立健全统一、开放、竞争、有序的现代市场经济体系做好思想教育工作。可以想象，没有现代意识，试图建立现代社会主义市场经济是不可能的。

以上四种手段各具特点：经济手段是通过经济利益关系调节社会经济活动，因而具有利益特性；行政手段的特点在于上级行政领导的权威性；法律手段的特点在于明确性和强制性；思想工作手段的特点在于开导性。在社会主义市场经济中，我们应根据不同的调控方式及其特点，按照社会经济发展的要求，相机抉择，以实现国民经济和社会发展的目标。

（二）经济手段的作用特点

货币政策、财政政策、产业政策、收入分配政策、价格政策、消费者保护政策、反不正当竞争政策和反垄断政策等，各具特色。例如，变动法定存款准备金率和增加政府支出的调节作用较为猛烈，而公开市场业务和税收政策的作用较为缓和；公开市场业务影响面较小，而政府支出措施影响面较大；货币政策遇到的阻力相对较小，而增税和减少政府支出的阻力较大。如果说货币政策和财政政策的重点在于调节社会总需求，那么，产业政策则侧重于调控供给。相对于前三种政策手段对经济过程的调控，收入分配政策更重视从结果上调节社会经济，其调控作用更为猛烈。

政府在调控社会经济时，可根据市场的不同情况，正确运用不同的政策措施。例如，当发生经济衰退的时候，扩张性财政政策就会比扩张性货币政策更加具有时效性；而当出现经济过热时，紧缩性货币政策则比紧缩性财政政策效果更明显。

在经济调控中，那种只见国内、不看国外，只见需求、不看供给，只见部门、不看企业，"一把抓""一个调""一刀切"的简单做法是不明智的。根据供给和需求在微观经济、宏观经济和国内外经济中的不同情况，分层次、有针对性地采取或紧或松的措施才是上策。在宏观经济和微观经济中，量的失衡有可能在短期内得到解决，而结构失衡则需较长时间才能改变。因为产业结构、部门结构和产品结构的调整涉及资源重新配置、机器设备和技术方面的重大变动与改造，这些情况的改变不是一蹴而就的。

第四节　全球宏观经济治理

没有经济全球化就不会有全球宏观经济治理。随着经济全球化的发展，人们愈发认识到需要各个国家联手应对，共同研究和治理全球性经济问题。经济全球化使各国经济呈现出你中有我、我中有你的融合发展新局面。各个国家在考虑经济发展时，只从本国的角度出发，站在本国的立场看待和解决问题，显然与世界经济发展的现实不合拍，不符合经济全球化的要求。因此，世界各国有必要参与、建立和健全全球宏观经济治理。

一、全球宏观经济现状及其主要问题

经济是分层存在和发展的。全球经济可分为微观、中观和宏观三个层次。微观经济通常是指企业和个人生产及消费者。中观经济一般是指某一部门或某一行业和地方经济。宏观经济过去大多是指某一国家的经济，它是一国内在微观经济、中观经济基础上形成的总体经济。所以，有些教科书也将宏观经济称为总体经济。宏观经济的另一个层面是指世界范围的全球经济。它由相互联系的各国的国别经济构成。随着经济全球化的到来，国与国之间的经济联系越来越多、越来越紧密，一国经济的好坏不仅会影响到其他国家的经济，而且全球经济的向背会影响或决定国别经济的发展。因此，我们应该从世界经济的角度提出和认识全球宏观经济及其治理。

（一）全球宏观经济基本状况

按照世界银行的核算，2021 年全球超过 200 个国家、地区的经济总量约为 96.1 万亿美元。2021 年，美国 GDP 为 22.996 万亿美元，全球占比为 23.93%。中国 GDP 为 17.727 万亿美元，全球占比为 18.45%。排在第三名的是日本，GDP 为 4.93 万亿美元，全球占比为 5.13%。多年来，日本受金融危机和劳动力不足的影响，经济产能大不如前。其 GDP 总量与美国、中国的差距越来越大。德国 GDP 为 4.223 万亿美元，全球占比为 4.39%。印度 GDP 为 3.091 万亿美元，全球占比为 3.22%。英国 GDP 为 3.188 万亿美元，

全球占比为 3.32%。法国 GDP 为 2.937 万亿美元，全球占比为 3.06%。

在人均 GDP 方面，2019 年，我国人均 GDP 为 70 892 元，按年平均汇率折算达到了 10 276 美元，突破了 1 万美元的大关。2021 年我国人均 GDP 达到 1.255 1 万美元。世界银行报道，2018 年人均 GDP 在 1 万美元以上的国家人口规模近 15 亿人。2019 年由于中国的加入，全球在这个行列的国家人口规模接近 30 亿人。在全球约 70 亿人当中，有 30 亿人的人均 GDP 达到了 1 万美元以上。这是人类经济社会发展的重大进步，是中国对世界做出的重要贡献。

在货物贸易方面，世界贸易组织公布的报告显示，2021 年全球进出口货物贸易总额大幅提升至 44.803 万亿美元，同比增长 26.1%。进出口货物贸易增长较快是经济复苏反弹的结果。其中，出口额在 22.284 万亿美元左右，同比增长 26.3%；进口额约为 22.519 万亿美元，同比增长达到 26%。

中国依然排在全球各国之首。2021 年中国进出口货物贸易额为 6.051 万亿美元左右，增长接近 30%。其中，出口额超过了 3.36 万亿美元，进口额约为 2.69 万亿美元。美国进出口货物贸易额为 4.692 万亿美元，排名第二。其中，出口额约为 1.755 万亿美元，进口额约为 2.937 万亿美元，继续是全球最大的商品进口国，且逆差超过了 1 万亿美元。德国进出口货物贸易额为 3 万亿美元，排名第三。荷兰进出口货物贸易额为 1.593 万亿美元，排名第四。日本进出口货物贸易额为 1.525 万亿美元，排名第五。之后，法国为 1.299 万亿美元，韩国为 1.259 万亿美元，英国为 1.162 万亿美元，意大利为 1.161 万亿美元。

自 2020 年起，东盟连续三年为我国第一大贸易伙伴。2022 年前 10 个月，我国与东盟进出口货物贸易额为 5.26 万亿元人民币，增长 15.8%，占外贸总额的比重为 15.2%。其中，出口额为 3.06 万亿元人民币，增长 22.7%；进口额为 2.2 万亿元人民币，增长 7.5%；对东盟贸易顺差为 8 547.5 亿元人民币，扩大 93.3%。欧盟为我国第二大贸易伙伴。我国与欧盟进出口货物贸易额为 4.68 万亿元人民币，增长 8.1%，占外贸总额的比重为 13.5%。其中，出口额为 3.11 万亿元人民币，增长 15.9%；进口额为 1.57 万亿元人民币，下降 4.7%；对欧盟贸易顺差为 1.54 万亿元，扩大 48.8%。美国为我国第三大贸易伙伴。我国与美国进出口货物贸易额为 4.21 万亿元人民币，增长 6.8%，占外贸总额的比重为 12.2%。其中，出口额为 3.25 万亿元人民币，增长 8.4%；进口额为 9 538.4 亿元人民币，增长 1.7%；对美贸易顺差为 2.3 万亿元人民币，扩大 11.4%。韩国为我国第四大贸易伙伴。我国与韩国进出口货物贸易额为 2.02 万亿元人民币，增长 6.5%，占外贸总额的比重为 5.8%。其中，出口额为 8 986.3 亿元人民币，增长 16.3%；进口额为 1.12 万亿元人民币，下降 0.3%；对韩贸易逆差为 2 188.6 亿元人民币，收窄 37.2%。同期，我国对"一带一路"沿线国家合计进出口额为 11.23 万亿元人民币，增长 20.9%。其中，出口额为 6.38 万亿元人民币，增长 21.4%；进口额为 4.85 万亿元人民币，增长 20.3%。

在服务贸易方面，联合国贸发会议数据显示，2021 年全球服务贸易总额为 6.1 万亿美元，比 2020 年增长 22%。全球服务贸易恢复到新冠疫情前水平。美国 2021 年的服务贸易进出口额为 13 015.91 亿美元，比 2020 年增长 11.63%。其中，出口额约为 7 665.7 亿美元，进口额约为 5 350.21 亿美元，服务贸易顺差超过 2 300 亿美元。欧盟 2021 年服务贸易出口额为 1.02 万亿欧元，比 2020 年增长了 13%，进口额为 8 940 亿欧元，增长 2%，服务贸易顺差为 1 300 亿欧元。2021 年中国服务贸易进出口总额达到 52 982.7 亿元人民币（约合 7 735 亿美元），服务贸易逆差值缩小到 2 112.7 亿元人民币。2012—2022 年，中国服务贸易进出口一直保持着快速增长势头，十年内年均增长 6.1%，高出全球增速 3.1 个百分点，超过英国和德国，2021 年连续八年排名世界第二。

在直接投资方面，联合国贸发会议报告，2021 年全球外国直接投资强劲反弹，从 9 290 亿美元增至 1.65 万亿美元，增长约 77%，超过疫情前水平，其中，流入发达经济体的直接投资约为 7 770 亿美元，流入发展中经济体的直接投资接近 8 700 亿美元。2021 年中国外商直接投资为 3 340 亿美元，增长 32%。同年，中国对外直接投资为 1 788.2 亿美元，投资存量达到 2.79 万亿美元。中国投资已成为拉动全球对外投资增长的重要引擎。

在国际竞争力方面，瑞士洛桑管理学院发布了《2021 年世界竞争力报告》，报告覆盖全球 64 个经济体，基于 334 项竞争力指标，通过对全球数千名企业高管进行调研，从经济表现、政府效能、企业效能、基础设施四个方面进行全球竞争力排名。报告显示，排名前五位的国家分别是瑞士、瑞典、丹麦、荷兰和新加坡。中国从 2020 年排名第二十位攀升至 2021 年的第十六位，美国仍居第十位。

在创新能力方面，世界知识产权组织发布了《2022 年全球创新指数报告》，报告从政策环境、人力资本与研究、基础设施、市场成熟度、商业成熟度、知识与技术产出、创意产出等 7 个大类进行综合排序。瑞士、美国、瑞典、英国和荷兰位列前五名。从区域分布来看，跻身前 25 名的欧洲国家有 15 个，东南亚、东亚和大洋洲地区国家有 7 个，北非和西亚地区国家有 1 个。在创新能力方面，中国连续十年稳步提升，2022 年全球排名上升到第十一位。该报告对中国的创新给予了肯定，指出，中国的创新与发展呈现出良好的正向关系，创新投入转化为更多更高质量的创新产出。

中国自改革开放以来，社会经济有了长足发展，经济实力得到了极大提升，与发达国家之间的差距明显缩小。联合国数据显示，1978 年中国 GDP 为 2 141.6 亿美元，位居世界第 9 位，占世界经济总量的 2.321%。排前两位的是美国和日本。美国 GDP 为 22 769 亿美元，占世界经济总量的 24.679%；日本 GDP 为 9 967.42 亿美元，占世界经济总量的 10.488%。2010 年以来，中国 GDP 一直稳居世界第二位。2013—2019 年，中国经济增长对世界经济增长的贡献率超过 30%，成为世界经济增长的主要动力源。

中国经济的发展离不开世界，世界经济的发展也需要中国。现在，世界处于大变动、大改组时期，新冠疫情加剧了这种变动，世界经济何去何从到了关键阶段。以中国为代表的新兴市场国家的快速持续发展得到越来越多国家的认可，国际地位空前提高。发达国家则因经济疲软丧失了全球治理的绝对控制权，大部分发展中国家又无力深度参与全球共治。在这种形势下，以中国为代表的新兴市场国家有责任、有义务积极参与国际经济的补充、完善和改革，为世界经济的发展做出应有的贡献。

（二）全球宏观经济主要问题

世界经济的发展从来不是笔直又平坦的。自 2008 年以来尤其是进入 2017 年后，保护主义和反全球化逆流卷土重来。欧美一些国家出现了反对开放、反对自由贸易、反对欧洲一体化、反对经济全球化的呼声，英国公投退出欧盟，美国总统明确提出了“美国优先”的口号，借助新冠疫情甚至提出了“经济脱钩”的谬论。这些问题的出现与经济全球化背道而驰，妨碍了全球经济互联互通，不利于世界经济持续稳定发展。

反全球化思潮和贸易保护主义并非凭空出现，而是有着深刻的经济和政治根源。

经济上，2007 年以前，全球贸易增长速度通常快于世界经济增长速度。这表明了经济全球化的扩展和深化。2011—2016 年，这种情况出现了反转，全球贸易增长速度一直低于世界经济增长速度。20 世纪 90 年代全球经济每增长 1%，可带来 2.5 倍的贸易增长。2011—2015 年，同样的经济增长能增加的国际贸易量仅为 0.7%。虽然美国经济出现了复苏，欧洲似乎渡过了欧债危机，但 2015 年、2016 年世界贸易依然停滞不前。这种情况似乎成了反对全球化和贸易保护主义的经济理由。

在 1988—2008 年经济全球化高峰时期，全球 60 多亿人口中有 15% 左右的人口没有享受到全球化的成果，20 年里收入所得增加不到 10%。这个群体集中在欧洲、美国、日本等地，成为反对全球化的中坚力量。

政治上，传统强国社会内部矛盾频发。分配冲突、族群冲突、价值观冲突、排外主义、反精英意识等因素交织在一起，使得这些国家的社会生活愈发不安定。发展国内经济、维持国内政治安定成为一些国家和地区的首要目标。

现在，世界经济不确定因素增多，不同国家经济发展失衡、公平缺失等问题显得更加突出。全球 7 亿多人口还在忍饥挨饿，数以千万计的难民颠沛流离，无数民众包括无辜的孩子丧身炮火。有 13 亿人无电可用；有 25 亿人缺失起码的卫生设备；有 28 亿人依然使用固体燃料生活。世界各国有责任共同推动落实《联合国 2030 年可持续发展议程》，改善落后群体的生活状态。

世界经济的发展还面临着大国间的战略博弈和地缘政治冲突，大规模毁灭性武器扩散带来的巨大风险，对人类生存构成威胁的气候变化、粮食危机、能源危机和地球生态危机。这些问题都需要国际社会群策群力，共同治理。

目前，世界正处于历史性的转变时期。多年来传统强国经济发展迟缓，国际地位不断下降，七国集团（G7）在世界中的作用下降就是明证。传统强国不甘心于世界经济的新变化，试图维持现状，把持主导权，甚至站到了全球化大潮的对立面。

为了缓解新冠疫情对世界经济的冲击，改变全球增长动能不足、发展失衡、分配不均和全球经济治理滞后的状况，中国政府适时地提出了中国方案，着力解决世界经济增长、治理、发展模式存在的问题，本着“共商共建共享”的理念，推进全球经济治理，推动各国各领域互联互通、共同发展、共享繁荣。

二、全球宏观经济治理的理念和对策

（一）全球宏观经济治理理念

全球宏观经济治理理念包括下述四个方面。

其一，全球宏观经济治理应该以平等为基础。为了更好地反映世界经济的新变化，应该增加新兴市场国家和发展中国家的代表性和发言权，确保各国在国际经济合作中权利平等、机会平等、规则平等。

其二，全球宏观经济治理应该以开放为导向。要坚持理念、政策、机制开放，适应形势变化，广纳良言，充分听取国际各界的建议和诉求，鼓励各方积极参与和融入，不搞排他性安排，防止治理机制封闭化和规则碎片化。

其三，全球宏观经济治理应该以合作为动力，全球性挑战需要全球性应对，合作是必然选择，各国要加强沟通和协调，照顾彼此的利益关切，共商规则，共建机制，共迎挑战。

其四，全球宏观经济治理应该以共享为目标。全球宏观经济治理的目标方向是，改善原有国际经济组织，构建世界经济命运共同体。新兴市场国家和发展中国家的发展，不是要动谁的奶酪，而是要努力把世界经济的蛋糕做大。提倡所有人参与、所有人受益，不搞一家独大或者赢者通吃，而是寻求利益共享，实现共赢目标。

（二）全球宏观经济治理的对策

搞好全球宏观经济治理，解决世界性经济问题，实现各国经济互联互通，推动全球经济增长，需要人们群策群力，拿出对策，付诸实施。

1.“一带一路”建设

当今世界迫切需要一个更为广阔、开放、包容和共享的国际合作平台，从而把各方力量汇聚起来，共谋发展，共应挑战。从国内看，我国经济发展进入新常态，区域发展仍然不平衡，扩大对外开放的视野，着眼于与亚欧大陆的互联互通，有助于加快中西部地区的发展步伐，构建更加全方位开放的新格局。正是在这种形势下，中国于 2013 年提出了“一带一路”① 倡议。

“一带一路”建设秉持共商、共建、共享原则，对接彼此的发展战略，实现优势互补，为世界经济增长谋求动力，为各国共同发展提振信心，不仅有助于推动经济全球化朝着更加包容、普惠的方向发展，也是构建人类命运共同体的重要实践。

在各参与方的共同努力下，“一带一路”从倡议逐渐变为行动，从理念转化为实践，成为当今世界规模最大的国际合作平台和各方普遍欢迎的全球公共物品。100 多个国家和国际组织积极支持参与，一大批有影响力的标志性项目成功落地。“一带一路”建设为构建开放型世界经济、改善和加强全球治理提供了中国方案。

2. 亚洲基础设施投资银行

21 世纪以来，发展中国家普遍实现了较快增长，新兴市场国家日益成为经济新秀，不仅成为全球经济的新引擎，而且成为全球治理的重要主体。为了更好地发挥新兴市场国家在世界经济和全球金融治理中的作用，改革原有的国际金融体制，亚洲基础设施投

---

① “一带一路”是“丝绸之路经济带”和“21 世纪海上丝绸之路”的简称。丝绸之路经济带主要由三个发展区域构成：其一，中国—中亚、俄罗斯—欧洲；其二，中国—中亚、西亚—波斯湾、地中海；其三，中国—东南亚、南亚、印度洋。21 世纪海上丝绸之路主要是向两个方向发展：其一，中国沿海港口—南海—印度洋—欧洲；其二，中国沿海港口—南海—南太平洋。

资银行（简称亚投行）应运而生。

2013 年 10 月 2 日，中国提出筹建倡议。2014 年 10 月 24 日，包括中国、印度、新加坡等在内的 21 个首批意向创始成员的财长和授权代表在北京签约，共同决定成立亚洲基础设施投资银行。2015 年 12 月 25 日，亚洲基础设施投资银行正式成立。2016 年 1 月 16—18 日，亚投行开业仪式暨理事会和董事会成立大会在北京举行。

亚投行的治理结构分理事会、董事会、管理层三层。理事会是最高决策机构，每个成员在亚投行都有正副理事各 1 名。董事会有 12 名董事，其中域内 9 名，域外 3 名。管理层由行长和 5 位副行长组成。亚洲基础设施投资银行是一个政府间性质的亚洲区域多边开发机构，重点支持基础设施建设，成立宗旨是促进亚洲区域的建设互联互通化和经济一体化的进程，加强中国及其他亚洲国家和地区的合作，是首个由中国倡议设立的多边金融机构，总部设在北京，法定资本为 1 000 亿美元。截至 2019 年 7 月 13 日，亚投行有 100 个正式成员，各成员的总人口占全球的 78%，GDP 占全球的 63%。

亚洲基础设施投资银行的建立，对全球经济治理体系改革、完善具有重大意义，顺应了世界经济格局调整演变的趋势，有助于推动全球经济治理体系朝着更加公正合理有效的方向发展。

3. 北京亚太经济合作组织领导人非正式会议

2014 年在习近平主席的主持下，北京亚太经济合作组织领导人非正式会议围绕近 30 个领域取得了 100 多项成果和共识，其中中方提出的倡议占到一半以上，中国的议程设置权得到明显提升。

4. 二十国集团领导人峰会

二十国集团（G20）① 涵盖了世界上几乎所有主要发达国家和新兴市场国家，其经济规模占全球产出的 85%，对世界经济和国际贸易增长的贡献率达到 80%，投资占世界的 80%，人口占世界的 65%。杭州峰会期间，中国引导协调各方在创新增长、结构性改革、多边投资、气候变化、可持续发展等重要问题上制定出一系列指导原则和指标体系，达成了 29 项重要成果。中国的规则制定权得到明显增强。

杭州峰会是二十国集团历史上发展中国家参与最广泛、发展特色最鲜明、发展成果最突出的一次峰会，实现了二十国集团历史上多个第一：第一次将发展问题置于全球宏观政策框架的核心位置；第一次制订了《二十国集团落实 2030 年可持续发展议程行动计划》；第一次就支持非洲工业化采取集体行动，发起了《二十国集团支持非洲和最不发达

---

① 1999 年 9 月，八国集团财长在华盛顿宣布成立二十国集团。集团由英国、美国、日本、法国、德国、加拿大、意大利、俄罗斯、澳大利亚、巴西、阿根廷、墨西哥、中国、印度尼西亚、印度、沙特阿拉伯、南非、土耳其、韩国共 19 个国家以及欧盟组成，俗称 G20。二十国集团旨在促进工业化国家和新兴市场国家就国际经济、货币政策和金融体系重要问题展开建设性开放性对话。通过对话寻求合作，推动国际金融体制改革并加强其框架的构建。为了确保二十国集团与布雷顿森林机构的紧密联系，国际货币基金组织总裁、世界银行行长以及国际货币金融委员会和发展委员会主席作为特邀代表参加会议。二十国集团从 2008 年起召开领导人峰会。中国是二十国集团的创始成员，并于 2005 年作为主席国成功地举办了第七届二十国集团财长和央行行长会议，于 2016 年举办了二十国集团领导人峰会。

国家工业化倡议》，助力非洲减贫和实现可持续发展；发布了历史上第一份气候变化问题主席声明。这些第一，彰显了峰会包容和联动式发展的新面貌。

2022 年 11 月，二十国集团领导人在巴厘岛召开了第十七次峰会，会上国家主席习近平发表题为《共迎时代挑战 共建美好未来》的重要讲话。讲话指出，当前人类发展面临重大问题。新冠疫情反复延宕，世界经济脆弱性更加突出，地缘政治局势紧张，全球治理严重缺失，粮食和能源等多重危机叠加。面对时代挑战，习近平主席提出了中国治理方案。各国要树立人类命运共同体意识，倡导和平、发展、合作、共赢，让团结代替分裂、合作代替对抗、包容代替排他，共同破解“世界怎么了，我们怎么办”的时代课题，共渡难关，共创未来。要着眼全球共同发展的长远目标和现实需要，凝聚促进发展的国际共识，培育全球发展新动能，推动世界各国共同发展进步。

5. 金砖国家厦门峰会

2015 年 7 月 21 日，金砖国家[①]新开发银行在上海正式开业。总部设在中国上海。该行初始授权资本为 1 000 亿美元，初始认购资本为 500 亿美元，由 5 个创始成员国均摊。金砖国家新开发银行是为了避免参与国受到货币不稳定的影响而构筑的金融安全网。其资金主要用于金砖国家以及其他发展中国家的基础设施建设。从 2006 年起，10 年间，金砖五国经济总量增长了 179%，贸易总额增长了 94%，贸易总额占全球贸易的比重从 11.8% 提升到 16.4%，城镇化人口增长了 28%。如今，金砖国家已成为促进世界经济增长、推动全球秩序变革、维护国际和平的关键力量。

6. 第七十五届联合国大会

当前国际形势纷繁复杂、新冠疫情仍在全球肆虐，世界经济受到重创，在此情况下，中国在 2020 年第七十五届联合国大会上向全球发出了重要声音，提出了重要对策。面对疫情，我们要践行人民至上、生命至上的理念。不遗漏一个感染者、不放弃一位患者，坚决遏制疫情蔓延；要加强团结、同舟共济，充分发挥世界卫生组织关键领导作用，坚决打赢全球疫情阻击战：要制定全面和常态化防控措施，加强主要经济体宏观政策协调；要关心和照顾发展中国家特别是非洲国家，及时采取强有力举措，确保落实好《联合国 2030 年可持续发展议程》。

我们生活在一个互联互通、休戚与共的地球村里，要树立你中有我、我中有你的命运共同体意识，跳出小圈子和零和博弈思维，摒弃意识形态争论，跨越文明冲突陷阱；经济全球化是客观现实和历史潮流，世界不可能被人为割裂，要秉持开放包容理念，坚定不移地构建开放型世界经济，旗帜鲜明地反对单边主义、保护主义；人类需要一场自我革命，加快形成绿色发展方式和生活方式，建设生态文明和美丽地球，推动疫情后世界经济的“绿色复苏”：全球治理体系亟待改革和完善，要坚持走多边主义道路，秉持共商共建共享原则，大国更应该有大国的样子，要提供更多全球公共物品。

---

① 金砖国家是指巴西、俄罗斯、印度、中国、南非。这五个国家的英语名称的第一个字母恰好组成一个英语单词“brics”(砖)，所以，这五个国家被称为金砖国家。金砖国家国土面积占世界领土面积的 30%，人口占世界的 40%，GDP 总量达到 25 万亿美元，是经济增长最快的新兴市场国家。

自从经济全球化以来，世界经济出现了两种情况。一种是顺应经济全球化发展大势，积极参与和推动全球经济发展的力量；另一种是近几年出现的反对全球化的思潮和贸易保护主义。多年来，中国及新兴市场国家主动地投身于经济全球化大潮，取得了令世人瞩目的成绩。如今，中国作为现有国际秩序的维护者和建设者，在全球治理中发挥着越来越重要的积极作用。作为一个新兴市场大国，中国不谋求挑战美国在全球治理中的主导地位，也不谋求建立与现有全球治理体系相对抗的国际机制，而是要在国际社会承担相应的大国责任。中国走过了40多年漫长而艰苦的改革开放历程，中国推动全球经济治理不仅仅是为本国利益，同时也是要将成果惠及世界各国民众。

全球宏观经济治理是经济全球化过程中各国政府面临的一个新课题。当前，各国应抓紧建立健全全球宏观经济政策协商机制，考虑各自国内政策的对外联动效应和传导影响，输出正面而非负面溢出效应。世界各国应以伙伴关系为依托，秉持共赢理念，弘扬团结协作精神，在全球宏观经济治理中趋利避害，集世界伟力，共克时艰，共建人类命运共同体，共创世界经济繁荣。

《本章关键词》

1. 总供给　2. 总需求　3. 公开市场业务　4. 法定存款准备金率
5. 再贴现率　6. 内在稳定器　7. 最低限价　8. 最高限价
9. 产业结构政策　10. 产业组织政策　11. 全球宏观经济治理

《复习与思考题》

1. 在社会主义市场经济条件下，政府对宏观经济调控的必要性及其作用表现在哪些方面？
2. 为什么我国当前要突出供给侧结构性改革和实施扩大内需战略？
3. 在社会主义市场经济中，政府的宏观调控方式是怎样的？
4. 什么是国家计划？制订国家计划的依据是什么？
5. 如何理解总供给与总需求的统一？
6. 宏观经济调控的政策和手段有哪些？它们各自的作用特点是什么？
7. 全球宏观经济治理的理念及其对策是什么？

第十三章

我国社会主义市场经济体制下的发展战略

本章重点

1. 坚持和发展中国特色社会主义的总任务
2. 全面建成小康社会
3. 加快建设创新型国家

第一节　全面建成小康社会

从 1979 年到 1987 年经过 9 年时间的思考和探索，1987 年 10 月，党的十三大报告正式提出，我国经济建设的战略部署大体分三步走。第一步，到 1990 年，实现国民生产总值比 1980 年翻一番，解决人民的温饱问题。这个任务已经基本实现。第二步，到 20 世纪末，使国民生产总值再增长一倍，人民生活达到小康水平。第三步，到 21 世纪中叶，人均国民生产总值达到中等发达国家水平，人民生活比较富裕，基本实现现代化。然后在这个基础上继续前进。

党的十六大、十七大都明确提出全面建设小康社会的目标，党的十八大确定到 2020 年全面建成小康社会的要求。党的十八届三中全会提出要全面建成小康社会，不断夺取中国特色社会主义新胜利。为实现中华民族伟大复兴的中国梦，党的十九大进一步提出“两个一百年”的奋斗目标，并综合分析国际国内形势和我国发展条件，具体提出从 2020 年到 21 世纪中叶分两个阶段来安排，明确了从全面建成小康社会到基本实现现代化，再到全面建成社会主义现代化强国，是新时代中国特色社会主义发展的战略安排。

一、全面建成小康社会的内涵

党的十八大提出了到 2020 年全面建成小康社会的奋斗目标。全面建成小康社会标志着我们跃过了实现现代化建设必经的承上启下的重要发展阶段。全面小康有更高的标准、更丰富的内涵，即经济更加发展、民主更加健全、科教更加进步、文化更加繁荣、社会更加和谐、人民生活更加殷实。

总体小康和全面小康，虽然都是小康，但是小康的水平不同，全面小康的内涵更丰富。全面建成小康社会，更重要更难做到的是“全面”。“小康”讲的是发展水平，“全面”讲的是发展的平衡性、协调性、可持续性。全面小康，覆盖的领域要全面，要求经济更加发展、民主更加健全、科教更加进步、文化更加繁荣、社会更加和谐、人民生活更加殷实；覆盖的人口要全面，是惠及全体人民的小康；覆盖的区域要全面，是城乡区域共同达到的小康。全面小康必须是实打实的、不掺任何水分的，是得到人民认可、经得住历史检验的。

全面建成小康社会，要实事求是、因地制宜。我国幅员辽阔，各地发展差距很大，生产力发展水平不同，不可能是“同一水平的小康”，完全没有差距是不可能的。全面建成小康社会是就全国来讲的，不是每个地区、每个民族、每个人都达到同一水平。如期全面建成小康社会，既要坚持一定标准，又必须承认差别。

二、全面建成小康社会的目标要求

党的十八大报告根据我国经济社会发展实际，提出了一系列明确政策导向、更好顺应人民意愿的新要求，以确保到 2020 年全面建成的小康社会，是发展改革成果真正惠及十几亿人口的小康社会，是经济、政治、文化、社会、生态文明全面发展的小康社会，是为实现社会主义现代化建设宏伟目标和中华民族伟大复兴的中国梦奠定坚实基础的小康社会。根据中国特色社会主义事业“五位一体”总体布局，报告从以下五个方面充实和完善了全面建成小康社会的目标。

一是经济持续健康发展。发展是解决我国所有问题的关键。坚持发展是硬道理的实质是坚持科学发展，只有推动经济持续健康发展，才能筑牢国家繁荣富强、人民幸福安康、社会和谐稳定的物质基础。经济持续健康发展的要求体现在：转变经济发展方式取得重大进展；在发展平衡性、协调性、可持续性明显增强的基础上，实现国内生产总值和城乡居民人均收入比 2010 年翻一番；科技进步对经济增长的贡献率大幅上升，进入创新型国家行列；促进工业化、信息化、城镇化、农业现代化同步发展，使工业化基本实现，信息化水平大幅提升，城镇化质量明显提高，农业现代化和社会主义新农村建设成效显著，通过继续实施区域总体发展战略，充分发挥各地区的比较优势，区域协调发展机制基本形成；通过培育开放型经济发展新优势，使我国对外开放水平进一步提高，国际竞争力明显增强。

二是人民民主不断扩大。当前和今后一个时期，深化政治体制改革，加强政治建设，总的目标就是要在党的领导下，发展更加广泛、更加充分、更加健全的人民民主，使民主制度更加完善、民主形式更加丰富，人民积极性、主动性、创造性进一步发挥。更加注重发挥法治在国家治理和社会管理中的重要作用，维护国家法制统一、尊严、权威，使依法治国基本方略全面落实，法治政府基本建成，司法公信力不断提高，人权得到切实尊重和保障。

三是文化软实力显著增强。文化实力和竞争力是国家富强、民族振兴的重要标志。我们要全面建成的小康社会、建设的现代化，是物质文明和精神文明全面发展的小康社会和社会主义现代化。所以，我们必须推动社会主义文化大发展大繁荣，增强国家文化软实力。增强文化软实力的目标要求是：社会主义核心价值体系是兴国之魂，决定着中国特色社会主义发展方向，必须使之深入人心；公民文明素质和社会文明程度明显提高；文化产品更加丰富，公共文化服务体系基本建成，文化产业成为国民经济支柱性产业；文化越来越成为国际竞争力的重要元素，要不断增强中华文化国际影响力，必须使中华文化“走出去”迈出更大步伐，建设社会主义文化强国的基础更加坚实。

四是人民生活水平全面提高。改革开放和社会主义现代化建设的根本目的就是在经济发展的基础上使人民的物质文化水平全面提高。人民生活水平全面提高的要求是：基本公共服务均等化总体实现，这是人民生活水平全面、普遍提高的重要标志；全民受教育程度和创新人才培育水平明显提高，进入人才强国和人力资源强国行列，教育现代化基本实现，这是实现人的全面发展的基础；就业更加充分，这是民生之本得到保障的具体体现；收入分配差距缩小，中等收入群体持续扩大，扶贫对象大幅减少，这是发展改革成果惠及全体人民的重要体现；社会保障全民覆盖，人人享有基本医疗卫生服务，住房保障体系基本形成，这是实现老有所养、住有所居、病有所医的必然要求；社会和谐稳定，这是人民安居乐业的必要前提。

五是资源节约型、环境友好型社会建设取得重大进展。人与自然和谐发展，是保持经济持续健康发展、提高人民生活质量、促进社会和谐稳定的必然要求。为此，要全面促进资源节约，初步建立资源循环利用体系；优化国土空间开发格局，使主体功能区布局基本形成；加大自然生态系统和环境保护力度，单位国内生产总值能源消耗和二氧化碳排放大幅下降，主要污染物排放总量显著减少；实施重大生态修复工程，实现森林覆盖率提高，生态系统稳定性增强，人民生活环境明显改善。

党的十八大在对全面建成小康社会目标提出新要求的同时，还明确了深化经济体制、政治体制、文化体制、社会体制、生态文明制度改革的目标。第一，必须以更大的政治勇气和智慧，不失时机深化重要领域改革，坚决破除一切妨碍科学发展的思想观念和体制弊端，构建系统完备、科学规范、运行有效的制度体系，使各方面制度更加成熟、更加定型。加快完善社会主义市场经济体制，完善公有制为主体、多种所有制经济共同发展的基本经济制度，完善按劳分配为主体、多种分配方式并存的分配制度，更大程度、更广范围发挥市场在资源配置中的决定性作用，完善宏观调控体系，完善开放型经济体系，推动经济更有效率、更加公平、更可持续发展。第二，加快推进社会主义民主政治制度化、规范化、程序化，从各层次、各领域扩大公民有序政治参与，实现国家各项工作法治化。第三，加快完善文化管理体制和文化生产经营机制，基本建立现代文化市场体系，健全国有文化资产管理体制，形成有利于创新创造的文化发展环境。第四，加快形成科学有效的社会管理体制，完善社会保障体系，健全基层公共服务和社会管理网络，建立确保社会既充满活力又和谐有序的体制机制。第五，加快建立生态文明制度，健全国土空间开发、资源节约、生态环境保护的体制机制，推动形成人与自然和谐发展的现代化建设新格局。此外，国家要加大对农村和中西部地区的扶持力度：支持这些地区加快改革开放、增强发展能力、改善人民生活，鼓励有条件的地方在现代化建设中继续走在前列，为全国改革发展做出更大贡献。

党的十八届五中全会顺应我国经济社会发展和广大人民群众新期待，赋予小康更高的标准。

一是经济保持中高速增长、产业迈向中高端水平。在提高发展平衡性、包容性、可持续性的基础上，到 2020 年国内生产总值和城乡居民人均收入比 2010 年翻一番，主要经济指标平衡协调，发展质量和效益明显提高。农业现代化进展明显，工业化和信息化融合发展水平明显提高，先进制造业和战略性新兴产业加快发展，新产业新业态不断成长，服务业比重进一步提高。

二是创新驱动成效显著。创新驱动发展战略深入实施，创业创新蓬勃发展，全要素生产率明显提高。科技与经济深度融合，创新要素配置更加高效，重点领域和关键环节核心技术取得重大突破，自主创新能力全面增强，迈进创新型国家和人才强国行列。

三是发展协调性明显增强。消费对经济增长的贡献率继续加大，投资效率和企业效率明显上升。城镇化质量明显改善，户籍人口城镇化率迅速提高。区域协调发展新格局基本形成，发展空间布局得到优化。对外开放深度广度不断提高，全球配置资源能力进一步增强，进出口结构不断优化，国际收支基本平衡。

四是人民生活水平和质量普遍提高。就业、教育、文化、体育、社保、医疗、住房等公共服务体系更加健全，公共服务均等化水平稳步提高。教育现代化取得重大进展，劳动人口受教育年限明显增加。就业比较充分，收入差距缩小，中等收入人口比重上升。我国现行标准下农村贫困人口实现脱贫，贫困县全部摘帽，解决了区域性整体贫困。

五是国民素质和社会文明程度显著提高。中国梦和社会主义核心价值观更加深入人心，爱国主义、集体主义、社会主义思想广泛弘扬，向上向善、诚信互助的社会风尚更加浓厚，国民道德素质、科学文化素质、健康素质明显提高，全社会法治意识不断增强。公共文化服务体系基本建成，文化产业成为国民经济支柱性产业。中华文化影响持续扩大。

六是生态环境质量总体改善。生产方式和生活方式绿色、低碳水平上升。能源资源开发利用效率大幅提高，新能源和水资源消耗、建设用地、碳排放总量得到有效控制，主要污染物排放总量大幅减少。主体功能区布局和生态安全屏障基本形成。

七是各方面制度更加成熟、更加定型。国家治理体系和治理能力现代化取得重大进展，各领域基础性制度体系基本形成。人民民主更加健全，法治政府基本建成，司法公信力明显提高。人权得到切实保障，产权得到有效保护。开放型经济新体制基本形成。中国特色现代化军事体系更加完善，党的建设制度化水平显著提高。

在新的历史时期，党的十九大为全党全国人民提出了新的奋斗目标，即从全面建成小康社会到建成社会主义现代化强国。从 2035 年到 21 世纪中叶，在基本实现现代化的基础上，再奋斗 15 年，把我国建成富强民主文明和谐美丽的社会主义现代化强国。

三、全面建成小康社会的重要举措

党的十九大报告指出，从现在到 2020 年，是全面建成小康社会决胜期。要按照党的十六大、十七大、十八大提出的全面建成小康社会各项要求，紧扣我国主要矛盾变化，

是指我国综合国力进一步增强，中国特色社会主义事业进一步发展和完善。经济更加发达，科技创新在经济发展中的驱动力更加强劲，政治更加民主，文化更加繁荣，社会更加和谐，生态更加美好。民族振兴，就是通过自身的不断发展和强大，继承并创造中华民族的优秀文化以及先进的文明成果，进而使中华民族再次处于世界领先的地位，再次以高昂的姿态屹立于世界民族之林。民族振兴，也会更好地造福世界人民，为人类文明做出更大贡献。人民幸福，就是人民权利保障更加充分、人人共享发展成果。中国人民共同享有人生出彩的机会，共同享有梦想成真的机会，共同享有与祖国和时代一起成长和进步的机会。

国家富强、民族振兴和人民幸福是统一的。国家富强、民族振兴是人民幸福的基础和保障，人民幸福是国家富强、民族振兴的必然要求，国家富强、民族振兴都要以人民的权利得到保障、利益得到实现、幸福得到满足为条件，人民幸福是国家富强、民族振兴的出发点和落脚点。

中国梦把国家的追求、民族的向往、人民的期盼融为一体，体现了中华民族和中国人民的整体利益，表达了每一个中华儿女的共同愿景，因而归根到底是人民的梦。人民是中国的主体，是中国梦的创造者和享有者，中国梦的根基在中国人民心中，必须紧紧依靠人民来实现，必须不断为人民造福。中国梦又是国家情怀、民族情怀、人民情怀相统一的梦。国泰民安，民富国强。中国梦把国家、民族和个人作为一个命运共同体，把国家利益、民族利益和每个人的具体利益紧紧联系在一起，体现了中华民族的“家国天下”情怀。实现中国梦，意味着中国经济实力和综合国力、国际地位和国际影响力大大提升，意味着中华民族以文明开放的姿态屹立于世界民族之林，意味着中国人民过上更加幸福安康的生活。中国梦是十四亿中国人民团结奋斗的共同目标。

中国梦是国家的梦、民族的梦，也是每一个中国人的梦。历史告诉我们，每个人的前途命运都与国家和民族的前途命运紧密相连。国家好，民族好，大家才会好。当今时代是放飞梦想的时代，每个人都有自己的美好梦想。只要每个人都把人生理想融入国家和民族的伟大梦想之中，敢于有梦、勇于追梦、勤于圆梦，就会汇聚成实现中国梦的强大力量。

中国梦不仅关乎中国的命运，也关乎世界的命运。中国梦与世界各国人民的美好梦想息息相通，中国人民愿意同各国人民在实现各自梦想的过程中相互支持、相互帮助。

三、奋力实现中国梦

如何实现中国梦，习近平总书记指出，实现中国梦必须走中国道路、弘扬中国精神、凝聚中国力量。这为我们党团结带领人民继续把中国特色社会主义事业推向前进，为实现中华民族伟大复兴的中国梦而努力奋斗指明了方向。

实现中国梦必须走中国道路，这就是中国特色社会主义道路。历史和现实充分证明，只有走中国特色社会主义道路才能发展中国，这是一条通往中华民族伟大复兴的康庄大道、人间正道。我们必须坚定中国特色社会主义道路自信、理论自信、制度自信、文化自信，坚定不移沿着这条正确道路奋勇前进。无论是封闭僵化的老路，还是改旗易帜的邪路，都是绝路、死路。

实现中国梦必须弘扬中国精神，这就是以爱国主义为核心的民族精神和以改革开放为核心的时代精神。实现中国梦，不仅要求我们在物质上强大起来，而且要求我们在精神上强大起来。以爱国主义为核心的民族精神和以改革开放为核心的时代精神，是凝心聚力的兴国之魂、强国之魂。爱国主义是中华民族的精神基因，维系着中华大地上各民族的团结统一，激励着一代又一代中华儿女为祖国的发展繁荣奋斗不息。改革开放反映了当代中国发展进步的必然要求，始终鞭策我们在社会主义现代化建设中与时俱进。要弘扬伟大的民族精神和时代精神，不断增强团结一心的精神纽带、自强不息的精神动力，永远朝气蓬勃地迈向未来。

实现中国梦必须凝聚中国力量，这不仅包括中国各族人民大团结的力量，而且包括海内外所有中华儿女的力量。我国 56 个民族每一个都是中华民族大家庭中平等的一员，共同构成了你中有我、我中有你、谁也离不开谁的命运共同体。实现中华民族伟大复兴的中国梦是各民族共同的梦。各族人民大团结的力量，是克服各种困难、战胜一切风险挑战的决定因素。全国各族人民心往一处想，劲往一处使，十四亿人民的智慧可以汇集为不可战胜的磅礴力量。实现中国梦需要香港、澳门与祖国内地坚持优势互补、共同发展，需要港澳同胞与内地人民坚持守望相助，携手共进。中国梦与台湾的前途息息相关，两岸同胞要互相扶持，不分党派、阶层、宗教、地域，都参与到民族复兴的伟大事业中来，凝聚两岸一家亲、共圆中国梦的力量。广大海外侨胞也是实现中国梦的重要力量。只要海内外中华儿女紧密团结起来，有力出力，有智出智，团结一心奋斗，就一定能够共同书写中华民族伟大复兴的时代华章。

实干才能梦想成真。习近平总书记强调，面向未来，全面建成小康社会要靠实干，基本实现现代化要靠实干，实现中华民族复兴也要靠实干。我们的国家，我们的民族，从近代积贫积弱一步一步走到今天的发展繁荣，靠的就是一代又一代人的顽强拼搏，靠的就是中华民族自强不息的奋斗精神。空谈误国，实干兴邦。我们必须艰苦奋斗，永远保持那么一股革命热情，那么一股披荆斩棘、勇往直前的拼命精神。实现中国梦任重道远，需要锲而不舍、驰而不息的艰苦努力。距离实现中华民族伟大复兴的目标越近，我们越不能懈怠，越要加倍努力。只要中国各族人民协力同心、不懈追求、接力奋斗，我们就一定能够到达中华民族伟大复兴的光辉彼岸。

实现中国梦需要和平环境。天下太平、共享大同是中华民族绵延数千年的理想。我们将坚定不移走和平发展道路，既努力争取和平的国际环境发展自己，又以自身发展促进世界和平。我们永远不称霸，永远不搞扩张，中国越发展，对世界和平与发展越有利。历史终将证明，实现中国梦给世界带来的是机遇而不是威胁，是和平而不是动荡，是进步而不是倒退。实现中国梦必将为人类和平与发展的崇高事业做出更大贡献。

第三节 建设社会主义现代化强国的战略安排

一、开启全面建设社会主义现代化强国的新征程

改革开放后，我们党对我国社会主义现代化建设做出战略安排，提出“三步走”发展战略。经过全党全国各族人民的共同努力，我们先后提前实现了第一、第二步战略目标，全国人民生活总体达到小康水平。在此基础上，2002 年党的十六大提出了全面建设小康社会的奋斗目标，党的十七大、十八大对全面建成小康社会提出了新要求，做出了新部署，这就是“两个一百年”的奋斗目标：到建党 100 年时建成惠及十几亿人口的更高水平的小康社会；到中华人民共和国成立 100 年时基本实现社会主义现代化，建成社会主义现代化国家。

在综合分析国内外形势和我国发展条件的基础上，习近平总书记在党的十九大报告中提出，我们要全面建成小康社会、实现第一个百年奋斗目标，然后再乘势而上开启全面建设社会主义现代化国家新征程，向第二个百年奋斗目标进军。全面建设社会主义现代化国家的进程分两个阶段来安排。第一阶段，从 2020 年到 2035 年，在全面建成小康社会的基础上，再奋斗 15 年，基本实现社会主义现代化。第二阶段，从 2035 年到本世纪中叶，在基本实现现代化的基础上，再奋斗 15 年，把我国建成富强民主文明和谐美丽的社会主义现代化强国。

从全面建成小康社会到基本实现现代化，再到全面建成社会主义现代化强国，这是新时代中国特色社会主义发展的战略安排。这一战略安排是我们党适应我国发展的实际情况做出的必然选择，对动员全党全国各族人民万众一心实现中华民族伟大复兴的中国梦具有重大意义。

二、实现社会主义现代化强国“两步走”战略的具体安排

1. 从 2020 年到 2035 年，基本实现社会主义现代化的目标要求

综合考虑我国未来发展的基础条件和各种风险挑战，在党的十九大报告和党的十九届五中全会通过的《中共中央关于制定国民经济和社会发展第十四个五年规划和二〇三五年远景目标的建议》基础上，党的二十大报告围绕基本实现社会主义现代化，从八个方面进一步明确了到 2035 年我国发展的目标任务，提出了新的更高要求。

（1）经济实力、科技实力、综合国力大幅跃升，人均国内生产总值迈上新的大台阶，达到中等发达国家水平。我国已进入高质量发展阶段，从经济发展能力和条件看，有希望、有潜力在质量效益明显提升基础上保持长期平稳发展，到 2035 年实现经济总量或人均国内生产总值比 2020 年翻一番。我国人均国内生产总值 2021 年达到 12 551 美元，超过世界平均水平，到 2035 年将达到中等发达国家水平。经济结构优化升级，全要素生产率大幅提升，社会生产力水平显著提高。

（2）实现高水平科技自立自强，进入创新型国家前列。国家创新体系效能全面提升，

国家战略科技力量和高水平人才队伍居世界前列，基础研究和原始创新能力全面增强，关键核心技术实现重大突破和自主可控，更多科技前沿领域实现并跑和领跑。全社会研发经费投入强度、基础研究经费投入占研发经费投入比重达到主要发达国家水平。我国全球创新指数排名进入世界前列，科技进步贡献率大幅提升。

（3）建成现代化经济体系，形成新发展格局，基本实现新型工业化、信息化、城镇化、农业现代化。转变发展方式取得决定性进展，经济质量效益和核心竞争力显著提高。形成以国内大循环为主体、国内国际双循环相互促进的发展格局，生产、分配、流通、消费更多依托国内市场，参与国际经济合作和竞争新优势明显增强，国民经济实现良性循环。由制造大国迈入制造强国，产业链供应链基本安全可控、韧性显著增强，实现产业基础高级化、产业链现代化。数字经济与实体经济深度融合，公共服务、社会治理等领域数字化智能化水平大幅提升。以城市群为主体、大中小城市和小城镇协调发展的城镇化格局基本形成，常住人口城市化率、户籍人口城镇化率大幅提高，以人为核心的新型城镇化基本实现，城市品质明显提升。乡村振兴取得决定性进展，农业综合生产能力明显提高，国家粮食安全和重要农产品有效供给得到更好保障，现代乡村产业体系基本形成。

（4）基本实现国家治理体系和治理能力现代化，全过程人民民主制度更加健全，基本建成法治国家、法治政府、法治社会。中国特色社会主义根本制度、基本制度、重要制度更加完善。社会主义民主政治建设进一步发展，全过程人民民主更加广泛、更加充分、更加健全，人民当家作主制度体系更加完善。依法治国得到全面落实，形成完备的法律规范体系、高效的法治实施体系、严密的法治监督体系、有力的法治保障体系，形成科学立法、严格执法、公正司法、全民守法的良好格局。

（5）建成教育强国、科技强国、人才强国、文化强国、体育强国、健康中国，国家文化软实力显著增强。建成服务全民终身学习的现代教育体系，劳动年龄人口平均受教育年限进一步提高，普及有质量的学前教育，实现优质均衡的义务教育，全面普及高中阶段教育，职业教育服务能力显著提升，高等教育竞争力明显提升，总体实现教育现代化。基本实现科学技术现代化，建成更多世界主要科学中心和创新高地，一大批国家科研机构、研究型大学和科技领军企业进入世界前列，形成高水平开放创新生态。在世界第一人才大国基础上，人才结构更加优化，人才质量显著提升，各类高层次人才更多涌现，成为世界重要人才中心。文化事业进一步繁荣，现代文化产业体系基本形成，国民思想道德素质、科学文化素质明显提高。体育综合实力和国际影响力居世界前列。人均预期寿命提高到 80 岁以上，人口长期均衡、可持续发展。中华文化影响力、中华民族凝聚力显著增强。

（6）人民生活更加幸福美好，居民人均可支配收入再上新台阶，中等收入群体比重明显提高，基本公共服务实现均等化，农村基本具备现代生活条件，社会保持长期稳定，人的全面发展、全体人民共同富裕取得更为明显的实质性进展。人民生活水平和质量显著提升，拥有更好的教育、更稳定的工作、更满意的收入、更可靠的社会保障、更高水平的医疗服务、更舒适的居住条件、更优美的环境、更丰富的精神文化生活。低收入群体规模显著减小，基本形成以中等收入群体为主体的橄榄型社会结构。公共服务体系健全完善，实现基本公共服务覆盖全民、兜住底线、均等享有。农村基础设施和公共服务明显改善，基本建成具备现代生产生活条件的宜居宜业和美乡村。改革发展成果更多更公平惠及全体人民，城乡区域发展差距和居民生活水平差距明显缩小，人的全面发展能力持续提升，人民获得感、幸福感、安全感更加充实、更有保障、更可持续。

（7）广泛形成绿色生产生活方式，碳排放达峰后稳中有降，生态环境根本好转，美丽中国目标基本实现。清洁低碳、安全高效的能源体系和绿色低碳循环发展的经济体系基本建立，各类主要资源利用效率、主要污染物排放强度、碳排放强度接近发达国家平均水平，碳排放总量力争在 2030 年前实现达峰后稳中有降。大气、水、土壤等环境状况明显改观。生态安全屏障体系基本建立，森林、草原、荒漠、河湖、湿地、海洋等自然生态系统状况实现根本好转，形成生产空间安全高效、生活空间舒适宜居、生态空间山青水碧的国土开发格局。

（8）国家安全体系和能力全面加强，基本实现国防和军队现代化。平安中国建设达到更高水平，国家安全法治体系、战略体系、政策体系、人才体系和运行机制更加健全，粮食安全、能源安全、重要产业链供应链安全和公共安全保障能力全面提高。坚持富国和强军相统一，军事理论、军队组织形态、军事人员、武器装备现代化全面推进，国防和军队建设达到世界先进水平。

2. 从 2035 年到本世纪中叶我国发展的远景目标

党的二十大报告指出，在基本实现现代化的基础上，我们要继续奋斗，到本世纪中叶，把我国建设成为综合国力和国际影响力领先的社会主义现代化强国。到那时，我国物质文明、政治文明、精神文明、社会文明、生态文明将全面提升，统筹推进“五位一体”总体布局取得标志性成果。

作为经济建设的标志性成果，全面形成高质量发展模式和高水平的现代化经济体系，经济总量稳居世界第一，国家创新能力、社会生产力水平和核心竞争力名列世界前茅，成为全球主要科学中心、创新高地和重大科技成果主要输出地。作为政治建设的标志性成果，全面实现国家治理体系和治理能力现代化，中国特色社会主义制度更加巩固、优越性充分发挥，全面建成法治国家、法治政府、法治社会，充分实现全过程人民民主，社会主义民主政治更加成熟完善。作为文化建设的标志性成果，在全社会形成与社会主义现代化强国相适应的理想信念、价值理念、道德观念和精神风貌，全民族文化创新创造活力充分释放，公民文明素质和社会文明程度显著提高，中国精神、中国价值、中国力量在全球更加彰显。作为社会建设的标志性成果，全体人民共同富裕基本实现，全社会实现高质量的充分就业，收入分配的公平程度排在世界前列，城乡居民将普遍拥有较高的收入、富裕的生活、健全的基本公共服务，社会充满活力而又规范有序。作为生态文明建设的标志性成果，美丽中国全面建成，天蓝、地绿、水净、山青的优美生态环境成为普遍形态，实现人与自然和谐共生的现代化，成为全球生态环境保护领先的国家。到那时，我国作为具有 5 000 多年文明史的古国将焕发出前所未有的生机活力，中华民族将以更加昂扬的姿态屹立于世界民族之林。

总之，我国全面建成的社会主义现代化强国，既具备世界主要现代化国家的一般特点，也具有体现中国特色社会主义本质要求和我国国情的鲜明特征，还具有反映中华文明对人类文明进步做出更大贡献的天下情怀。全面建成这样的社会主义现代化强国，将充分彰显中国共产党矢志不移地为中国人民谋幸福、为中华民族谋复兴的初心使命。全面建成这样的社会主义现代化强国，不仅更好造福中国人民，也更好造福世界各国人民，将充分彰显中国共产党胸怀天下、立己达人，为世界谋大同、为人类创未来的不懈追求和责任担当。

3. 未来五年我国发展的主要目标任务

习近平总书记在党的二十大报告中指出，“未来五年是全面建设社会主义现代化国家开局起步的关键时期”，并从 8 个方面明确了未来 5 年发展的主要目标任务。

（1）经济高质量发展取得新突破，科技自立自强能力显著提升，构建新发展格局和建设现代化经济体系取得重大进展。完整、准确、全面贯彻新发展理念，坚持以推动高质量发展为主题，切实转变发展方式，推动质量变革、效率变革、动力变革。加快实施创新驱动发展战略，提升科技自立自强能力，实现关键核心技术自主可控。加快构建以国内大循环为主体、国内国际双循环相互促进的新发展格局。加快建设现代化经济体系，推动经济实现质的有效提升和量的合理增长。

（2）改革开放迈出新步伐，国家治理体系和治理能力现代化深入推进，社会主义市场经济体制更加完善，更高水平开放型经济新体制基本形成。深入推进改革创新、坚定不移扩大开放，着力破解深层次体制机制障碍，不断彰显中国特色社会主义制度优势，不断增强社会主义现代化建设的动力和活力，把我国制度优势更好转化为国家治理效能。

（3）全过程人民民主制度化、规范化、程序化水平进一步提高，中国特色社会主义法治体系更加完善。发展全过程人民民主，健全人民当家作主制度体系，全面发展协商民主，积极发展基层民主，巩固和发展最广泛的爱国统一战线。坚持走中国特色社会主义法治道路，建设中国特色社会主义法治体系、建设社会主义法治国家，完善以宪法为核心的中国特色社会主义法律体系，扎实推进依法行政，严格公正司法，加快建设法治社会。

（4）人民精神文化生活更加丰富，中华民族凝聚力和中华文化影响力不断增强。坚持中国特色社会主义文化发展道路，增强文化自信，建设社会主义文化强国，建设具有强大凝聚力和引领力的社会主义意识形态，广泛践行社会主义核心价值观，提高全社会文明程度，繁荣发展文化事业和文化产业，增强中华文明传播力影响力。

（5）居民收入增长和经济增长基本同步，劳动报酬提高与劳动生产率提高基本同步，基本公共服务均等化水平明显提升，多层次社会保障体系更加健全。坚持在发展中保障和改善民生，健全基本公共服务体系，提高公共服务水平，增强均衡性和可及性，扎实推进共同富裕。坚持按劳分配为主体、多种分配方式并存，构建初次分配、再分配、第三次分配协调配套的制度体系，健全覆盖全民、统筹城乡、公平统一、安全规范、可持续的多层次社会保障体系。

（6）城乡人居环境明显改善，美丽中国建设成效显著。牢固树立和践行绿水青山就是金山银山的理念，坚持山水林田湖草沙一体化保护和系统治理，统筹产业结构调整、污染治理、生态保护、应对气候变化，协同推进降碳、减污、扩绿、增长，加快发展方式绿色转型，深入推进环境污染防治，提升生态系统多样性、稳定性、持续性，积极稳妥推进碳达峰碳中和。

（7）国家安全更为巩固，建军一百年奋斗目标如期实现，平安中国建设扎实推进。坚定不移贯彻总体国家安全观、健全国家安全体系，增强维护国家安全能力，提高公共安全能力，提高公共安全治理水平，完善社会治理体系。加快把人民军队建成世界一流军队，全面加强人民军队党的建设，全面加强练兵备战，全面加强军事治理，巩固拓展国防和军队改革成果，巩固提高一体化国家战略体系和能力。

（8）中国国际地位和影响进一步提高，在全球治理中发挥更大作用。坚持维护世界和平、促进共同发展的外交政策宗旨，致力于推动构建人类命运共同体，坚定奉行独立自主的和平外交政策，坚持在和平共处五项原则基础上同各国发展友好合作，坚持对外开放的基本国策，坚定奉行互利共赢的开放战略，积极参与全球治理体系改革和建设，弘扬全人类共同价值。

第四节　加快建设创新型国家

在新的历史时期，提高自主创新能力，建设创新型国家，这是国家发展战略的核心，是提高综合国力的关键。创新是引领发展的第一动力，是建设现代化经济体系的战略支撑。必须坚持走中国特色自主创新道路，把增强自主创新能力贯彻到现代化建设的各个方面。

一、提高自主创新能力

（一）提高自主创新能力的重要性

科学技术是第一生产力，是先进生产力的集中体现和主要标志。当今世界，人类社会进入了一个科技创新不断涌现的重要时期，也步入了一个经济结构加快调整的重要时期。在世界新科技革命的推动下，知识在经济社会发展中的作用日益突出，国民财富的增长和人类生活的改善越来越依赖于知识的积累和创新。科技竞争成为国家综合国力竞争的焦点，科技创新能力对国家竞争力起着决定性作用。当今时代，谁在知识和科技创新方面占据优势，谁就能够在发展上掌握主动。世界各国尤其是发达国家纷纷把推动科技进步和创新作为国家发展战略，大幅度提高科技投入，加快科技事业发展，加快科技成果向现实生产力转化，为经济社会发展提供持久动力，以在世界市场上获得突出的竞争优势，成为世界公认的创新型国家。这些发达国家的科技进步对经济的贡献率大多在70%以上，而对外技术依存度大多在30%以下。为突出竞争优势，这些国家非常重视推动企业研究开发拥有自主知识产权的专利技术，并在此基础上形成自己的品牌和标准。这些拥有先进技术、名牌产品和自主知识产权的企业做强做大后则发展成为具有国际竞争力的跨国公司。加强知识产权保护，巩固跨国公司的垄断地位，维护知识产权背后的超额垄断利润，已成为西方发达国家壮大自身实力、遏制竞争对手的有力武器。事实表明，在国际市场上，凡涉及主导产业和装备制造业的尖端技术都难以引进，有关国家安全的关键技术更难以引进。在激烈的国际竞争中，任何发达国家都不可能把涉及国家根本利益的技术转让给竞争对手。面对世界科技发展的大势，面对激烈的国际竞争，要实现全面建成社会主义现代化强国的奋斗目标，必须依靠我们自己的力量，瞄准世界科技前沿，强化基础研究，实现前瞻性基础研究、引领性原创成果重大突破，才能赢得发展的主动权。

（二）提高我国自主创新能力的紧迫性

改革开放以来，我国的科技事业有了巨大进步，在很多领域跃居领先地位，同时，我国科技的总体水平同世界先进水平相比目前仍存在差距。这一现状与我国经济社会发展的要求有许多不相适应的地方。

第一，关键技术自给率低，自主创新能力不强，特别是企业核心竞争力不强。由于不掌握核心技术，我们不得不将每部国产手机价格、计算机价格、程控数控机床价格的相当大一部分拿出来用于向国外专利持有者支付专利费。

第二，农业和农村经济的科技水平还比较低，高新技术产业在整个经济中所占的比重还不高，产业技术的一些关键领域存在着较大程度的对外技术依赖，不少高技术含量和高附加值产品主要依赖进口。从总体上看，我国经济增长依赖高投入、高消耗的状况没有根本改变，一些领域依赖引进技术的状况没有根本改变，部分核心技术、关键技术受制于人的状况没有根本改变。必须努力提高我国的自主创新能力。

第三，一些领域科学研究实力不强，优秀拔尖人才比较匮乏。

第四，科技投入不足，体制机制还存在不少弊端，影响着科技事业的发展和自主创新能力的提高。应构建公开透明的国家科研资源管理和项目评价机制。改革院士遴选和管理体制，优化学科布局。提高中青年人才比例，实行院士退休和退出制度。

我国科技事业发展的上述状况，与调整经济结构，转变经济发展方式，实现以人为本、全面协调可持续发展的迫切要求不相适应，与全面建成社会主义现代化强国、不断提高人民生活水平的迫切要求不相适应。这就要求我们必须下更大气力，做更大努力，大力推进科技进步和创新，大幅度提高自主创新能力，努力掌握拥有自主知识产权的核心技术和关键技术，带动生产力实现质的飞跃，推动我国经济从资源依赖型转向创新驱动型，推动经济社会发展切实转入科学发展的轨道。这是摆在我们面前的一项刻不容缓的重大使命。

（三）努力走中国特色自主创新之路

1. 必须坚持“自主创新、重点跨越、支撑发展、引领未来”的指导方针

走中国特色自主创新道路，核心就是要坚持自主创新、重点跨越、支撑发展、引领未来的指导方针。自主创新，就是从增强国家创新能力出发，加强原始创新、集成创新

和引进消化吸收再创新。重点跨越，就是坚持有所为有所不为，选择具有一定基础和优势、关系国计民生和国家安全的关键领域，集中力量，重点突破，实现跨越式发展。支撑发展，就是从现实的紧迫需求出发，着力突破重大关键技术和共性技术，支撑经济社会持续协调发展。引领未来，就是着眼长远，超前部署前沿技术和基础研究，创造新的市场需求，培育新兴产业，引领未来经济社会发展。这一方针是我国半个多世纪科技事业发展实践经验的概括总结，是面向未来、实现中华民族伟大复兴的重要抉择，必须贯穿于我国科技事业发展的全过程。

2. 坚持把提高自主创新能力放在突出位置，大幅度提高国家竞争力

自主创新能力是国家竞争力的核心，是我国应对未来挑战的重大选择，是统领我国未来科技发展的战略主线，是实现建设创新型国家目标的根本途径。世界科技发展的实践告诉我们，一个国家只有拥有强大的自主创新能力，才能在激烈的国际竞争中把握先机、赢得主动。特别是在关系国民经济命脉和国家安全的关键领域，真正的核心技术、关键技术是买不来的，必须依靠自主创新。要把提高自主创新能力摆在全部科技工作的首位，在若干重要领域掌握一批核心技术，拥有一批自主知识产权，造就一批具有国际竞争力的企业，大幅度提高国家竞争力。

3. 深化科技体制改革，加强国家创新体系建设

要继续推进科技体制改革，党的十八届三中全会和党的十九大对深化科技体制改革提出了新的要求，要建立健全鼓励原始创新、集成创新、引进消化吸收再创新的体制机制，建立以企业为主体、市场为导向、产学研深度融合的创新体系。强化企业在技术创新中的主体地位，发挥大型企业创新骨干作用，激发中小企业创新活力，推进应用型技术研发机构市场化、企业化改革。要加强知识产权创造、保护、运用，健全技术创新激励机制，探索建立知识产权法院。打破行政主导和部门分割，建立主要由市场决定技术创新项目和经费分配、成果评价的机制。发展技术市场，健全技术转移机制，改善科技型中小企业融资条件，完善风险投资机制，创新商业模式，促进科技成果资本化、产业化。整合科技规划和资源，完善政府对基础性、战略性、前沿性科学研究和共性技术研究的支持机制。国家重大科研基础设施依照规定应该开放的一律对外开放。建立创新调查制度和创新报告制度，构建公开透明的国家科研资源管理和项目评价机制。改革院士遴选和管理体制，优化学科布局，提高中青年人才比例，实行院士退休和退出制度。

二、实施人才强国战略

党的二十大报告指出，要“强化现代化建设人才支撑”，并对深入实施新时代人才强国战略做出全面部署。这是以习近平同志为核心的党中央从统筹中华民族伟大复兴战略全局和世界百年未有之大变局的战略高度，对加快建设人才强国做出的战略谋划，对于全面建设社会主义现代化国家、实现中华民族伟大复兴的中国梦，具有重大的现实意义和深远的历史意义。

（一）充分认识强化人才在全面建设社会主义现代化国家中的基础性战略性支撑作用

党的十八大以来，以习近平同志为核心的党中央深刻把握世界大势和发展规律，准确判断我国发展阶段和历史方位，突出强调人才是第一资源，做出全方位培养、引进、使用人才的重大部署，有力地推动了人才队伍迅速壮大、人才效能持续增强、人才比较优势稳步增强，为党和国家事业取得历史性成就、发生历史性变革提供了强有力的人才支撑。党的二十大报告立足全局、面向未来，深刻指出："培养造就大批德才兼备的高素质人才，是国家和民族长远发展大计。"我们必须充分认识强化现代化建设人才支撑的极端重要性。

1. 人才是创新的根本

习近平总书记深刻指出，中国"强起来要靠创新，创新要靠人才"①，"创新的根本在人才"②。人才资源是创新活动中最为活跃、最为积极的因素，对于建设创新型国家具有重要支撑作用。近 10 年来，我国载人航天、探月探火、深海深地探测、超级计算机、卫星导航、量子信息、核电技术、新能源技术、大飞机制造、生物医药等领域取得重大成果。这一系列成果都来源于我国基础研究和原始创新的不断加强，一些关键技术的突破，战略性新兴产业的发展壮大，都取决于人才队伍的不断壮大和创新作用的有效发挥。当前，新一轮科技革命和产业变革深入发展，我国社会主义现代化进程深入推进，人才的决定性作用进一步凸现。因此，我们必须更加重视人才，更多地培养造就高水平创新人才，并激发他们的创新创造活力，以更好地为我国实现高水平科技自立自强、进入创新型国家前列提供坚强的人才支撑。

2. 人才是推动经济社会发展的战略性资源

全面建成社会主义现代化强国，必须坚持推动经济社会高质量发展。习近平总书记深刻指出，"人才越来越成为推动经济社会发展的战略性资源"③，"人才资源作为经济社会发展第一资源的特征和作用更加明显"④。在实现中国梦的"关键一程"上，人才服务决战脱贫攻坚、决胜全面建成小康社会、推动区域协调发展、抗击新冠疫情等国家重大战略和重大工作卓有成效，对经济社会发展的贡献逐年提升，对推动高质量发展发挥了重要作用。因此，我们必须从战略高度深刻认识人才在推动经济社会高质量发展中的重要作用，大力促进人才事业和经济社会发展深度融合，有效发挥人才资源对经济社会高质量发展的支撑作用。

---

① 习近平李克强栗战书汪洋王沪宁赵乐际韩正分别参加全国人大会议一些代表团审议．人民日报，2018-03-08.

② 实现"十四五"时期国防和军队建设良好开局 以优异成绩迎接中国共产党建党 100 周年．人民日报，2021-03-10.

③ 习近平：做党和人民满意的好老师．人民日报，2014-09-10.

④ 习近平在欧美同学会成立 100 周年庆祝大会上的讲话．人民日报，2013-10-22.

3. 人才竞争是综合国力竞争的核心

习近平总书记深刻指出，“人才是衡量一个国家综合国力的重要指标”，“人才竞争已经成为综合国力竞争的核心”。[①] 综合国力竞争归根到底是人才竞争。哪个国家拥有人才上的优势，哪个国家最后就会拥有实力上的优势。当今世界，在综合国力竞争中，围绕科技制高点和高端人才的竞争空前激烈。目前，我国已经发展成为全球规模最宏大、门类最齐全的人才资源大国。由人才大国迈向人才强国，我们必须切实提高对人才竞争在综合国力竞争中决定性作用的认识，充分开发利用国内国际人才资源，努力培养引进使用更多优秀人才，加快建立人才资源竞争优势，以进一步在国际竞争中赢得优势、赢得主动、赢得未来。

（二）新时代人才强国的丰富内涵

党的二十大提出：“到本世纪中叶，把我国建设成为综合国力和国际影响力领先的社会主义现代化强国。”同时提出，要加快建设制造强国、质量强国、航天强国、交通强国、网络强国、农业强国、海洋强国、贸易强国、教育强国、科技强国、文化强国、体育强国等，这些都离不开人才强国的支撑。党的十八大以来，习近平总书记提出了一系列新理念新战略新举措，全面系统深刻地回答了为什么建设人才强国、什么是人才强国、怎样建设人才强国的重大理论和实践问题，深化了对人才事业发展的规律性认识，为加快建设人才强国提供了强大思想武器。党的二十大报告进一步从战略高度对加快建设人才强国提出了新要求，做出了新部署。

1. 坚持党对人才工作的全面领导

这为加快人才强国建设提供了政治保证和组织保障。坚持党对人才工作的全面领导，是我国人才体系的鲜明政治优势，也是建设人才强国的“纲”和“本”。必须坚持党管人才的原则，党要领导实施人才强国战略、推进高水平科技自立自强，加强对人才工作的政治引领，全方位支持人才、帮助人才，千方百计造就人才、成就人才。

2. 坚持人才引领发展的战略地位

这是把人才的重要地位提高到战略高度。坚持人才引领发展，就是要坚持人才引领驱动，突出人才在国家创新发展中的重要作用。必须把人才资源开发放在最优先位置，加大人才工作投入，在创新实践中发现人才、在创新活动中培养人才、在创新事业中凝聚人才，加快建设国家战略人才力量，着力夯实创新发展人才基础。

3. 坚持面向世界科技前沿、面向经济主战场、面向国家重大需求、面向人民生命健康

这是做好人才工作的目标方向，阐明了我国人才工作的坐标。“四个面向”从国家和人民利益出发，聚焦新时代重点用才领域，明确了广大人才科研报国的方向。必须紧跟世界科技发展大势，对标世界一流水平，根据国家发展急迫需要和长远需求，加强前瞻性思考、全局性谋划、战略性布局、整体性推进，实现人才队伍规模、结构、质量、效

---

① 习近平在欧美同学会成立 100 周年庆祝大会上的讲话 . 人民日报，2013-10-22.

益、安全相统一。

4. 坚持全方位培养用好人才

这是做好人才工作的重点任务，指明了新时代人才工作的战略重点。培养是基础，用好是目的，二者相辅相成、有机统一，确保了广开进贤之路、广纳天下英才。必须坚定人才培养自信，造就一流的科技领军人才和创新团队，培养具有国际竞争力的青年科技人才后备军，用好用活各类人才，大胆使用青年人才，放开视野选人才，不拘一格用人才。

5. 坚持深化人才发展体制机制改革

这是做好人才工作的重要保障，为释放我国人才创新创造活力提供了基础条件。必须破除人才发展体制机制障碍，把我国制度优势转化为人才优势、科技竞争优势，加快形成有利于人才成长的培养机制、有利于人尽其才的使用机制、有利于人才各展其能的激励机制、有利于人才脱颖而出的竞争机制。

6. 坚持聚天下英才而用之

这是做好人才工作的基本要求。中国发展需要世界人才的参与，中国发展也为世界人才提供机遇。必须着眼高精尖缺，坚持需求导向，用好全球创新资源，精准引进急需紧缺人才，加快建设世界重要人才中心和创新高地。

7. 坚持营造识才爱才敬才用才的环境

这是做好人才工作的社会条件，明确了营造良好环境的着力点。环境好，则人才聚、事业兴。必须积极营造尊重人才、求贤若渴的社会环境，公正平等、竞争择优的制度环境，鼓励创新、宽容失败的工作环境，待遇适当、保障有力的生活环境，为人才心无旁骛钻研业务创造良好条件。

8. 坚持弘扬科学家精神

这是做好人才工作的精神引领和思想保证，为广大人才建功新时代注入强大精神动力。必须大力弘扬胸怀祖国、服务人民的爱国精神，勇攀高峰、敢为人先的创新精神，追求真理、严谨治学的求实精神，淡泊名利、潜心研究的奉献精神，集智攻关、团结协作的协同精神，甘为人梯、奖掖后学的育人精神，教育引导各类人才矢志爱国奋斗、锐意开拓创新。

（三）落实新时代人才强国战略的任务

1. 坚持党管人才原则，引导广大人才爱党报国、敬业奉献、服务人民

聚天下英才而用之，关键是要坚持党管人才原则。只有在党的领导下，培养造就大批德才兼备的高素质人才，才能确保人才强国建设沿着正确的方向前进。要加强党对人才工作的全面领导，管宏观、管政策、管协调、管服务，为人才“保驾护航”，搭建干事创业平台。要坚持尊重劳动、尊重知识、尊重人才、尊重创造，实施更加积极、更加开放、更加有效的人才政策，做到人尽其才、才尽其用、用有所成。要教育引导广大人才弘扬科学家精神，服务国家、造福人民、开拓创新，把论文写在祖国大地上，把科技成果应用在实现社会主义现代化的伟大事业中。

2. 完善人才战略布局，建设规模宏大、结构合理、素质优良的人才队伍

建设一支宏大的高素质人才队伍，是全面建设社会主义现代化国家的基础。要紧扣科教兴国、创新驱动发展等国家重大发展需求，把人才集聚和重大战略实施同步谋划、同步推进，做到重大战略部署到哪里，人才集聚就跟进到哪里，党和国家事业急需紧缺什么人才，就优先集聚什么人才。要坚持各方面人才一起抓，统筹推进各类人才队伍建设，为全面建成社会主义现代化强国提供有力的人才支撑。

3. 加快建设世界重要人才中心和创新高地，着力形成人才国际竞争的比较优势

人类历史上，科技和人才总是向发展势头好、文明程度高、创新最活跃的地方集聚。现在，我国正处于政治最稳定、经济最繁荣、创新最活跃的时期，必须抓住机遇、乘势而上。要坚持重点布局、梯次推进，坚持试点先行、改革牵引，促进人才区域合理布局和协调发展，加快形成战略支点和雁阵格局。要着力建设高水平人才高地和吸引集聚人才的平台，为我国人才事业发展提供强大牵引力和驱动力，加快形成我国在诸多领域的人才竞争比较优势。

4. 加快建设国家战略人才力量，着力造就拔尖创新人才

战略人才站在国际科技前沿、引领科技自主创新、承担国家战略科技任务，是支撑我国高水平科技自立自强的重要力量。要坚持实践标准，树立长远眼光，把解决“燃眉之急”和满足长远所需统筹起来，不断壮大国家战略人才力量。要坚持为党育人、为国育才，全面提高人才自主培育质量，努力培养造就更多大师、战略科学家、一流科技领军人才和创新团队、青年科技人才、卓越工程师、大国工匠、高技能人才。要坚持全球视野，加强人才国际交流，千方百计引进顶尖人才，使更多全球智慧资源为我所用，用好用活各类人才。

5. 深化人才发展体制机制改革，激发人才创新创造活力

释放人才创新创造活力，必须通过改革建立起既有中国特色又有国际竞争比较优势的人才发展体制机制。要坚持问题导向，以激发活力为核心，坚决破除人才培养、引进、使用、评价、激励、流动、保障等方面的体制机制障碍，破除唯论文、唯职称、唯学历、唯奖项现象。要根据需要和实际，向用人主体授权，为人才松绑，把人才从科研管理的各种形式主义、官僚主义的束缚中解放出来。要充分发挥人才发展体制机制保障作用，真心爱才、悉心育人、倾心引才、精心用才，求贤若渴，不拘一格，把各方面优秀人才集聚到党和人民事业中来。

三、实施科技兴国战略，加快建设教育强国、科技强国

改革开放以来特别是党的十八大以来的实践证明全面建设社会主义现代化国家，科技是关键，人才是基础，教育是根本。习近平总书记指出，“中国将坚定实施科教兴国战

略，始终把教育摆在优先发展的战略位置，不断扩大投入，努力发展全民教育、终身教育，建设学习型社会，努力让每个孩子享有受教育的机会，努力让13亿人民享有更好更公平的教育，获得发展自身、奉献社会、造福人民的能力"[①]，并强调"加快推进教育现代化、建设教育强国、办好人民满意的教育，努力培养担当民族复兴大任的时代新人，培养德智体美劳全面发展的社会主义建设者和接班人"[②]。

（一）新时代加快建设教育强国的坚实基础

教育是民族振兴、社会进步的重要基石，是功在当代、利在千秋的德政工程。党的十八大以来，我国的教育事业取得了历史性的成就、发生历史性的变革，为加快建设教育强国、科技强国打下了坚实基础。

1. 教育普及水平全方位提高

党的二十大报告指出，近10年来，我国"建成世界上规模最大的教育体系"，"教育普及水平实现历史性跨越"。2021年，我国九年义务教育巩固率达到95.4%，学前教育毛入园率和高中阶段教育毛入学率分别达到88.1%、91.4%，高等教育毛入学率达到57.8%。目前，我国教育普及程度总体上稳居全球中上收入国家行列，其中义务教育和学前教育的普及程度达到高收入国家平均水平，高等教育进入国际社会公认的"普及化"阶段，劳动年龄人口的平均受教育年限达10.9年。每年全国高等学校和职业院校输送数以千万计的毕业生，继续教育为各行各业培训上亿人次，为如期全面建成小康社会提供了重要支撑，拓展了加快建设教育强国、科技强国之路。

2. 教育事业具有鲜明的中国特色

中华民族是伟大的民族，创造了绵延5 000多年的灿烂文明，尊师重教、尊师重传、倡教兴学的优良传统深深融入世代传承的文化血脉之中，为源远流长的中华文明注入了持久的磅礴动力。中国共产党领导人民成功走出中国式现代化通路，建设教育强国更加呈现鲜明的中国特色。党的十八大以来，以习近平同志为核心的党中央提出"德智体美劳"的总体要求，创造性地发展了党的教育方针，坚定社会主义办学方向，健全立德树人落实机制，扎根中国大地办教育，中国特色社会主义教育发展通路越走越宽广。在发展素质教育、弘扬社会主义核心价值观、改革考试招生制度、提高基础教育质量、增强职业技术教育适应性、建设一流大学和一流学科、提升教师能力素质等方面取得新进展，推动国民思想道德素质、科学文化素质和身心健康素质进一步提高，为建设中国特色、世界水平的教育强国做好了充分准备，为全球教育贡献了中国智慧和中国方案。

3. 教育发展实力和服务能力迅速增强

随着新时代科教兴国战略、人才强国战略的深入落实，教育优先发展地位有效落实，国家财政性教育经费投入占国内生产总值比例连续保持在4%以上，教育成为财政

① 习近平：中国将努力发展全民教育、终身教育．新华网，2013–09–26.

② 习近平：用新时代中国特色社会主义思想铸魂育人 贯彻党的教育方针落实立德树人根本任务．人民日报，2019–03–19.

展和综合国力提升提供了强有力的战略支撑。当前，我国整体科技实力大幅提升，但由于积累不足等原因，我国科技基础能力还比较薄弱，无论是机构设施等硬条件还是制度文化等软环境，与世界科技强国相比都还有一定差距。当今世界正经历百年未有之大变局，科技创新是关键变量，是国际竞争力和大国博弈的主战场。面对日益复杂激烈的国际竞争环境，我国科技创新存在的原创能力不强、关键核心技术受制于人等问题成为严重制约，造成这些问题的重要原因之一就是我国科技基础的支撑保障能力不足。当前，新一轮科技革命和产业变革加速演进，进入大科学和大融通时代。一方面，学科交叉渗透，技术汇聚融合，科技创新复杂度越来越高，重大科学发现和技术突破越来越离不开重大科技基础设施和先进科研仪器设备的支撑。另一方面，科研范式面临变革，产学研用深度融通，从创新到转化的周期大幅缩短，科技创新与生产生活的联系日益紧密，创新活动的组织方式、政策安排、制度文化等正在深刻重构。面对我国与世界科技强国之间的差距，面对科技革命和产业变革的新变化，加快科技强国建设，就必须筑牢科技创新的根基，下决心解决科技基础能力存在的短板和弱项，围绕国家需求和科技前沿统筹提升科技基础能力，提高我国科技创新的抗压能力、应变能力、对冲能力和反制能力，必须加快构建高水平、高效率、安全可控的科技基础能力体系，发挥集中力量办大事的制度优势，有效解决"卡脖子"问题的"燃眉之急"，努力消除事关长远发展的"心腹之患"，不断筑牢科技安全和国家安全防线，为我国科技发展独立性、自主性、安全性提供坚实基础和有力保障。

（一）我国科技基础能力建设取得的历史性成就

1. 科技创新政策法规体系日趋完善

我国新修订了《中华人民共和国科学技术进步法》《中华人民共和国促进科技成果转化法》《中华人民共和国专利法》等，出台了一批法律法规和规章制度，构建了有效促进和保障科技创新全过程的法律制度体系。围绕国家中长期和"十四五"科技创新发展、加强基础研究等，出台了一批科技专项规划，进一步明确了近中远期我国科技创新的战略目标、重点任务和政策举措，形成了指导我国科技事业发展的顶层设计和规划体系。科技体制改革持续深化，在强化国家战略科技力量、科技人才队伍建设、科技评价制度建设、科技项目和经费管理、科研诚信和科技伦理建设等方面，出台了一系列重大改革举措，重点领域和关键环节改革取得重要突破，一些长期制约科技发展的堵点难点问题得到有效解决，科技体制机制改革持续深化，科技创新政策体系进一步优化，有效激发了各类创新主体的积极性创造性。

2. 科技创新机构平台能力大幅提升

布局建设了一批国家实验室，着力推进全国重点实验室体系重组，中国特色国家实验室体系加快构建。加强高水平科研机构建设，科研院所改革不断深化，创新能力持续提升。研究型大学建设取得积极进展，学科建设、基础研究和创新人才培养能力持续增强。企业创新能力快速提升，涌现出一批具有全球竞争力的科技领导企业。国家技术创新中心、产业创新中心、工程研究中心等创新平台布局日趋完善，新型研发机构、众创空间、孵化器等大量涌现，推动产学研深入合作和科技成果高效转移转化。依托各类机构平台集聚和培养了一大批高水平创新创业人才，人才队伍质量显著提升、结构进一步优化，国家战略人才队伍建设取得重要进展。

3. 科技基础设施体系建设取得重要进展

在建和投入运行了一批国家重大科技基础设施，500 米口径球面射电望远镜、散裂中子源、稳态强磁场、高海拔宇宙线观测站等设施处于国际领先水平，开放共享水平逐步提高。布局建设了一批国家科学数据中心、国家生物种质与实验材料资源库、国家野外科学观测台等科技基础条件平台，以及国家超算中心、生物信息中心、科技图书文献中心等一批科技服务设施。国家重大科研仪器研制项目、基础科研条件与重大科学仪器设备研发等专项计划深入实施，一些重点领域高端科学仪器设备逐步实现国产替代。高水平科技期刊建设取得积极进展，一批优秀期刊跻身国际前列。

4. 作风学风建设取得积极成效

大力弘扬科学精神和科学家精神，加强优良作风学风建设，涌现出一大批矢志爱国奋斗、锐意开拓创新的新时代优秀科学家代表。积极倡导以质量、绩效、贡献为核心的创新价值导向，进一步加强科研诚信、科研伦理建设，为科研人员安心致研营造了良好的文化氛围。科学教育和科普活动深入开展，创新发展理念深入人心，全民科学文化素质不断提升，尊重创新、鼓励创新、支持创新的社会氛围日益浓厚。

在充分肯定我国科技基础能力建设取得成绩的同时，也要看到仍存在一些突出问题，如新兴科技领域的机构平台前瞻性布局不够，科技创新政策法规仍需完善，基础设施的保障能力和开放共享水平还需提高，作风学风和创新文化建设有待进一步加强等。

（二）加强科技基础能力建设的重点举措

加强科技基础能力建设是一项长期性、系统性工程。我们要深入学习贯彻习近平总书记关于科技创新重要论述和对科技基础能力建设的重要指示精神，按照党的二十大报告的部署，遵循科技基础能力建设体系化、长周期、持续性等规律和特点，着眼世界科技发展前沿加强前瞻性研判，立足世界科技强国建设目标加强全局性谋划，围绕高水平科技自立自强加强战略性布局，按照全国一盘棋的要求系统性推进，加快落实科技基础能力建设的各项重点任务。

1. 以《中华人民共和国科学技术进步法》为统领，持续完善科技创新的政策法规体系

政策法规是开展科技创新活动的制度保障。要围绕最大限度激励和保障科技创新，全面提升科技创新管理的法治化水平，加大科技创新政策制定力度，加快形成互相衔接、精准有效的科技创新政策法规体系。一是健全完善科技创新法律法规，加强人工智能、生物科技等新兴前沿领域立法，加快推动科研机构立法，推进科技创新领域依法行政，保障科技创新主体和广大科技人员合法权益。二是加大科技创新政策供给力度，深化科技评价和收入分配制度改革，大力支持促进科技成果转移转化和产学研用融通，加大多元化科技投入，优化金融支持科技创新的政策。三是深化科技体制改革，加快构建关键核心技术攻关和支持颠覆性技术创新的体制机制，优化问题导向、需求导向的选题机制，健全科技项目分类管理机制，完善符合科研规律、以信任为前提的科研经费使用管理，加快转变政府科技管理职能，提升科技投入效能。四是加强知识产权法治保障，持续推进知识产权创造保护运用，强化质量和价值导向的知识产权资助激励政策，健全知识产权侵权行为惩罚性赔偿制度，完善知识产权服务体系建设。

2. 以强化国家战略科技力量为牵引，加快构建高水平的创新组织体系

创新组织是开展科技创新活动的平台载体，其中国家战略科技力量发挥着十分重要的骨干引领作用。要以强化国家战略科技力量为引领，加强各类创新主体统筹协同，提升国家创新体系整体效能。一是加强顶层设计，优化各类国家战略科技力量的定位和布局，充分发挥各自优势和特色，形成优势互补、协同攻关的有机整体，共同履行好解决国家重大需求的使命任务。二是强化国家战略科技力量与各类创新主体的有机衔接和紧密配合，通过构建创新联合体、组建创新联盟等有效协作机制，加快原始创新和关键核心技术突破，提升创新链产业链能力水平。三是充分发挥国家战略科技力量的核心平台作用，加快建设国家战略人才力量，在创新实践中培养造就更多大师、战略科学家、一流科技领军人才和创新团队、青年科技人才、卓越工程师、大国工匠、高技能人才，加快建设世界重要人才中心和创新高地。四是依托高水平创新机制吸引全球优秀科研人员开展合作研究，积极牵头发起和参与国际大科学计划和大科学工程，深度融入全球创新网络。

3. 以统筹布局和开放共享为重点，优化完善科技创新的设施条件体系

科技设施、各类资源库、数据和期刊等设施条件是开展科技创新的物质技术基础。要面向国家重大战略需求以及新一轮科技革命和产业变革的重大方向，前瞻谋划、统筹布局各类科技创新条件平台和共享服务网络建设，提升安全保障和开放共享水平。一是加强国家重大科技基础设施相关战略研究，结合国际科技创新中心、综合性国家科学中心等重大创新战略部署，系统布局任务导向型、应用支撑型、前瞻引领型、民生改善型、公共平台型设施建设，加快构建布局合理、技术领先、运行高效、支撑有力的重大科技基础设施体系。二是紧密结合不同区域的创新特色和优势，统筹推进科学数据库、野外科学观测台站、生物种质和实验材料资源库等科技基础条件的体系化、集约化布局建设。三是加快制定我国科学仪器设备自主研制战略规划，集聚优势力量加强关键科学仪器、基础软件、高端科研试剂等攻关，完善税收优惠、工程示范、政府采购等激励政策，加快国产科学仪器设备推广应用，通过技术和产品持续迭代形成自我发展能力和核心竞争力，打造一批具有国际竞争力的高端科学仪器企业，从根本上提高体系化研发和应用能力。四是完善科学数据中心布局建设，提高科学数据高效汇聚和分析服务能力，加快推进数据和人工智能驱动的科研范式变革；打造安全可靠的科技文献开放存取基础设施，建立国家数字文献资源长期保存体系；深入实施科技期刊卓越行动计划，打造一批具有国际影响力的学术期刊。

4. 以大力弘扬科学家精神为核心，深入推进中国特色的创新文化体系建设

创新文化是滋养创新精神、强化创新能力、激发创新活力的根基和土壤。要深入挖掘中华民族的创新精神禀赋，引导广大科研人员将创新精神内化于心、外化于行，将科技发展深深根植于中国特色创新文化中。一是培育创新文化。培育敢为人先、勇攀高峰、开放包容、互学互鉴的文化底蕴，引导激励广大科研人员提出新理论、开辟新领域、探索新路径，在独创独有上下功夫。二是弘扬科学家精神。广泛宣传老一辈科学家和新时代优秀科技工作者勇于探索、献身科学的先进事迹，激励广大科技工作者树立家国情怀，形成使命驱动、责任驱动的思想自觉和行动自觉，将个人学术追求主动融入全面建设社会主义现代化国家的伟大事业。三是涵养优良学风。建立健全教育、激励、规范、监督、惩戒一体化的科研诚信治理体系，引导广大科研人员坚持学术标准，发扬学术民主，力戒浮躁、安心致研，营造风清气正的科研环境。四是营造创新氛围。坚持把科学普及放在和科技创新同等重要的位置，深入实施全民科学素质行动，推动科普信息化、数字化、智能化，在全社会形成尊重知识、崇尚创新的浓厚氛围。

（三）强化企业在科技创新中的主体地位

习近平总书记在党的二十大报告中指出："加强企业主导的产学研深度融合，强化目标导向，提高科技成果转化和产业化水平。强化企业科技创新主体地位，发挥科技型骨干企业引领支撑作用，营造有利于科技型中小微企业成长的良好环境，推动创新链产业链资金链人才链深度融合。"这些重要论述，为新时代更好发挥创新主力军作用指明了方向。

充分认识强化企业科技创新主体地位具有重大意义。要实现高质量发展，必须将关键核心技术牢牢掌握在自己手里，推动科技创新转化为现实生产力。企业是市场主体和经济社会发展的重要力量，企业科技创新已经成为我国科技创新事业的重要策源地。只有不断强化企业科技创新主体地位，持续提升企业创新能力，才能支撑发展方式从规模速度型向质量效益型转变，塑造发展新动能新优势，实现经济高质量发展。只有不断强化企业科技创新主体地位，提升企业创新能力，才能增强工业体系和产业体系的活力和竞争力，不断催生新市场和新需求，提高产业链供应链现代化水平，培育形成完整内需体系，加快构建新发展格局。同时也有利于畅通国内国际双循环。只有不断强化企业科技创新主体地位，加强企业主导的产学研深度融合，才能有利于加强科技成果向现实生产力转化，提升产业化水平，发挥创新要素集聚效应，构建协同高效创新体系。只有不断强化企业科技创新主体地位，完善科技体制机制，才能有利于优化创新布局，推动创新链产业链资金链人才链深度整合，更好把科技力量转化为产业竞争优势，提高国家创新体系效能。

按照党中央关于科技创新要面向世界科技前沿、面向经济主战场、面向国家重大需求、面向人民生命健康的要求，党的二十大报告对强化企业科技创新主体地位做出了全面部署。

1. 推动科技企业融通创新，全面提升创新链产业链水平

发挥企业市场主体和产业主体作用，强化企业科技创新主体地位，明确科技型骨干企业的主导地位，推动大中小微企业发挥能动作用，融通创新链产业链，全面提升创新链产业链水平。一是发挥科技型骨干企业引领支撑作用。科技型骨干企业要健全科技与

战略管理职能，加强重大创新成果产出、行业共性技术研究、高端人才队伍建设等，成为原创技术策源地。聚焦产业重点领域、关键核心技术以及全链贯通、全要素融合的系统性创新和集成性创新，将知识创新与技术创新深度融合，实现体系性突破。引导科技型骨干企业建设高水平研发机构和平台，超前布局产业前沿技术和颠覆性技术。开展前瞻性、储备性基础研究，以基础研究推动应用研究，在解决重大工程科技应用问题中总结归纳科学原理，以应用研究倒逼基础研究。推动科技型骨干企业向高校、科研院所以及中小微企业开放创新资源、提供技术牵引和转化支持，构建创新协同、产能共享、供应链互通的新型产业创新生态。二是推动科技型中小微企业成为创新重要生力军。要加强对科技型中小微企业赋能活动针对性、政策扶持精准性，健全准入规则和退出机制，积极培育新技术、新模式、新业态。科技型中小微企业要瞄准所属细分领域加大创新投入，掌握更多具有自主知识产权的重要技术，努力成为专精特新的创新主体，实现创新创富。三是推动产业链上中下游、大中小微企业融通创新。聚焦国家重大战略领域，大力推进服务型共性技术平台建设，增强对企业的服务支撑能力。培育大中小微企业融通创新平台和基地，促进产业链上中下游对接和大中小微企业之间的业务协作、资源共享和系统集成，形成良好的产业链知识技术流动机制。创新科技成果转移转化机制，推动各类科技成果转化项目库向企业开放，加快科技成果在企业转化和产业化。

2. 以企业为主导，打造产学研深度融合的创新体系

以企业为核心构建科技和产业之间互融互通的桥梁纽带，形成以企业为主体、市场为导向、产学研深度融合的创新体系。一是发挥企业产学研主导作用。促进科研成果更好由企业使用，逐步形成领军企业牵头、高校和科研院所协同推进的新局面。进一步强化企业作为出题人、主答题人和问卷人的地位，推动更多任务由企业提出、企业成为研发主体。完善高校和科研院所与企业协作机制，鼓励企业与高校、科研院所建立多形式合作关系，全面提升产学研协同创新效率，引导产学研等多方主体的协同联动和科研成果的贯通式转化。二是支持企业牵头组建创新联合体。立足社会主义市场经济条件下的新型举国体制，发挥集中力量办大事制度优势，支持企业牵头组建创新联合体，承担国家重大技术攻关任务。围绕事关国家安全、产业核心竞争力、民生福祉的重大战略任务，持续推进科技项目的“揭榜挂帅”“赛马制”，鼓励更多企业牵头和参与创新活动。推进企业牵头或参与国家实验室、国家技术创新中心、国家工程中心等国家级创新平台建设。三是引导建立产学研深度融合的利益分配和风险控制机制。完善的利益分配和风险控制机制是实现产学研深度融合行稳致远的有力保障。要加快扭转我国高校、研究院所科技成果转化渠道不畅、转化动力不足、转化机制不健全、高质量专利数量不够多的现状。兼顾企业、高校和科研院所的利益诉求，充分考虑创新的贡献率，明确界定企业、高校和科研院所的责、权、利，探索通过成果权益分享等方式合理分配创新成果。建立健全风险控制机制，完善风险评估体系和风险共担机制，拓展多元化的投资主体和风险资金，有效应对成果转化风险、创新失败风险，提升创新容错率。

3. 加大财政金融支持力度，整体提升企业创新投入强度

构建以财政投入为引导、企业投入为主体、金融机构为支撑、社会资本为补充的多元化科技投入体系，整体提升企业创新投入强度。一是扩大税收优惠和财政补贴规模与水平。通过税收优惠、财政资金支持等方式组合，优化政府资金投入结构，建立多层次支持体系。在创新准备环节和研发环节增加或强化专门针对企业的税收优惠政策，引导税收优惠政策适当前移，推动普惠性政策“应享尽享”。细化财政补贴制度，对企业创新进行分环节分阶段补贴，重点加大初创环节补贴力度，培育扶持一批具有创新前景和商业潜力的科技企业。二是优化金融保障体系。进一步完善政策工具箱，货币政策工具定向支持科技创新，优化金融体系风险监管追责机制以及考核体系，提高科技金融风险容忍度。引导金融机构加大对企业创新的支持，探索利用数字技术为企业增信，解决科技型中小微企业融资难问题。拓展优化首台（套）重大技术装备、新材料首批保险补偿和激励政策。三是畅通科技企业市场融资渠道。完善多层次资本市场，促进科技企业全生命周期融资链衔接。持续推进创业板、科创板、区域性股权市场的制度创新，完善股权融资的资本市场体系。促进创业投资发展，鼓励更多社会资本参与，支持引导投资机构聚焦科技企业开展业务。支持科技企业通过债券市场融资，满足科技企业多样化融资需求。

4. 进一步优化政策与环境，促进各类创新人才向企业集聚

营造企业创新人才良好发展环境，畅通人才流通渠道，提升企业的吸引力、凝聚力和容纳力，促进创新人才向企业集聚。一是发挥企业家的重要作用。弘扬企业家精神，培养富有爱国情怀、勇于创新、诚信守法、承担社会责任、具有国际化视野的企业家。加强对企业家的战略引导和服务，支持企业家做创新发展的探索者、引领者，赋予企业家在重大科技创新项目立项、重大科技基础设施建设等决策方面的权利。鼓励企业家与科学家深度合作，加强技术经理人队伍建设，加快科技成果从实验室走向市场。二是推动企业培养一大批创新人才。鼓励企业、高校和科研院所成为应用型工程科技人才培养的共同体，围绕国家重大产业布局，加快推进产学研合作教育，大力培育工程技术人才、科学人才、引领人才。深化产教融合，完善校企联合培养机制，支持领军企业与高校联合办学育人，培养一大批卓越工程师和大国工匠。培养高素质技能人才，构建以企业为主体、各方面积极参与和支持的高技能人才培养体系。三是畅通创新人才流通渠道。破除人才流动中的体制壁垒和机制障碍，畅通科技人才在高校、科研院所与企业之间的流动渠道。推动人才跨领域、跨区域、跨部门一体化配置，促进城乡、区域、行业等之间人才顺畅流动，鼓励更多科技人才支持艰苦边远地区等的企业创新发展。搭建人才沟通交流平台，为高层次科技人才开设绿色通道，加速科技人才向企业集聚。

5. 营造良好企业创新生态，激发科技创新内生动力

加快建立协同创新机制，围绕产业链部署创新链，围绕创新链完善资金链，打造开放协同高效的创新环境。一是充分激发各类主体创新活力。进一步优化营商环境，深化科技领域“放管服”改革，赋予企业创新更大自主权。完善以创新能力、质量、实效、贡献为导向的企业科技评价体系，落实国有企业创新的考核、激励与容错机制，健全民营企业获得创新资源的公平性和便利性措施，形成“创新不问出身、英雄不论出处”的政策环境。优化评价、服务、支持、激励政策，赋予科研人员更大的人财物自主支配权。

加强知识产权保护和核心技术人员权利保护力度，健全人力资源定价机制，完善知识产权、技术交易市场。大力弘扬科学家精神、工匠精神、企业家精神，培育科学精神、发展科学文化，塑造企业创新文化，营造尊重创新的社会氛围。二是统筹推进区域科技创新能力发展。优化全国范围内科技创新的空间布局，重点打造以北京、上海、粤港澳大湾区国际科技创新中心为代表的世界主要人才中心和创新高地，增强科技创新的国际集聚带动能力。地方政府立足当地产业优势，以领军企业为中心整合高校、科研院所等创新资源，承接以产业为导向的科技计划任务，建立特色化协同创新的产业链和产业集群。构建区域创新合作与交流平台，破除行政壁垒和垄断，加强各区域间交流合作，促进创新要素集聚水平的整体提升。三是提高企业创新国际化水平。鼓励企业主动融入全球科技创新网络，深度参与全球科技治理，积极参与“一带一路”科技创新合作，与沿线国家和地区共享科技成果和科技发展经验。促进企业利用好全球科技成果、智力资源和高端人才，鼓励国内国际双向有序流动。支持有条件的企业牵头成立产业创新领域的国际性科技组织，参与制定国际标准。鼓励外资企业设立研发中心和参与承担国家科技计划项目，吸引国际知名企业设立分支机构，推进开放型产业创新。

本章关键词

1. 经济增长　2. 经济发展　3. 经济发展战略　4. 战略目标
5. 战略部署　6. 战略重点　7. 战略措施　8. 以人为本
9. 小康社会　10. 建设创新型国家

复习与思考题

1. 中国特色社会主义的总任务是什么？
2. 如何建设创新型国家？
3. 如何实施人才强国战略？
4. 如何实施科教兴国战略？
5. 为什么要加强科技基础能力建设？
6. 为什么要强化企业在科技创新中的主体地位？

第六篇

市场经济的全球化发展

随着科学技术的发展，生产社会化程度不断提高，商品经济的规模逐渐扩大，国际分工与协作日趋精细，商品经济下价值规律的作用必然导致国内市场向国际扩展，使得市场经济的全球化趋势日益明显。第二次世界大战后出现的新的科学技术革命，更加有力地推动了社会生产力的发展，生产社会化程度得到空前提高，各国和地区之间的经济联系更加密切，客观上促使商品市场、资本运动、科技开发与合作、原材料互补等全球化。市场经济全球化已成为当代世界经济发展的一个重要特征。市场范围的扩大，导致资源在更大范围内优化配置。社会主义市场经济是一种新型的现代市场经济，它的发展也必然要走向全球化，社会主义市场经济只有在自力更生的基础上大力发展对外经济交流与合作，才能实现持续、快速、健康的发展。党的二十大报告提出，要坚持社会主义市场经济改革方向、坚持高水平对外开放、坚持经济全球化的正确方向。本篇将分析市场经济全球化的必然性及其对我国经济发展的影响，考察在市场经济全球化条件下我国的对外开放。

第十四章

市场经济全球化

本章重点

1. 市场经济全球化的发展
2. 市场经济全球化的根源
3. 市场经济全球化的基本特征
4. 全球经济一体化及地区经济一体化的概念
5. 经济全球化的影响和我国的对策

第一节　市场经济全球化的必然性

一、市场经济全球化的发展

经济全球化是指生产、贸易及金融等经济行为在全球范围内的大规模活动，是生产要素的全球配置和重组，是世界各国经济相互间高度依赖和融合的表现。国际货币基金组织将其概括为：经济全球化是指通过贸易、资金流动、技术创新、信息网络和文化交流，各国经济在世界范围内高度融合，各国经济通过不断增加的商品种类和服务的广泛输送，通过国际资金的流动，通过技术更快更广泛的传播而形成的相互依赖关系。其特点主要体现为：国际贸易和投资在全球范围的增长是全球化的直接表现；生产在全球范围内的分布是全球化的关键；产品内部专业化分工是全球化的核心；跨国公司是经济全球化的行为主体；科技进步是经济全球化的根本推动力；各国政府、区域性组织和国际性组织是经济全球化的协调者。因此，经济全球化是生产力发展推动市场在更大范围和更高程度上扩展，并使世界经济逐渐融合为一个密不可分的整体的一个客观过程。

市场经济全球化是一个长期的渐进过程。资本在全球的扩张，特别是社会生产力的发展和科学技术的进步，促进了世界贸易和分工的发展、统一市场的形成，世界上不同国家、不同地域的经济正通过国际分工、国际贸易、国际投资、国际金融、跨国公司、国际和地区性的经济组织以及现代化的交通、信息、媒体等途径相互联系、相互影响，联结成充满矛盾的整体。早在一百多年前，马克思和恩格斯在《共产党宣言》中就已指出，随着世界市场的形成，生产和交换日益越出国界，“使一切国家的生产和消费都成为世界性的了”，“过去那种地方的和民族的自给自足和闭关自守状态，被各民族的各方面的互相往来和各方面的互相依赖所代替了”。[①] 人类社会的历史正从“地域的”和“民族的”历史更加迅速地走向“世界历史”。但在当时，市场经济全球化还只是一种预言。在世界经济经历了三次经济全球化发展较为迅速的高潮时期后，如今，市场经济全球化已成为明显的事实。

（一）经济全球化的第一次浪潮

可以说，从 15 世纪开始到 18 世纪中叶，世界贸易和世界市场初步建立，已有经济全球化的萌芽了。从 18 世纪到 19 世纪 70 年代左右，世界经济进入了新的发展阶段，世界市场和全球经济体系基本建立，经济全球化形成了第一次浪潮。那么，经济全球化形成第一次浪潮的标志是什么呢？是工业革命。具体地说，西方发达国家相继完成了工业革命，大工业在世界经济中开始占有支配地位，工业革命是加速世界经济全球化发展的一个重要里程碑，它直接导致了世界性分工的产生，促进了国家直接投资的产生和发展，使得从 15 世纪开始的潜在的世界市场成为现实的世界市场。同时，由于工业革命使得蒸汽机代替了畜力和水力，生产力出现了质的飞跃，使得质量高、数量多、价格低的机器工业产品迅速占领了当时的世界市场。为了满足大量机器产品输出的需要，同时也产生了相应的大工业运输手段，交通、通信工具又有了惊人的发展。在世界市场的形成过程中，交通、通信工具的革命起着极为重要的作用。在这一时期，由于蒸汽机被应用于海陆交通运输，国际贸易和经济迅猛发展，促进西欧国家首先是英国完成了工业革命，为经济全球化注入了新的强大动力。

（二）经济全球化的第二次浪潮

在 19 世纪 80 年代到 1914 年第一次世界大战前，经济全球化受周期性的经济危机的影响，发展势头有所减缓，但仍然保持了较快的发展速度。由于资本主义矛盾激化而导致的第二次世界大战，终于打断了经济全球化的进程，1929—1933 年爆发了震撼整个资本主义世界的经济大危机。在此危机期间，世界资本主义工业生产下降了 37.2%，贸易总量减少了 2/3，货币信用危机不断。此后不久，又一次灾难深重的世界大战接踵而至。所有这些都严重影响了经济全球化的发展势头。直到第二次世界大战结束以后，经济全球化才迎来了它的第二次高潮。这一轮经济全球化是在美国和苏联两个超级大国相互对峙的冷战格局中发展起来的，它反映了社会化大生产发展的必然趋势，也反映了两个超级大国争夺世界霸权的客观需要。在 19 世纪末，美国的经济实力就已经超过英国，处于发达国家的首位。从第二次世界大战结束到 20 世纪 60 年代末，美国式资本主义逐渐走向成熟。在这期间，大公司通过横向联合、纵向兼并等方式不断扩大生产规模，生产的垄断和集中快速发展，特别是跨国公司有了新的发展。美国跨国公司的发展经历了由低层次扩张到高层次兼并扩张的过程，其结果是，生产国际化的部分已占世界国内生产总值相当大的比重，国际公司的产品在世界市场中占所有产品的 1/4。此外，跨国公司的国际投资也在迅速发展，再加上其他因素的综合作用，终于在西方资本主义国家的范围内

---

① 马克思，恩格斯．马克思恩格斯选集：第 1 卷．3 版．北京：人民出版社，2012：404.

形成了新一轮全球化浪潮，并为这一浪潮向原社会主义阵营渗透和扩展奠定了基础。

这次高潮的特征在宏观上是以美国实力支撑的国际金融和国际贸易体制的形成，在微观上则是跨国公司尤其是活跃于世界经济舞台的美国跨国公司的迅速发展。第二次世界大战之后建立的国际金融体制是以美元为基础货币的、实行可调整的固定汇率的布雷顿森林体系，《关税及贸易总协定》（GATT）则勾勒了多边贸易体制的框架。这套国际经济体制促进了西方国家在战后的经济复兴，也带动了进出口贸易尤其是制成品贸易的增长，以及外国直接投资（FDI）的涌流。如果说市场经济全球化的第一次高潮的主要特征是商品资本的流动的话，那么市场经济全球化的第二次高潮则是以借贷资本和直接投资的流动为特征的。

应该说明的一点是，第二次市场经济全球化严格地说应该叫作“半球化”，因为世界上还有许多社会主义国家搞的是计划经济。

（三）经济全球化的第三次浪潮

从 20 世纪 70 年代开始持续到现在，新一轮技术革命、制度创新、世界各国经济政策的调整等因素，组成了经济全球化的第三次浪潮。经济全球化的第三次浪潮的根本动因是从 20 世纪 60 年代后期开始加速的技术创新。科技革命日新月异，据统计，近 50 年来，科学技术的发明和发现比过去 2 000 年的总和还多。这不仅极大地提高了社会生产力，而且有力地推动了经济全球化的发展。与科技创新相联系的生产组织方式的革命，例如，以研究工业方式为主要内容的泰勒主义，不仅提高了企业的竞争力，而且促进了企业的国际化经营，这无疑是推动经济全球化第三次浪潮的又一重要因素。在经济政策方面，无论是西方发达国家还是发展中国家，在 20 世纪 70 年代后都进行了一系列的重大调整。到 80 年代后期，西方国家广泛实行了国有企业的私有化，取消了政府对某些行业特别是服务业的管制，以增强竞争机制，促进资源合理配置，提高经济效益，减少财政负担。在宏观经济调控方面，七国集团对国际货币、金融、服务进行国际监管、协商和干预。在这一期间，发展中国家大多数都实行了对外开放和经济体制的改革，这些政策措施极大地增强了世界各国的经济联系。自 20 世纪 70 年代特别是 90 年代以来，作为全球化的重要表现形式的经济全球化、生产跨国化和金融一体化都有了迅速发展。从 20 世纪 70 年代以来逐步形成的经济全球化的第三次浪潮，无论是深度还是广度，都超过历史上的任何一次。

（四）逆全球化趋势在 2008 年全球金融危机后抬头

2008 年全球金融危机之后，欧债危机、美债危机引发需求放缓，经济增长持续低迷，加剧了贸易保护主义；1990—2007 年全球国际贸易增长 6.9%，2008—2015 年平均增长 3.1%，2016 年增长 1.2%，2017 年 3 月英国启动“脱欧”程序。2016 年美国总统特朗普提出美国主义。多国民族主义极端党派抬头，地缘政治加剧，贸易、投资保护主义潮流再次兴起。显然，一种逆全球化的趋势正在形成。2020 年的新冠疫情，更加剧了全球化趋势的逆转，全球整体贸易量急剧下降，仅 2020 年第二季度，以美元计价的商品出口下降 21%，服务出口下降 30%。在中国积极推进全球化的同时，逆全球化思潮却提出要和中国“脱钩”的论点。

二、市场经济全球化的根源

随着人类生产水平的提高、经济活动能力的发展，市场经济自然要求扩展其市场空间，因此，市场扩展到全球是必然的事情，或者说只是一个时间问题。市场经济在全球范围的扩展，是市场经济发展的必然结果，也是市场经济规律在全球范围内扩展、延伸其作用的结果。

（一）市场经济全球化是价值规律在世界市场发挥作用的必然结果

市场经济的基本规律是价值规律，价值是无差别的一般人类劳动，价值的无差别性决定了它的同质性和可比性，因此它从本质上说天生就是平等的、开放的、流动的。这就决定了作为价值决定和资源配置方式的市场经济，天生就具有开放性、平等性及流动性。因此，市场从本质上说是无国界的。如果说市场经济是一种资源配置方式的话，那么，显然市场经济全球化是市场经济在全球范围内进行资源优化配置的过程。

市场经济全球化，实现了世界资源的最优配置。一国经济运行的效率无论有多高，总要受到本国资源和市场的限制。只有全球资源和市场的一体化才能使一国经济发展在目前条件下最大限度地摆脱资源和市场的束缚。可以说，市场经济全球化的发展实现了以最有利的条件生产、在最有利的市场销售这一世界经济发展的最优状态。

（二）市场经济全球化是科学技术发展的必然趋势

早在一百多年前，马克思和恩格斯就预言，市场经济全球化发展将成为必然。但这只有在当代才能成为全面展开的现实，因为只有通过当代高新技术的发展，才能为市场经济全球化提供现实的物质技术条件。如果说前两次全球化是得益于科学技术推进了交通工具的发展，那么，当代的市场经济全球化发展则是在物质技术条件上得益于电子计算机技术、通信技术、网络技术的发展。它们极大地促进了社会生产力的发展，又为金融市场和贸易的全球化扩张提供了极大的便利。它们给世界各国的生产流通体系，乃至整个经济、政治生活带来了深刻的影响，使当代市场经济真正实现了全球化发展。

（三）经济全球化获得巨大发展的具体原因

经济全球化获得了巨大的发展，其原因有五。

1. 新自由主义——经济全球化的理论依据

20 世纪 70 年代后期，凯恩斯主义失宠，新自由主义兴起。在新自由主义理论的指导下，西方国家纷纷放弃了对金融资本的管制，国际资本开始自由流动，企业扩大了对外投资，开始跨国经营，把经济全球化推向高潮。

2. 新科技革命——经济全球化的助推器

以信息技术、生物生命工程、新能源为主要标志的当代科技革命，在速度和效益等方面为经济全球化提供了最重要的条件。远洋运输技术、航空货运技术和信息技术的进步，大大降低了国际货物运输与信息交流的成本，技术进步有力地推动了经济全球化的进程。信息技术的发展是经济全球化迅猛发展不可缺少的重要基础。新的沟通技术使空前规模的资金流动成为可能，也使跨国公司真正在全球范围内生产和销售成为可能。

3. 跨国公司——经济全球化的急先锋

跨国公司作为经济全球化的行为主体，直接推动着经济全球化的发展。奉行全球化战略的跨国公司既是生产和资本国际化的产物，又反过来进一步促进了生产和资本的国际化和全球化。跨国公司这种跨越时间和空间的国际分工模式比国际贸易更容易配置全球资源，其在加强经济全球化方面的主导作用日益明显。

4. 不断强化的国际经济规则为经济全球化提供了制度保障

世界银行、国际货币基金组织以及《关税及贸易总协定》奠定了第二次世界大战后国际经济秩序的基本规则。尤其是进入 20 世纪 90 年代以来，随着世界经济中全局性问题的日益突出，国际经济组织的职能都在不断加强，它们在协调各国经济、地区经济和全球经济发展，应对全球突发性经济事件，稳定国际金融秩序和地区金融市场等方面发挥着越来越重要的作用，极大地促进和保障了经济全球化发展。1995 年世界贸易组织（WTO）取代了《关税及贸易总协定》的成员组织，使全球贸易、投资与金融自由化的规则大大强化，世界贸易组织的有关协议使自由化从货物贸易领域迅速扩展到服务贸易、与贸易有关的投资和知识产权保护等领域。与此同时，其成员从《关税及贸易总协定》签署之初的 23 个增加到 2020 年的 164 个，标志着越来越多的国家与地区接受了经济全球化的规则。世界贸易组织所遵循的非歧视的、更自由的、可预见的、更具竞争性的、更有利于发展中国家的原则，为经济全球化的发展规定了方向，使经济全球化成为一种难以逆转的潮流。

5. 各国政府积极和广泛的参与是经济全球化加速发展的保证

冷战结束后，缓和的国际关系为世界经济发展提供了有利的国际环境，发展经济成为各个国家，特别是发展中国家面临的迫切任务，亚洲新兴工业化国家（地区）经济发展的成功范例，促使越来越多的发展中国家效仿对外开放、加强国际贸易的发展模式。苏联解体后，东欧绝大多数国家都走上了改革开放的道路。这些变革促成了世界范围的经济市场化趋势，创造了经济全球化必需的体制前提，各国主动积极的参与而不是被动消极的参与是经济全球化发展的重要基础和保证。市场经济的思想深入人心，众多发展中国家和转型国家都日益广泛地利用市场机制来配置社会资源，推动经济发展。

第二节　市场经济全球化的基本特征

世界市场自从形成以来不断扩大，尤以第二次世界大战后的半个世纪表现得最为突出。在战前长时期内，世界市场主要是商品销售市场。战后，除商品市场外，劳务市场、金融市场、资本市场、技术市场、劳动力市场等都迅速形成和发展起来，并且互相联系，形成了一个完整的世界市场体系。这个市场体系不断完善，迅猛扩大。市场经济全球化的过程表现出以下几方面的特征。

一、世界统一大市场正在形成

从贸易往来上看，随着国与国之间贸易壁垒的减弱，各国的经济活动由国内市场走向国际市场，生产过程逐渐实现在全球范围内的社会化，首先是商品市场的扩大，这表现在世界进出口贸易额的增长上。近半个世纪以来，世界贸易额的增长率一般超过世界总产值的 1 倍，有时超出更多。如 20 世纪 80 年代下半期，世界出口额年均增长 9%，而世界总产值年均增长 3.5%。进入 90 年代，世界经济增长大大减缓，1991—1994 年年均增长约 1.5%，但世界贸易额年均增长率约为 4%。而据世界银行测算，1994—2003 年，世界总产值年均增长率为 3.5%，而世界贸易额年均增长率为 6% ～ 7%。

自 2008 年金融危机以来至 2012 年的几年当中，世界贸易在经历了 2009 年的两位数暴跌和 2010 年的两位数暴涨之后，于 2011 年和 2012 年相继陷入低速增长状态。根据世界贸易组织 2013 年 4 月 10 日公布的《2012 年世界贸易报告》，2012 年世界贸易实际只增长了 2.0%，远低于 2011 年 5.2% 的增速，世界贸易增长速度维持在较为缓慢的水平。造成这一趋势的最主要原因在于欧洲的经济不振导致全球进口需求减少。

近年来的世界贸易发展表明，经济全球化趋势在世界金融危机的打击下，正在面临严峻的考验。2016 年，世界贸易量仅增长了 1.7%，低于之前预测的 2.8% ，是 2008 年金融危机以来的最慢速度。

二、跨国公司进行跨越国界的资源配置

从国际经济活动主体——跨国公司来看，据联合国贸易和发展会议统计，1994 年，世界已有 4 万家跨国公司，它们的 25 万家子公司渗透到世界各个国家和地区的几乎所有经济领域和产业部门。2005 年，全世界跨国公司的母公司达到 77 000 多家，子公司或分支机构为 770 000 家。这些跨国公司已控制世界生产的 45%、世界贸易的 65% 以上。跨国公司依靠其优势进行跨越国界、地区界限的生产和经营，实施全球范围内最佳的资源配置和生产要素组合。美国波音公司生产的波音 747 客机，所需零部件来自国外的 1 500 家大公司和 1.5 万家中小企业。日本马自达汽车公司的玛雅塔敞篷车，设计工作在美国加利福尼亚州进行，筹资在日本进行，样车在英国制造，主要零部件来自日本，组装在墨西哥进行，销售市场在美国。在美国市场畅销的芭比娃娃玩具，原料来自中东石油生产国，经过中国台湾提炼为半成品，假发来自日本，包装材料由美国提供，在马来西亚和印度尼西亚等国家和中国广东省等地区加工组装。2012 年，全球跨国公司已达 8 万家，海外子公司达到 80 万家。跨国公司控制了全球 1/3 的生产总值、50% 的国际贸易，控制着发达国家 80% 的技术转让、80% 的研究与开发项目，是世界技术创新和技术扩散的主要来源。发达国家的一些巨型跨国公司，无论从其股票市值、销售额、资产额、利润额

还是其雇佣人数看，都已达到了惊人的程度。2017 年，跨国公司控制着全世界 70% 以上的对外直接投资、2/3 的世界贸易、70% 以上的专利和其他技术转让。

三、全新的网络社会正在形成

信息技术主要是指信息的获取、传递、处理和储存等技术，它是高技术的前导。1946 年，世界上第一台电子计算机在美国莫尔学院诞生，拉开了信息革命的序幕。当前的计算机系统已发展为互联网络的计算机系统，提高了计算机软硬件数据的使用效率，扩大了人类知识财富的共享范围。

互联网 20 世纪 60 年代末始于美国。到 20 世纪 80 年代末，互联网应用由军事、科研、教育和行政部门扩大到商业。自 20 世纪 90 年代初以来，人们通过互联网不仅向社会提供服务，而且从事网络经贸活动。2000 年，互联网用户达到 5 亿！到 2006 年，全球互联网用户达 10.5 亿多，到 2013 年，全球互联网用户达 24 亿多。2016 年全球互联网用户达 32 亿，约占全球人口的 44%，互联网正在把地球变成一个小小的“地球村”。

然而，世界银行发布的《世界经济展望报告》显示，2020 年受新冠疫情的影响，全世界贸易总额萎缩了 10.4% 左右。

四、金融市场急剧膨胀，全球化的金融大市场正在形成

国际金融市场的交易规模也在不断扩大，随着互联网的延伸，全球外汇市场每天 24 小时都可以进行交易，人们形容全球外汇市场的资金以“光的速度”从一个地方转移到另一个地方。

金融市场全球化有助于在世界范围内优化资源配置，促进世界经济和贸易发展。但是，随着金融市场规模扩大、资本流动速度加快，与之伴生的是风险也越来越大。特别是金融衍生商品交易正在迅猛发展。随着投机因素的影响越来越大，国际货币基金组织宣布将建立金融危机防范机制，许多国家也建立了相应的保护机制。

五、社会主义国家经济的市场化是世界经济全球化的重要组成部分

在市场经济全球化的进程中，最引人关注的是社会主义国家从计划经济向市场经济的转轨。从根本上讲，没有社会主义国家的这一转变，也就不会产生市场经济全球化的现实趋向。今天世界上除了极个别国家以外，其他国家几乎都被纳入了世界经济的运行体系之中。计划经济国家经过改革成为市场经济国家，并且普遍实行了较为开放的政策；一些后进的发展中国家从新兴工业化国家（地区）的经验中获得启示，也实行了更为开放的政策。在一百年前，世界经济的概念还只是若干发达资本主义国家的同义语；在冷战时期，两个平行的世界市场使世界经济也只是指世界经济的资本主义部分。与此相比，今天的世界经济在空间范围上已高度扩展，无疑是高度全球化了。

中国在全球化过程中正在发挥越来越大的作用。2013 年 9 月和 10 月，中国国家主席

习近平分别提出建设“丝绸之路经济带”和“21世纪海上丝绸之路”的合作倡议。到2016年，中国同“一带一路”参与国家贸易总额超过3万亿美元，对“一带一路”参与国家投资累计超过500亿美元。在2020年世界经济全面萎缩之际，中国是全世界唯一实现正增长的国家。

第三节 市场经济全球化与一体化

在世界经济走向全球化的同时，全球经济一体化、地区经济一体化也同时出现，成为人们关注的趋势。这两种趋势是市场经济发展过程的两个方面，都是市场经济在全球范围展开、价值规律的作用在全球范围全方位延伸的结果。市场经济全球化是市场机制这只“看不见的手”在全球范围内作用的结果，而市场经济走向一体化则是人类试图用“看得见的手”来替代“看不见的手”解决经济问题的努力的结果。也就是说，经济全球化是经济朝着自由化方向发展的趋势，经济一体化，包括全球经济一体化和地区经济一体化，则是经济朝着制度化方向发展的趋势。这两种发展趋势从来都是相伴而生的。因为当人类能够运用最新科技来进行经济活动，从而使资源在全球范围内得到最优配置时，人类利用最新科技来约束这种经济活动、把握资源配置动向的能力也就加强了。因此，在看到经济全球化发展的同时，就必须同时关注经济一体化趋势。

一、全球经济一体化

（一）经济全球化与经济一体化的关系

所谓经济全球化，是指在当代科学技术迅猛发展的前提下，世界各国经济不断地相互交织、相互融合，逐渐组成相对统一的世界市场体系，并按照市场经济的要求，实现资本、货物、技术、劳务等生产要素自由流动和合理配置的过程。经济一体化是指在经济全球化发展的基础上，为消除各国政府彼此间的贸易壁垒以及阻碍生产要素自由流动的歧视性经济政策，而要求参与国将其原有的某些经济领域中的国家主权部分或全部地让渡给共同建设起来的国际性机构，并通过签订一系列协议和条约形成具有一定法律约束力和行政管理能力的国际性经济组织，从而在其成员之间达成权利与义务的平衡。其主要表现在以下两点：一是实现世界经济领域中的真正融合，即通过消除各种贸易、金融壁垒，促进全球大市场的整体化；二是实现世界政治领域中的制度一体化，即通过协议和条约，消除各成员之间的歧视性政策，形成和实施协调性的共同政策，从而保证世界范围内的主要经济和福利目标的实现。因此，经济一体化是各国政府、区域性组织和国际性组织在生产关系方面对经济全球化发展这一过程做出的调整，并对此提供了制度性保证，同样是一个动态的发展过程。由此可见，经济一体化与经济全球化的目标均集中于推动全球统一大市场的形成，实现资源在全球范围内的优化配置，两者之间有着内在的统一性。

由此可见，经济全球化、经济一体化是世界经济发展趋势中所出现的经济现象，经济全球化是经济一体化的基础，是经济一体化的初级阶段，而经济一体化则是经济全球化的制度保障，是经济全球化发展的必然结果。两者之间既有联系又有区别，因此不能将它们等同视之，更不可以混为一体。全球经济的迅猛发展和全球福利最优化的实现不仅要依靠经济全球化的推行，更大程度上要依赖于经济一体化的实施程度和质量。因此，经济全球化的发展迫切需要和与之相适应的、建立在共同利益基础上的经济一体化同步前进。

（二）经济生活的国际调节的必要性

经济生活的国际调节是指在全球化发展的条件下，为了避免在激烈的国际竞争中各国的经济受到损失，促使国际经济健康协调地发展，通过国际经济组织或国际经济协议，站在新的国际社会分工和协作的高度，对世界范围或地区范围的主要经济活动进行宏观调控和节制。对经济生活在多大规模上进行调节，取决于自由化和制度化趋势各自对人类经济活动效益的影响。

第二次世界大战后，在高新科技发展的推动下，国际社会分工与协作有了很大的发展，各主要垄断资本主义国家的生产社会化程度都超越了国界的限制，很多大型企业的产供销都面向世界，各国之间的经济联系日益紧密，这就在客观上要求在国际范围内进行各种经济调节。正是为了适应经济全球化的要求，凌驾于各国之上来调节各国资本在国际经济关系中的矛盾、按照经济全球化发展的要求协调各国经济的发展，便成为客观的需要。

（三）经济一体化和国际经济调节的基本组织形式

对全球市场经济生活的调节，要求在世界经济领域中有一定的制度安排和建立相对统一的国际经济秩序，实现经济一体化。各种国际经济组织、国际经济协议、地区性经济集团的建立和发展，都是在不同领域、不同范围、不同程度上的经济一体化和实现国际经济调节的基本组织形式。从一体化的动态角度来看，全球性一体化主要表现在：一是新组织机构的成立，即能促进世界经济在更广泛的领域内实现自由化的世界贸易组织的建立；二是全球性一体化的推进速度在加快，运作机制得以初步完善，表现为乌拉主谈判回合的结束和世界贸易组织比《关税及贸易总协定》更为制度化与职能化。

第二次世界大战后，一系列调节国际经济关系的国际经济组织先后建立，其中发挥作用最大、影响最广泛的主要有三个。

1. 国际货币基金组织

该组织是根据 1944 年 7 月在美国新罕布什尔州布雷顿森林会议上签订的《国际货币基金协定》而建立的政府间国际金融组织。1947 年 3 月 1 日开始运作，同年 11 月，成为联合国经济方面的专门机构，目前加入该组织的国家和地区达 190 个。该组织的宗旨是：增进国际货币合作，促进国际贸易的扩大与平衡发展，稳定国际汇率，协助成员建立多边支付制度、克服国际支付困难。该组织向成员筹集基金，成员在其国际收支发生困难时，可以向国际货币基金组织通过“购买”“提款”的方式取得一定数量的基金，用以平衡贸易、稳定汇率。

2. 世界银行（即国际复兴开发银行）

该银行是联合国的专门机构之一，成立于 1945 年，目前已拥有成员 189 个。该银行的宗旨是向成员提供用作生产性投资的长期贷款，以促进经济的复兴与发展。银行资本来源除成员缴纳的股金和历年的纯利积累外，主要是从国际资本市场借款。

3. 世界贸易组织（前身为《关税及贸易总协定》成员组织）

《关税及贸易总协定》是一个有关关税及贸易政策的多边协定，签订于 1947 年 10 月 30 日，当时只有 23 个国家和地区参加，协议于 1948 年 1 月 1 日生效。其宗旨是按照总协定规定的原则来处理缔约方在贸易和经济方面的关系，制定缔约方之间商业关系的一般行为准则和有关贸易规则，促进贸易自由化。1995 年 1 月 1 日，《关税及贸易总协定》成员组织被世界贸易组织所取代。

第二次世界大战后，经济一体化和国际经济调节出现了另一类型的组织形式，即按照缔约方经济联合的程度、共同调节和干预经济的深度，分别采取自由贸易区、关税同盟、经济联盟、经济政治联合体等形式。（1）自由贸易区是缔约方在商品流通领域中的联合，缔约方在自由贸易区内取消关税和商品限额，各缔约方的对内对外经济政策都是独立自主的，自由贸易区的共同机构是协商性的机构，自由贸易区是经济一体化水平较低的形式。（2）关税同盟除了取消缔约方之间的贸易关税和限额外，还进一步规定共同的对外关税税率和外贸政策，因而关税同盟已经具有一定程度的超国家范围的经济调节作用。（3）经济联盟是一体化水平较高的形式，参加联盟的成员除了要达到关税同盟的要求外，还要制定和执行某些共同的经济政策，包括要求成员在货币金融方面进行协调，建立共同的储备，稳定成员之间的货币兑换比率，建立各种类型的基金，用以调节各成员某些经济部门和地区的发展。（4）经济联盟的最终目标是经济政治联合体，使加盟的各成员发展成为一个在共同政策调节下，在联盟内部商品、资本、劳动力能自由流动的经济实体。如欧盟就是符合这一概念内涵的形式，它是按照自由贸易区、关税同盟、共同市场、经济共同体、完全的经济一体化等五个阶段由低到高发展起来的。亚太经济合作组织（APEC）建立后，世界经济一体化理论上出现了新的突破。亚太经济合作组织的最高目标是贸易自由化，没有条约或协定的约束，也没有国家主权的让渡和建立“超国家”机构，它是一种初级的、松散的经济一体化形式。亚太经济合作组织建立之初就明确宣布，亚太经济合作组织内部达成的任何贸易优惠，同样适用于组织外的任何地区和国家，因而具有高度的开放性。

二、地区经济一体化

（一）地区经济一体化的概念及相关研究

由于世界经济发展的地区不平衡和特定时期政治因素变动的影响，经济领域中实现经济一体化所需的经济条件成熟程度必然会随着地理范围的不同而不同，这便会造成经济一体化的发展程度具有“因地而异”“因时而异”的特点。就目前全球经济发展现状而言，世界经济一体化的表现形式主要有两种——全球性一体化和地区性一体化。因此，经济一体化将以两种形式并存的方式向前推进和发展。

第二次世界大战后，地区经济一体化迅速发展成为全球经济发展的主流之一，显著推动了世界经济的全球化进程。在经济全球化和信息化发展的关键时期，地区经济一体化的作用和地位更加重要。

1. 地区经济一体化的概念

综观众多地区经济一体化的研究，对地区经济一体化的内涵争论较多，并且概念上运用不一致——从国际经济一体化、经济一体化、世界经济一体化、空间一体化、经济集团化、区域集团化、区域一体化到经济全球化。因此，正确地认识地区经济一体化，既具有理论上的重要意义，也是我国区域经济发展和改革开放的需要。

2. 国外有关地区经济一体化的研究

国外有关地区经济一体化的研究中，被广泛引用并得到首肯的一个观点是美国经济学家贝拉·巴拉萨（Bela Balassa）在1961年提出的：我们建议将经济一体化定义为既是一个过程，又是一种状态。就过程而言，它包括旨在消除各国经济单位之间差别的种种举措；就状态而言，则表现为各国间各种形式的差别待遇的消失。在《新帕尔格雷夫经济学大辞典》里，他进一步解释道："在经济文献里，'经济一体化'这个术语没有明确的含义。一方面，两个独立的国民经济之间，如果存在贸易关系就可认为是经济一体化；另一方面，'经济一体化'又是各国经济之间的完全联合……经济一体化的形式多种多样，代表着不同的经济一体化程度。在一个自由贸易区里，参加国之间的关税和进口数量限制被取消了，但每个国家都保留着自己对非成员国的关税。共同市场又超过了关税同盟，因为它还保证生产要素的自由流动。而经济同盟则把对商品和要素流动的抑制与对各种国民经济政策的某种程度的协调结合起来，以减少由于这些政策的不一致而造成的歧视。最后，完全的一体化意味着统一的经济政策，其最高形式是建立一个超国家的权威机构，该机构的决定对所有的成员国都有约束力。"而经济学家弗里茨·马克卢普（Fritz Machlup）则对此提出批评：它的主词是经济一体化，只说明了不同国家加入一个经济集团；事实上经济一体化可以有一国之内各个地区的，也可以有各国之间的；后者又分为区域性的和次区域性的。还有一些经济学家不同意把经济一体化作为过程和状态的解释。保罗·斯特里坦（Paul Streeten）也于1961年指出："一体化不应该按手段（自由贸易、统一市场、可兑换性、自由化等）定义，而是应该定义为目的、平等、自由、繁荣。"彼得·罗布森（Peter Robson）则认为："国际经济一体化是手段，而不是目的。"

3. 我国学术界关于地区经济一体化的研究

我国学术界关于地区经济一体化的研究可以分为两个层次。第一个层次是地区经济一体化理论概念的借鉴与演绎，主要是比较全面地总结国外关于地区经济一体化的理论概念，并且阐述地区经济一体化对我国经济发展的影响。第二个层次是运用相关的经济学、政治经济学的理论，分析地区经济一体化的影响因素、发展过程、制度演变以及社会经济效应等。

（二）地区经济一体化的主要表现

地区经济一体化主要表现为：一是地区经济一体化组织数量在增加；二是原有的规模在扩大；三是地区经济一体化的程度在加深，如欧盟实现了货币联盟，东南亚国家联盟（东盟）正在向自由贸易区努力，亚太经济合作组织也由官方性质的论坛转向了以投资和贸易自由化为目标的非机制性合作组织等。2011 年包括巴西、俄罗斯、印度、南非和中国在内的金砖国家，首次会聚中国三亚。这五国是新兴市场国家的代表，人口规模、经济总量和贸易总量分别占全球的 40%、16% 和 15%。到 2017 年，金砖国家间的贸易规模增长了 15 倍，达到近 2 300 亿美元，对世界经济增长的贡献率达 50%。

地区经济一体化是由地域上邻近的一些国家，根据自身经济发展的需要和生产国际化的客观要求，为维护共同的经济利益，通过签订协议而组成的经济或贸易集团。其目的在于增强和扩大集团内部的经济实力，提高集团在国际经济中的竞争力，为集团成员争得更大的经济利益。这种地区经济集团在第二次世界大战后开始出现，到了 20 世纪 80 年代加快了步伐，进入 20 世纪 90 年代，出现了地区经济一体化的趋势。根据世界贸易组织的统计，目前世界上各种类型和层次的地区经济贸易集团和组织已达 100 多个，几乎所有国家和地区都程度不同地参与其中。目前，发展最快、规模最大、影响最广的地区经济一体化组织有三个：欧盟、北美自由贸易区、亚太经济合作组织。此外，像非洲经济共同体、东南亚国家联盟、南方共同市场、安第斯共同体、黑海经济合作区等都具有较大的影响，这些集团有的正在向更大的区域和更深的层次发展，有的则处于起步和巩固扩大阶段。

（三）地区经济一体化发展的原因

促进地区经济一体化发展的因素是多种多样的。

首先，地区经济一体化是各国寻求新的发展的结果。由于不同社会制度的对立、不平等的国际分工的存在、各国经济水平落差的加剧，贸易歧视和贸易保护主义依然存在，主要表现为：一方面，发达国家对发展中国家进行经济封锁和贸易歧视；另一方面，在国际贸易非关税壁垒不断加强的情形下，发展中国家很难发挥在国际贸易中的比较优势，也不得不寻求地区经济一体化的保护。

其次，相邻近的地理位置是地区经济一体化发展的重要因素。尽管当今交通和通信日益发达，“经济距离”往往可以超越“地理距离”，但是地理邻近依然是有利于地区经济一体化的重要因素。地理相邻，除了节省交易成本，使得容易开展国与国之间的商品、服务、资本、人员交流外，往往还有利于确立和扩大共同的政治和经济利益。地理相邻还使得容易发展相似甚至相同的文化，接受共同宗教的教育影响，形成互补的国际分工，这些都有利于地区经济一体化的深入发展。欧盟的形成和发展的历史雄辩地证明了这一事实。

最后，由于科技革命的推动，社会生产力获得极大提高，生产国际化分工日益加强，使世界各国之间的经济联系日益密切，相互依存度日益加大。

(四) 地区经济一体化的作用

地区经济一体化反映了市场经济国际化和全球化发展的要求，是当代市场经济在全球范围内发展的必然产物。它具有两方面的作用：一方面，它加强了集团成员之间的经济合作，使它们之间的国际分工更加精细，协作更为密切，从而对各成员经济发展以至整个国际经济的发展具有积极的作用；另一方面，各个地区性的经济集团虽然不是封闭性的，但毕竟在成员和非成员之间存在着差别待遇，使非成员在竞争中处于相对不利的地位。

地区经济一体化的深入发展，必将对今后的世界政治、经济格局产生重大的影响。

1. 地区经济一体化的发展将有力地促进经济全球化的发展

从经济全球化和地区经济一体化所追求的目标来看，无论经济全球化还是地区经济一体化，其目的都是实现规模经济、提高经济效益和增强产品竞争力，只不过是范围大小不同而已。地区经济一体化组织内部成员之间实行生产要素自由流动，必将加速资本的相互渗透，深化成员之间的相互依存和国际分工，从而进一步推动经济全球化的历史进程。

2. 地区经济一体化的发展改变了世界经济格局的发展方向

第二次世界大战后，西欧国家的实力大为削弱，在经济上面对美国垄断资本的扩张显得势单力薄，难以竞争，以至美国成为世界经济中唯一的超级大国。为了维护自身利益，西欧国家唯有联合起来，组成经济集团，才可能争得同美国平等的伙伴地位。

3. 地区经济一体化将促使区域政治联盟成为可能

实现政治一体化，建立欧洲政治联盟，是欧共体长期的憧憬。第二次世界大战后，欧洲首先出现的不是经济一体化运动，而是政治一体化思潮。它直接反映了欧洲久经战乱之后对和平的渴望。

地区经济一体化的影响远远不止上述三方面，还应包括促进国际贸易的发展，促进私人直接投资和金融资产的增加及加快产业结构调整步伐等方面，它的影响是广泛而深刻的。

毫无疑问，由于不同的国家和地区有着不同的国情、历史和经济特点，地区经济一体化对于它们来说同样有积极的一面和消极的一面。只有扬其长，避其短，取其利，去其弊，才能使地区经济一体化不断深入发展。所以，我们在看到地区经济一体化带来的积极因素时，不应忽视在地区经济一体化过程中存在的问题。

(五) 地区经济一体化的矛盾

1. 地区经济一体化的松散联盟，导致成员内部矛盾重重

市场统一的目的是自由贸易，但自由贸易的弱点也迅速暴露出来。亚太经济合作组织中 21 个成员的目标也各不相同。美国、加拿大、澳大利亚以贸易、资本自由化为首要目标，而日本、韩国等则更注重地区经济合作。在亚太经济合作组织内，发展中国家与发达国家经济发展阶段差别很大。目前还很难找到能将这些发展阶段各异、文化背景复杂多样的国家和地区融合在一起的理论，如果俄罗斯、印度也参加的话，亚太经济合作组织就要面临更加复杂的局面。

2. 地区经济一体化的发展使国家主权面临挑战

美国企业管理学家彼得·德鲁克（Peter Drucker）在谈到区域经济时说："这些区域并不取代民族国家，但使民族国家为之降格。"其言下之意即区域经济一体化进程将要求成员约束甚至让出部分主权。在享受区域贸易与投资自由化的优惠的同时，一国或地区也必须承担义务，如减免关税、取消非关税壁垒和严格执行国民待遇原则。要想获得欧盟货币一体化的好处，各成员就必须同时满足欧盟在通货膨胀、财政赤字、汇率等方面开出的苛刻条件。正因如此，英国从 2017 年启动"脱欧"谈判，并于 2020 年正式"脱欧"。要想使诸如亚太经济合作组织这样的地区经济一体化组织富有成效，就必须接受其随机制转变而来的强制约束力。这样一来，国家的决策也就不得不受到外部世界的强有力的影响。特别是以美国等西方发达国家为主导的"国际社会"，认为它们存在着某种超越主权国家的权力，其所谓的"人权"就是这样一个例子，它们常常借此对他国的内政进行干涉，从而使他国主权受到损害。

3. 地区经济一体化的发展会加剧世界经济发展的不平衡

第二次世界大战后，国家经济发展的一个鲜明特征是各国经济发展差距进一步扩大，经济不平衡发展带有跳跃性质。

第四节　经济全球化的影响与我国的对策

一、我国在经济全球化过程中的发展

我国抓住了经济全球化的战略机遇，实行了改革开放的战略决策，有力地促进了我国经济的迅猛发展和市场经济的建设，取得了举世瞩目的成就。

第一，我国经济总量占世界经济比重达 18.5%，居世界第二位。制造业规模和外汇储备稳居世界第一。

第二，融入经济全球化不仅引进了资金、技术和管理经验，也促进了人的思想解放和观念更新，极大地推动了市场取向的改革，国内 95% 左右的商品和服务的价格已由市场决定。

第三，加入世界贸易组织后，我国修改了 3 000 多条法律法规，清理了超过 19 万条地方性法规，大大推动了依法行政。

第四，我国融入经济全球化，与大国的共同利益不断提升。目前美国是我国的第三大贸易伙伴，我国是美国的第三大贸易伙伴；欧盟是我国的第二大贸易伙伴，我国是欧盟的第一大贸易伙伴；东盟是我国的第一大贸易伙伴，我国是东盟的第一大贸易伙伴。我国与周边国家和地区的合作水平大为提高，我国的经贸合作已由过去紧密联系的日本、韩国和我国香港、澳门、台湾地区，迅速拓展到俄罗斯、中亚五国、印度、巴基斯坦、

中南半岛和东南亚各国，并向南延伸至澳大利亚、新西兰。周边国家和地区在我国外贸总额中的比重已接近60%，我国已成为俄罗斯的第一大贸易伙伴、印度的第一大贸易伙伴以及中亚五国对外贸易增长最快的市场。

第五，我国广泛参与了世界贸易组织、亚太经济合作组织、上海合作组织、亚欧会议、“10 + 3”等多边和区域组织。我国牵头建立了亚投行，主办了二十国集团峰会。

二、经济全球化的消极作用

第一，经济危机。随着全球经济链条日益紧密，能源价格大幅攀升、金融秩序严重失控、大国经济明显衰退诱发全球经济衰退甚至危机的可能性增大。这种情况一旦发生，其传导的速度、影响的深度可能远远超过以往的世界经济危机。此外，气候变化、环境恶化等问题长期得不到有效治理，也最终会威胁全球与各国经济可持续发展。

第二，社会动乱。全球化导致国家间和国家内部贫富差距扩大，发达国家与发展中国家内部的社会矛盾都有可能激化。如美国、英国、法国等发达国家传统产业大量外移，失业问题凸显，难民问题尖锐，恐怖威胁加剧。全球化还使各国国内因素与国际因素的联系与互动增强，国际问题诱发国内动荡、国内问题引发国际动荡的概率都在增大。

第三，大国对抗。有的国家背离全球化的演进方向、背离人类历史前进的步伐，没有放弃搞霸权主义，没有放弃搞战略扩张，没有放弃搞军备竞赛，没有放弃遏制其他新兴大国。特别是这类国家还将在一二十年内保持战略优势，一旦摆脱当前的战略困境，仍有再次挑起大国对抗的可能，将对国际体系的转型、人类和平进步事业产生严重危害。

第四，地区动荡。全球化中边缘化的国家贫困加剧、霸权主义、恐怖主义、疫情蔓延、核扩散等，可能使21世纪上半叶的地区热点不是随全球化深入逐步减少而是继续增多，使地区热点对全球安全形势的牵动作用增大，使国际形势在总体和平状态下局部动荡继续加剧。

三、如何积极应对经济全球化

面对经济全球化的趋势，我们既要有积极的态度，又要保持清醒的头脑，权衡利弊得失，采取合作与斗争并重的策略。在扩大开放和加强经济交往的同时，尽量避免它可能给我们带来的负面影响，真正做到妥善应对，趋利避害。

第一，加强执政党的建设，大力改革传统的社会模式，使中国特色的社会主义更加生气勃勃。中国共产党的领导是建设中国特色社会主义的基础和保证。中国共产党的状态如何，直接关系到中国社会主义的前途和命运。所以，我们必须从新的实际出发，坚持以科学理论指导党的建设，以改革创新精神研究和解决党的建设面临的重大理论和实际问题，着眼于在全面建成小康社会的基础上加快推进社会主义现代化，全面认识和自觉运用马克思主义执政党建设规律，全面推进党的建设新的伟大工程，不断提高党的建设科学化水平。

第二，坚持科学发展，加快转变经济发展方式，努力增强自身实力，实施可持续发展。首先，我们自身要加快企业制度的转变和经济结构的调整，要加大对高科技行业的研发投入，重视人力资源开发，培养具有国际商业头脑和全球化经营策略的企业家。其次，我们必须建立和完善现代企业制度。继续深化国有企业改革，健全责权统一、运转协调、有效制衡的公司法人治理结构。加入 WTO 后，我国企业必须进行战略上的调整以适应新的形势，按照国际企业的管理规范、国际标准体系、市场需求和经销惯例来组织生产经营活动。

第三，熟悉全球化的游戏规则，加强国家经济安全的防范，尤其是加强国家金融安全的防范。中国融入经济全球化后，必须积极主动地熟悉全球化的游戏规则，加强国家经济安全的防范。金融是现代经济发展的枢纽，现代社会经济危机的产生，大多是从金融领域开始的。经济全球化也首先是金融的全球化。金融全球化意味着金融制度和市场结构必将进一步趋同，在设计金融制度结构、监管体系以及会计制度时，中国特色的成分将逐步减少。同时，具有发达国家特色的国际经济组织制定的法规和监管准则，以及同行业间跨国签订的行业管理规范，越来越成为经济全球化运转的基础。未来国内市场将更多地成为整个国际市场的组成部分并与国际市场联成一体。金融政策和金融监管的实施将更多地通过国际协调、合作形式进行，对于日益增多的跨境金融活动和一体化市场，仅靠单个国家进行政策干预、调整和监管将很难奏效，国际性、行业性组织的规则将发挥主要作用。

第四，积极借鉴国际经验，对自身的不合理制度进行改革。在经济全球化进程中，借鉴别国的经验和教训，就可以少走弯路。在参与经济全球化的过程中，我们不能一味盲从，而应积极借鉴别人的经验，吸取别人的教训，对自己各方面不合理的地方进行大胆改革。

第五，严格防止西方敌对势力借经济全球化对我国国家主权进行干涉。社会主义国家在加入经济全球化的进程中，必须顶住发达资本主义国家的压力，采取正确的战略和斗争策略。要防止它们利用经济全球化达到干涉我国内政的目的，进而危及我国的国家主权、安全和政治稳定，对其西化、分化中国的战略图谋，我们要保持高度警惕。

新世纪，新景象，新机遇，新挑战。在经济全球化的浪潮中，中国将抓住机遇，迎接挑战，在经济、政治、文化、社会等方面发生深刻的变革。在激烈的国际竞争中树立起中华民族这杆大旗，实现中华民族伟大复兴的美好愿望。同时，中国的崛起将对世界产生深远的影响，它不但会为发展中国家提供有益的经验，而且会推动经济全球化朝着健康有序的方向发展。

本章关键词

1. 经济全球化　　2. 全球经济一体化　　3. 地区经济一体化

复习与思考题

1. 市场经济全球化有哪些基本特征?
2. 市场经济全球化的必然性何在?
3. 试述地区经济一体化的影响。
4. 试述经济全球化的影响。
5. 面对经济全球化，我国的对策是什么?

第十五章
社会主义市场经济的对外开放

本章重点

1. 对外开放是我国的一项长期基本国策
2. 对外开放的多层次
3. 对外开放的多渠道
4. 对外开放的多元化
5. 努力拓展对外开放，构建更高水平开放型经济新体制

经济全球化逆流和保护主义的出现，使国际社会对经济全球化前景产生了不少担忧。我们认为，国际经济联通和交往是世界经济发展的客观要求。我国经济持续快速发展的一个重要动力就是对外开放。对外开放是基本国策，我们要全面提高对外开放水平，建设更高水平开放型经济新体制，形成国际合作和竞争新优势。

更高水平开放型经济新体制就是要更大程度引入国际先进技术、经营理念、管理经验和市场机会；更强力度拓展人才、经济、技术交流与合作；更大范围、更宽领域、更深层次全面开放。

更高水平开放型经济新体制，是针对我国对外开放中存在的问题提出的。在三个产业中，服务业和农业开放相对落后，成为经济转型升级的短板；“引进来”的体制相对健全，“走出去”的体制相对落后；以商品和生产要素开放为主，借鉴引入国际通行规则、规制不足；微观层面的对外贸易、投资体制较多，利率、汇率、资本流动、人民币国际化等宏观层面的协调考虑不足。

更高水平开放型经济新体制，就是要维护国家经济安全，防范外部风险。我们要健全外商投资国家安全审查、反垄断审查、国家技术安全清单管理、不可靠实体清单等制度，完善涉外经贸法律和规则体系，切实维护我国经济主权、安全和发展利益。

更高水平开放型经济新体制，就是要维护多边贸易体制，推动贸易和投资便利化和自由化，建设高标准自由贸易区，让中国改革发展成果更多惠及世界其他国家。

第一节　对外开放是我国的一项长期基本国策

在世界经济发展中，对外开放已成为世界经济发展的大趋势，无论是发达国家还是发展中国家，无论是资本主义国家还是社会主义国家，都需要投入开放的洪流，你中有我，我中有你。开放的世界需要中国，中国经济的发展更需要开放。

一、我国经济对外开放的必要性

我国经济上的对外开放适应了经济全球化发展的大趋势，也是建立和发展社会主义市场经济的要求。

（一）实行对外开放才能获得国际分工带来的经济利益，实现全球范围合理配置资源

18 世纪中叶，随着资本主义生产方式的确立，商品经济摧毁了自然经济并打破了阻碍开放的闭关锁国壁垒，商品生产迅速发展，推进了国家间的分工与贸易的展开，从而形成了资本和生产国际化的雏形。20 世纪 50—60 年代以来，在新技术革命的作用下，国际分工和协作关系日益加强，生产国际化越来越突出。国际分工使生产趋于专业化，与此同时，企业间、部门间、国家间的协作关系也发展起来。这在不同程度上加强了国与国之间的相互联系，将各个生产力发展水平不同的国家和地区都纳入了国际分工中。而对经济全球化的趋势，任何一个国家，即使地域十分辽阔，资源比较丰富，也难以具备经济增长所需要的全部资源，而总是需要或多或少地从其他国家取得这样或那样的原料以弥补本国资源的不足。任何一个国家，除了需要他国的资源外，还需要他国的市场。只引进不输出或只输出不引进，都不利于社会经济的平衡发展，这就促使市场经济国际化。市场经济国际化、经济全球化的趋势，要求一国的社会再生产不仅要以国际交流和合作为条件，而且要融入世界经济发展中，在全球范围内实现资源的合理配置，享受市场经济国际化的好处。

（二）实行对外开放才能分享世界科技革命的成果

科学技术是生产要素，是第一生产力。在人类社会发展过程中，每一次科技革命的出现都推动了社会生产力飞速发展，促使世界在更大的范围开放，使越来越多的国家分享科技革命带来的益处。特别是第二次世界大战后蓬勃兴起的第三次科技革命，导致了一系列新兴部门如高分子合成工业、原子能工业、电子工业、宇航工业等的产生和迅速发展，各国之间的经济联系和技术交流更加密切。任何一个国家，无论它的科学技术力量多么雄厚，都不可能拥有经济发展所需要的全部技术，也不可能在所有科技领域都居于领先地位。完全靠自身力量去解决本国经济发展中的一切科学技术问题已经不可能。只有将本国经济投入世界经济，才能取长补短，分享世界科技革命的成果。

（三）实行对外开放有利于摆脱贫穷落后

纵观中国历史和现实，在对外开放问题上，我们吃过长期闭关自守的苦头。中国是世界上文明发达最早的国家之一，开放的历史比较早。载入史册的丝绸之路和郑和三下西洋，就是我国对外友好往来和开展商品、技术交流的成功范例。但是，自明成祖去世后，中国开始走上了闭关锁国的道路。特别是到了清朝时期，实行海上禁运，不许任何人到海外去经商，也不许外国商船到中国境内，把中国孤立于世界之外。长期闭关自守，使中国变得贫穷落后。恰恰是在中国自我封闭的约 300 年间，西欧封建制度迅速瓦解，资本主义生产方式有了很大的发展。由于我国长期的闭关政策，一方面，对西方的政治、经济、军事、文化情况缺乏了解，尤其对资本主义生产发展状况了解不够；另一方面，根深蒂固的、落后的、闭塞的封建意识和统治阶级的百般阻挠，使商品经济在中国的发展被扼杀了，加上帝国主义列强的入侵，致使中国社会经济渐趋落后。

中华人民共和国成立以后，第一个五年计划时期是对外开放的，不过那时只能对苏联、东欧开放。当时，我国从苏联获得了约 14 亿美元的贷款，用于引进 156 项成套设备。20 世纪 60 年代中期，我国通过延期贷款方式，利用西方国家的几亿美元，引进了一批急需的石油、化工、冶金、电子精密机械技术设备。这些措施对于建设社会主义经济起到了重要的促进作用。可是，由于 20 世纪 60 年代初中苏关系的恶化，加之我们指导思想上出现了“左”的错误，一度开放的大门又关了起来。特别是到了“文化大革命”期间，我国的经济建设同飞速发展的世界经济完全隔绝开来。正是在对历史和现实的反思中，邓小平指出：“一个国家要取得真正的政治独立，必须努力摆脱贫困。而要摆脱贫困，在经济政策和对外政策上都要立足于自己的实际，不要给自己设置障碍，不要孤立于世界之外。根据中国的经验，把自己孤立于世界之外是不利的。”[①] 中国的发展离不开世界。

（四）实现我国经济的跨越式发展必须实行对外开放

在世界科技革命蓬勃发展的今天，一个后进国家要在较短的时间内，在经济和技术上赶超先进国家，实现跨越式发展，必须大力推行对外开放政策，积极地、广泛地利用和吸收世界上一切文明成果。

第二次世界大战后，日本经济高速增长，在不太长的时间内一跃成为资本主义世界第二经济大国，正是大力推行对外开放政策的结果。日本对外开放的政策主要是：（1）大量引进外国先进技术；（2）积极利用外资；（3）充分利用国外资源和市场。此外，日本还通过吸收别国有益的管理经验，结合本国的特点加以改造，形成具有自身特色的先进的企业管理体制，从而促进了日本经济腾飞。在发展中国家和地区，实行对外开放使经济迅速发展起来的也不乏其例。最引人注目的是 20 世纪 60 年代后崛起的新兴工业化国家或地区，主要以被人们称为“亚洲四小龙”的韩国、新加坡、中国香港和中国台湾为代表。它们除了大量吸收外资之外，还利用发达国家传统工业向海外转移的机会，积极发展出口加工业，参与国际分工与交换，促使经济迅速发展。此外，拉丁美洲的智利和

① 邓小平．邓小平文选：第 3 卷．北京：人民出版社，1993：202.

巴西、东南亚的泰国等国家，也都在发展外向型经济、推进国内经济建设中取得了明显成效。事实表明，拓展国际交流，实行对外开放，是实现国民经济跨越式发展的必由之路。

二、对外开放的长期性和多样性

1978 年 12 月，党的十一届三中全会确定了新时期的基本路线，实现了历史性的伟大转折，与此同时，对外开放作为一项基本政策开始付诸实践。1984 年 10 月党的十二届三中全会通过了《中共中央关于经济体制改革的决定》，正式把对外开放定为我国一项长期的基本国策。就该国策的基本内容而言，包括了两个方面：其一，时间的长期性；其二，内容的多样性。

从时间上讲，我国的对外开放具有长期性。邓小平指出："对外经济开放，这不是短期的政策，是个长期的政策，最少五十年到七十年不会变。为什么呢？因为我们第一步是实现翻两番，需要二十年，还有第二步，需要三十年到五十年，恐怕是要五十年，接近发达国家的水平。两步加起来，正好五十年至七十年。到那时，更不会改变了。即使是变，也只能变得更加开放。否则，我们自己的人民也不会同意。"①1985 年邓小平再次指出："我们的对外开放政策，本世纪内不能变，下个世纪的前五十年也不能变。五十年以后又怎么样？那时，中国同外国在经济上将更加紧密地联系起来，千丝万缕的联系怎么能断得了呢？"② 邓小平的讲话清楚地说明了我国对外开放政策的长期性，消除了世人对此的疑虑。

从内容上讲，我国对外开放具有多样性。

第一，我国对外开放是多渠道的。1978 年 10 月，邓小平访日期间就中日合作问题指出，中国和日本在政治、经济、文化、科技等方面的合作都需要发展。而后，从党的十一届三中全会开始，我们实行了对外开放政策。这一对外开放政策是包括经济、政治、科技、教育、文化、体育、卫生等在内的多渠道、多领域的对外开放。其中，对外经济开放是对外开放的主渠道或核心内容。

对外开放的多渠道，要求对外经济开放也要多渠道。中华人民共和国成立以来，我们一直在搞对外贸易，但并不意味着我们一直在搞对外开放。这不仅是说对外贸易在过去与现在无论内容还是规模都大为不同，而且更为重要的是，单有对外贸易这一个渠道不能算是真正意义上的对外开放。因为国际市场早已不单是指国际商品市场，而是一个包括国际商品市场、国际资金市场、国际技术市场和国际劳务市场等在内的国际市场体系，因此，面对这么多领域的国际市场，对外经济开放也应该是多领域、多渠道的开放。对外经济开放的多渠道主要包括：通过对外贸易，对国际商品市场和服务市场开放；通过引进利用外资、对外投资，对国际资金市场开放；通过国际技术交流、转让，对国际技术市场开放；通过对外承包工程、国际劳务合作、国际旅游等，对国际劳务市场开放。

---

① 邓小平 . 邓小平文选：第 3 卷 . 北京：人民出版社，1993：79.

② 邓小平 . 邓小平经济理论 . 北京：中国经济出版社，1997：148.

其中，对外贸易和利用外资引进先进技术是我国对外经济开放的主要渠道。

第二，我国对外开放是多元化和全方位的。我国在“一五”时期也有某种程度的对外开放，但只是对苏联、东欧等少数国家开放，因此不是完整意义上的对外开放。党的十一届三中全会以后，我们的对外开放政策是更多地同西方发达国家打交道，但这并不意味着我们的对外开放只是对美国、日本、西欧等少数国家开放。其实，我国在相当长时期内的对外开放包括了三个方面：一个是对西方发达国家的开放，我们吸收外资、引进技术等主要从那里来；一个是对苏联和东欧国家的开放；还有一个是对发展中国家的开放。这些国家都有自己的特点和长处，都有可取之处。

第二节 社会主义市场经济对外开放的多层次、多渠道和多元化

一、对外开放的多层次

根据市场经济的要求和我国的国情，在总结我国改革开放实践经验的基础上，我国的对外开放，采取了由东而西、由南而北七个层次的有计划、有重点、有步骤、稳步发展的战略，即经济特区—沿海开放城市—沿海经济开放区—沿江和内陆城市开放区—沿边对外开放—自由贸易园区—“一带一路”。

（一）经济特区

经济特区，是指一个主权国家（或地区）内划出的在经济运行和对外经济活动中实行特殊政策和灵活措施的特别经济区。经济特区的主要形式有自由港、自由贸易区、出口加工区、过境自由区等。

第二次世界大战后，以经济特区形式作为加强国际合作的手段，日益成为世界经济中的普遍现象。尤其是一些发展中国家，在政治上摆脱了殖民主义的控制之后，为了发展民族经济，实现经济起飞，纷纷制定种种优惠政策，竞相兴办经济特区。在我国，党的十一届三中全会后，在邓小平的倡导下，开始了创办经济特区的伟大实践。自1980年以来，先后开放了深圳、珠海、汕头、厦门和海南五大经济特区。1990年开辟了上海浦东新区。在这些特区里，国务院批准率先实行市场经济体制，实行特殊的经济政策和特殊的经济管理体制。具体表现为：发展特区的资金，主要靠利用外资；生产资料所有制结构体系中，以中外合资、合作经营和外商独资经营为主；特区经济的运行机制，在国家宏观调控下，实行市场调节；特区生产的产品，以外销为主；对外来投资企业，在税收、土地使用费、人员出入境和物资进出口方面，给予特殊优惠和方便；国家给予特区较多的自主权。在经济上允许特区大胆地按市场经济的原则搞生产经营，按国际惯例搞经济建设。它在我国对外开放的格局中，是对外开放的较高层次，是我国对外开放的“排头兵”。

正是上述的“特”，使特区成为我国利用外资，开设“三资”企业最集中的地区，是引进科技和先进管理经验最集中的地区。这种优势加上特区历史、地理位置的优势，使

它们处于对外开放的前沿阵地，处于国内市场与国际市场接轨的交叉点上，是我国进出口贸易的桥梁，是我国开展对外交流的重要渠道。对于经济特区的重要作用，邓小平1984年视察深圳时指出，特区是个窗口，是技术的窗口、管理的窗口、知识的窗口、对外政策的窗口。特区的“窗口”功能，发挥着对内、对外两个扇面辐射的枢纽作用。对外开放以来，特区经济取得了举世瞩目的成就。

在创办特区的过程中，对于特区的性质，意见纷纭，邓小平亲赴特区视察，从实践中获得了正确的答案。他说：“对办特区，从一开始就有不同意见，担心是不是搞资本主义。深圳的建设成就，明确回答了那些有这样那样担心的人。特区姓‘社’不姓‘资’。”[①]

2017年4月，国家决定建立雄安新区。这是党中央、国务院继设立深圳经济特区和上海浦东新区之后又设立的一个具有全国意义的新区。

雄安新区规划范围涉及河北省雄县、容城、安新三县及周边部分区域，地处北京、天津、保定腹地，区位优势明显，交通便捷通畅，生态环境优良，资源环境承载能力较强，现有开放程度较低，发展空间充裕，具备高起点、高标准开发建设的基本条件。雄安新区规划起步区面积约为100平方千米，中期发展区面积约为200平方千米，远期控制区面积约为2 000平方千米。

设立雄安新区是党中央深入推进京津冀协同发展做出的一项重大决策部署，对于集中疏解北京非首都功能，探索人口经济密集地区优化开发新模式，调整优化京津冀城市布局和空间结构，培育创新驱动发展新引擎，具有重大现实意义和深远历史意义。

（二）沿海开放城市

1984年初，邓小平视察经济特区时明确要求，在办好深圳、珠海、汕头、厦门四个特区的同时，进一步扩大对外开放区域。1984年5月，在总结对外开放经验的基础上，国务院进一步开放了大连、天津等14个沿海城市。[②] 1985年、1988年先后增加了营口市和威海市。

1992年，中共中央、国务院又决定对5个长江沿岸城市，东北、西南和西北地区13个边境市、县，11个内陆地区省会（首府）城市实行沿海开放城市的政策。

在这些城市里，经批准还可兴办经济技术开发区。现在，在这些地方绝大部分都兴办了经济技术开发区，其中上海兴建了3个。这些沿海开放城市是我国对外开放的第二个层次，其改革开放和市场化程度低于经济特区。国家给它们的优惠政策是：（1）扩大自主权。凡利用外资建设新厂和改造老企业的，天津、上海每个项目的审批权限放宽到3 000万美元以下，大连放宽到500万美元以下，非生产性项目不论其投资额为多少，由各市自行审批。（2）对前来投资的外商，实施优惠政策。例如，对外商作为投资进口的机器设备、用于出口产品生产的原材料以及企业自用的交通工具及办公用品免征关税；凡属技术、知识密集型项目或交通、能源等建设项目，只征收15%的企业所得税；一般

---

① 邓小平．邓小平文选：第3卷．北京：人民出版社，1993：372.

② 14个沿海港口城市为：大连、秦皇岛、天津、青岛、烟台、连云港、南通、上海、宁波、温州、福州、广州、湛江、北海。

性工农业生产项目按24%征收所得税；在经济技术开发区内，大体执行经济特区规定的外商投资所享受的优惠待遇。

（三）沿海经济开放区

为了扩大上述优惠政策的实施范围，1985年1月，国务院又决定将长江三角洲、珠江三角洲、闽南厦漳泉三角地区开辟为沿海经济开放区。1987年以来，又陆续将胶东半岛、辽东半岛、济南市和广东的韶关、河源、梅州等市以及福建、浙江、江苏、河北、广西壮族自治区的许多沿海城市、县列入沿海经济开放区。至此，我国东部由北而南连接成近万里的一大片狭长的对外开放前沿地带。这是我国对外开放的又一重大步骤。在沿海经济开放区，除实施沿海港口城市通行的优惠政策外，还对外商投资经营加工工业和为促进农业发展而投资经营的农、林、牧、副和养殖业等给予优惠。

沿海经济开放区的开放，使我国广大以农业为主的地区在市场经济的道路上迈出了突破性的一步。我国东部沿海开放带的外向型经济发展迅速，长江三角洲年创社会总产值和出口创汇额均占全国两成以上。进入20世纪90年代以来，我国又在沿海开放地区逐步兴办了各种保税区。第一个是1990年兴办的上海外高桥保税区（全国最大的保税区）。此后，又在天津、深圳沙头角（全国最小的保税区）和福田开辟了保税区；1993年又在山东、浙江、江苏、福建、海南、大连、广州、厦门、汕头和珠海等省市兴建了保税区。

保税区是我国对外开放进一步发展的产物，是按"同国际市场接轨，按国际惯例经营"的总体思路设立的，因此，在保税区内实行比特区更优惠的政策。这表现在：（1）吸收了世界自由贸易区或出口加工区中保税优惠的做法，即出入保税区的商品，不缴纳进出口税，只有从保税区进入关境的商品才缴纳进口税。这对于引进外资和活跃进出口贸易比现有特区内的一般地区更具有吸引力。（2）在保税区内比区外有更多的自主权、更多的优惠政策和更大的灵活性，如区内免许可证，各国货币自由流通，企业外汇金额留成。总之，在保税区内真正做到了"四个自由"：货物进出自由、人员进出自由、外汇兑换自由、贸易自由。保税区是开放区内最大的特区，其内完全实现了自由市场原则，它是接通我国经济与世界市场这两条电缆的"插座"，是我国经济市场化程度最高的区域。保税区自建立以来，取得了巨大的成绩。

（四）沿江和内陆城市开放区

进入20世纪90年代，国家决定进一步推进广阔内地的对外开放。1990年，国务院批准建设上海浦东新区，特别是在1992年初邓小平重要的南方谈话的鼓舞下，我国掀起了对外开放的又一个高潮，除继续推动5个经济特区、14个沿海港口城市和众多沿海经济开放区进一步扩大开放外，1992年6月，又沿长江进一步开放了芜湖、九江、武汉、岳阳、重庆5个城市。至此，长江沿岸10个主要中心城市已全部开放。同年又开放了哈尔滨、长春、呼和浩特、石家庄等4个边境、沿海地区省会城市以及太原、合肥、南昌、长沙、成都等11个内陆省会城市，形成了以省会城市为中心的内陆开放区和以上海浦东开发区为龙头的长江流域开放带。这是我国对外开放的第四个层次。国务院允许内陆开放区的省会城市和其他城市在吸收外资项目上实行沿海开放城市的有关政策。在这些城市内，凡经国家批准建立的高新技术开发区，其内符合产业政策的重大项目和高新技术项目，均可享受类似经济技术开发区的优惠，实行产业倾斜政策，允许拓宽利用外资的形式，采取更灵活的方式吸引外资。内陆地区的开放，在打开各省、市封闭的门户，调动各省、市吸引外资，引进先进科技和先进管理经验，促使我国经济从计划经济向市场经济转轨，加快全国市场经济体制的形成方面，均起到了不可估量的作用。

（五）沿边对外开放

1992 年初，邓小平视察南方后，继开放内陆地区之后，国务院又先后决定开放珲春、绥芬河、黑河、满洲里、二连浩特、伊宁、塔城、博乐、河口、畹町、瑞丽、凭祥、东兴等 13 个边境市、县、镇。国务院允许这些边境城市实行沿海开放城市的优惠政策，为其创造了良好的投资环境，并赋予这些城市发展边贸以更大的自主权。至此，开放势头正在由点到线到面纵深推进，一个以沿边开放城市为窗口，以边境市县为前沿，以省会等中心城市为依托，面向东北亚、中亚和东南亚市场的多层次的沿边开放格局正在逐步形成。这是我国对外开放的第五个层次。

20 世纪 80 年代至 90 年代初，我国对外开放主要集中在沿海，东部地区集中了全国约 90% 的进出口、85% 的外资和 75% 的对外投资。为了改变这种不平衡发展状况，扩大沿边开放对于优化开放空间布局、促进区域协调发展、构建和谐周边环境具有重要战略意义。为了进一步提高沿边对外开放水平，2016 年 1 月，国务院颁发了《关于支持沿边重点地区开发开放若干政策措施的意见》。该意见综合考虑了沿边经济发展、边疆稳定、民族团结、周边安宁的重要性，从推进兴边富民、改革体制机制、调整贸易结构、促进特色优势产业发展、提升旅游开放水平、加强基础设施建设、加大财税支持力度、鼓励金融创新与开放等八个方面提出了几十条政策措施。这些举措极大地促进了沿边对外开放的发展。

（六）自由贸易园区

自由贸易园区是指，在缔约方境内的一部分领土内的进口货物税费通常被视为在关境以外，并免于实施惯常的海关监管措施。自由贸易园区的主要特征是，法律上处于“境内关外”地位，位置上隔离封闭，形式上通常是港区联合，功能定位为综合发展，管理和法制保障健全完备，海关监管便捷，配套政策优惠力度最大。

自由贸易园区实行政府职能、金融、贸易、外商投资、税收等多项改革。这些改革将推进区域内功能创新和转型升级，加快贸易、金融、航运、物流、制造、会展等产业融合发展，进而形成辐射和带动效应，为我国转变经济发展方式提供符合世界经济发展潮流的先进模式。

2013 年，我国建立了中国上海自由贸易试验区。此后，相继建立了天津、福建、广东、辽宁、浙江、河南、湖北、重庆、四川、陕西等多个自由贸易园区。2018 年、2019 年，新设了海南、山东、江苏、广西、河北、云南、黑龙江 7 个自由贸易试验区。自由贸易园区与传统自由贸易区不同。自己的地方，自己做主，自己制定经济规则，国内外企业均可参与。

2019年2月18日，中共中央、国务院印发了《粤港澳大湾区发展规划纲要》，纲要中明确了粤港澳大湾区的建立和发展。粤港澳大湾区包括香港特别行政区、澳门特别行政区和广东省广州市、深圳市、珠海市、佛山市、惠州市、东莞市、中山市、江门市、肇庆市，总面积为5.6万平方公里，2017年末总人口约为7 000万人。依托香港、澳门作为自由开放经济体和广东作为改革开放排头兵的优势，继续深化改革、扩大开放，在构建经济高质量发展的体制机制方面走在全国前列、发挥示范引领作用，加快制度创新和先行先试。建设现代化经济体系，把粤港澳大湾区建成具有全球影响力的国际科技创新中心，世界新兴产业、先进制造业、现代服务业基地和世界级城市群。

粤港澳大湾区的发展分为两步走。第一步，到2022年，粤港澳大湾区综合实力显著增强，粤港澳合作更加深入广泛，区域内的发展动力进一步提升，发展活力充沛、创新能力突出、产业结构优化、要素流动顺畅、生态环境优美的国际一流湾区和世界级城市群框架基本形成。第二步，到2035年，大湾区形成以创新为主要支撑的经济体系和发展模式，经济实力、科技实力大幅跃升，国际竞争力、影响力进一步增强；大湾区内市场高水平互联互通基本实现，各类资源要素高效便捷流动；区域发展协调性显著增强，对周边地区的引领带动能力进一步提升；人民生活更加富裕；社会文明程度达到新高度，文化软实力显著增强，中华文化影响更加广泛深入，多元文化进一步交流融合；资源节约集约利用水平显著提高；生态环境得到有效保护，宜居宜业宜游的国际一流湾区全面建成。

建设粤港澳大湾区，有利于丰富“一国两制”实践的内涵，密切内地与港澳交流合作，为港澳经济社会发展以及港澳同胞到内地发展提供更多机会，保持港澳长期繁荣稳定；有利于贯彻落实新发展理念，深入推进供给侧结构性改革，加快培育发展新动能，实现创新驱动发展，为我国经济创新力和竞争力不断增强提供支撑；有利于进一步深化改革、扩大开放，建立与国际接轨的开放型经济新体制，建设高水平参与国际经济合作新平台；有利于推进“一带一路”建设，通过区域双向开放，构筑丝绸之路经济带和21世纪海上丝绸之路对接融汇的重要支撑区。

2020年6月1日，中共中央、国务院印发了《海南自由贸易港建设总体方案》。该方案决定在海南全岛建立自由贸易港。自由贸易港相比自由贸易园区有其特点，例如零关税、简税制、低税率、审批更便捷等，是更加开放的市场化运行。

方案的实施分两个阶段进行。到2025年，初步建立以贸易自由便利和投资自由便利为重点的自由贸易港政策制度体系。营商环境总体达到国内一流水平，市场主体大幅增长，产业竞争力显著提升，风险防控有力有效，适应自由贸易港建设的法律法规逐步完善，经济发展质量和效益明显改善。到2035年，自由贸易港制度体系和运作模式更加成熟，以自由、公平、法治、高水平过程监管为特征的贸易投资规则基本构建，实现贸易自由便利、投资自由便利、跨境资金流动自由便利、人员进出自由便利、运输来往自由便利和数据安全有序流动。营商环境更加优化，法律法规体系更加健全，风险防控体系更加严密，现代社会治理格局基本形成，成为我国开放型经济新高地。到本世纪中叶，全面建成具有较强国际影响力的高水平自由贸易港。

自由贸易园区和自由贸易港的建立是我国对外开放的第六个层次。

(七)“一带一路”

丝绸之路经济带涵盖东南亚经济、东北亚经济以及二者融合通向欧洲，形成欧亚大陆经济。21 世纪海上丝绸之路是从海上联通欧亚非经济。根据“一带一路”的走向，陆上依托国际大通道，以沿线中心城市为支撑，以重点经贸产业园区为合作平台，共同打造新亚欧大陆桥、中蒙俄、中国—中亚—西亚、中国—中南半岛和中巴、孟中印缅等国际经济合作走廊；海上以重点港口为节点，共建临港产业集聚区，推进公铁水及航空多式联运，共同建设通畅安全高效的运输大通道。“一带一路”地区覆盖人口约 46 亿，占世界人口的 60% 以上，GDP 总量达 20 万亿美元，约占全球 GDP 的 1/3。

创建“一带一路”是中国经济走向世界所需，也是推动世界经济继续前行之路。2013 年 9 月和 10 月，中国国家主席习近平在出访中亚和东南亚国家期间，先后提出共建“丝绸之路经济带”和“21 世纪海上丝绸之路”的重大倡议，得到了国际社会的高度关注。2014 年，中国在亚太经济合作组织会议上宣布提供 400 亿美元成立丝路基金。2015 年 3 月 28 日，国家发展改革委、外交部、商务部联合发布了《推动共建丝绸之路经济带和 21 世纪海上丝绸之路的愿景与行动》。2017 年 5 月，我国成功举办“一带一路”国际合作高峰论坛，140 多个国家和 80 多个国际组织的 1 600 多名代表出席，取得了 5 大类、76 大项、270 多项合作成果。

2019 年 4 月，第二届“一带一路”国际合作高峰论坛在北京举行。38 个国家元首和政府首脑、联合国秘书长和国际货币基金组织总裁共 40 位领导人出席圆桌峰会。来自 150 个国家、92 个国际组织的 6 000 余名外宾参加了论坛。论坛的主题是“共建‘一带一路’，开创美好未来”。论坛期间，有关国家和国际组织在交通、税收、贸易、审计、科技、文化、智库、媒体等领域，同中方签署了 100 多项多双边合作文件。一些国家和国际金融机构同中方签署了开展第三方市场合作文件。2022 年 12 月，已有 150 个国家和 32 个国际组织同中方签署了 200 余份共建“一带一路”合作文件。

“一带一路”建设是我国对外开放，实现内外联动发展的第七个层次。随着我国同沿线各国和国际组织合作协议的逐步落实，我国的装备、技术、投资、标准进一步融入世界，国内的经济发展和转型升级也会迎来更为广阔的空间。“一带一路”建设同长江经济带、京津冀等区域发展战略紧密结合，为引领我国经济发展新常态、打造东中西部联动发展注入了强劲动力。

几年来的实践表明，“一带一路”是促进共同发展、实现共同繁荣的合作共赢之路，是增进理解信任、加强全方位交流的和平友谊之路。我们要乘势而上、顺势而为，推动“一带一路”建设行稳致远，将“一带一路”建成和平、繁荣、开放、创新、文明之路。

二、对外开放的多渠道

对外开放的多渠道主要是指，通过商品、服务、资金、技术、管理等资源的交流，实现生产要素在全球范围的有效配置。

（一）对外贸易

1. 对外贸易的作用和原则

（1）对外贸易的作用。对外贸易是商品经济发展的产物。它是指一个国家或地区同其他国家或地区间的商品买卖，它由进口贸易和出口贸易两部分组成。对外贸易是国家商业的一部分，是国内商业向其他国家或地区的延伸和扩展。对外贸易在国民经济中发挥着重要作用，主要表现为：

第一，丰富国内生产资料和生活资料。通过进口机器设备、原材料和生活资料，解决国内短缺和急需的生产资源、生活资料，满足扩大再生产的需要和人民日益增长的物质文化需要。

第二，是国家外汇资金的重要来源。在国际商品交换中，存在着国际价值与国内价值之差，通过出口国内价值低而国际价值高的商品，可以节约本国的社会劳动。而且大量外汇要通过对外贸易来换取，所以对外贸易是国家财政收入和外汇收入的重要来源。

第三，促进国内经济市场化。国内产品通过出口进入国际市场，参与国际竞争，并引入国际竞争机制，使国内企业按世界市场的规范和标准从事生产和经营，从而促进了国内经济市场化，提高了我国产品的国际竞争力。

（2）对外贸易的原则。我国对外贸易实行的是平等互利的原则。平等互利是指，进出口商品的品种、质量和规格均符合双方的要求，不允许倾销；商品的价格公平合理，反对掠夺性贸易；进出口商品不附加任何政治上的不平等条件，不损害双方主权和领土完整。

2. 对外贸易的形式

对外贸易的形式多种多样，主要有：

（1）易货贸易。这是一种把进口和出口直接联系起来，要求交易双方有进有出，货物品种相当、对等交换，进口和出口平衡的对外贸易方式。在易货贸易中，双方协商以某一国的货币单位计价和结算，以货换货，诸笔平衡，不用外汇支付。这种形式有利于克服由于外汇不足而造成的贸易障碍。但这种形式仅限于具有不同使用价值的商品的交换，难以使商品种类适合同一交换对象的需要，进出口金额也难以完全对等，因而交换过程复杂，并影响出口商品的正常销路和价格等。

（2）补偿贸易。这是在信贷基础上买进外国机器设备和生产技术等，用投产后的其他产品清偿贷款的一种贸易形式。补偿贸易按清偿贷款的方法可分为直接产品补偿和间接产品补偿两种方式。前者是用进口设备直接制造出来的产品补偿；后者是用与进口设备没有直接联系的其他商品补偿。

（3）转手贸易。又称三角贸易，这种贸易方式要涉及两个以上的当事人，是在记账贸易情况下以取得现汇为目的的一种特殊的贸易方式。最简单的转手贸易是将根据记账办法买下的货物运到国际市场转售，从中取得现汇。复杂的做法是在记账贸易项下握有顺差的一方将该项顺差转让给第三方，以换取其所需要的商品或设备，然后由该第三方利用该项顺差在相应的逆差国购买货物，再运往其他市场销售，以收回现汇。

此外，对外贸易还有单进单出逐笔售定的方式和来料加工、来件装配、来样加工出口等贸易方式。在对外贸易中，我们要根据需要和可能，采取灵活多样的方式。

改革开放以来，我国对外贸易取得了巨大成就。进入 20 世纪 90 年代，我国外贸已从过去长期逆差转为顺差，进出口总额从 1978 年的 206 亿美元提高到 2020 年的 4.646 2 万亿美元，多年来世界排名第一。我国出口产品的技术含量不断增加，质量稳步提高；贸易结构优化，高污染、高能耗、资源型产品出口增速明显回落。我国对外贸易的国际竞争力不断提升。

自 2000 年以来，世界货物贸易的发展进入了缓慢增长期，然而服务贸易的年增长率却保持在 10% 左右。服务贸易是指一国劳动者为他国消费者提供服务的交易行为。按照《国际服务贸易统计手册》的划分，服务贸易通常包括：运输服务，旅行服务，建筑服务，保险服务，金融服务，电信、计算机和信息服务，知识产权使用费，个人、文化和娱乐服务，维护和维修服务，加工服务，政府服务，其他商业服务，等等。世界经济服务化倾向越加明显。服务贸易已成为全球贸易发展新引擎。中国的服务贸易进出口总额从 2000 年的不足 1 000 亿美元，发展到 2021 年的 7 735 亿美元，已连续多年为世界第二大服务贸易国。与 2018 年相比，我国服务贸易总额有所降低，但服务贸易总体保持平稳发展，逆差明显下降，结构不断优化，高质量发展初步显现，服务贸易竞争力不断提升，长期向好的趋势没有改变。

与发达国家相比，我国服务贸易的发展水平仍需提高。服务贸易发展还存在不平衡、不充分、开放不足的问题。一是服务贸易占对外贸易比重较低。2018 年我国服务贸易占外贸总额比重为 14.6%，低于 22.3% 的世界平均水平。二是服务贸易出口竞争力较弱。我国多年存在着服务贸易进出口逆差。2018 年我国服务贸易逆差额达 2 582 亿美元，居世界首位。三是服务贸易结构不合理。国际上知识产权使用费、信息技术服务、文化娱乐服务、养老服务、保险服务、金融服务、技术服务、其他商务服务等知识密集型服务出口占比为 50% 以上，美国、英国达到 60% 以上，远远高于我国 34.7% 的水平。四是服务贸易没有跟上货物贸易发展。与货物贸易运输紧密相关的物流、仓储及保险这三种服务贸易发展不到位，存在很大的发展空间。

存在的问题正是发展的潜力。经过几年努力，我国服务贸易逆差已缩减到 327.5 亿美元。我们要在解决问题中继续推进服务贸易更高水平开放，在加快形成开放的国内国际双循环中，促进服务贸易取得更大成绩。

（二）对外资金交流

1. 利用外资的形式

利用外资主要是利用外国政府资金、国际金融组织资金、国外私人银行和企业的资金、本国侨民的资金、本国银行吸收的国外银行存款、证券市场吸收的外资和货币交换等。利用外资的形式主要有：

（1）国家信贷。国家信贷是指某国政府对另一国政府提供的双边信贷。一些国际金融组织的贷款也属于这一类。这种贷款利息低（或无息）、期限长（20 ～ 30 年），但数额不大，并限制使用方向。

（2）私人信贷。私人信贷分为商业贷款和银行贷款。商业贷款是指出口商对进口商提供的商业信用，即延期支付。其利息包括在商品的价格中，所以该商品价格高于国际市场现行价格。银行贷款是指由外国银行提供的贷款，它可以用买方信贷和卖方信贷的形式表现。私人信贷数额可大于国家信贷，但贷款期限短，利率高。

（3）国外存款。国外存款是本国银行的国外分支机构在国外吸收的外汇存款，其中一部分呆滞存款可调回本国利用。利用这一部分存款与借用外国银行贷款相比更为优越。利用这种存款只需支付存款利息和手续费，而不受使用方向的限制。

（4）国际债券。国际债券是指某国政府、企事业单位和金融机构在国际债券市场上用外国货币发行的债券。如日本以外的国家在日本债券市场上发行日元债券，发行前要经日本政府批准，要受发行国政府的管理和法律约束，所以国际债券的发行有一定难度。但它的发行期长，与中长期银行贷款差不多，利率低于银行贷款利率，使用自由，又因购券对象分散、潜力大，容易获得大量现汇。所以，发行国际债券也是利用外资的一种较好形式。

（5）直接投资。以上四种属于间接投资，与其相对的是直接投资。它是指国外投资者参与经营活动，直接投入另一国的资金。我国吸收国外直接投资的方式主要有中外合资经营、中外合作经营和外商独资经营。直接投资与国际信贷相比，对利用外资的国家来说，其优点是：一般不会形成外债负担，更有利于引进技术和管理方法。因为企业经营的好坏关系到投资者的切身利益，他们必然设法采用先进技术和科学的管理方法。所以，直接投资是我们利用外资的较好形式。此外，我们还应积极探索通过收购、兼并、投资基金和证券投资等方式利用好外资。商务部发布的《中国外资统计公报 2020》显示，“十三五”时期，我国吸收外资总量达 5 496 亿美元，年均增长 1%。2017—2021 年，我国连续多年位居全球第二大引资国。

（6）货币互换。金融危机的爆发使美元不再坚挺，影响了以美元计价的世界贸易。为了规避汇率风险，稳定外贸发展，贸易国家和地区之间有必要建立双边货币互换机制。2021 年，我国先后与 40 个国家和地区签署了本币互换协议，有效金额为 3.54 万亿元人民币。我国通过货币互换并且与互换国签订固定汇率，增强了别国对人民币的信心，免去了兑换美元的中介费用，降低了外贸成本，促进和加强了双边贸易的发展，也有利于人民币国际化。

2. 合理、有效地利用外资

目前，我国利用外资已进入一个新的发展阶段。为了更好地利用外资，我们必须合理地确定使用外资的规模、结构和方向。

（1）合理利用外资的总量规模。多年来，我国利用外资的增长速度较快，规模逐步扩大。在规模扩大的过程中，应注意主客观条件的限制，避免盲目性。根据近些年利用外资的经验和教训，今后我们在引进和利用外资上应以吸收直接投资为重点，并且直接利用外资的数量规模应与国内配套能力相适应。在借用外资方面，也要考虑我国经济发展的需要和偿还能力，做到适当、高效，建立责权利统一的借用、归还管理体系，防范金融风险。

（2）合理利用外资的产业结构。我们应按照国家产业政策积极有效地引导外资投向国民经济亟须发展的部门和国家重点经济建设项目。

（3）合理利用外资的地域投向。近年来，中西部地区利用外资占全国利用外资的比重逐步加大，但与沿海地区相比仍有较大差距。因此，在沿海地区改善产业结构、提高技术水平的同时，我们应努力促使外资向内陆发展。通过政策倾斜等措施鼓励中西部地区吸收外资开发自然资源，使劳动密集型项目向内陆地区实行梯度转移，这是我国今后吸引外资的一个方向。这将有利于我国产业结构的层次分布、梯度转移和升级，促进整体经济的发展。

在利用外资中容易出现注重利用外资的数量而忽视利用外资的质量，特别是不重视通过外资吸收先进技术的问题。随着我国投资环境的改善，国际大型跨国公司陆续进入我国，我们应抓住这个机遇，在吸收跨国公司资金的同时，吸收先进技术。在技术转让方面，我们在谈判设立合资项目时，要坚持设立研究开发中心。要把研究开发能力的提高作为衡量吸收跨国公司投资主要成效的标准，从而成为我们吸收外商投资的政策目标。

3. 引进外资的作用

（1）弥补国内建设资金不足，促进产业结构调整。利用外资对我国国民经济的增长发挥了重要作用，促进了产业结构优化升级。现在，我国吸收外资项目的平均规模不断扩大，结构不断优化。外商投资的重点，已由一般制造业发展到基础产业、基础设施和高新技术产业。

（2）引进国外先进技术。外资的引进，特别是通过直接投资带来大批先进技术和设备，促进了我国机械、电子、汽车、建材、纺织、医药等行业的技术进步，填补了部分产业产品的空白；通过引进外资，带动了许多国有、集体和私营企业的技术改造，促进了我国对外经济的发展。

（3）利用外资促进了我国经济体制改革和社会主义市场经济体制的完善。外商投资企业的大量建立促进了我国所有制结构的调整，形成了以公有制为主体、多种所有制并存的局面。外商投资企业普遍采用符合市场经济体制要求的企业组织结构和经营方式，为内资企业特别是国有大中型企业的改制和转换经营机制提供了范例。外商投资企业产前产后的联系也将更多的内资企业引导到市场经济的轨道上，削弱了旧体制的控制力。外商投资企业的大量建立极大地促进了商品流通、人员流动和价格等方面的市场化进程。在外贸制度、外汇体制和会计制度等方面，外商投资企业的市场化运作都对改革产生了直接影响。所有这些均促进了我国社会主义市场经济体制的建立和完善。

4. 对外直接投资

对外直接投资是指，我国企业、团体在国外及港澳台地区以现金、实物、无形资产等方式投资的经济活动。我国开展对外直接投资水到渠成，是国内外经济发展的客观要求。

首先，发达经济体总体经济在复苏，对外国的投资有需求；发展中经济体进行工业化，也需要外来的资金。这些经济体为了吸引外来资金都出台了一些投资便利化措施。

这些为我国对外直接投资提供了需求。

其次，中国是世界第二大经济体，也是第一货物贸易大国和第一制造业大国，外汇储备连续多年位居世界首位，并且企业对引进的技术等加以吸收、改进和创新，逐步形成了自己特有的优势。这些为中国开展对外直接投资提供了坚实的物质基础。

再次，中国的改革开放和近年来开展的“一带一路”建设、国际产能合作，为对外直接投资提供了难得的机遇。

最后，对外直接投资是中国与世界各国经济深度融合、实现互利共赢的桥梁。在世界经济一体化的背景下，面对激烈的国际竞争，我国企业必须增强国际竞争意识，积极“走出去”。

对外直接投资对我国经济发展有着多方面的意义：

第一，通过对外直接投资实施海外并购，有助于我们获得设计、研发、营销、服务等高端生产要素，有助于提高我国在全球价值链、产业链、物流链中的地位，有助于国内经济结构调整和升级。

第二，可以建立稳定的国外能源、资源供应渠道，开发国外资源为我所用，利用国外资源弥补国内资源的短缺，促进经济可持续发展。

第三，可以开辟新的出口市场，建立贸易企业、零部件组装和加工企业，改变我国出口市场过分集中的状况，实现出口市场多元化，掌握国际竞争主动权。

第四，在一些产能过剩的行业，企业将研发、生产、营销等环节在全球范围内进行优化配置，可以化解国内过剩产能。同时，将一些技术装备转移到资源和劳动力相对有优势的国家和地区，还可以显著提升产品竞争力，规避贸易壁垒。

第五，可以利用境外智力，提高创新能力。开展对外直接投资，设立产品设计和研发中心，招揽境外高端人才，利用外部智力和研发资源，可以提高企业的自主创新能力，增强企业的跨国经营能力。

现在，我国对外直接投资已取得了可喜成果。中国的对外直接投资在流量上已经位居世界前列，但与发达国家相比在存量上仍处于较低发展阶段。中国对外直接投资存量与美国相比，存在较大差距；即使与英国、德国、法国和日本相比，也存在明显不足。

差距就是潜力，差距就是动力，差距鞭策我们要继续努力扩大对外投资。在对外直接投资中，要审慎决策、精准投资，努力提高对外投资质量和效率，积极参与“一带一路”建设，融入全球产业链和价值链。

对外投资要注意投资风险。政府要注意与有关国家商签投资保护协定，通过法律形式保护中国企业和人员在海外的利益。对外投资主体也要做好境外投资风险防范工作。

（三）对外科技交流

1. 对外科技交流的形式

对外科技交流是指科学技术的引进或出口。各个国家在科技方面都有其优势，但总体上看，发达国家在科技方面居于领先地位，因此，发展中国家在科技贸易中是以引进为主的。科技引进的方式有两大类：贸易性和非贸易性。

贸易性形式有：许可证贸易（其中包括专利许可、技术许可、商标许可）、咨询服务、进口成套设备等。非贸易性形式有国际学术会议、科技人员互访、聘请外国专家讲学、派遣留学生、各国研究机构交流文献和情报以及举办外国设备展览会等。科技引进的形式是多种多样的，应根据具体国情，选择最佳引进方式，以便取得最佳经济效益。

2. 科技引进的原则

科技引进是落后国家赶超先进国家的必由之路，是迎接世界新技术革命潮流的紧迫需要。但是，只有遵循正确的引进原则，才能真正发挥引进的作用。

（1）引进尖端技术、最新技术和引进适用技术相结合。适用技术又称硬件技术，它是指从本国经济条件、科技水平和社会需要出发，引进后能迅速提高劳动生产率，形成生产能力和增加产量的技术，即能直接受益的技术。社会主义国家在工业起步时期，只能以引进适用技术为主。我国经过 40 多年改革开放的大发展，工业化程度取得了巨大的进步，对尖端技术、最新技术已具备了相当程度的吸收、消化和创新能力，因而不能再以引进适用技术为主，而应该把引进尖端技术、最新技术和引进适用技术恰当地结合起来。

（2）技术引进、消化、吸收和创新相结合。一般说来，社会主义国家引进的技术，不是发达国家的最新技术，甚至是即将被淘汰的技术，所以，单纯的引进仅仅有助于缩小差距，而无助于消灭差距，更不可能实现超越，这是一条规律。社会主义国家要赶超世界先进国家，跻身于世界先进国家之林，必须在引进的基础上，把消化、吸收和创新结合起来，走一条自己发展科技的道路。把消化、吸收和创新结合起来是世界各国科技发展的普遍道路，社会主义国家也不例外。

3. 引进尖端技术、最新技术的主要方式

在科学技术的引进过程中，我国主要是通过外商直接投资带来了一批先进实用的技术，填补了我国许多产品技术的空白，使许多行业的大批产品实现了更新换代，一大批老企业的技术设备得到了改造。外商投资促进了我国汽车、电子、通信等重要企业的发展。我国通过引进、合资生产的彩电、微电机、汽车、电梯、冰箱、洗衣机等许多产品，不仅满足了国内市场的大部分需求，还有部分产品大量出口。通过各种途径引进、消化、吸收的先进技术，以及外商投资企业生产的产品已成为我国出口增长的重要源泉。

4. 引进外国智力

在世界新技术革命浪潮的推动下，国际经济合作关系发生了很大变化，国际经济竞争在很大程度上表现为技术力量的竞争，而技术实力的强弱主要看掌握先进技术知识的人才数量。在社会生产中，人才也是一种资本，而且是很重要的资本。一个国家如果拥有大批掌握科学技术的专家、工程师、设计师和高级管理人才，那么就掌握了最重要的资本，它的经济发展也就有了希望。一些发达国家历来将人才视为无形投资，千方百计引进科学家和技术人员，以促进本国经济发展。美国从 1865 年南北战争结束后，一直注重引进人才。第二次世界大战后，众多科学家、工程师、科技人才流入美国，这对美国战后经济的发展起到了巨大推动作用。

借鉴国外经验，我们也在积极引进外国智力。我国的智力引进一方面是鼓励广大留学人员回国创业，另一方面是聘请外国专家、学者。

5. 科技领先的意义

科技现代化是四个现代化的基础，是国民经济现代化的关键。只有抓好科技，才能促进和实现我国经济发展的战略目标。我国是发展中的社会主义国家，科技水平总体上落后于发达的资本主义国家，要赶超世界先进水平，只能以跨越式的步伐前进，而引进先进科学技术正是实现这一目标的有效途径。因此，我国必须着力搞好科技引进、消化、吸收和创新工作。

三、对外开放的多元化

我国经济对外开放的多元化表现在三个方面：一是对不同国家、地区的开放；二是对世界不同经济组织的开放；三是对区域经济组织的开放。实施市场多元化战略，有利于推动我国全方位对外开放，加强同发展中国家的团结与合作；有利于缓解世界经济区域集团的消极影响，提高我国经济的国际竞争力；有利于保持我国外贸持续、快速、健康发展。因此，这是一项关系到我国对外开放长远发展的战略决策。

（一）对不同国家、地区的开放

改革开放初期，我国的对外开放面窄，过于集中在少数国家和地区，使得我国在国际经济舞台上回旋余地不大，过分依赖少数国家和地区，对我国不利。根据世界市场的变化和针对我国对外开放中的不足，21 世纪初我国提出并开始实施市场多元化战略。该战略的基本思想是：在继续巩固西方发达国家和港澳市场，特别是欧盟市场的同时，加快开拓发展中国家、东欧国家、独联体国家和周边国家的市场，力争对后一类市场出口比重逐步有所提高，以避免对某一市场过度依赖造成的市场风险。

1. 巩固和发展我国港澳地区、日本、美国和欧盟市场

我国港澳地区、日本、美国和欧盟市场已成为我国固有的市场。我们必须继续巩固和发展同这些国家或地区的经济往来，其中，对欧盟市场应予以特别关注，扩大同欧盟的经济往来是我国实施多元化战略的重要组成部分。我国发展同欧盟的经济交往尚有巨大潜力。但随着欧盟市场的形成和完善，我国与欧盟的经济交往会遇到新的挑战。我们要积极引进欧盟国家的跨国公司来华投资，加强与它们的国际分工和协作，以此提高我国主导产业的技术水平及质量，并利用跨国公司的经济渠道扩大我国对欧盟的市场。

2. 努力开拓东欧、俄罗斯及独联体其他各国市场

随着东欧各国、俄罗斯及独联体其他各国市场经济体制改革的推进，市场的供给和需求能力不断增长，这部分市场有待挖掘和发展。这些国家的消费结构与层次更接近我国的生产技术水平。我们要加强对这些国家的市场调研，以强有力的高质量的产品销售、广告宣传和售后服务网络，扩大我国的产品出口。

3. 大力开发和培育周边国家市场

在开发和培育周边国家市场的过程中，我们不仅要积极加强同非洲、拉丁美洲市场的接触和联系，更要重视周边国家区域市场的开发和培育。从世界经济区域集团化的发展过程看，一国经济要想成为世界经济的一部分，必须与周边国家经济融为一体，以便享受内部经济利益。当前，在我国实施的沿边开放战略中，应大力开发和培育东南亚、南亚、中亚和东北亚区域市场。大力开发和培育这些市场大有可为。长期以来，我国许多周边国家实行外向型经济发展战略，大力吸收外资，不断调整产业结构，扩大外贸，经济快速增长，实力大增，市场非常有潜力，如新加坡、文莱、马来西亚、泰国、菲律宾、印度尼西亚等国家。我国周边国家大部分属于发展中国家，与我国经济发展水平相近，双方在自然资源、工业基础等方面有许多不同，互补性大。如我国工业门类齐全，基础力量雄厚，掌握了一些尖端技术，而对方与世界经济联系广泛，实用技术较先进，从而可实现双方优势互补。

（二）对世界不同经济组织的开放

国际货币基金组织、世界银行和世界贸易组织是世界经济的三大支柱，是我国经济走向世界的三个接触点。二十国集团和金砖国家也是世界性经济组织，是我国经济走向世界的桥梁。

1. 国际货币基金组织与中国

国际货币基金组织的最高权力机构是理事会，由成员派正理事和副理事各一人组成。理事会的主要职能是接纳新成员、决定或调整成员的基金份额、分配特别提款权及处理其他有关国际货币制度的重大问题。执行董事会是国际货币基金组织负责处理日常事务的常设机构，由美国、英国、中国、法国、日本、印度任命常任执行董事，总裁由执行董事会选举产生。国际货币基金组织最主要的业务活动是向成员提供资金融通服务，协助成员改善国际收支逆差状况。国际货币基金组织设有多种类型的贷款，根据不同的政策向成员提供资金。这些贷款是：（1）普通贷款；（2）中期贷款；（3）补偿和应急贷款；（4）缓冲存货贷款；（5）信托基金贷款；（6）补充贷款；（7）结构调整贷款；（8）制度转型贷款；（9）特别提款权。

中国自 1980 年 4 月恢复了在国际货币基金组织中的合法席位以来，同国际货币基金组织的交往日益增多，合作领域不断扩大。中国人民银行是国务院授权主管国际货币基金组织事务的机构。行长和主管国际业务的副行长分别任国际货币基金组织的正理事、副理事。中国在国际货币基金组织创立时的份额为 5.5 亿美元特别提款权，1980 年份额提高到 18 亿美元特别提款权，1992 年又增至 33. 852 亿美元特别提款权。2001 年 2 月 5 日，国际货币基金组织理事会通过决议将中国的特别提款权增加到 63.692 亿美元，占基金总份额的 3%，排名第 8 位。2015 年 11 月 30 日，国际货币基金组织执行董事会通过决议，自 2016 年 10 月 1 日起，人民币被认定为可自由使用货币，与美元、欧元、日元、英镑一起加入特别提款权货币篮子。五种货币的权重分别为：美元 41.73%，欧元 30.93%，人民币 10.92%，日元 8.33%，英镑 8.09%。2022 年，人民币特别提款权权重提高到 12.28%。

2. **世界银行与中国**

世界银行也称国际复兴开发银行，是联合国的专门机构之一。世界银行是按股份公司的原则建立起来的企业性金融机构，凡成员都应认缴世界银行的股份。世界银行的股份权大小取决于认缴股份的多少，每一成员均拥有基本股票权 250 票，每缴一股（10 万美元）可增加投票权一票。世界银行的最高权力机构是理事会，它由各成员委派正理事和副理事各一名组成。理事人选一般由该国财政部部长或中央银行行长担任，任期 5 年，可连任。理事会的职权包括批准接纳新成员、增加或减少银行股份、暂停成员资格、批准同其他国际机构签订正式协定、决定银行净收益的分配等重大问题。执行董事会负责组织银行日常业务，它由 25 名执行董事组成，其中 5 名由美国、日本、德国、法国和英国委派，另外 20 名执行董事按地区分组产生。该组织规定，我国可自行选举一名执行董事。

世界银行的主要资金来源为成员实际交纳的股金、国际金融市场筹资、留存净收益。它的贷款业务主要是向发展中国家提供长期生产性贷款，促进经济发展。其贷款种类主要有：（1）具体项目贷款，包括交通、运输、教育和农业等；（2）部门贷款，以改善部门政策、调整投资为重点；（3）结构调整贷款，以帮助实现经济体制的调整为重点；（4）技术援助贷款；（5）紧急复兴贷款，以对付自然等造成的损失为重点；（6）“第三窗口”贷款，以解决较贫穷的发展中国家的开发问题为重点。世界银行除进行贷款活动外，还办理一些其他业务，如向成员提供技术援助，设立经济发展学院，为成员中的发展中国家培训技术人才和开发计划项目的政府高级官员等。

我国是世界银行的创始成员，1980 年 5 月 15 日，世界银行执行董事会恢复了我国在该组织的合法席位。从此，我国与世界银行的关系有了一个崭新的开端。双方的业务往来日益频繁，合作规模从无到有、从小到大，合作领域也日益广泛。2010 年 4 月，我国已成为世界银行第三大股东国。我国负责世界银行贷款事宜的主管部门是财政部。1981 年设立的中国投资银行是经办世界银行对我国贷款业务的主要窗口。世界银行给我国提供的贷款主要分布在农业、林业、交通、能源、工业、金融和文卫环保等方面。目前，我国与世界银行的合作顺利，无论是贷款规模，还是合作开展调研，都取得了令人满意的成果。

3. **世界贸易组织与中国**

世界贸易组织的职能是：对世界贸易组织的协定及其附件中的协议进行管理；为实施附件中各项协议和主持以后的多边协议谈判提供框架；为其成员根据部长级会议决定就多边贸易举行进一步谈判提供场所；制定综合性贸易争端解决制度和建立贸易政策审议机制；与国际货币基金组织和世界银行及所属机构进行合作，以使全球经济决策和谐一致。我国 1986 年正式提出复关申请，经过 15 年艰苦谈判，于 2001 年 12 月成为世界贸易组织正式成员。

加入世界贸易组织对我国有利有弊，但总的来说，利大于弊。我国承诺按照国际经贸规则办事和逐步开放市场，有利于改善我国的投资环境，吸引外商特别是跨国公司的投资；有利于我国根据国际市场竞争的要求加快经济结构调整和科技进步；有利于我国建立一套符合国际通行做法的外经贸法制体系，促进依法办事，促进社会主义市场经济的发展；有利于要求别国对我国按照国际规则办事。不利的是，在一定时期，某些行业和产品会受到较大冲击。

加入世界贸易组织标志着我国对外开放进入了一个新阶段，在实践中我们从有限范围的开放转变为全方位开放；从以试点为特征的政策性开放转变为法律框架下可预见的开放；由单方向为主的自我开放转变为中国与世界贸易组织其他成员之间的相互开放。

（三）对区域经济组织的开放

区域经济组织是指世界范围内的地区经济组织，如亚洲开发银行、欧盟、北美自由贸易区、亚洲基础设施投资银行、亚太经济合作组织和《区域全面经济伙伴关系协定》覆盖的自由贸易区等。

亚太经济合作组织成立于1989年11月。中国于1991年10月正式加入该组织。目前该组织有成员21名。现阶段，亚太经济合作组织还只是较为松散的地区合作的官方论坛和协商机构，是一个开放的、非排他的地区经济组织。亚太经济合作组织的成员共同承诺，遵循“开放的区域化”和“协商一致”的原则，通过对话建立磋商机制，以促进本地区经济的发展和贸易投资的自由化。

中国自加入该组织以来，积极参与各项活动。每年都派团出席部长级会议和成员领导人非正式会议，并参加该组织的经济、贸易、投资等各项委员会和专题组，主持举办了一些有关的研讨会和培训班。为了实现亚太贸易投资自由化目标，中国多次自动降低关税，取消了上百项产品进口许可证；允许外资在指定地域开办中外合资外贸公司；允许外国银行经营人民币业务，实现了人民币经常项目可兑换并积极推进资本项目可兑换；等等。这些举措表明了我国政府积极推进亚太经济合作的决心和诚意。

2020年11月15日，《区域全面经济伙伴关系协定》（Regional Comprehensive Economic Partnership，RCEP）正式签署，该协定由东盟10国①于2012年发起，由包括中国、日本、韩国、澳大利亚、新西兰在内的共15国签署。RCEP涵盖的人口、经济体量、贸易总额约占全球总量的1/3，是世界最大的自贸区。协定包括货物贸易、投资等市场准入，也包括贸易便利化、知识产权、电子商务、竞争政策、政府采购等大量规则内容。RCEP规定在货物贸易方面相互减少关税，涉及90%的产品，关税分步骤降低且最终都要归零，在服务贸易方面取消壁垒，在投资方面减少一些限制。

RCEP的签署将促进相关国家贸易投资强劲增长，减少全球产业链、供应链的“梗阻”，加快疫情后经济复苏。RCEP的签署不仅仅是东亚区域合作极具标志性意义的成果，更是多边主义和自由贸易的胜利，必将为促进地区的发展繁荣增添新动能，为世界经济实现恢复性增长贡献新力量。

---

① 东盟10国包括：文莱、越南、印度尼西亚、柬埔寨、老挝、马来西亚、缅甸、新加坡、泰国、菲律宾。

第三节 努力拓展对外开放，构建更高水平开放型经济新体制

为了适应我国对外开放由出口和吸收外资为主转向进口和出口、吸收外资和对外投资并重的新形势，必须实行更加积极主动的开放策略，不断拓展新的开放领域和空间，扩大和深化同各方利益的汇合点，有效防范风险，以开放促发展、促改革、促创新。面对全球政治经济格局大变革大调整的新形势和国内经济社会发展的新变动，我们必须努力拓展对外开放，提高对外开放水平，构建更高水平开放型经济新体制。

一、优化对外贸易结构

现在，我国已经成为名副其实的贸易大国，但对外贸易结构不尽合理，大而不强的问题突出。主要表现在，对外经济长期以来过分依赖发达国家市场，倚重低成本优势，缺乏技术竞争力。因此，要加快转变外贸发展方式，优化对外贸易结构。

（一）出口结构转型升级

我国许多出口产品科技含量不高、附加值较低，具有自主知识产权和自有品牌的产品不多。我们要继续拓展外需，在保持现有出口竞争优势的基础上加快培育以技术、品牌、质量、服务为核心竞争力的新优势，实现由中国制造向中国创造的跨越，提升我国在全球产业分工中的地位。延长加工贸易国内增值链，推动加工贸易从组装加工向研发、设计、核心元器件制造、物流等高附加值环节升级。鼓励企业建立境外营销网络，把出口产品价值链延伸到境外批发和零售终端。

（二）适当扩大进口

适当扩大进口不仅有利于促进国际收支平衡，也有利于改善国民福利，有利于充分利用全球资源缓解国内资源压力，推动国内技术进步和产业升级。要提高利用国内国际两个市场两种资源的能力，根据国内经济社会发展的需要和市场供应状况，及时增加先进技术、关键零部件和国内短缺资源进口。建立稳定、多元的进口渠道，发挥进口大国的优势，提高进口比较效益。完善进口促进政策，提高贸易便利化水平。

（三）推进市场多元化

我国外贸出口不尽合理，出口市场过于集中在美欧日，使贸易摩擦增加、外部风险加大。此外，美欧日等传统市场受国际金融危机影响较大，进一步拓展的难度增加。新兴经济体和发展中国家市场成长性好、需求空间大，正在成为拉动世界经济增长的重要力量。现在，随着我国企业开拓市场的能力不断提高，我国出口市场集中于美欧日等传统市场的格局有所改变。我们要在巩固和拓展传统市场的同时，适应全球需求结构的新特点、新变化，完善出口信贷和信用保险等政策，加强信息咨询服务，支持企业开拓新市场，稳定和拓展我国的外贸出口。

（四）大力发展服务贸易

现在，服务贸易已经成为新一轮国际竞争的焦点和深度参与经济全球化的重要途径。我们要将服务贸易作为国际经济合作的新平台，以货物贸易带动服务贸易、以服务贸易加快发展促进货物贸易，实现货物贸易和服务贸易的良性互动。在稳定和拓展旅游、运输、劳务合作等传统出口的同时，努力扩大文化、中医药、软件和信息服务、商贸流通、金融等新兴服务出口。适当扩大服务进口，促进国内市场充分竞争，推动国内服务业发展，搞好国际服务外包。

二、提高利用外资水平

现在，利用外资的内外部环境正在发生变化，国内资金也较为充裕。我们利用外资不单纯是引进资金，更重要的是通过利用外资更好地引进先进技术、管理经验和促进我国经济的发展。

（一）促进产业升级和结构调整

我们要抓住新一轮产业结构调整和生产要素重组的机遇，加强外资政策与产业政策的协调，促进现代产业体系发展。鼓励外资投向现代农业，引进先进种植、养殖和深加工技术，推动农业生产规模化、集约化和现代化。鼓励外资投向高新技术、节能环保、新能源、新材料等领域，积极推进战略性新兴产业的国际合作，严格限制高耗能、高污染的外资项目。搞好国家级经济技术开发区生态示范园区建设试点，带动节能环保项目合作。引导外资向中西部地区转移和增加投资，促进区域协调发展。

（二）促进体制和管理创新

“十四五”期间，我国体制改革的任务更加复杂艰巨，对外开放依然是推动国内体制创新的重要动力。在宏观层面，通过引进外资，借鉴国外的先进管理理念、制度、经验，有利于提高我国的经济社会管理水平，有利于打破市场垄断，促进市场竞争。在微观层面，外资参与国有企业改造，可以促进企业体制创新；与跨国公司开展合资合作，鼓励跨国公司在华设立地区总部、研发中心等机构，可以促进国内企业技术、组织和管理创新；通过引资还可以加大智力、人才的引进力度。

（三）创新利用外资方式

进入 21 世纪，全球并购迅速发展，跨国公司 80% 的对外投资采用的是并购形式。我们要适应跨国资本投资的新趋势、新特点，借鉴国际利用外资的通行做法。我们要积极探索境外上市、投资基金、发行境外债券、转让基础设施经营权等利用外资方式。鼓励外商风险投资公司和风险投资基金来华投资，鼓励具备条件的境外机构参股国内证券公司和基金管理公司，扩大合格境外机构投资者规模，允许我国具备条件的金融机构和企业在境外融资。

（四）优化外商投资环境

完善法律法规、加强知识产权保护，使我国吸引外资由主要依靠要素成本和政策优势向主要依靠市场和软环境优势转变。深化外资管理体制改革，简化审批程序，缩小审批、核准范围，增强审批透明度。针对重点国家、地区和行业加大引资推介力度。依法实施反垄断审查，加快建立外资并购安全审查制度，维护公平竞争和国家经济安全。

三、坚持实施“走出去”战略

近些年来，我国对外投资高速增长，累计对外投资达到2.2万亿美元，海外工程承包和劳务合作规模不断扩大。但总体上看，我国企业“走出去”尚处于初始阶段。面对经济全球化逆流和单边主义势力，我们不要自缚手脚，要继续坚定地实施“走出去”战略。

（一）积极开展对外投资

我们要鼓励轻工、纺织、家电、一般装备制造等国内技术成熟、国际市场需求大的行业和化工、冶金、建材等重化工业或其他部分加工制造环节向境外转移。支持国内企业在科技资源密集的国家（地区）设立研发中心，与境外研发机构和创新型企业加强技术研发合作。积极开展能源矿产、农业开发、海洋资源等方面的互利合作，建立稳定多元的能源资源供应渠道。

（二）发展海外工程承包

我们要丰富海外工程承包方式，鼓励有条件的企业以BOT（建设、经营和转让）、PMC（项目管理总承包）等国际通行方式开展海外工程承包业务。积极拓展合作领域，鼓励企业承揽附加值高和影响力大的交通、水利、电力、通信等基础设施项目。优化经营主体结构，重点支持大型工程承包企业发展海外业务，规范市场竞争秩序，提高工程承包的质量和效率。加快推进对外劳务合作管理体制改革，建立外派劳务培训基地，提高劳务人员素质。

（三）努力建立和发展大型跨国公司

跨国公司是经济全球化的主导力量，是一国综合竞争力的重要体现。我们要鼓励和推动实力强、资金雄厚的大企业开展跨国并购和绿地投资，在全球范围内进行资源配置和价值链组合，力争形成若干具有市场影响力和国际竞争力的跨国公司，使其成为我国参与经济全球化的骨干力量和重要依托。鼓励金融机构通过设立境外分支机构、并购和上市等多种渠道，开展国际业务，逐步形成一批跨国金融机构，在提高自身经营能力的同时，加大对国内企业参与国际经济合作和竞争的金融支持力度。

（四）加强“走出去”战略的指导和服务

提高综合统筹能力，完善跨部门协调机制，健全对外投资合作的管理和促进体系。

按照市场导向和企业自主决策原则，引导各类所有制企业有序到境外投资合作。加快建立对外投资合作的法律法规体系，完善对外投资合作的财税、金融、外汇和产业等政策，扩大人民币在跨境贸易和投资中的作用，提高对外投资合作的便利化程度。加强国别产业导向目录和投资环境信息发布，建立企业境外投资风险防范机制。发挥政府、行业组织、商业协会的指导和协调作用，引导境外中资企业树立良性竞争意识、战略经营意识、社会责任意识，维护企业和国家的良好形象。

四、积极参与全球治理和区域合作

作为世界上最大的发展中国家，我国要积极参与全球经济治理和区域合作，推动国际经济治理结构完善。这是党的十八届三中全会在对外开放方面提出的新要求。

（一）推动国际经济体系改革

通过“一带一路”建设、亚洲基础设施投资银行、金砖国家峰会等，践行中国倡导的经济方案，落实“共商共建共享”，构建人类命运共同体。

推动二十国集团更好地体现代表性、平等性、实效性，做好建章立制工作，使议程设置、议事决策都能平等反映各方意见和关切，力求做到民主协商、平等参与、互利共赢。

坚持全面性、均衡性、渐进性、实效性原则，积极推动国际货币金融体系改革，加强国际金融监管合作，推动建立公平、公正、包容、有序的国际金融新秩序。

在气候变化、能源资源安全、粮食安全等全球性问题上，既要维护我国和广大发展中国家的权益，也要承担与我国发展水平相适应的国际责任和义务，树立负责任大国良好形象。

科学评估宏观经济政策的内外关联效应，在坚持独立性、自主性的同时，加强与主要经济体的国际宏观经济政策协调，防止国际经济剧烈波动，共同维护世界经济繁荣稳定。

（二）完善多边贸易体制

世界贸易组织多哈回合谈判受阻，给多边贸易体制带来了严峻挑战。我们要加强与主要经济体的协调与合作，积极推动各方参与谈判，建立均衡、普惠、共赢的多边贸易体制。

由于国际金融危机后世界经济复苏进程不均衡，各国经济走势出现分化，各种形式的贸易保护主义明显抬头，特别是发达国家为转移国内矛盾，频频采取贸易保护措施，严重威胁了贸易自由化进程。经贸摩擦还与市场准入、知识产权、碳关税等问题相互交织，从产品层面上升到制度层面，使摩擦形式更为复杂。我国是全球贸易保护主义的最大受害者。我们要高举贸易自由化旗帜，反对各种形式的保护主义，促进全球贸易的公平公正和稳定。

（三）扩大面向全球的高标准自由贸易网络建设

经过长期努力特别是近10年的发展，我国自由贸易区建设取得了历史性成就。据商务部统计，我国已同26个国家和地区签署了19个自由贸易协定，覆盖亚洲、大洋洲、拉丁美洲、欧洲和非洲。2022年1月1日，经贸规模最大、最具有发展潜力的《区域全面经济伙伴关系协定》开始生效。

为了实现我国更高水平的对外开放，推动经济高质量发展，我们需要按照二十大报告提出的要求，扩大面向全球的高标准自由贸易区网络。当前，建设高标准自由贸易区网络需要做好如下工作。

第一，稳步扩大规则、规制、管理、标准等制度型开放；推动自由贸易区扩围、提质、增效；增强国内国际两个市场两种资源联动效应，提升贸易投资合作质量和水平。

第二，推进深层次体制改革，深度对接高标准国际经贸规则，营造市场化、法治化、国际化一流营商环境。

第三，运用高水平自由贸易区平台，积极参与国际经贸规则制定，顺应和引领经济全球化发展和国际经贸规则重构新趋势，构建更加公正合理的国际经贸治理体系。

（四）深化与新兴市场国家和发展中国家的经济合作

众多新兴市场国家和发展中国家与我国具有相似的战略利益，经济互补性强，开展经贸合作的潜力大，要深化与这些国家的务实合作，实现互利共赢和共同发展。坚持优势互补、错位竞争，推动双边市场开放，扩大双向投资规模，探索更多和更有效的合作共赢方式。增加对发展中国家的援助，帮助其完善产业体系，增强自主发展能力，逐步缩小南北发展差距，建设持久和平、共同繁荣的和谐世界。

五、加快构建更高水平开放型经济新体制

构建更高水平开放型经济新体制，是新的国际国内形势下促进我国经济健康、快速、可持续发展，全面建成社会主义现代化强国的迫切要求，也是深化经济体制改革、完善我国社会主义市场经济体制的重要举措。我国改革开放40多年来，在对外开放的方方面面都取得了显著的成就，一个多渠道、多形式、多层次、全方位的对外开放格局已基本形成，开放型经济新体制已呈雏形，但当前我国面临世界经济政治的新变化特别是经济全球化的新形势，必须审时度势加快“一带一路”建设，推动对内对外开放相互促进、“引进来”和“走出去”更好结合，促进国际国内要素有序自由流动、资源高效配置、市场深度融合，加快培育参与和引领国际经济合作竞争新优势。

（一）放宽投资进出

第一，健全外商投资准入前国民待遇加负面清单管理制度，推动规则、规制、管理、标准等制度型开放。推进金融、教育、文化、医疗等服务业领域有序开放，开放育幼养老、建筑设计、会计审计、商贸物流、电子商务业服务业领域外资准入限制，进一步放

开一般制造业。加快海关特殊监管区域整合优化。

第二，扩大企业及个人对外投资，确立企业及个人对外投资主体地位，允许发挥自身优势到境外开展投资合作，允许自担风险到各国各地区自由承揽工程和劳务合作项目，允许创新方式“走出去”开展绿地投资、并购投资、证券投资、联合投资等。

第三，加快同有关国家和地区商签投资协定，改革涉外投资审批体制，完善领事保护体制，提供权益保障、投资促进、风险预警等更多服务，扩大投资合作空间。

（二）加快自由贸易园、港区建设

第一，坚持世界贸易体制规则，坚持双边、多边、区域次区域开放合作，扩大同各国各地区的利益汇合点，以周边为基础加快实施自由贸易区战略。

第二，改革市场准入、海关监管、检验检疫等管理体制，加快环境保护、投资保护、政府采购、电子商务等新议题谈判，形成面向全球的高标准自由贸易园、港区网络。

第三，扩大对香港特别行政区、澳门特别行政区和台湾地区开放合作。切实建设和管理好上海自由贸易试验区等一批自由贸易园、港区，为全面深化改革和扩大对外开放探索新途径、积累新经验。

（三）扩大内陆沿边开放

第一，抓住全球产业重新布局机遇，推动内陆贸易、投资、技术创新协调发展。创新加工贸易模式，形成有利于推动内陆产业集群发展的体制机制，搞好河北雄安新区建设。支持内陆城市增开国际客货运航线，发展多式联运，形成横贯中西、联结南北方的对外经济走廊。推动内陆同沿海沿边通关协作，实现口岸管理相关部门信息互换、监管互认、执法互助。

第二，加快沿边开放步伐，允许沿边重点口岸、边境城市、经济合作区在人员往来、加工物流、旅游等方面实行特殊方式和政策。建立开放性金融机构，加快同周边国家和区域基础设施互联互通建设，推进“一带一路”建设，形成全方位开放新格局。

《本章关键词》

1. 对外开放　　2. 构建更高水平开放型经济新体制

《复习与思考题》

1. 如何理解对外开放是我国的一项长期基本国策？
2. 我国对外开放的多层次、多渠道和多元化表现在哪些方面？
3. 如何拓展对外开放的深度与广度？如何加快构建更高水平开放型经济新体制？

后　记

“实践—认知—再实践—再认知”，“实践是检验真理的唯一标准”，这是认知的一般规律。我们对社会主义市场经济的认识逐渐深化，也同样是遵循这一认知规律。党的十九大提出“市场在资源配置中起决定性作用”，经过几年的实践，党的十九届四中全会进一步提出把社会主义市场经济和所有制结构、分配结构一起并列为“社会主义基本经济制度”，这是对社会主义市场经济认识的又一次飞跃。紧接着党的十九届五中全会对“十四五”时期经济社会发展提出新目标，改革开放迈出新步伐，要求“社会主义市场经济体制更加完善，高标准市场体系基本建成，市场主体更加充满活力，产权制度改革和要素市场化配置改革取得重大进展，公平竞争制度更加健全，更高水平开放型经济新体制基本形成”。党的二十大提出，必须完整、准确、全面贯彻新发展理念，坚持社会主义市场经济改革方向、高质量发展、高水平对外开放，构建高水平社会主义市场经济体制，坚持和完善社会主义基本经济制度，坚定“两个毫不动摇”，充分发挥市场在资源配置中的决定性作用，更好发挥政府作用。推进新型工业化，加快建设制造强国、质量强国、航天强国、交通强国、网络强国、数字中国、农业强国等，实施科教兴国战略、人才强国战略、创新驱动发展战略等等。这又必然导致对社会主义市场经济认识的进一步深化和完善。为此，本次修订突出的特点是贯彻党的二十大精神，高举中国特色社会主义伟大旗帜，全面贯彻习近平新时代中国特色社会主义思想，弘扬伟大建党精神，紧紧围绕全面建设社会主义现代化国家、全面推进中华民族伟大复兴而团结奋斗的目标展开分析。由于编者也和大家一样正在学习党的二十大精神，全面正确理解和把握其精神还在进行中，所以，本次修订可能会存在不到位之处，敬请大家批评指正。

编　者

图书在版编目（CIP）数据

社会主义市场经济概论 / 杨干忠主编；缪代文副主编. -- 7版. -- 北京：中国人民大学出版社，2023.8
新编21世纪经济学系列教材
ISBN 978-7-300-31937-7

Ⅰ.①社… Ⅱ.①杨… ②缪… Ⅲ.①中国经济—社会主义市场经济—概论—高等学校—教材 Ⅳ.①F123.9

中国国家版本馆CIP数据核字（2023）第130791号

新编21世纪经济学系列教材
社会主义市场经济概论（第七版）
主　编　杨干忠
副主编　缪代文
Shehuizhuyi Shichang Jingji Gailun

出版发行	中国人民大学出版社		
社　址	北京中关村大街31号	邮政编码	100080
电　话	010-62511242（总编室）		010-62511770（质管部）
	010-82501766（邮购部）		010-62514148（门市部）
	010-62515195（发行公司）		010-62515275（盗版举报）
网　址	http://www.crup.com.cn		
经　销	新华书店		
印　刷	中煤（北京）印务有限公司	版　次	2004年1月第1版
开　本	787 mm×1092 mm　1/16		2023年8月第7版
印　张	21.25 插页1	印　次	2024年6月第3次印刷
字　数	485 000	定　价	52.00元

教学支持说明

1. 教辅资源获取方式

为秉承中国人民大学出版社对教材类产品一贯的教学支持，我们将向采纳本书作为教材的教师免费提供丰富的教辅资源。您可直接到中国人民大学出版社官网的教师服务中心注册下载——http://www.crup.com.cn/Teacher。

如遇到注册、搜索等技术问题，可咨询网页右下角在线 QQ 客服，周一到周五工作时间有专人负责处理。

注册成为我社教师会员后，您可长期根据您所属的课程类别申请纸质样书、电子样书和教辅资源，自行完成免费下载。您也可登录我社官网的“教师服务中心”，我们经常举办赠送纸质样书、赠送电子样书、线上直播、资源下载、全国各专业培训及会议信息共享等网上教材进校园活动，期待您的积极参与！

2. 高校教师可加入下述学科教师 QQ 交流群，获取更多教学服务

经济类教师交流群：781029042

财政金融教师交流群：182073309

国际贸易教师交流群：162921240

税收教师交流群：119667851

3. 购书联系方式

网上书店咨询电话：010－82501766

邮购咨询电话：010－62515351

团购咨询电话：010－62513136

中国人民大学出版社经济分社

地址：北京市海淀区中关村大街甲 59 号文化大厦 1506 室　100872

电话：010－62513572　010－62515803

传真：010－62514775

E-mail：jjfs@crup.com.cn